*S. Hyacinte
Par l'abbé ~~Desfontaines~~*

1829

OU
ELOGES AMPHIGOURIQUES
DE
FR. MARIE ARROUET

Sr. de Voltaire, Gentilhomme ordinaire, Conseiller du Roi en ses Conseils, Historiographe de France &c. &c. &c. &c. &c.

DISCUTÉS ET DÉCIDÉS

Pour sa réception à l'Académie Françaife.

A PARIS,

CIƆ CCCCCCC XXXXVIII.

1884 et ccc.
A

S. Hyacinte
Par l'abbé ~~Desfontaines~~

VOLTARIANA

OU

ELOGES AMPHIGOURIQUES

DE

FR. MARIE ARROUET

Sr. de Voltaire, Gentilhomme ordinaire, Conseiller du Roi en ses Conseils, Historiographe de France &c. &c. &c. &c. &c.

DISCUTÉS ET DÉCIDÉS

Pour sa réception à l'Académie Françaiſe.

A PARIS,

CIƆ CCCCCCC XXXXVIII.

Explication de la Vignette du Titre.

Un architecte aërien,
Pour illustrer sa renommée,
Fit des Temples : en moins de rien
On les vit aller en fumée.

A
MONSIEUR ARROUET(*)
DE
VOLTAIRE

Gentilhomme ordinaire, Conseiller du Roi de France en ses Conseils, Historiographe de France, l'un des XL. de l'Academie Françaiſe, fils du Sr. ARROUET, Greffier Porte-clef du Parlement, petit-fils d'un *Prud'Homme* de ſon Village (†) &c. &c. &c.

MONSIEUR

L'Attention ſoigneuſe que vous avez, euë à remplir vos Ouvrages, d'Anecdotes vraies ou fictices, ſur la conduite, le mérite, ou les Ou-

(*) *Voltaire* a porté le nom d'*Arrouet* juſqu'après la publication de ſon *Oedipe*, alors il le troqua contre celui

L'EPITRE DEDICATOIRE.

Ouvrages des Grands Hommes, nous est un garant que vous ne pourez qu'aprouver qu'on ait marché sur vos traces, en rassemblant dans ce Recueil toutes celles qu'on a pû recueillir, qui vous regardent en particulier, votre Conduite & vos Ouvrages.

Je m'imagine que vous ne condamnerez pas aussi la liberté qu'on a prise d'ajouter votre Genealogie à vos titres ; celle-ci vous fait autant d'honneur que celle, que vous reprochiez à Rousseau,

de *Voltaire*, sous lequel il espéroit être plus heureux que sous le premier ; comme il l'écrivit alors, dans une lettre que nous avons, à sa chère *Pimpette*, fille cadète de la fameuse Madame *Du Noyer*, dont il a été si éperduement amoureux, qu'il l'auroit enlevée, si la mère, aïant découvert le complot, n'avoit prié le Marquis de *Chateauneuf*, dont *Arrouet* étoit Page, de l'en empêcher ; ce que fit ce Ministre, qui craignoit la plume de la *Du Noyer*, en l'expédiant le lendemain, comme Exprès, à *Versailles*, & priant le Secretaire d'Etat d'empêcher qu'il revint en *Hollande*. Anecdote que nous tenons d'une personne, qui nous a confié la lettre de sa main propre signée de *Voltaire*, après quoi, par P. S. il met, *ne t'étonne pas, ma chère, de ce changement de nom ; j'ai été si malheureux avec l'autre que je veux voir si celui-ci m'aportera du bonheur.* N'étoit-ce pas plutôt parce qu'il avoit honte de porter le nom d'un *Porte-clef* ; en ce cas ne pourroit-on pas dire de lui, à plus juste titre, que de *Rousseau* qu'il a renié son Père.

L'EPITRE DEDICATOIRE

seau, d'être fils d'un Cordonnier, lui en a fait. Les Grands Hommes, qui doivent leur nom & leur réputation moins à la distinction de leur Naissance, qu'à leur Génie naturel, à leurs Talens, à leur Mérite, ont toujours été placés au-dessus de ceux, à qui le rang & la fortune de leurs parens avoient donné des Gouverneurs, des Precepteurs pour leur former le Cœur & l'Esprit.

Je travaille d'exemple, comme vous voyez. C'est aussi celui de l'Auteur des Reflexions sur le Poëme de la Bataille de Fontenoi, qui m'a enhardi à vous dédier ce Recueil : & comme vous avez toujours eu du goût pour la multiplicité des Editions, j'ose me flater que vous ne serez point faché que je suive votre exemple en en faisant le plus que je pourai de cette Amphigourie, revuë & augmentée de toutes les piéces que vos amis, & ceux qui ont votre gloire à cœur, auront la charité de m'envoyer. Vous même pouvez y contribuer en m'envoyant vos remarques sur diverses Piéces de ce Recueil, auxquelles je ne manquerai pas de les ajouter, par forme de no-

L'EPITRE DEDICATOIRE

ses ou de Remarques, pour vous convaincre avec quel zèle & considération je suis,

MONSIEUR

Votre très-obéïssant
Serviteur

Timorowitz Ablabew.

P. S. J'espere que mon nom Russien ne vous effraira point. Un savant, tel que vous, Monsieur, ne doit ignorer aucune langue sur tout celles des Nations où les sçiences sont cultivées.

T A-

TABLE

DES PIECES EN VERS ET EN PROSE,

CONTENUES DANS CE RECUEIL.

Portrait de Voltaire   pag. 3 & 6
La Voltéromanie   6
Déification du Dr. Aristarchus Masso,   56
Vers de Mr. Rousseau sur la Philosophie Newtonienne de Voltaire, Rare Esprit &c.   59
Vers & lettre du même au sujèt de Voltaire & de sa secte, Vous sentez bien,   59
Mémoire pour C. F. Jore, Libraire, contre le Sr. F. M. de Voltaire,   72
La vérité découverte, Mémoire des Libraires d'Amsterdam qui ont imprimé la Philosophie de Newton de Voltaire,   95
Lettre de Mr. Rousseau au sujèt des calomnies répanduës contre lui par le Sr. Arroüet de Voltaire,   103
La Calote de Juré Priseur des Brevèts du Régiment, en faveur du Public, pour Mr. de Voltaire, en 1731. Le chèf d'une hache &c.   119
Brévet pour agreger le Sr. Arrouet de Voltaire au Régim. de la Calotte par Camuzat. Nous les Régens &c.   124
Triomphe de Voltaire sur Rousseau, Lorsque Rousseau,   127
Sur son départ de Paris, Lache Ennemi &c. 128
Billet qui accompagnoit les couplèts de la Muse de Voltaire au Tribunal d'Apollon,   129

Cou-

TABLE.

Couplets, Que je vois d'abus &c. 131
Anagrame, Tiriot toujours &c. 136
Vaudeville sur le Temple du Goût, Voltaire devenu Maçon 136
Epigramme sur le même, Voltaire sur Montmartre &c. 138
Parodie d'une sentence rendue par un Commissaire du Conseil contre un Fondeur de cloches, 139
Ode de Mr. Sibile à Mr. de V***. Quelle odieuse frenesie, 141
Eloge ironique de V***., Petits auteurs qu'on vit jadis, 145
Adieux de V*** aux Muses. Où suis-je Justes Dieux, 151
Les adieux de V*** à Manon la revendeuse,
V*** à La Noue Comedien,
De la Noue à V***,
A la Princesse Ulrique de Prusse, songe & impertinence de V***, souvent un air de vérité &c. 163
Parodie, Oui c'est la &c. ibid.
Quatrains d'un homme qui avoit le malheur d'avoir 47. ans, si vous voulez &c. 164
Amphigourie en bouts rimés, Qui ne riroit &c. 166
Lettre de V*** au R. P. la Tour Jesuite, 168
Réponse du R. P. la Tour à V***, 179
Lettre du Pape à V***, 180
Couplets, savez-vous le but &c. 182
Ode au Roi par Mr. V***. Après que la Pourpre Romaine &c. 183
Sur les Editions différentes & précipitées du Poëme de la Bataille de Fontenoi, Lorsqu'on veut en dépit des Loix &c. 189

Les

TABLE.

Les Héros modernes, Poëme ironique ; Quoi marchant sur les pas &c. 190
Requête du Curé de Fontenoi, 197
Reflexions sur un imprimé intitulé la Bataille de Fontenoi, 207
Extrait d'une Lettre de feu Mr. de S. Hyacinthe, 242
Lettre à Mr. de V*** sur le Temple de la Gloire, 245
Lettre de Mr. de S. Hyacinthe à Mr. de V*** 247
La Palinodie inutile, 257

SECONDE PARTIE.

Omnis homo michel Morin, 259
Conte, Dès longtems un fameux Templier &c 261
Au Templier, Avis, Du Temple de la Gloire, &c 262
Epigramme sur le même sujèt, Etre Elu des quarante &c. ibid.
Le Triomphe Poëtique, 263
Discours adressé à V*** à la porte de l'Académie 268
Le Bourbier, Satyre contre l'Académie Françoise par V***, Pour tous Rimeurs &c. 270
Discours de Voltaire prononcé le jour de sa Réception, 274
Réponse de l'Abbé d'Olivet, Directeur, 293
Reflexions sur le Discours de Voltaire, 302
Memoire de L. Travenol de l'Académie de Musique

TABLE.

que contre le Sr. de Voltaire de l'Académie Françoise, 322
*Mémoire pour A. Travenol Père maître de Danse contre le Sr. V*** &c. &c.* 343
Plaidoïer pour le Sr. Travenol fils, 361
*Mémoire de V*** & Réponse des Travenols,* 414
Mémoire sur l'Apel pour A. Travenol, 432
*Critique de la Henriade en IX Lettres adressées à Mr. de V***,* 486
Additions & Corrections, 544

OMISSION

A M. de Voltaire.

Les delires de tes Ecrits,
Et les desordres de ta vie
Sont mis vis-à-vis du mépris
Et beaucoup plus bas que l'Envie.

„ Quelque Rimeur moins caustique les a
„ changés de cette manière, & nous croïons
„ qu'il a bien fait.

Pour bien juger de tes Ecrits
Et des actions de ta Vie,
Il faudroit accorder la Pitié, le Mépris,
L'Admiration, & l'Envie.

VIS UNITA FORTIOR.

La Force réunie augmente sa Vertu.

'Est ce que nous disoit un Elève du grand *Matanasius*, en nous fournissant les différens morceaux que nous venons de rassembler. Il nous suggeroit en même tems une Déification dans le goût de celle que ce fameux Docteur a jointe, il y a quinze ans, à l'agréable & scientifique Commentaire du *Chef d'Oeuvre d'un Inconnu*. Cette idée est des plus charmantes: il ne s'agit que de la remplir. C'est pourquoi, nous prions instanment les zelés Philologues de vouloir nous prêter leurs lumiéres, & de nous communiquer ce qu'ils ont de Pièces brillantes & convenables à l'Apothéose du Poëte-Physicien qui fait l'objèt de nos éloges. Loin d'ici ces Esprits hargneux, esclaves de préjugés, qui s'opiniâtrent à traiter de libelles, ce qu'on doit plûtôt nommer remontrances instructives & charitables. Mais quelque nom qu'on veuille leur donner, il est évident qu'elles n'ont fait que relever la gloire de notre Coriphée; puisqu'après avoir été mûrement

éxaminées par l'Aréopage de la Littérature, elles n'ont point empêché qu'il n'y fût admis. Il en sera donc du présent Recueil comme de ce Volume d'Epitaphes de *Richelieu*, de *Mazarin* & de *Colbert*; qui n'a jamais pû donner atteinte à la mémoire respectable de ces Grands Hommes. Le savant Professeur & parasite *Montmaur*, ne passe pas moins à la Postérité, pour avoir été en bute, il y a cent ans, aux Sarcasmes, & aux badinages caustiques des plus beaux Esprits de *France*: au contraire, c'est ce qui a le plus contribué à faire voler sa Renommée par toute la République des Lettres. Enfin, c'est ici, si l'on veut, le IX. *Songe Philosophique* du fertile Ecrivain des *Lettres Juives*, dont il dévoile si élegament l'obscurité par ces *harmonieuses* paroles.

Auteurs jaloux, prétendus beaux Esprits,
Qui pensez nuire à la réputation
Des Grands Hommes ; Mon songe vous regarde.

Il pouvoit ajouter : je l'ai imaginé tout exprès en faveur du Physicien Bel-Esprit, de qui je suis l'admirateur perpetuel. En effet, peut-il être mieux figuré que par ce Chêne élevé jusqu'aux nuës, qui méprise autant les Faunes & les Satires, qu'il sent peu les coups de leurs foibles roseaux ? Cette insensibilité est tout autrement naturelle, que celle qu'on a dépeinte dans ces vers.

Dites de lui qu'il est fat, effronté;
Chacun le sait, lui-même en fait parade.
Reprochez lui blasphême, impieté;

C'est

C'est de Nectar lui préfenter Rafade.
Ajoutez-y balafre, baftonnade;
C'est son plus clair & plus sûr revenu.
Bref le mignon est par tout trop connu,
Pour craindre encore affronts, ni flétriffures;
Et son falut est d'être devenu
Invulnérable à force de bleffures.

Une pareille ftupidité ne paroit guères dans le vrai: témoin le procès tragi-comique, qui vient d'être si judicieufement décidé. A moins qu'on ne dife que l'Acteur étoit plus animé à venger l'honneur du Corps célèbre qu'il croit illuftrer; qu'à fatisfaire fon reffentiment perfonnel. C'est un Problème à réfoudre.

„ Avant d'aprendre à connoitre l'efprit &
„ le cœur de notre Héros dans la lecture de
„ ce Volume, il convient de donner une idée
„ de la figure de fon corps, dont on peut voir
„ la tête au frontifpice de fes ouvrages.

Portrait de Mr. de V ***.

Mr. de V *** eft au deffous de la taille des grands Hommes, c'eft-à-dire, un peu au deffus de la médiocre, (je parle à un Naturalifte, ainfi point de chicane fur l'obfervation), il eft maigre, d'un tempérament fec: il a la bile brûlée, le vifage décharné, l'air fpirituel & cauftique, les yeux étincelans & malins. Tout le feu, que vous trouvez dans fes ouvrages, il l'a dans fon action, vif jufqu'à qu'à l'étourderie : c'est un ardent qui va & vient, qui vous éblouit & qui pétille. Un homme ainsi constitué, ne peut pas manquer d'être valétudinaire. La lame use le fourreau. Gai par compléxion, sérieux par régime, ouvert sans franchise, politique sans finesse; sociable sans amis : il fait le monde & l'oublie. Le matin *Aristipe*, & *Diogène* le soir. Il aime la grandeur, & méprise les Grands. Est aisé avec eux : contraint avec ses égaux. Il commence par la politesse, continuë par la froideur, finit par le dégoût : il aime la Cour & s'y ennuïe; sensible sans attachement, voluptueux sans passion : il ne tient à rien par choix, & tient à tout par inconstance. Raisonnant sans principes. Sa raison a ses accès comme la folie des autres; l'esprit droit, le cœur injuste; il pense tout & se moque de tout. Libertin sans tempérament, il sait aussi moraliser sans mœurs; vain à l'excès, mais encore plus intéressé. Il travaille moins pour la réputation que pour l'argent; il en a faim & soif : enfin il se presse de travailler pour se presser de vivre; il étoit fait pour jouïr, il veut amasser. Voilà l'Homme, voici l'Auteur.

Né Poëte, les vers lui coûtent trop peu. Cette facilité lui nuit, il en abuse & ne donne presque rien d'achevé : Ecrivain facile, ingénieux, élégant. Après la Poësie, son métier seroit l'Histoire, s'il faisoit moins de raisonnemens & jamais de paralelles, quoiqu'il en fasse quelquefois d'assez heureux.

Mr. de V*** dans son dernier Ouvrage, a voulu suivre la maniére de *Bayle*; il tâche
de

de le copier en le censurant. On a dit, depuis longtems, que pour faire un Ecrivain sans passion & sans préjugés, il faudroit qu'il n'eut ni Religion, ni Patrie. Sur ce pié-là, Mr. de V*** marche à grands pas vers la perfection. On ne peut d'abord l'accuser d'être partisan de sa Nation; on lui trouve, au contraire, un Tic aprochant de la manie des Vieillars. Les bonnes gens vantent toûjours le passé & sont mécontens du présent. Mr. de V*** est toûjours mécontent de son Païs & loüe avec excès ce qui est à mille lieües de lui. Pour la Religion, on voit bien qu'il est indécis à cet égard. Sans doute il seroit l'homme impartial que l'on cherche sans un petit levain d'Anti-Jansenisme un peu marqué dans ses Ouvrages.

Mr. de V*** a beaucoup de Littérature étrangére & Françoise, & de cette érudition mêlée qui est si fort à la mode aujourd'hui. Politique, Phisicien, Géométre, il est tout ce qu'il veut, mais toûjours superficiel & incapable d'aprofondir. Il faut pourtant avoir l'esprit bien délié pour éfleurer, comme lui toutes les matiéres. Il a le goût plus délicat que sûr. Satirique ingénieux, mauvais Critique, il aime les sçiences abstraites & l'on ne s'en étonne point. L'imagination est son élément, mais il n'a point d'Invention & l'on s'en étonne. On lui reproche de n'être jamais dans un milieu raisonnable. Tantôt Philantrope & tantôt Satirique outré. Pour tout dire, en un mot, Mr. de V*** veut être un homme extraordinaire & il l'est à coup sûr.

Non vultus, non color unus.

„ En voici une autre Peinture plus mo-
„ derne.

Portrait de Mr. de V***.

Spectre vivant, Squélette décharnée,
Qui n'a rien vû que ta seule figure
Croiroit d'abord avoir vû d'un Damné
L'épouvantable & hideuse peinture:
Mais épluchant le monstre jusqu'au bout
Poëte impie, effréné Philosophe,
On voit encore en considerant tout,
Que la doublure est pire que l'étoffe.

LA VOLTAIROMANIE

Avis de l'Editeur.

Je ne doute point que l'Amour-propre de Mr. de V***. qui s'est attribué l'Emploi de Concierge du Parnasse & d'Intendant du Temple du Goût, ne souffre beaucoup des Verités répanduës dans la Voltairomanie, ou Réponse à son Libelle intitulé, Préservatif, &c. Aussi n'est-ce pas pour lui plaire que j'ai composé cet Enfant de mon loisir. Il n'a cependant ménagé personne, & comme un Chien enragé, il s'est jetté sur tous les Auteurs les plus distingués; il en a épargné fort peu, & peut-on être assuré que les seuls, à qui il a prodigué son encens & ses adorations, échapent à sa
plume

plume meurtrière ? Théologiens, Philosophes, Poëtes, tous les Savans en tout genre ont été les objèts de ses mépris, de ses railleries, & de son badinage. Il a tourné en ridicule les Religions, les Nations & les Gouvernemens. Personne ne l'ignore; & pourquoi ne pouroit-on pas démasquer le Persecuteur du genre humain, cet Ennemi des Vivans & des Morts, & lui arracher cette Infaillibilité dans les Belles-Lettres, dont il se pare arroganment ? Autant de coups de plumes qu'il a donnés, sont autant de Brocards, ou des Calomnies atroces, qui ne devoient pas rester impunies, & il n'en auroit pas dû être quitte pour les coups de bâton qu'il a reçus de quelques Particuliers, qui n'ont pas eu autant de patience que Mr. l'Abbé D. F. Voïons comme Mr. de V***. le traite dans un Libelle intitulé, Réponse de Mr. de la Chauffée aux trois Epitres de Rousseau, *qu'il a fait imprimer en 1734. à Amsterdam. L'Auteur fait parler Mr. Rousseau.*

J'ai, grace au Ciel, un Sectateur fidèle,
Qui chaque jour peut produire un Libelle:
Heureux morts! qui n'a ni foi, ni loi,
Prêtre, & Rimeur, & plus méchant que moi;
Et qui souvent de ses fécondes veines,
D'un noir poison fait couler des fontaines.
Ce Sodomite, Elève de Baal,
D'un scélérat pesant original,
Qui, sans pudeur, en blasphêmes s'exhale,
Se nourrissant de honte & de scandale,

Et qui, malgré sa face de *Vaurien*,
Seroit Curé, s'il eût été Chrétien.
Ce cher appui de mon nom, de ma gloire,
Digne de vivre avec moi dans l'Histoire,
Pour quinze francs me préconisera,
Des plus beaux noms il me décorera.
Oui, tu seras vanté par DES FONTAINE,
C'est là le comble à ta honte certaine;
C'est ton salaire, & c'est bien la raison,
Que DESCHAUFOURS soit loué par CHAUSSON.

CETTE *pièce commence par ces Vers contre Mr. Rousseau.*

De Melpomène ignorant Pédagogue,
Qui sur le Pinde abboïant comme un Dogue, &c.

SI *Mr. de V***. traite de Dogue ce fameux Poëte, dont les Ouvrages vivront éternellement, & serviront de modèle, il ne doit pas trouver mauvais qu'on l'appelle Chien rogneux, & quand on y ajoute l'épithète d'*enragé, *il le mérite bien.*

„ COMME plusieurs endroits de cette Ré-
„ ponse seroient inintelligibles sans le *Pré-*
„ *servatif*, Ouvrage de V***, qui y a donné
„ lieu, on a jugé à propos de le mettre ici.

LE PRESERVATIF ou *Critique des* Observations sur les Ecrits modernes.

IL est juste de détromper le Public quand
il

Il est à craindre qu'on ne l'abuse. On ne connoît que trop les guerres des Auteurs. La plûpart des Journalistes, qui s'érigent en Arbitres, font souvent eux-mêmes les plus violens actes d'hostilité. Je peux dire, par l'expérience que j'ai dans la Littérature, qu'il se forme autant d'intrigues pour faire valoir, ou pour détruire un Livre, dont souvent personne ne se soucie, que pour obtenir un poste important.

On sait que le Journal des Savans de *Paris*, Père de cette multitude de Journaux, Enfans très-souvent peu semblables à leur Père, s'est assez préservé de la contagion des Cabales.

Mais parmi les Auteurs de ces petites Gazettes volantes, qu'on débite tantôt sous le nom de Nouvelliste du Parnasse, tantôt sous le nom d'Observations, on ne trouve ni le même goût, ni la même science, ni la même équité. J'ai donc cru rendre quelque service aux amateurs des Lettres, en rassemblant des bévûës que j'ai trouvées dans plusieurs feuilles intitulées *Observations*, que j'ai lûës par hazard.

Nombre 100. Le faiseur d'Observations, dit qu'un grand Prince a condamné le genre Comique *larmoïant* dans la pièce de Dom *Sanche d'Arragon*, de *Pierre Corneille*, & assure que ce goût ne doit point subsister parmi nous après cette condamnation.

Il y a en cela trois fautes ; la première, que le goût d'un Prince ne suffit pas pour régler celui du Public ; la seconde, que le Dom *Sanche d'Arragon*, de *Pierre Corneille*, n'est point d'un genre de Comique attendrissant, & qui fasse verser des larmes, comme certaines scénes du *Boureau de soi-même*, de *Terence* ; la scéne très-tendre entre une Mère & une Fille dans *Esope à la Cour*, celles du *Préjugé à la mode*, de l'*Enfant Prodigue*, &c. Dom *Sanche d'Arragon* est une Comédie Héroïque & non *larmoiante*, comme le dit l'Observateur. Ce fût la froideur & non l'intérêt qui la fit tomber, jamais une Pièce intéressante ne tombe.

La troisième faute & la plus grande est, de s'ériger en Juge d'un Art qu'on ne connoît pas, & de dire avec hardiesse, que ce qui a plû à *Paris*, & dans l'ancienne *Rome*, n'a pas dû plaire ; des scênes attendrissantes ont toûjours été bien reçuës à la Comédie, de tous les tems, parce que les actions des Particuliers peuvent être touchantes aussi bien que ridicules ; & on peut leur appliquer ce que dit *Horace*.

Interdum vocem Comedia tollit.

II.

Dans la même feuille, l'Auteur raporte une longue critique sur un Problème d'Optique qu'il n'entend point ; on lui a fait accroire qu'il s'agissoit dans ce Problème de la Trisection de l'Angle, & il n'en est point du tout question. L'Auteur, que le Critique reprend, sans le comprendre, est Mr. de V***. J'ai lû soigneusement l'endroit en question dans
la

la Préface de l'Edition de *Londres* des Elemens de *Newton*.

L'Observateur n'a point lû cet Ouvrage qu'il ose critiquer, car il reproche à Mr. de V***. d'avoir donné des règles pour partager un Angle en trois avec le compas, & c'est de quoi Mr. de V***. n'a pas dit un seul mot dans ses Elémens : l'Observateur s'est fié en cela à un Géomètre qui s'est moqué de lui, & comme il ne sait pas qu'on ne peut trouver la Trisection de l'Angle que par les Sections Coniques, & par l'Algèbre, il a raporté de bonne-foi dans sa Feuille, une critique qu'on lui a suggerée pour le faire donner dans le panneau ; c'est un éxemple pour ceux qui parlent de ce qu'ils ignorent.

I I I.

Je prends les feuilles de l'Observateur indifféremment, à mesure qu'on me les prête pour les lire : je trouve une étrange bévûë dans la Lettre 27. *Brutus*, dit-il, *plus Quakre que Stoïcien, a des sentimens plus monstrueux qu'héroïques* : ne diroit-on pas à ces paroles que les Quakres sont une Secte d'hommes sanguinaires ; cependant tout le monde sait, qu'une des prémières loix des Quakres est, de ne porter jamais d'armes offensives sous quelque prétexte que ce soit, & de ne jamais repousser une injure. La méprise est aussi grande que s'il avoit dit le cruel *Brutus* plus Capucin que Stoïcien.

IV.

IV.

Nombre 199. En rendant compte d'une hipothèse de Mr. l'Abbé de *Moliere*, il dit que *ce Phisicien se conforme aux expériences de Newton; par exemple, que les corps parcourent en tombant 15 pieds dans la prémière seconde, & qu'à des distances différentes du centre de la Terre le même mobile n'auroit pas le même dégré de vitesse accélératrice.*

Il y a ici trois fautes. *Newton* n'a point trouvé par expérience que les corps tombent de 15 pieds dans la prémière seconde; c'est *Huyghens* qui a déterminé cette chute dans ses beaux Théorêmes de Pendule.

Secondement, ce n'est qu'à des distances très-considérables & inaccessibles aux hommes que cette différence seroit sensible.

Troisiêmement, cette différence de la force accélératrice à des distances différentes n'est fondée sur aucune expérience, mais sur une démonstration Géométrique. Voilà les bévûës où l'on s'expose, quand on veut juger de ce qui n'est pas à notre portée.

V.

Nombre 17. L'Observateur rappelle une ancienne dispute litteraire, entre Monsieur *Dacier* & le Marquis de *Sevigné*, au sujèt de ce passage d'*Horace*.

Difficile est propriè communia dicere.

Il raporte le Factum ingénieux de Mr. de Se-

Sevigné; & pour Mr. Dacier, dit-il, il se défend en Savant, c'est tout dire : des expressions maussades & injurieuses sont les ornemens de son érudition.

Il y a dans ce discours de l'Observateur trois fautes bien étranges.

Premierement, il est faux que ce soit le caractère des Savans du siècle de *Louis* XIV, d'emploïer des injures pour toutes raisons.

Secondement, il est très-faux que Mr. *Dacier* en ait usé ainsi avec le Marquis de *Sevigné*, il le comble de louanges, & il conclut son Mémoire par lui demander son amitié : apparemment que l'Observateur n'a pas lû cet Ecrit.

Troisiemement, il est indubitable que *Dacier* a raison pour le fond, & qu'il a très-bien traduit ce vers d'*Horace*.

Difficile est propriè communia dicere.

Il est très-difficile de bien traiter des sujèts d'invention; car, si vous mettez sous les yeux du Lecteur la phrase entière d'*Horace*, vous verrez que la fin explique le commencement.

Difficile est propriè communia dicere; tuque,

Rectius Iliacum carmen deducis in actus,

Quam si proferres ignota indictaque primus.

Il est difficile de bien traiter un sujèt d'invention, & vous composerez plus aisément une Tragédie tirée de l'Iliade, que de votre tête.

Voila qui fait un sens clair & qui prouve, que *commune* veut dire en cet endroit *infactum*, un sujèt neuf.

Ainsi l'Abbé *Des-Fontaines* n'a pas entendu *Horace*; n'a pas lu l'écrit de Mr. *Dacier* qu'il critique, & a tort dans tous les points.

V I.

Nombre 261, &c. Il dit que *Ciceron* est moins serré que *Sénèque*, & que *Sénèque* est plus *verbeux*. Peu importe, à la verité, au Public qu'on ait tort ou raison sur cette bagatelle : mais les jeunes gens, qui étudient, seroient trompés s'ils croïoient que *Sénèque* exprime sa pensée en plus de mots que *Ciceron* ; car, c'est ce que signifie *verbeux* : il n'y a personne qui ne sache que le défaut de *Sénèque* est d'être, au contraire, trop précis dans ses expressions.

V I I.

Même nombre. *Si les Anglois, dit-il, continuënt d'encenser encore leur Vuide, & d'attribuer de merveilleuses proprietés au Néant, &c.*

Qui a jamais dit que Mr. *Newton* ait encensé le Vuide ? Cette expression est très-mauvaise en tous sens. Il est faux que Mr. *Newton* ait attribué de merveilleuses proprietés au Vuide ; il a démontré que les Corps, & non le Vuide, agissent à des distances immenses les uns sur les autres, dans un milieu non résistant. Il faudroit au moins se faire informer de l'état de la question avant d'insulter de Grands Hommes, dont on n'a ni lû, ni pû lire les Ouvrages.

VIII.

Nombre 87. Il se fait écrire une Lettre par un *Anglois* pour se louer lui-même, & il se fait proposer dans cette Lettre de faire une nouvelle édition d'un Libelle de sa façon, intitulé, *Dictionnaire Néologique* : ce Libelle est l'Ouvrage auquel il donne le plus d'éloges dans sa Gazette Littéraire, il est bon qu'on sache que ce Dictionnaire Néologique est une Satyre dans laquelle on prend la peine inutile de relever des fautes connuës de tout le monde, & de critiquer de très-belles choses à la faveur des mauvaises qu'on reprend. C'est un Libelle où l'Auteur veut faire passer sa fausse monnoïe parmi la bonne, qui n'est pas de lui. Je vais en donner quelques exemples.

Mr. *de Fontenelle* dans ses Eloges des Académiciens, Livre plein d'esprit & de raison, & qui rend les Sciences respectables, dit, dans l'Eloge de Mr. de Varignon : *Nos journées passoient comme des momens, grace à ces plaisirs, qui ne sont pourtant pas compris dans ce qu'on appelle ordinairement les plaisirs. Nous parlions à nous quatre une bonne partie des différentes langues de l'Empire des Lettres, & nous nous sommes dispersez de-là dans toutes les Académies.*

Ailleurs il dit très-à-propos.

N'est-il pas juste en effèt que la Science ait des ména-

ménagemens pour l'Ignorance, qui est son ainée, & qu'elle trouve toûjours en possession?

※

MALBRANCHE fait un partage si nèt entre la Raison & la Foi, & assigne à chacune des objèts si séparés, qu'elles ne peuvent plus avoir aucune occasion de se brouiller.

※

ON ne feroit pas tout ce que l'on peut, sans l'espérance de faire plus qu'on ne poura.

※

IL ne s'instruisoit pas par une grande lecture, mais par une profonde méditation; un peu de lecture jettoit dans son esprit des germes de pensées que la méditation faisoit ensuite éclore, & qui raportoient au centuple. Il devinoit quand il avoit besoin, ce qu'il eût trouvé dans les Livres; & pour s'épargner la peine de les lire, il se les faisoit lire.

※

IL sembloit ne plus voir par ses yeux, mais par sa raison seule; la persuasion artificielle de la Philosophie, quoique formée par de longs circuits, égaloit en lui la persuasion la plus naturelle; & causées par les impressions les plus promptes & les plus vives: les autres croient ce qu'ils voient; pour lui ce qu'il croïoit, il le voïoit.

※

MR. DE VARIGNON m'a fait l'honneur de
me

me léguer tous ſes papiers par ſon teſtament, j'en rendrai au Public le meilleur compte qu'il me ſera poſſible: du reſte je promets de ne rien détourner à mon uſage particulier des Tréſors que j'ai entre les mains, & je compte que j'en ſerai cru; il faudroit un plus habile homme pour faire ſur ce ſujèt quelque mauvaiſe action avec quelque eſpérance de ſuccès.

Ce ſont-là les morceaux qu'un Ecrivain tel que l'Abbé *Des-Fontaines* oſe eſſaïer de tourner en ridicule. Le plus grand des ridicules eſt aſſurément d'en vouloir donner à ceux à qui on eſt ſi prodigieuſement inférieur.

IX.

Dans ce même Dictionnaire Néologique, il reprend, *génie conſéquent, eſprit conſéquent*: il ne ſait pas que c'eſt une expreſſion très-juſte & très-uſitée.

Il veut tourner en ridicule ces Vers de feu M. de la *Motte*, ſous prétexte que dans *Richelet* le mot de Contemporain n'eſt pas féminin.

> D'une eſtime contemporaine
> Mon cœur eût été plus jaloux;
> Mais hélas! elle eſt auſſi vaine,
> Que celle qui vient après nous.

Il trouve impertinens ces deux Vers très-ſenſés.

B

Et notre être même est un point
Que nous sentons sans connoissance....

Il ridiculise encore cette belle expression de Mr. *Racine* le Fils dans une Epitre Didactique.

Les signes du plaisir, les couleurs de la joïe.

Il ne voit pas que dans cette expression il y a à la fois de la verité & de l'imagination, & que par conséquent elle est belle.

Il reprend le Père *Catrou*, d'avoir dit que les Pourceaux *paissent le Gland*, & il ajoûte qu'ils paissent encore quelque chose qu'il ne faut pas dire. C'est ainsi, qu'avec la plus basse des grossieretés, il reprend une expression noble; mais revenons aux observations.

X.

Nombre 197. En faisant l'extrait d'une certaine Harangue Latine de Mr. *Turretin*, il se plaint *de la disette des Mécènes*, & de la malheureuse situation des Savans. Et il répete cette plainte dans tous ses livres.

Il devroit savoir que jamais les Sciences n'ont été plus encouragées en *France*. Le Voïage au Pôle & à l'Equateur, entrepris à de si grands frais, les Pensions données à Mr. de *Reaumur*, à Mr. de V***., à nos meilleurs Auteurs, & en dernier lieu à Mr. de *Crébillon*, en sont une preuve. Il est vrai
qu'un

qu'un homme, qui n'a de mérite que celui de la Satyre, est très-méprisé parmi nous, & est souvent puni au-lieu d'être récompensé. Et cela est très-juste.

XI.

NOMBRE 185. Un homme de goût avoit trouvé peu de justesse dans cette phrase de l'Oraison Funèbre de la Reine d'*Angleterre* par Mr. *Bossuet*; *l'Angleterre est plus agitée en sa terre & en ses ports même que l'Ocean qui l'environne.* Il est clair qu'*agitée en sa terre* n'est pas une bonne expression; il est clair que s'il y a de l'agitation, elle doit être dans les ports, comme au milieu des terres, & que cette phrase n'est pas digne de l'éloquent & admirable Mr. *Bossuet*.

L'OBSERVATEUR se moque du goût de celui qui a repris avec raison cette phrase; ainsi l'Observateur se trompe, & quand il approuve & quand il condamne.

XII.

NOMBRE 202. En rendant compte du Voïage de Messieurs les Académiciens au Cercle Polaire: *Venus*, dit-il, *a été observée au Méridien au-dessous du Pôle*. Il ignore qu'une Planette n'est ni au-dessus ni au-dessous du Pôle, mais toûjours dans le Zodiaque, & tantôt Septentrionale, tantôt Méridionale. Il ne falloit pas changer les expressions de Mr. de *Maupertuis*, pour lui faire dire une telle absurdité, quand on ignore les choses dont on parle, il faut copier mot-à-mot, les Gens du métier, ou se taire.

XIII.

Nombre 88. Il fait l'éloge d'une Ancienne Gazette intitulée, le Nouvelliste du Parnasse, & il la compare modestement aux prémiers Journaux des Savans, parce qu'elle est de lui; ce n'est pas la moins considérable de ses fautes.

XIV.

Nombre 200. Tom. 14. Il proteste sur son honneur, qu'il n'a point écrit contre les Médecins de *Paris*; mais en 1736, il protesta sur son honneur à Mr. l'Abbé d'*Olivet*, dans une Lettre lue publiquement à l'Académie Française, qu'il n'avoit point eu de part au Libelle contre plusieurs Membres de cette Académie; cependant il fut convaincu à la Chambre de l'Arsenal, d'avoir vendu trois Louis au Libraire *Ribou*, ce Libelle qu'il avoit désavoué sur *son honneur*; il fut condamné, & n'obtint que très difficilement sa grace.

XV.

Nombre 190. Il dit en parlant d'une Epitre sur l'égalité des conditions, qu'*il y a des maux légers & des maux insuportables dans la vie*: on le sait bien. *Mais où est donc l'égalité*

de

des conditions? dit-il; il n'a pas compris que les accidens de la vie ne sont pas des conditions. Une maladie incurable, ou bien le mépris & la haine du Public ne sont attachés à aucune condition, mais dans tous les Etats, on peut être méchant, méprisé & misérable : il dit dans la même feuille qu'après la mort du Maréchal d'*Ancre*, le Peuple se repentit de sa barbarie & lui rendit justice. C'est un fait absolument faux, le Peuple ne donna aucun signe de repentir. Dans la même feuille, il raporte ces vers connus.

<blockquote>
Le bonheur est le port où tendent les humains,

Les écueils sont fréquens, les vents sont incertains;

Le Ciel pour aborder cette rive étrangère

Accorde à tout mortel une barque légère.
</blockquote>

SI *ce Port du Bonheur*, dit-il, *est une rive étrangère, le bonheur n'est donc plus dans moi*. C'est raisonner très-mal; car l'art du Pilote est dans moi, & on n'est heureux qu'autant que l'on conduit sagement sa barque; un médisant, un ingrat, un calomniateur, un homme qui a des mœurs infâmes, conduit sa barque très-mal, & son malheur est dans lui.

XVI.

NOMBRE 166. Je prens toûjours ces feuilles sans ordre, & la suite de Numero est inutile, puisque cet Ouvrage est sans aucune liaison : voici une preuve de son bon goût. *On m'a envoié*, dit-il, *depuis peu, une très-belle Ode, on y fait ainsi parler les Déïstes*.

Ils ont dit, de mille chimères,
Une absurde combinaison,
Un tissu de sombres mistères
Ne tient pas devant la raison.
Tranquille au haut de l'Empirée
Par cette interprête sacrée.
Dieu daigna se manifester.
Loin de nous tout Dogme apocrife,
La raison, voilà le Pontife,
L'Apôtre qu'il faut écouter.

Toute l'Ode est dans ce stile, & c'est-là le stile de l'Observateur dans un gros recueil de Vers de sa façon, qu'il a donné *incognitò* au Public ; mais il dit que c'est ainsi qu'il faut écrire.

XVII.

Nombre 171. C'est avec le même goût qu'il donne les Vers suivans pour une belle traduction de ces Vers d'*Horace*.

Versus inopes rerum nugæque canoræ
Un emphatique & burlesque étalage,
D'un faux sublime enté sur l'assemblage,
De ces grands mots, clinquants de l'Oraison,
Enflez de vent & vuides de raison.

Nous n'avons guères de plus mauvais Vers
dans

dans notre langue; figurez-vous ce que c'est qu'un *Clinquant enflé* de vent, *étalage burlesque* enté sur un assemblage: nous dirons en passant que ce stile Marotique, qui rassemble les expressions de tous les genres, est monstrueux quand il s'agit de parler sérieusement.

    Ce jargon dans un Conte est encore suportable,
    Mais le vrai veut un air, un ton plus respectable,
    Le sage Despreaux laisse aux esprits mal faits;
    L'art de moraliser du ton de Rabelais.

Ces Vers d'un de mes amis sont un peu plus raisonnables, & doivent servir à faire voir le misérable abus du stile Marotique dans des Ouvrages qui demandent une éloquence véritable.

XVIII.

Nombre 136. C'est avec le même goût, la même intelligence qu'il blâme *Horace* d'une chose qu'*Horace* n'a jamais pensé.

Horace a eu tort, dit-il, de s'exprimer ainsi en parlant du siècle d'*Auguste*.

Venimus ad summum fortunæ, pingimus, atque
Psallimus, & luctamur, Achivis doctius unctis.

Le sens de ces Vers est, *nous sommes donc à ce compte supérieurs en tout; la Peinture, la Musique, la Lutte, sont donc plus perfectionnez*
chez

chez nous que chez les Grecs? Qui osera le dire? Tous les bons Traducteurs d'*Horace* ont rendu ainsi ces Vers, & il est impossible qu'ils aient un autre sens.

Horace n'a point eu tort de dire, comme le prétend le Sieur *Des-Fontaines*, que les Romains l'emportoient sur les Grecs; car il dit expressément le contraire. Si quelqu'un, par exemple, disoit: *ce mauvais critique est un Despreaux, un Petau, un Varron*, ne devroit-on pas voir qu'il parleroit ironiquement?

XIX.

Dans le même nombre, par un autre excès d'ignorance, il dit, que les Peintres n'étoient que Barbouilleurs du tems d'*Horace*, & il le dit sans aucune preuve. Nous avons des Statues de ce tems-là faites par des Romains, leur beauté prouve que l'Art du Dessin étoit très-connu, & on sait que la Peinture est toujours en honneur quand la Sculpture est perfectionnée; car ce sont deux branches de l'Art du Dessin.

XX.

C'est avec la même justesse d'esprit, que louant, nombre 73, un Satirique de nos jours, il fait un long éloge de trois Epitres écrites dans un stile barbare, & pleines de choses communes dites longuement.

Quel Lecteur peut supporter, par exemple, que *Rousseau* traduise en onze Vers, & quels Vers! cette seule ligne d'*Horace*.

Omne tulit punctum qui miscuit utile dulci.

Quel

Quel Auteur donc peut fixer leurs génies?
Celui-là seul qui formant le projet
De réunir & l'un & l'autre objet,
Sait rendre à tous l'utile délectable
Et l'attraïant utile & profitable.
Voilà le centre & l'immuable point,
Où toute ligne aboutit & se joint.
Or ce grand but, ce point mathématique,
C'est le vrai seul, le vrai qui nous l'indique;
Tout hors de lui n'est que futilité,
Et tout en lui devient sublimité.

Despreaux a dit, *le vrai seul est aimable*; qui peut souffrir qu'on allonge ainsi cette vieille pensée?

Dans ton histoire est un sublime essai,
Où tout est beau, parce que tout est vrai,
Non d'un vrai sec & crûment historique.

C'est insulter au Public que d'ôser prodiguer de l'encens à de si mauvais Vers.

XXI.

Je tombe dans le moment sur le Nombre 139. *L'idée de Mr. de Mairan*, dit-il, *est imitée du système de Mr. Newton sur la lumière*. Il faut lui apprendre que jamais *Newton* n'a fait de systême sur la lumière, il a donné un recueil d'expériences & de démonstrations Mathématiques sans autre ordre que celui dans lequel il a fait ses expériences : parler de ces découvertes comme d'un systême, c'est comme si on disoit, *le systême d'*Euclide.

XXII.

Dans le même Nombre, après avoir fait si mal le Phisicien avec *Newton*, il fait le Musicien avec *Rameau*, & il accuse son Livre d'être *inutile, parce qu'il est vrai* : il voudroit que Mr. *Rameau* eût plus de goût, & il l'insinuë souvent ; il devoit se souvenir de la Fable d'un certain Animal pésant & à longues oreilles, qui se plaignoit du peu d'harmonie du Rossignol.

XXIII.

I L *s'est transporté*, dit-il, Nombre 147, dans une maison où il a vû agir une Pompe qui élève cent mille muids d'eau par jour à la hauteur de 130 pieds, avec peu d'effort & de dépense ; il est bon qu'il sache que quand on voit ainsi, on est très-peu propre à faire voir aux autres. S'il avoit la moindre connoissance des Méchaniques, il auroit sû que le produit de la force par la vitesse ou par l'espace parcouru, est toûjours égal au produit de la résistance, par la vitesse ou l'espace parcouru ; que pour élever à 130 pieds cent mille muids d'eau par jour, il faudroit à chaque seconde élever

le

le poids d'environ 648 livres; que la force d'un homme pour élever des fardeaux, n'est estimée que vingt-cinq livres, & celle d'un cheval cent soixante-quinze; que le chemin ou la vitesse de ces fardeaux est de trois pieds par seconde dans la main des hommes ou avec le pas des chevaux; qu'enfin, suivant ce calcul, en allouant encore très-peu de chose pour les frottemens; il faudroit la valeur de la force de 1500 hommes ou de 200 chevaux par seconde pour faire réussir cette machine. On ne peut que louer l'effort d'un bon Citoïen qui cherche à rendre service à l'Etat par des Machines nouvelles; mais on ne peut que rire d'un Journaliste qui fait le savant, & qui dit de telles sottises.

XXIV.

Au Nombre 52, l'Auteur des Observations s'avise de parler de Guerre; il a l'insolence de dire que feu Mr. le Maréchal de *Tallard* gâgna la Bataille de *Spire*, contre toutes les règles, par une méprise, & parce qu'il avoit la vûë courte: *Circonstance*, dit-il, *qu'il savoit il y a long-tems*. Il faut apprendre à cet homme, ci-devant Jésuite & Curé, ce que c'est que la Bataille de *Spire*. Voici ce qu'en dit dans une de ses Lettres un des meilleurs Lieutenans-Généraux qu'aît eu la *France*.

M<small>r</small>. *le Maréchal de* Tallard *aïant assiegé Landau,* Mr. *le Prince de* Hesse *&* Mr. *de Nassau-Neubourg à la tête de l'Armée des Alliés, forçèrent plusieurs marches pour secourir la Ville;*

Ville : Je marchois cependant pour joindre l'Armée du Siège, & il étoit à craindre que les Alliés se portant entre Mr. de Tallard & moi, ne lui coupassent les vivres. La situation étoit embarassante, les Ennemis n'avoient plus que deux marches à faire pour attaquer Mr. de Tallard ; il prit sa résolution sur le champ : il m'envoïe dire de marcher en toute diligence avec ma Cavalerie, vers les Spireback, que les Ennemis passoient ; & il fait lui-même deux marches forcées pour aller attaquer ceux qui comptoient le surprendre : un Espion, auquel il donna mille écus, l'instruisit de l'état de l'Armée ennemie ; je le joignis avec deux mille chevaux, mon Infanterie suivoit. Nous arrivâmes au Spireback dans le tems que les Généraux alliez étoient à table. Leur Armée se rangea en Bataille avec beaucoup de confusion, & nous fondîmes sur eux pendant qu'ils se formoient, quoique toutes nos Troupes ne fussent pas arrivées. Je n'ai jamais vû tant de célérité dans l'exécution : les Ennemis firent un grand feu & obligèrent même Mr. de Puignion de reculer à la droite ; mais Mr. le Maréchal fit charger la Baïonnette au bout du fusil, méthode excellente & qui nous réussit presque toûjours ; alors les Ennemis ne firent plus aucune résistance.

Eh bien, Mr. le Journaliste est-ce là gagner une Bataille par méprise ? Mr. de Feuquières, ennemi personnel de Mr. de Tallard, a pû le dire, il a fait, par envie, ce que vous faites par ignorance.

XXV.

L'OBSERVATEUR, Nombre 69, parle de
Vers

Vers comme de Guerre & de Philosophie; il critique ce Vers de Mr. *Greſſet*.

Au ſein des Mers, dans une Iſle enchantée.

L*e ſein de la Mer*, dit-il, *ne peut s'entendre de ſa ſurface*. Il devroit au moins ſavoir qu'en Poëſie on dit, *au ſein des Mers*, au-lieu d'*au milieu des Mers*; au ſein de la *France*, au-lieu d'au milieu de la France; *au ſein des beaux Arts*, dont on médit; au ſein de la baſſeſſe, de l'envie, de l'ignorance, de l'avarice, &c.

XXVI.

N*ombre* 8. On m'aporte dans le moment cette feuille, elle eſt curieuſe & mérite une attention ſingulière; voici comme il parle d'un Livre intitulé, *Le petit Philoſophe: J'en ai trop dit pour vous faire mépriſer un Livre qui dégrade également l'eſprit & la probité de l'Auteur; c'eſt un tiſſu de ſophiſmes libertins forgés à plaiſir pour détruire les principes de la Morale, de la Politique & de la Religion. Comment pouvoit-on être ſéduit par un Écrivain qui franchit toutes ſortes de bornes, & qui avouë d'un air cavalier, qu'il n'a étudié que dans les Caffez & dans les Cabarèts.*

N*e* croiroit-on pas ſur cet expoſé, que cet Ouvrage intitulé, *Le petit Philoſophe*, ou *Alciphron*, eſt le produit de quelque Coquin enfermé dans un hôpital pour ſes mauvaiſes mœurs? On ſera bien ſurpris quand on ſaura que c'eſt un livre ſaint, rempli des plus forts argumens contre les Libertins, compoſé par Mr.

Mr. l'Evêque de *Cloyne*, ci-devant Miſſionnaire en *Amérique*. Celui qui a fait cet infâme portrait de ce Saint Livre, fait bien voir par-là, qu'il n'a lû aucun des Livres dont il a la hardieſſe de parler.

XXVII.

Ayant lû dans ces Obſervations pluſieurs traits contre Mr. de V***, & une Lettre qu'il ſe vante que Mr. de V*** lui a écrite, j'ai pris la liberté d'écrire moi-même à Mr. de V*** ſans le connoître ; voici ce qu'il m'a répondu.

Je ne connois l'Abbé Guiot des-Fontaines que parce que Mr. Tiriot l'amena chez-moi en 1724, comme un homme qui avoit été ci-devant Jéſuite, & qui par conſéquent étoit un homme d'étude ; je le reçus avec amitié, comme je reçois tous ceux qui cultivent les Lettres. Je fus étonné au bout de quinze jours de recevoir une Lettre de lui, datée de Biſcêtre où il venoit d'être renfermé. J'appris qu'il avoit été mis trois mois auparavant au Châtelet pour le même crime dont il étoit accuſé, & qu'on lui faiſoit ſon procès dans les formes. J'étois alors aſſez heureux pour avoir quelques amis très-puiſſans, que la mort m'a enlevez. Je courus à Fontainebleau, tout malade que j'étois, me jetter à leurs pieds, je preſſai, je ſollicitai de toutes parts ; enfin j'obtins & ſon élargiſſement, & la diſcontinuation d'un procès où il s'agiſſoit de la vie, je lui fis avoir la permiſſion d'aller à la campagne chez Mr. le Préſident Bernière mon ami. Il y alla avec Mr. Tiriot : ſa-

vez-vous ce qu'il y fit? un Libelle contre moi. Il le montra même à Mr. Tiriot qui l'obligea à le jetter dans le feu; il me demanda pardon, en me disant que le Libelle étoit fait un peu avant la date de Biscêtre; j'eus la foiblesse de lui pardonner, & cette foiblesse m'a valu en lui un ennemi mortel, qui m'a écrit des Lettres anonimes, & qui a envoïé vingt Libelles en Hollande contre moi. Voilà, Monsieur, une partie des choses que je peux vous dire sur son compte, &c.

Je ne crois pas qu'une pareille Lettre ait besoin de commentaire, aussi je n'en ferai point.

XXVIII.

On m'apporte le nombre 17, le Satirique Auteur essaïe d'avilir la Mérope du Marquis Maffei. Cette Tragédie a sans doute des défauts? mais ce n'est pas ceux que le Satirique lui reproche. Il traduit *gentile aspetto* aspect aimable, par *jolie figure*; *genitori innocenti*, les Auteurs vertueux de mes jours, par *mes parens gens de bien*; *Ben complesso*, taille avantageuse, par *bonne complexion*; ainsi dans une Traduction que ce Critique fit en François d'un Ouvrage Anglois de Mr. de V***, il prit le mot *Kake*, qui signifie gâteau, pour le Géant *Cacus*. Il est plaisant, il le faut avouer, qu'un pareil homme s'avise de juger des autres.

XIX.

Voici les expressions qu'on me fait voir dans ses feuilles; *la fréquence fastidieuse d'un Clinquant Métaphysique.*

Les rustiques Contempteurs qui méprisent les *révolutions de Pologne* ; Le second Gulliver. *Le Nouvelliste du Parnasse*, &c.

※

Un sage Militaire enchanté d'un Auteur connu par les admirables *saillies d'une délicate inintelligibilité*.

※

Une Hipocrisie corporifiée par la grace.

※

La Nouvelle Faculté d'un Esprit paradoxal érigé dans le beau monde.

※

Un Savoïard qui décrotte des lambeaux de Métaphisique.

※

La Vérité *habilement distilée* par un Avocat Général, qui en tire l'essence du Problématique Judiciaire.

Je n'en copierai pas davantage, je me contenterai de demander s'il sied bien à l'Auteur de ce galimatias plein de bassesse, d'insulter au stile de Mr. de *Marivaux*, & à tant d'autres.

XXX.

Je crains de fatiguer le Public par les citations d'un Ouvrage, dont les feuilles sont oubliées à mesure qu'elles paroissent. Je crois que le peu que j'ai dit, servira de *Préservatif*. Je continuerai si la chose est nécessaire ; j'avertis

vertis, en attendant, que le même Auteur donne sous main, depuis quelque tems, une autre brochure intitulée, *Réfléxions sur les Ouvrages de Littérature.* On dit qu'il combat souvent, dans cette feuille, ce qu'il a dit dans *les Observations.* Cela fait souvenir de Gens d'une profession à peu près semblable, qui font semblant de se battre pour ameutter les passans: n'est-il pas déplorable de voir un tel brigandage dans les Lettres?

Fin du *Préservatif.*

LA VOLTAIROMANIE.

Lettre d'un jeune Avocat en forme de Mémoire, en réponse au Libelle du Sr. de V*** intitulé le Preservatif, *&c.*

C'ETOIT naturellement à Mr. l'Abbé *D. F.* à répondre au Libelle q. V***. vient de publier contre lui. Mais le voïant, Monsieur, résolu à ne jamais se départir de la douceur & de la modération, qu'il a jusqu'ici fait paroître à l'égard de ce Poëte, & considérant d'ailleurs qu'il est d'un âge & d'un caractère, qui pardonnent trop aisément les injures, je me suis d'autant plus volontiers chargé de sa défense, que les liens de l'estime, de l'amitié, & de la plus vive reconnoissance m'attachent à lui pour toûjours. Trouvant aujourd'hui l'occasion d'éxercer, pour une si bonne cause, un foible talent, que j'ai consacré depuis peu au Barreau, je vais punir, seulement avec ma plume, un homme accoûtumé à être autrement païé de ſes ſottiſes.

L'infame Ecrit du Sieur V***, dont le Sçeau eſt imprimé ſur chaque page & à chaque ligne, fait horreur à tous les gens de probité, & ne réjouit que ſes ignobles Partiſans. * Il ne manquoit plus que ce trait affreux à la Renommée d'un Ecrivain téméraire, pour qui ni les mœurs, ni la bienſéance, ni l'humanité, ni la vérité, ni la Réligion n'ont jamais eu rien de ſacré. Son ignorance & ſa déraiſon ont plus d'une fois donné des ſcènes au Public; mais la Critique, qu'il a inſérée dans ſon Libelle, de quelques endroits des Ouvrages de Mr. l'Abbé *D. F.*, eſt preſqu'en tout ſi pitoïable & ſi folle, qu'on peut à peine la concevoir. Ce ſeroit donc perdre ſon tems, que d'entreprendre de la réfuter. Il ſuffit de dire, que c'eſt un eſprit faux, en matière de ſcience, comme en matière de goût; & quelqu'un a dit avec vérité, que tout ſon mérite bien apprécié, étoit à peu près celui d'un Violon.

Quoique ſon dernier Libelle ſoit écrit (comme tout ce qu'il a publié juſqu'ici en proſe) ſans jugement, ſans ſoin, ſans ſuite, ſans ſtile, & que toutes ſes petites objections ſoient dépourvûës de lumières & de bon ſens,

je

---

* Tel eſt le Poliçon, Editeur connu, & Colporteur intéreſſé, de toutes les rapſodies de V***; ou un certain petit Abbé *Normand*, qui a eu le front de porter le Libelle dont il s'agit, dans des Maiſons où va l'Abbé *D. F.* En conſéquence de quoi, le petit Abbé *Normand* a reçu défenſe d'y remettre le pied.

je répondrois peut-être à ce qui concerne le Littéraire, s'il ne s'étoit tout-à-fait rendu indigne de cet honneur, par l'insolence de sa plume. D'ailleurs, comment raisonner avec un homme, à qui l'orgueil & la rage tiennent lieu de raison?

Un Ecrivain un peu sensé se seroit-il livré à de pareils excès? Quand Mr. l'Abbé *D. F.* seroit tel, qu'il a l'audace de le dépeindre, s'ensuivra-t-il que V***. est un honnête-homme, & un grand Auteur? Passera-t-il moins, chez tous les connoisseurs, pour ignorer absolument le Théatre, où il n'a jamais été applaudi, que pour la vaine harmonie de ses pompeuses tirades, & pour sa hardiesse satyrique ou irréligieuse *? Sa *Henriade* sera-t-elle moins un cahos éblouissant, un mauvais tissu de fictions usées ou déplacées, où il y a autant de prose que de vers, & plus de fautes contre la langue que de pages? Poëme sans feu, sans invention, sans goût, sans génie. Son *Temple du Goût* sera-t-il moins la production d'une petite tête yvre d'orgueil? Son *Charles XII* ne passera-t-il pas toûjours pour l'ouvrage d'un Ignorant étourdi, écrit dans le goût badin d'une Caillette bourgeoise, qui bro-

---

* *V***.* avouë au commencement de son Epitre à Madame *du Châtelet*, qui est à la tête de son *Alzire*, que cette *Piéce est un de ces Ouvrages de Poësie, qui n'ont qu'un tems, qui doivent leur mérite à la faveur passagère du Public, & à l'illusion du Théatre, pour tomber ensuite dans la foule & l'obscurité.* V***. annonce ici lui-même le sort de tous ses Ouvrages. On ne dit rien de son Plagiat scholastique & continuel: on sait que ses plus beaux habits sont de la friperie.

brode des avantures? Mauvais Roman! Encore les Romanciers se piquent-ils de suivre la Géographie, & de ne point démentir les faits connus. Ses *Lettres*, où il a osé porter ses extravagances jusqu'à l'Autel, le tiendront-elles moins éloigné de *Paris* toute sa vie, dans l'appréhension des recherches dangereuses, ordonnées par le sage & juste Arrêt du Parlement, qui a condamné ce monstrueux Ouvrage au feu? Malgré les déclamations & les airs triomphans de sa profonde ignorance, *les Elémens de la Philosophie de Newton*, seront-ils jamais autre chose que l'ébauche d'un Ecolier qui bronche à chaque pas, & qu'un livre ridicule, dans l'une & l'autre édition presque simultanées: Livre, qui a rendu son présomptueux Auteur la risée de la *France* & de l'*Angleterre* *. Enfin, V*** sera-t-il moins un homme deshonoré dans la Société civile, par ses lâches impostures, par ses fourberies, par ses honteuses bassesses, par ses vols publics & particuliers, & par sa superbe impertinence, qui lui a attiré jusqu'ici de si flétrissantes disgraces **?

Tout

---

* Il y a deux Lettres de *Londres*, à ce sujet. Dans l'une, on mande que le Livre de V***. sur la Philosophie de *Newton*, qu'il n'entend point, y est sifflé comme à *Paris*; dans l'autre, *qu'il faut que V*** soit fou, au propre.*

** 1°. Le digne châtiment qu'il reçut à *Séve* dans le tems de la Régence, châtiment, dont il se crut bien dédommagé par les mille écus que son avarice reçut, pour consoler son honneur. 2°. Le célèbre traitement de la Porte de l'Hôtel de *Sully*, en conséquence duquel il fut chassé de *France*, pour les folies que cette noble bastonade

Tout le monde fait que Mr. l'Abbé *D. F.* n'a rien fait qui ait mérité la haine & la fureur du Sieur V***. Il l'a toûjours ménagé dans fes Ecrits, & depuis même la publication de fon injurieux Libelle, il a parlé de fa Tragédie de *Zaïre*, avec une politeffe & une honnêteté, à laquelle on n'avoit pas droit de s'attendre. Jamais le Stoïcifme n'a femblé porter fi loin l'infenfibilité. La modération & la charité conviennent à une perfonne de fon état; mais fes amis ne font pas obligés aux mêmes égards, envers un Calomniateur.

N'est-il pas bien étrange que celui, qui joüe aujourd'hui un fi odieux rolle, à l'égard de deux perfonnes diftinguées dans la République des Lettres, je veux dire Mr. l'Abbé *D. F.* & l'illuftre *Rouffeau*, foit celui-là même qui a dit gravement dans la Préface de fa Tragédie d'*Alzire*: „ Il eft bien cruel, bien
„ honteux pour l'efprit humain, que la Littérature foit infectée de ces haines perfon-
„ nelles, de ces cabales, de ces intrigues, qui
„ devroient être le partage des Efclaves de la
„ Fortune. Que gagnent les Auteurs, en fe
„ déchirant cruellement? Ils aviliffent une
„ profeffion, qu'il ne tient qu'à eux de rendre refpectable. Faut-il que l'art de pen-
„ fer,

---

nade lui fit faire. 3°. Baftonade encore à *Londres*, de la main d'un Libraire *Anglois*; accident douloureux, qui lui fit folliciter vivement & obtenir la grace de revenir en *France*. C'eft ainfi que le même fléau, qui l'en avoit fait fortir, l'y a fait rentrer, pour y effuïer plufieurs autres affronts d'une autre efpèce. Quand fera-t-il raffafié d'ignominies?

„ fer, le plus beau partage des hommes, de-
„ vient une fource de ridicule, & que les
„ gens d'efprit, rendus fouvent par leurs que-
„ relles le jouèt des fots, foient les Bouffons
„ du Public, dont ils devroient être les Maî-
„ tres?

Quel Prothée que V***! Ne croiroit-on pas en lifant ces paroles, que c'eft l'homme du monde le plus fage, le plus circonfpect, le plus modéré? Ne le prendroit-on pas pour un Caton, pour un homme qui a des mœurs, qui eft à couvert des *haines perfonnelles*, & qui ne cherche qu'à rendre refpectable la profeffion des Lettres? Ne s'imagine-t-on pas qu'il eft incapable de rien faire, qui puiffe lui attirer des réponfes, & le rendre le *jouèt des fots*? Mais cet homme, qui afpire à être *le Maître du Public*, & qui nous donne de fi belles leçons, eft le Philofophe de la Comédie, qui débite la plus belle morale du monde fur la douceur & la modération, & qui à l'inftant fe met en fureur fans fujèt, & en vient aux mains.

Comment n'a-t-il pas rougi de la feule idée de l'horrible Lettre qui eft à la fin de fon Libelle? Croira-t-on que celui, qui fait aujourd'hui un fi honteux reproche à Mr. l'Abbé *D. F.*, eft celui-là même, qui fit fon apologie il y a 13 à 14 ans, & qui démontra dans un petit Mémoire dreffé par lui-même, la fauffeté & l'abfurdité de l'accufation? Il le fit à la follicitation de feu Mr. le Préfident de *Bernières*, qui par complaifance le logeoit alors chez lui, & que V***. ofe appeller

fon

son *ami* *. Mais par quel attachement, ou plûtôt par quelle aveugle partialité, & par quelle profusion de louanges, l'Abbé *D. F.* n'a-t-il pas païé pendant 10 ans un service, qui n'avoit été, du côté de V***, qu'une déference aux volontés de son Hôte & de son Bienfaiteur?

Une réfléxion critique, mais honnête & polie, sur la Tragédie ébauchée de *la mort de César*, & un léger Badinage sur le *Temple du Goût*, ont été érigez par V*** en traits horribles de noirceur & d'ingratitude. Mais s'étant plaint à l'Abbé *D. F.* même, par une Lettre particulière, & de la *Réfléxion* & du *Badinage*, on lui a donné sur cela toute la satisfaction qu'il pouvoit souhaiter. Il en a été très-content, & il l'a écrit à l'Abbé *D. F.* en 1735, dans les termes les plus affectueux & les plus expressifs †. Cependant 15 jours après la date de cette Lettre d'amitié & de réconciliation parfaite, il s'avise d'insulter l'Abbé *D. F.* dans le *Mercure*. On lui demande honnêtement la cause de ce changement subit : Nulle réponse. Il continuë d'insulter l'Abbé *D. F.* par de mauvaises épigrammes qu'il fait courir. On se tait; on méprise l'injure : il redouble; la patience de l'Abbé *D. F.* l'en-

---

* Mr. le Président de *B. ami* de *V****, petit-fils d'un Païsan! La profession d'hommes de Lettres est bien avantageuse. Cet *ami* le chassa de chez lui en 1726, après son discours insolent dans la Loge de la Demoiselle le *Couvreur*.

† La Lettre de V***. à ce sujet, est imprimée dans les *Observations*, Tom. 5.

l'enhardit, & il pousse l'affront jusqu'à l'excès dans des Imprimés scandaleux.

Après cela, il a la folie de prétendre avoir encore des droits sur le cœur de l'Abbé D. F. Ignore-t-il qu'il est de principe dans la Société, que les offenses effacent les bons offices ? A plus forte raison, quand l'offense est très-grande, & que le bon office n'est qu'une justice renduë, & renduë en considération d'un Bienfaiteur, dont on dépend. V***, logé & nourri chez le P. de *Bernières*, allié de Mr. l'Abbé *D. F* *. avoit-il pû se dispenser de faire ce qu'il fit ?

Mais depuis quand est-il permis d'appeller *Procès criminel*, (terme dont V***. a l'effronterie d'user) un ordre précipité du Magistrat de la Police, sur la déposition équivoque d'un Délateur inconnu, & suborné ? Jamais les Ordres respectables du Roi ont-ils flétri l'honneur de ses Sujèts ? Comme la Politique du gouvernement, & l'ordre public éxigent quelquesfois qu'on s'assure, sur un simple avis, de la personne d'un Sujèt, on seroit bien à plaindre, si, dans ces cas, on étoit deshonoré. Eh ! qui est-ce qui n'auroit pas sans cesse à craindre de perdre son honneur ? Aussi un Gentilhomme fut, il y a quelques années, condamné par Messieurs les Maréchaux de *France* à
trois

---

* Feu Mr. le P. de *Bernières* étoit frère, de Père, de Madame la Marquise de *Flavacourt*, & de Madame la Présidente de *Lourcille*, Cousines de l'Abbé *Des-Fontaines*, qui étoit d'ailleurs son ami & son confident. Un Faquin, par ses airs de protection, nous oblige de parler de ces circonstances.

trois mois de Prison, pour avoir fait un reproche de cette nature à un autre Gentilhomme.

Pour ce qui regarde Mr. l'Abbé *D. F.* tout le monde sait que le tour affreux, qui lui fut joué en 1725, par les fougueux & dangereux amis d'un homme qui n'est plus, ne lui a fait aucun tort auprès des honnêtes-gens. Sa Religion & ses bonnes mœurs sont connuës. Après 15 jours d'une disgrace, qu'il n'avoit ni prévuë ni méritée, il fut honorablement rendu à la Societé & à son Emploi littéraire. Le Magistrat de la Police prit la peine de le justifier lui-même, non-seulement aux yeux de sa famille, mais encore par une Lettre qu'il écrivit à Mr. l'Abbé *Bignon*, qui peut s'en ressouvenir *. Quelle douleur le Magistrat ne témoigna-t-il pas plus d'une fois, de s'être laissé trop légerement prévenir, d'avoir été, sans le savoir, l'instrument d'une basse vengeance, & de n'avoir pas connu plûtôt la naissance, le caractère & les mœurs de celui qu'il avoit inconsidérément & indignement maltraité!

Autre trait de malignité & d'injustice de la part du Sieur V***. Il parle dans son Libelle de la fameuse harangue fictive de l'Abbé *S.* pour laquelle l'Abbé *D. F.* fut inquiété au commencement de 1736. Tout le monde sait aujourd'hui que cette Pièce lui avoit été sur-

* *Elle fut luë solemnellement dans l'Assemblée du Journal, & en conséquence l'Ablé* D. F. *fut sur le champ rétabli, par Mr. l'Abbé* Bignon, *qui voulut bien recueillir les voix de l'Assemblée.*

surprise par le Libraire *Ribou*. Comment l'auroit-il vendu trois Louis à un misérable qui mouroit de faim, & n'avoit pas de souliers, & qui est aujourd'hui fugitif pour ses dettes ? D'ailleurs, est-ce que trois pages ont jamais été païées d'avance trois Louis d'or ? Le mensonge est bien grossier. L'Abbé *D. F.* n'a jamais été le Vendeur, ni l'Editeur de cette Pièce ; il n'en a été non plus ni l'Auteur, ni le Copiste. Il ne l'avoit pas même luë entièrement, lorsqu'on la lui déroba. Il est aujourd'hui public qu'il n'y a eu aucune part, & l'on sait d'ailleurs qu'il a toûjours détesté la Satyre personnelle. Le véritable Auteur de cette Pièce n'en fait plus mystère. Mais il n'en étoit pas de même durant le cours de cette affaire fâcheuse. Il auroit couru quelque risque, s'il eût été connu, parce qu'on étoit alors extrêmement aigri contre lui. Il s'étoit fié à l'Abbé *D. F.* qui eut la générosité de lui garder fidèlement le secrèt jusqu'à la fin, & qui aima mieux s'exposer à tout, que de trahir la confiance d'un homme qui avoit compté sur sa probité, & qui par justice & par reconnoissance, a depuis païé tous les frais, que cette affaire a occasionnés. Il n'y a qu'un V*** dans le monde, à qui toutes les vertus sont inconnuës, qui soit capable de tirer de-là un sujèt de reproche & d'invective.

Quand l'Abbé *D. F.* auroit prêté sa plume à une cause aussi belle & aussi importante, que celle des Chirurgiens contre la Faculté, les Ecrits qui ont paru sur ce sujèt, ont été si goûtés du Public, que l'aveu, qu'il en feroit,

ne

ne pourroit que lui procurer beaucoup d'honneur. On auroit beau soupçonner la reconnoissance libérale du Corps, de St. *Côme*: V***, tout riche qu'il est par ses rapines typographiques, ne reçoit-il pas encore le produit de ses Tragédies & de ses éditions? Le reproche sur ce point seroit donc mal fondé. Le titre de *Défenseur* des Droits d'autrui, & la reconnoissance des Parties, n'ont rien qui rabaisse un Ecrivain. Penser autrement, c'est insulter la glorieuse profession d'Avocat. Mais l'Abbé *D. F.* a protesté sur son honneur, à la face du Ciel & de la Terre, qu'il n'est Auteur d'aucun des Ecrits qui ont paru en faveur des Chirurgiens. Sied-il à un homme tel que V***, qui passe sa vie à 40 lieuës d'ici, de lui donner sur cela un démenti public, sans la moindre preuve? L'Abbé *D. F.* est lié d'amitié avec deux ou trois Chirurgiens les plus célèbres de *Paris*, dont il estime également la capacité, le bon esprit & la politesse. Cela a-t-il pû fonder l'imputation de quelques Médecins méprisables, qui l'ont accusé d'être l'Ecrivain de leurs adversaires, & celle de V*** leur imbécille écho?

Qu'après cela, cet habile homme fasse gravement l'éloge des Quakres, qu'il croit mieux connoître que Mr. *Bossuet*, & qu'il a si ridiculement célébrés dans ses *Lettres*. Qu'il canonise un Ouvrage *Anglois* sur la Religion *, dont la Traduction *Françoise* imprimée en *Hollande*, en conséquence du Juge-

---

* *Alciphron*, ou, *le Petit Philosophe*.

gement du Censeur Roïal, Docteur de Sorbonne, n'a point eu l'entrée en *France*, & a été regardée comme un Livre dangereux pour la Foi; Que notre grand Théologien, qui a ôsé censurer les *Pensées de Pascal*, & défier tous les Docteurs de lui prouver l'immortalité de l'Ame, décide que la Religion est solidement défenduë dans l'*Alciphron*: Qu'il traite de plaisanterie l'objection solide qu'un habile Géomètre a daigné lui faire dans les *Observations*, sur sa file de Soldats, dont le vingtième, selon V***, devroit paroître *vingt fois plus petit* que le prémier: * Qu'il trouve admirable cette pensée ridicule & puérile, rapportée dans le *Dictionnaire* Néologique. (*N'est-il pas juste que la science ait des ménagemens pour l'ignorance qui est son aînée, & qu'elle trouve toûjours en possession?*) † Qu'il entreprenne de justifier le Comique romanesque, sérieux & attendrissant jusqu'aux larmes, par l'exemple de la Comédie du *Heautontimorumenos* de *Térence*, où il n'y eut jamais rien de

---

* Si 20 Soldats doivent partager ainsi en 20 parties égales l'angle que forme le raïon visuel, il s'ensuit, selon V***, que l'angle est alors coupé également; V*** a donc trouvé par cette belle opération la *trissection* de *l'angle*. Il dit que le Savant Géomètre s'est moqué de l'Abbé *D. F.* & il ne voit pas que c'est de lui qu'il se moque. Y a-t-il en effet rien de plus risible que le raisonnement d. V***. sur ce point ? On en parlera ci-après.

† Il faudroit aussi par la même raison, que la *Vieillesse respectât la Jeunesse*: car la Jeunesse précède la Vieillesse. On ne devient vieux, qu'après avoir été jeune. V***. admire cet impertinent *concesso*. Quel goût! Toutes les autres citations qu'il rapporte, bien examinées, sont aussi ridicules.

de pareil, & par un Vers d'*Horace*, dont il corrompt le sens grossièrement, puisqu'il ne s'y agit que de la colère d'un Vieillard :

Interdum vocem Comædia tollit,
Iratusque Chremes tumido delitigat ore.

Qu'il impute à l'Abbé *D. F.* les nombreuses éditions faites en *Hollande* & ailleurs de son *Dictionnaire Néologique*; éditions où il n'a aucune part, & que chacun a grossies à son gré*. Qu'il cherisse l'*estime contemporaine* de ses Ecrits, autant qu'il se console des *mépris contemporains* de sa personne : Qu'il éxerce une critique forte & pointilleuse sur le plus bel endroit de la plus belle pièce d'éloquence de Mr. *Bossuet* : Qu'il essaie de justifier, par de pitoïables raisons, les contradictions palpables de sa prémière Epitre *sur le Bonheur*, & qu'il tâche de donner le change au Lecteur, qui n'aura point cette mauvaise Pièce sous les yeux : Qu'enfin il rapporte ce qu'il a cru trouver de plus foible dans les trois Epitres de Mr. *Rousseau*, qui ont paru il y a deux ans, se donnant bien de garde de citer les traits admirables qui le peignent si bien & si agréablement †. Tout cela est naturel à un hom-

---

* L'Abbé *D. F.* ne reconnoît que les deux éditions de *Paris*, 1726.

† Ce qu'il en rapporte comme défectueux, est au-dessus des meilleurs Vers de V***. en ce genre. Le *Claudien*, le *Stace* de notre siècle, n'a garde de goûter la Poësie de notre *Horace*. Le Prosaïque enflé ou lâche, & un style plat ou vuide de sens, c'est le caractère de la plûpart des Vers de l'insensé contempteur de ceux de *Rousseau*.

homme tel que le Sieur de V***, qui fait profeſſion de heurter en tout l'opinion commune des hommes, & de s'éloigner de tout ce qui approche de la droite raiſon. Il a eſſaïé juſqu'ici de renverſer ſucceſſivement le monde Moral, le monde Littéraire, le monde Phiſique *. Qu'attend-on encore de lui?

Je ne dois pas paſſer ſous ſilence trois impoſtures groſſières du Libelle de V***. La prémière eſt que l'Abbé *D. F.* ſelon lui, eſt l'Auteur de certaines Réfléxions périodiques, qui s'impriment à *Paris* toutes les ſemaines chez le Sieur *Briaſſon* Libraire, rue St. *Jaques*. Je ne prétens point rabaiſſer ici cet Ouvrage qui a ſon mérite ; mais en vérité, ſi V***. l'a lû avec un peu d'attention, il faut qu'il n'ait ni diſcernement ni goût, pour ſoupçonner que l'Abbé *D. F.* en eſt l'Auteur. Il peut être permis à certaines gens de prendre le change ; mais qu'un homme de Lettres s'y trompe, cela eſt bien honteux. Il doit diſtinguer les ſtyles, avec les yeux de l'eſprit, comme avec l'œil corporel on diſtingue les caractères de deux différentes écritures. Les Connoiſſeurs, les Gens d'eſprit ne s'y méprennent jamais. Auſſi n'y a-t-il que des hommes ſans Lettres, ou quelques ſots Lettrés, qui aïent attribué les *Réfléxions* périodiques à l'Abbé *D. F.* dont le ſtyle eſt tout différent.

La deuxième impoſture, eſt que V***. ſuppoſe que l'Abbé *D. F.* fait imprimer en *Hollande*

---

* Par ſes *Lettres*, par ſon *Temple du Goût*, par les *Elémens de la Philoſophie de* Newton.

lande vingt Libelles contre lui. L'Abbé *D. F.* m'a protesté, du ton le plus affirmatif, qu'il n'avoit jamais fait imprimer aucun Libelle en *Hollande* ni ailleurs, contre V***. Je ne me suis pas contenté de lui demander sur cela ce qui en étoit ; j'ai écrit en *Hollande*, pour m'informer des Libelles qui ont pû paroître contre V***, depuis quelques années, & l'on m'a répondu qu'il n'en avoit paru aucun: y eut-il jamais une impudence pareille? V*** ne veut point paroître agresseur : il feint qu'on l'a insulté, afin d'avoir droit d'insulter à son tour. Il suppose des Libelles publiés contre lui, qui puissent lui donner lieu d'en publier lui-même *.

C'est aussi dans le même esprit, qu'il a inventé le *Libelle* composé contre lui à la Campagne, chez Mr. de *Bernières*, par l'Abbé *D. F.* qui, si on l'en croit, *le montra à Mr. Tiriot, qui l'obligea à le jetter au feu.* Et c'est la troisième imposture dont il s'agit ici. Mr. *Tiriot* est un homme aussi estimé des honnêtes-gens, que V*** en est détesté. Il traîne, comme malgré lui, les restes honteux d'un vieux lien, qu'il n'a pas encore eu la force de rompre entièrement. Or, on a demandé à Mr. *Tiriot*, qui est cité ici pour témoin, si le fait étoit vrai : & Mr. *Tiriot* a été obligé de dire

---

* C'est le Loup de la Fable qui dit à l'Agneau:
Et je sai que de moi, tu médis l'an passé.
Heureusement le maigre Loup de *Cirey*, ne dévorera pas aisément l'*Agneau*, à qui il en veut. Il y a ici de bons chiens pour lui donner la chasse, à lui, & à tous ses petits Louveteaux affamés.

dire qu'il n'en avoit aucune connoiſſance. On propoſe ici un défi à V***. Le ſéjour à la Campagne chez feu Mr. le P. *Bernières*, eſt dans les vacances de 1725. Si un Libelle imprimé cette année contre V*** éxiſte, qu'on le montre. S'il répond que l'Abbé *D. F.* l'a jetté lui-même au feu, qu'il cite des Témoins. Car aſſurément il ne doit point être cru ſur ſa parole. Mr. *Tiriot*, dit-il, *l'obligea de le jetter au feu.* Et voilà Mr. *Tiriot* qui déclare la fauſſeté du fait. Le Sieur V*** eſt donc le plus hardi & le plus inſenſé des menteurs.

Notre impoſteur a écrit depuis quelques jours des Lettres, où il tâche de faire croire, qu'il n'eſt point l'Auteur du *Préſervatif*, parce qu'on lui a mandé que cet Ecrit étoit trouvé pitoïable par tout le monde, & qu'il faiſoit autant de tort à l'homme d'eſprit qu'à l'homme de probité. Cependant on a entre les mains, dans des Lettres particulières qu'il a écrites, une grande partie de ce que le Libelle contient, & cela conçu dans les mêmes termes; ſur-tout, ſes déclamations & ſes raiſonnemens ſur l'*Alciphron*, ſur les *Quakres*, ſur ſa belle découverte touchant le raïon viſuel, ſur la prétenduë ingratitude de l'Abbé *D. F.* &c. D'ailleurs, qui pourroit méconnoitre la Proſe de V***. ſi remarquable par ſon ſtile fougueux, inéxact, découſu; par ſes penſées vagues, ſans chaux & ſans ciment; enfin par ſon admirable Logique? On connoît de plus l'Editeur & les Colporteurs de ſon Libelle. En faut-il davantage?

Dois-

Dois-je faire mention ici d'un trait impertinent du Libelle de V***, à la pag. 19? *L'Auteur des Observations* (dit V***,) *s'avise de parler de Guerre ; il a l'insolence de dire que feu Mr. le Maréchal de* Tallard, *gagna la Bataille de Spire contre toutes les règles par une méprise, & parce qu'il avoit la vûe courte.* Eh! qui est-ce qui auroit mieux appris le métier de la Guerre à notre Poëte, qu'à l'Abbé *D. F.?* Seroit-ce la belle apparition de V*** au Camp devant *Philipsbourg* en 1734, où ce *Chevalier de la triste figure* apprêta tant à rire à notre Armée? N'est-il pas plaisant de le voir aujourd'hui jouer le personnage de Réparateur des torts? L'Observateur n'a parlé que d'après Mr. le Marquis de *Feuquières*; est-ce l'autorité de V***, ou la *Lettre anonyme* qu'il cite, qui nous détrompera, & qui infirmera le témoignage d'un grand homme de Guerre, qui étoit assurément au fait de tous les faits militaires de son tems? V*** parle ici en étourdi insolent, de feu Mr. le M. de *Feuquières*. Un homme de néant, tel que lui, croit qu'un homme de qualité est susceptible d'une basse *envie*. Un autre auroit pû dire avec décence, que sur ce fait Mr. le M. de *Feuquières* avoit été mal informé.

V*** n'est pas moins ridicule dans son raisonnement, contre la fameuse Pompe de feu Mr. du *Puy*, Maître des Requêtes, dont l'Abbé *D. F.* a parlé dans sa Feuille 147. On ne lui fera pas la grace de répondre à son galimatias. Il suffit de dire que tout *Paris* a vû de ses yeux ce qui est annoncé dans cette Lettre,

tre, visée par le même Mr. du *Puy*. Il est plaisant de voir un petit Physicien de deux jours, ôser argumenter contre ce qu'il n'a point vû, contre ce qu'il n'a pû conçevoir, & y opposer un argument dont il n'entend pas lui-même les termes. Car, au sentiment d'un homme fort versé dans les méchaniques, V*** parle ici sans savoir de quoi il parle.

Un très-habile Géomètre-Physicien avoit envoïé à l'Observateur une *Remarque* sur l'étonnant Problème de V***, & au sujèt de sa démonstration sur *la file de vingt soldats, dont le vingtième doit être vû*, selon lui, *vingt fois plus petit que le prémier*. Le Sieur V*** croit se tirer d'affaire, en disant d'un air gai, dans son Libelle, que ce Géomètre a voulu plaisanter, & se moquer de l'Abbé *D. F. Il n'est pas question*, dit-il, *dans ma proposition de la Trissection de l'angle : Je n'en ai pas dit un mot*. Voici sur cela la réplique du Géomètre, qui m'a été communiquée.

„ Non, il n'est point question, Mr. de
„ V***, dans votre proposition, du Pro-
„ blême de la *Trissection de l'angle*. Mais il
„ est question dans vos Remarques, d'un dis-
„ cours que vous donnez pour une démon-
„ stration victorieuse, & dans lequel on trou-
„ ve un paralogisme aussi grossier, qu'est ce-
„ lui par lequel vous supposez qu'on divise
„ l'angle en parties égales, parce qu'on di-
„ vise en parties égales la base de l'angle. Or
„ non-seulement votre prétenduë démonstra-
„ tion suppose la Trissection de l'angle par ce
„ moïen ridicule; mais elle suppose encore
„ la

„ la division de l'angle en raison donnée! ce
„ que ni les *Sections coniques*, ni aucune *ligne*
„ *courbe*, ni aucun calcul ne peut nous four-
„ nir.

Eh bien! Est-ce de l'Observateur, ou du Novice Géomètre, que cet habile homme s'est moqué dans sa Critique? * Ne faut-il pas être bien stupide, pour vouloir juger de la grandeur d'un Angle, par la grandeur de la Base, comme l'ignorant V*** fait dans son extravagante proposition.

Newton (dit encore V***. p. 4.) *n'a point trouvé par expérience que les corps tombent de 15 pieds dans la prémière seconde. C'est* Huyghens *qui a déterminé cette chute dans ses beaux Théorêmes de pendule. Secondement, ce n'est qu'à des distances très-considérables & inaccessibles aux hommes, que cette différence seroit sensible, &c.* Voici sur cela ce qu'un savant homme répond au Sieur V***. „ Non, *Newton* n'a point
„ trouvé le prémier par expérience, que les
„ corps tombent de 15 pieds dans une secon-
„ de. Mais *Newton* a adopté cette expérien-
„ ce; & l'aïant généralisée, il a trouvé qu'à
„ la distance de la Lune, ces mêmes corps
„ tomberoient de 15 pieds dans une minute.
„ Il est vrai que ce n'est qu'à des distances
„ très-considérables & inaccessibles aux hom-
„ mes vulgaires, que cette différence est sen-
„ sible; mais elle le devient à Mr. *Newton*,
„ &

* V*** joue avec réflexion le personnage du *Distrait* de la Bruière, „ *Menalque* rit plus haut que les
„ autres: il cherche où est celui *qui montre ses oreilles*,
„ & à qui il manque une perruque, &c.

„ & à ceux qui raisonnent conformément à
„ ses principes. Si le Sieur V***. avoit bien
„ lû *Newton*, il auroit lû ces paroles à la der-
„ nière page. *In hac Philosophiâ propositiones*
„ *deducuntur ex phænomenis, & redduntur ge-*
„ *nerales per inductionem. Quidquid enim ex*
„ *phænomenis uon deducitur, hypothesis vocan-*
„ *dum est. Hypotheses seu Metaphysicæ, seu*
„ *Physicæ, seu qualitatum occultarum, seu me-*
„ *chanicæ, in Philosophiâ experimentali locum*
„ *non habent* ".

Le Sieur V***. reproche à l'Abbé *D. F.* une méprise dans la traduction de l'*Essai sur le Poëme Epique*, composé, dit-il, par lui-même en *Anglois* 1°. V***. n'a point composé *seul* en *Anglois* cet Ecrit ; mais l'aïant fait d'abord en *François*, un *Anglois* l'a aidé à le traduire dans sa Langue. 2°. L'Abbé *D. F.* n'a point fait à V*** l'honneur de traduire en *François* ce malheureux *Essai*. C'est feu Mr. de *Plelo*, depuis Ambassadeur en *Dannemark*, & tué près de *Dantzik*, qui, pour s'amuser à *Paris*, fit cette traduction dans le tems qu'il apprenoit l'*Anglois*. Le sort de V***. est de se tromper en tout ce qu'il dit. Cette traduction est imprimée chez *Chaubert*.

On a remarqué que le Sieur V***. s'avise de traiter plus d'une fois dans son Libelle Mr. l'Abbé *D. F.* d'*ignorant*. L'Abbé *D. F.* avoue, qu'après avoir étudié toute sa vie, il est fort *ignorant* en effet : & il conviendra aussi, si l'on veut, que le Sieur de V***. qui a passé toute la sienne à faire des vers & des folies, est très-savant. Ses Ouvrages historiques

ques & Philosophiques en sont une bonne preuve. C'est un prodige que ce Savant. A peine a-t-il étudié deux jours la matière la plus épineuse & la plus étenduë, qu'il la possède à fond, & qu'il est capable d'en faire des leçons aux plus grands Maîtres. Tout le monde sait ce qui lui arriva à *Paris*, il y a un peu plus de deux ans. Il n'y avoit que huit jours qu'il commençoit à s'appliquer à la Géométrie, qu'il alla trouver un de nos plus grands Géomètres de l'Académie des Sciences, pour conferer avec lui sur un Problême, qu'il falloit dix années de Géométrie pour pouvoir résoudre. Il se croïoit déja de pair avec tous les *Savans* de l'Europe. Voilà la science du personnage. A peine est-il en *Angleterre*, qu'après en avoir étudié la Langue pendant trois mois, il met en *Anglois* un *Essai sur le Poëme Epique*, qu'il avoit composé en *François*: puis aïant fait corriger cette traduction par son Maître de Langue, il la donne au Public. Il est vrai que les *Anglois* dirent alors que c'étoit un tissu de Gallicismes & de Barbarismes. Qu'importe ? V*** faisoit voir qu'il avoit un génie divin pour les Langues, comme pour toutes les Sciences, & tous les beaux Arts. Cet Aléxandre de la Littérature aspire hautement à la Monarchie universelle des Lettres. Il fera bientôt la guerre à toutes les Académies, & il détrônera tous les Savans pour se mettre à leur place. Ne se prétend-t-il pas aussi grand Poëte que Mr. *Rousseau*? N'a-t-il pas tâché de dégrader tous nos Auteurs dans son *Temple*

ple du Goût? Eſt-ce un Céſar? Eſt-ce un Pompée?

Nec quemquam jam ferre poteſt Cæſarve priorem,
Pompeiusve parem. LUCAN.

Cependant on dit que V***. eſt à 45 ans auſſi *ſavant*, (& auſſi *ſage*) qu'à vingt. C'eſt de quoi on ne peut douter. Appliquons-lui le, *doctè febricitans*, de l'Epitaphe du P. *Hardouin*, rapportée dans le *Nouvelliſte du Parnaſſe*, ſi toutefois il eſt permis de lui appliquer ce qui convient à un *fou ſavant*, & non à un *fou charlatan*, ou à un *harmonieux Energumène*.

MAIS j'oublie que c'eſt trop me rabaiſſer, que de répondre à la Littérature du Libelle de V***. & je ne ſonge pas que j'avois réſolu de ne lui oppoſer ſur ce point qu'un ſouverain mépris. D'ailleurs l'article, que je viens de traiter, eſt peut-être trop ſérieux, & vous intéreſſe peu. Pour vous dédommager, Monſieur, je vais vous faire part d'une Epigramme compoſée depuis peu, par un de nos bons amis, au ſujet des impertinences qui ſont répanduës dans ſon dernier Ouvrage.

EPIGRAMME.

Avez-vous vû cette Critique,

   Dont on noircit l'Obſervateur ?

Oui ; c'eſt de l'Ecrivain du Roman Hiſtorique *,

Du pauvre Fiétenfat †, & de l'Hiſtoire épique ‡.

Eh

* Charles XII,
† *L'Enfant prodigue*, Comédie de V***,
‡ La Henriade.

Eh bien ! l'Ouvrage est-il digne de son Auteur?
Très-digne : il y soutient au moins son caractère ;
  Car prenant dans sa bile amère
L'injure pour raison, la fureur pour flambeau,
Ma foi, le Sens-commun est plus son adversaire,
  Que Desfontaines & Rousseau.

Voici le Fragment d'une Lettre de Mr. *Rousseau* à Mr. l'Abbé *D. F.* datée du 14 Novembre 1738.

„ Il m'est tombé, Monsieur, entre les
„ mains une misérable Brochure, où vous
„ êtes cruellement déchiré, & où je ne suis
„ pas oublié. V*** s'y reconnoît à chaque
„ mot : digne récompense du sacrifice que
„ vous avez fait tant de fois de vos lumières,
„ en faveur de cet indigne Poëte, à qui je
„ prens la liberté de répondre pour vous, dans
„ les vers que vous allez lire.

Petit Rimeur antichrétien,
 On reconnoît dans tes Ouvrages
 Ton caractère, & non le mien.
Ma principale faute, helas ! je m'en souvien,
Vint d'un cœur, qui séduit par tes patelinages,
Crut trouver un ami dans un parfait vaurien,
 Charme des foux, horreur des sages,
Quand par lui mon esprit aveuglé, j'en convien,
 Hazardoit pour toi ses suffrages.
 Mais je ne me reproche rien,

Que d'avoir fali quelques pages
D'un nom auſſi vil que le tien.

„ C'eſt en effèt, Monſieur, le ſeul reproche
„ que vous aïez à vous faire, mais dont il
„ vous eſt facile de vous laver auprès de tout
„ ce qu'il y a d'honnêtes gens, que la con-
„ duite & les impudences de ce malheureux
„ révoltent tous les jours de plus en plus, &
„ qui attendent avec impatience le *dernier*
„ *coup de foudre*, qui le doit écraſer. Elle ne
„ peut être en de meilleures mains que les
„ votres, & vous ne ſauriez l'emploïer ſur
„ un ſujèt qui en ſoit plus digne, &c.

Les recherches, faites au ſujèt des prétenduës Satyres publiées en *Hollande* contre le Sieur V***. ont fait tomber entre mes mains un Livre de Mr. de St. *Hyacinthe*, intitulé *Le Chef d'œuvre de l'Inconnu*. Dans une édition de ce fameux Ouvrage, à la *Haye*, chez *Pierre Huſſon* 1732, on trouve à la fin le morceau ſuivant, dans la *Déïfication du Docteur* Aristarchus Masso, par le même Mr. de St. *Hyacinthe*, p. 362. Le Sieur V*** n'accuſera-t-il point l'Abbé *D. F.* d'être l'Auteur de cet Ecrit? N'y trouvera-t-il point ſon ſtile?

EXTRAIT de l'Ouvrage intitulé: *Déïfication du Docteur* Aristarchus Masso. Par Mr. de St. *H.*

„ Un *Officier François*, nommé *Beauregard*,
„ s'entretenoit avec quelques perſonnes, que
„ la

„ la curiosité avoit comme moi attirées au
„ pié de la double montagne. Un *Poëte* de
„ la même Nation, portant le nez au vent,
„ comme un Cheval Houzard, vint effron-
„ tément se mettre de la conversation, &
„ parlant à tort & à travers, s'abandonna à
„ quelques saillies insultantes, que l'Officier
„ désaprouva. Le *Poëte* s'en mit peu en pei-
„ ne, & continua. L'*Officier* s'éloignant a-
„ lors, alla dans un détour, par où il savoit
„ que ce *Poëte* devoit passer pour aller par-
„ ler à un Comédien. Il y vint en effet, ac-
„ compagné d'un homme à qui il récitoit des
„ vers, & qu'il ne croïoit pas devoir être le
„ témoin d'une de ses infortunes. Car l'*Of-
„ ficier* arrêtant le *Poëte* par le bras, *J'ai toû-
„ jours ouï dire que les impudens étoient lâches,*
„ lui dit-il, *j'en veux faire l'épreuve, & ne
„ puis mieux m'adresser qu'à vous. Voïons,
„ Monsieur le bel esprit, si vous vous servirez bien
„ de cette Epée que vous portez, je ne sai pourquoi;
„ ou préparez-vous à recevoir de cette Canne le
„ châtiment de votre insolence.* Telle qu'une
„ Catin pâlit & s'effraïe aux éclats redoublés
„ du tonnerre, tel le *Poëte* pâlit au discours
„ de l'*Officier*, & la fraïeur lui inspirant avec
„ le repentir des sentimens d'humilité & de
„ prudence:

J'ai péché, lui dit-il, & je ne prètends pas
Emploïer ma valeur à défendre mes fautes,
  J'offre mon échine & mes côtes
 Au juste châtiment que prépare ton bras.

Frape, ne me crains point, frape, je te pardonne,
Ma vie est peu de chose, & je te l'abandonne.
Tu vois en ce moment un Poëte éperdu,
Digne d'être puni, content d'être batu,
N'opposer nul effort à ta valeur suprême.
Beauregard n'aura point de vainqueur que lui-même.

„ *Ces beaux discours ne servent ici de rien*, dit
„ l'Officier, *défendez-vous, ou prenez garde à*
„ *vos épaules*. Le Poëte n'aïant pas la har-
„ diesse de se défendre, *l'Officier* le chargea
„ de quantité de coups de bâton, dans l'espé-
„ rance que l'outrage & la douleur lui inspi-
„ reroient du courage, puisqu'ils en inspirent
„ aux plus lâches; mais la prudence du Poë-
„ te redoubla, à proportion des coups qu'il
„ reçût; ce qui fit que l'homme qui l'avoit
„ accompagné, s'écria, en s'adressant à l'Of-
„ ficier:

Arrêtez, arrêtez l'ardeur de votre bras,
Battre un homme à jeu sûr n'est pas d'une belle ame,
  Et le cœur est digne de blâme
  Contre les gens qui n'en ont pas.

„ *L'Officier* alors, après avoir ainsi disposé
„ le Poëte à ses remontrances, *Sectateur des*
„ *Muses*, lui dit-il, *apprenez qu'il est plus im-*
„ *portant d'être sage, qu'il n'est nécessaire d'être*
„ *Poëte, & que si les Lauriers du Parnasse met-*
„ *tent à couvert de la foudre, ils ne mettent*
„ *point à l'abri des coups de bâton.* En disant
         „ ces

„ ces mots, il jetta dans un champ celui qu'il
„ avoit en main. Mais, ô prodige ! ce bâton
„ devint dans l'inſtant même un arbre, &c.

Vous jugerez, comme il vous plaira, de ce morceau de l'Ouvrage de Mr. de St. *Hyacinthe*; vous voïez du moins par-là, qu'il y a longtems que les folies & les triſtes avantures de notre Poëte ont rétenti dans l'*Europe*.

VERS DE Mr. ROUSSEAU

Sur la Philoſophie Newtonienne de V***.

Rare eſprit, Génie inventif,
Qui ſoutiens qu'à toi ſeul la Nature connue
N'a de principe opératif,
Que dans l'attraction par Newton ſoutenue;
V***, explique-nous le principe attractif,
Qui fit tomber ſur tes épaules
Ces orages de coups de gaules,
Dont tu reçus le prix en argent effectif.

VERS DU MEME,

Envoïés à Mr. l'Abbé *D. F.*

Au ſujèt de V***. & de ſa Secte.

Vous ſentez bien, turbulens rimailleurs,
Vos vieux battus, d'aller chercher querelle
A de facheux & diſcourtois railleurs,
Qu'Apollon même a pris en ſa tutelle.
Si donc en vous reſte un grain de cervelle,

N'écrivez plus ; fur-tout gardez-vous bien
De molefter un nouveau Lucien,
Qui mit jadis fi bien à la compote,
Pour réparer l'honneur Parnaffien,
Les vers défunts du très-défunt La Motte :

Lycambe, trop fenfible à l'honneur, fe pendit autrefois, pour les vers qu'Archiloque avoit faits contre lui. Ne craignons rien de pareil du défefpoir d'un homme tel que V***. Tout ce qu'il y a de plus deshonorant gliffe fur fon efprit & fur fon cœur. D'ailleurs l'éponge de fon orgueil y efface bientôt toutes les traces de la honte.

Je voulois finir ici ma Lettre, & je croïois que c'étoit trop m'humilier, que de répondre éxactement à tous les points Littéraires du Libelle du Sieur V*** : J'étois même honteux en quelque forte, d'avoir infifté fur quelques-uns des principaux, & d'avoir pris la peine de mettre en évidence, fur ces articles, fon impéritie & fon extravagance. Mais peut-être qu'il feroit encore affez impudent, pour s'applaudir de fes autres objections frivoles, fi l'on omettoit d'y répondre, & que nos méprifes ferviroient à nourrir fon orgueil, & s'il étoit poffible, à augmenter fa fatuité. D'ailleurs fes Partifans (quoique le troupeau foit réduit à un petit nombre de gens fans conféquence) pouroient fe prévaloir de notre filence, & dire que V*** a eu au moins la gloire de confondre fon adverfaire, par rapport à quelques Articles fur lefquels on n'a pû le juſtifier. Achevons donc de terraſſer ce téméraire Critique, & donnons les derniers coups de pinceau au tableau de ſa folie & de ſa fauſſe érudition.

„ L'Observateur (dit-il pag. 5.) rap-
„ pelle une ancienne diſpute Littéraire, en-
„ tre Mr. *Dacier* & le Marquis de *Sévigné*, au
„ ſujèt de ce paſſage d'*Horace*: *Difficile eſt*
„ *propriè communia dicere*. Il rapporte le Fac-
„ tum ingénieux de Mr. de *Sévigné*. *Pour*
„ *Mr.* Dacier, dit-il, *il ſe défend en Savant;*
„ *c'eſt tout dire. Des expreſſions mauſſades &*
„ *injurieuſes ſont les ornemens de ſon érudition*".
Ce ſont en effèt les paroles de l'Obſervateur, raportées par le Sieur V***.

„ Il y a, continue le Critique, dans ce
„ diſcours de l'Obſervateur trois fautes *bien*
„ *étranges*. 1°. Il eſt faux que ce ſoit le ca-
„ ractère des Savans du ſiècle de *Louis* XIV,
„ d'emploïer des injures pour toutes raiſons.
„ 2°. Il eſt très-faux que Mr. *Dacier* en ait
„ uſé ainſi avec le Marquis de *Sévigné*. *Il le*
„ *comble de louanges*, &c. 3°. Il eſt indubita-
„ ble que *Dacier* a raiſon pour le fond, &
„ qu'il a très-bien traduit ce Vers d'*Horace*.
„ *Difficile eſt propriè communia dicere* (qu'il a
„ rendu ainſi) *il eſt très-difficile de bien traiter*
„ *des ſujèts d'invention* . . . . Ainſi l'Abbé
„ *D. F.* n'a pas entendu *Horace*, n'a pas lû
„ l'écrit de Mr. *Dacier*, qu'il critique, & a
„ tort dans tous les points". On va voir tout à l'heure ſi l'Abbé *D. F.* ſur ces trois points a effectivement tort.

A entendre l'Auteur du *Préſervatif*, ne
diroit-

diroit on pas que l'Obfervateur a copié le Factum de Mr. de *Sévigné*? *Il a rapporté*, dit-il, *le Factum, &c.* Que cette expreffion impropre fait bien fentir que V***. n'a jamais vû le Recueil intitulé, *Differtation critique fur l'Art Poëtique d*'Horace! Il y a dans ce Recueil *trois Factums* de Mr. de *S.* & deux de Mr. *Dacier*. L'Obfervateur n'a cité que deux morceaux du dernier Factum de Mr. de *Sévigné*.

La Critique trouve *trois fautes* dans le Difcours de l'Obfervateur. Mais 1°. dans fa refléxion, eft-il queftion des *Savans du fiècle de Louis* XIV? Le plaifant Logicien, qui d'un fait particulier tire une conféquence générale! L'Obfervateur ne reproche ni à ces Savans, ni à Mr. *Dacier, d'emploïer des injures pour toutes raifons*. Il dit fimplement que *des expreffions injurieufes & mauffades, font les ornemens de fon érudition*. Cela eft bien différent. Mais dans le fait même, fur les Savans du fiècle de *Louis* XIV, le Critique fait bien voir qu'il ignoroit ce que tout le monde fait. Eft-ce que les *Théophiles Reynauds*, les *Valois*, les *Thiers*, les *Launois*, les *Nicolaïs*, & une infinité d'autres Savans du 17. fiècle, n'ont pas *orné* leurs Ecrits polémiques d'injures & d'invectives? C'eft à ce fujèt qu'un Critique Moderne a dit, *injuriarum & calumniæ fæculum dixeris*. Eft-ce que d'*Aubignac*, *Scudery*, & tant d'autres Auteurs n'ont pas attaqué indignement *Corneille* & *Racine*? *Bouhours* & *Menage* fe font-ils traités fort honnêtement? Avec quelle impoliteffe *Menage* a-t-il écrit contre

tre *Baillet*, attaqué avec encore plus de dureté & d'aigreur, par le Père *Bauchet* Jésuite? Combien Mr. de *Valincourt*, pour avoir critiqué avec autant de solidité que d'enjoûment *la Princesse de Cleves*, n'a-t-il pas été injurié par un mauvais Ecrivain, par un Pitaval de son tems? Enfin qui est-ce qui ignore la *Réponse* de l'Abbé de *Villars*, aux *Sentimens de Cléanthe* (ce *Cléanthe* étoit Mr. *Barbier d'Aucourt*), & qui ne connoît pas l'*Antimenagiana*, où des personnes d'un mérite reconnu sont accablées d'injures? Je ne parlerai point de la querelle violente intentée au P. *Mallebranche*, par Mr. *Arnaud*, ni des Ecrits horribles de ce Docteur & de tant d'autres, contre la Société des Jésuites. Par ce détail, qu'il seroit facile d'étendre, jugez si *les Savans du siècle de Louis* XIV étoient aussi doux, aussi modérés que le Sieur V*** le prétend. Ne diroit-on pas qu'il a juré de ne dire jamais que des choses fausses?

2°. Mr. *Dacier*, selon notre Critique, *a comblé de louanges Mr. de S. & il conclut son Mémoire par lui demander son amitié*. Il est vrai que Mr. *Dacier*, dans son prémier Factum, dit poliment à Mr. de *Lamoignon*, arbitre de la querelle Littéraire: *les dépens que je demande, c'est l'amitié de Mr. de* Sévigné. Mais le voïant ensuite vivement poussé par son adversaire, il change bien de ton. *Est-ce à Mr. de* Sévigné, dit-il, *de régler l'usage des mots Latins, & ne doit-il pas plûtôt s'y soumettre?* Pour me servir des termes de la Réplique de Mr. de *Sévigné*, ce début est-il bien gracieux?

A

A la pag. 77, après avoir remarqué (avec *Platon*) „ qu'il eſt certaines gens, qui n'a-
„ ïant pas la force de concevoir les choſes
„ générales & abſtraites, ſont obligés de *re-*
„ *poſer* toûjours leur imagination ſur ce qui
„ eſt matériel & palpable, *il ajoute*, que ces
„ gens-là, ſelon *Platon*, ne vivent qu'en ſon-
„ ge, car ils prennent l'ombre pour le corps:
„ au-lieu que ceux qui connoiſſent la beauté,
„ la ſageſſe & la juſtice, & les choſes parti-
„ culières qui y participent, en ont des idées
„ ſi diſtinctes, qu'ils ne prennent jamais cel-
„ le-ci pour celle-là, ni celle-là pour celle-
„ ci, la copie pour l'original, ni l'original
„ pour la copie; ceux-là vivent véritable-
„ ment. Je ſuis fâché que la vie de Mr. de
„ S. ſelon *Platon*, ne ſoit qu'un ſonge; mais
„ j'eſpère qu'il ſe réveillera bientôt, & qu'il
„ vivra véritablement ". Ne voilà-t-il pas
un diſcours bien poli, adreſſé par un Savant,
qui n'étoit que cela, à un homme de qualité,
tel que le Marquis de *Sévigné*, qu'il repréſen-
te ici comme un rêveur? Si je voulois citer
d'autres endroits encore des Factums de Mr.
Dacier, je crois que tout le monde m'accor-
deroit ſans peine, que, comme l'Obſervateur
l'a dit avec vérité, *des expreſſions mauſſades &*
injurieuſes ſont les ornemens de ſon érudition.

3°. Le docte V**** adjuge la victoire à
Mr. *Dacier*, & il ſoutient que dans le vers
d'*Horace*, *Communia* veut dire *Intacta*, des
ſujèts neufs. Cela n'eſt pas pourtant auſſi certain qu'il le dit; l'Abbé *D. F.* pouroit bien
avoir raiſon avec le Marquis de *Sévigné*, &

il

il n'est pas le seul qui ait donné gain de cause à celui-ci. Mr. de *Brueys*, dans sa *Paraphrase sur l'Art Poëtique d*'Horace, a adopté le sentiment de Mr. de *Sévigné*. Le P. *Tarteron* a donné une explication bien différente de celle de Mr. *Dacier*. Enfin dans le tems de cette dispute, Mr. de *Sévigné*, ainsi qu'il l'assure lui-même, avoit pour partisans *un grand nombre de beaux esprits*. Voici ce que Mr. de *Valincourt* lui écrivoit dans une Lettre du 5 Janvier 1698. „ Vous perdez bien de ne sa-
„ voir pas le Grec. On a trouvé un passage
„ dans *Hermogène*, qui décide si nettement,
„ à votre égard, la question du *Communia*, qu'il
„ n'y a pas de réplique. Voïez quelle gloi-
„ re ce seroit pour vous, de défaire Mr. *Da-*
„ *cier*, par un passage Grec. Ce seroit bien le
„ cas de dire, *Suo hunc sibi gladio jugulo*. Je
„ vous l'enverrai, si vous voulez en Latin". Certainement on ne pourroit pas dire de V***, *suo hunc sibi gladio jugulo*, en lui citant un passage Grec. Il faudroit plutôt lui alléguer l'autorité de quelque Moderne, aussi présomptueux qu'ignorant. Après ce que vous venez de voir, V*** n'a-t-il pas bonne grace de reprocher à l'Abbé *D. F. de ne pas entendre Horace?* Vous voïez que tout le Discours de notre Critique sur le Vers dont il s'agit, est des plus risibles. Ne nous en étonnons point. C'est *V**** qui raisonne.

Autre remarque de ce judicieux Ecrivain, p. 11. „ En faisant, dit-il, l'extrait d'une
„ certaine Harangue Latine de Mr. *Turretin*,
„ l'Observateur se plaint de la disette des Mé-
„ cènes,

E

„ cènes, & de la malheureuſe ſituation des
„ Savans, &c." Admirez l'étourderie ou l'imbécillité du Critique. Il fait un crime à l'Obſervateur de rapporter les preuves de Mr. *Turretin*, touchant les cauſes de la décadence des Lettres. *Verum*, dit cet Ecrivain, *ut in cauſæ arcem invadamus, cur litteræ parùm excolantur, hæc eſt non levis ratio, nimirum præmii defectus, Mæcenatum inopia*. V*** n'auroit-il touché ce point, que pour apprendre au Public, qu'il a eu autrefois une penſion de la Cour? Il ſatisfait volontiers ſa vanité, aux dépens de la vérité & de la raiſon.

PAG. 21. il déclame avec violence contre le jugement que l'Obſervateur a porté ſur un certain Livre traduit de l'Anglois, intitulé: l'*Alciphron* ou *le Petit Philoſophe*. Ce jugement, je l'avoue, eſt extrêmement ſévère, & donne une idée fort déſavantageuſe du Livre & de l'Auteur. J'ai eu la curioſité d'éxaminer l'Ouvrage, & je ne puis m'empêcher de dire, que dans un ſens, c'eſt un Livre pernicieux. Cependant, ſi l'on en croit le Docteur de *Cirey*, c'eſt un *Saint Livre*, rempli des plus forts argumens contre les Libertins. Voici la véritable idée du Livre, qui n'eſt rien moins que *Saint*. L'Ouvrage eſt en forme de Dialogues: *Alciphron*, ou le *Petit Philoſophe*, débite des plaiſanteries plates, ou plutôt des blaſphêmes horribles, contre la Religion Chrétienne, tels que la vile canaille de *Londres* ſeroit capable d'en débiter dans un cabarèt. Rien de plus indécent, ni de plus ſcandaleux, que le tableau offert aux yeux du Lecteur par

Alci-

Alciphron. Quel *Saint Livre!* V*** goûte fort une pareille sainteté. A l'égard des réponses aux objections du *Petit Philosophe*, je crois que c'est parce qu'elles sont foibles & mal construites, que V*** les honore de ses louanges. Le Livre les mérite à peu près autant, que la scandaleuse & abominable *Epitre à Uranie*. L'Auteur du *Saint Livre* plaisante quelquefois de son chef, (je crois, sans mauvaise intention) d'une façon fort peu religieuse. Enfin il paroît bien se défier lui-même de la solidité de ses preuves en faveur de la Religion, puisqu'il dit dans sa Préface. *On m'accusera peut-être de ressembler à ces mères, qui étouffent leurs enfans à force de les caresser.*

Notre Critique trouve mauvais que l'Observateur ait dit que *Ciceron* étoit plus *verbeux* que *Sénèque*, & il dissimule le sens dans lequel on l'a dit. Qui ne sait pas qu'il y a plus d'abondance & de nombre dans *Ciceron* ? Cependant *Senèque* est plus *verbeux*, parce que malgré son style haché il ne dit que des riens, & que ses fréquentes antithèses répètent souvent la même idée.

Il reprend dans son article 12. cette phrase, *Venus a été observée au méridien au dessous du Pole*, tirée de la Feuille 202, ce qui lui donne lieu de dire doctement, que les Planètes *ne sont que dans le Zodiaque, & non au-dessous du Pole*. Que le Sieur V*** est Savant! S'il étoit aussi judicieux, il auroit compris que cette Planète, *vûë au Méridien au-dessous du Pole*, étoit alors dans l'autre Hémisphère, & par conséquent *du dessous du Pole*

Pole Arctique, par rapport à l'Observateur.

La belle chicane, que de censurer le terme de *Système*, en parlant de la doctrine admirable de *Newton* sur la Lumière! Mais *Newton* n'a-t-il pas tiré des conclusions de ses expériences, & n'a-t-il pas en conséquence établi des Dogmes? Le Vuide n'est-il pas la base de son édifice? C'est donc un *Système*. Mr. *Algarotti* ne fait aucune difficulté de se servir de cette expression, en parlant du *Newtonianisme*. V*** voudroit-il se croire *Newtonien* plus éclairé, que ce savant Auteur? Cela ne seroit pas impossible, puisqu'il se préfère à tout le monde.

Il compare ridiculement dans son article 25, ces deux expressions, *au sein des Mers*, *au sein de la France*? Est-ce la même chose? *Le sein de la France*, ne peut-être conçu que dans les entrailles de la terre; mais *le sein des Mers* représente les abymes de la Mer. Donc on n'a pas pû placer *une Isle enchantée au sein des mers*, & c'est une vraie faute. Enfin le Critique, négligeant de consulter les *Errata*, reproche jusqu'aux fautes d'impression, comme *corporifié*, pour *corporalisé*.

Puisque l'occasion s'en présente, j'ajouterai ici, que c'est avec le même bon sens que V***, dans ses *Lettres Philosophiques*, Ouvrage si justement flétri, a l'impudence de dire que le Père *le Brun* a emprunté son Livre de celui du Docteur *Prynn*. Cette accusation est précédée de l'exposition de plusieurs traits ridicules, dont aucun ne se trouve dans
le

le Livre du favant & respectable Oratorien. D'ailleurs, il n'y a qu'à comparer ces deux Ouvrages, on verra qu'ils ne se ressemblent point. Mais voici la méthode du Sr. V***. Il entend dire à quelqu'un (savant ou ignorant, peu lui importe) que telle chose est. Si cette chose n'a point encore été écrite, aussi-tôt V*** se hâte de l'écrire, après l'avoir fait passer par la filière tortue de son imagination déréglée. Déja il brûle de l'imprimer : il l'imprime ; & ce n'est que par l'indignation ou les risées du Public, que la vérité peut parvenir à le détromper. Tel est le génie, le savoir, le bon sens du plus orgueilleux & du plus humilié de tous les Ecrivains.

Dans un autre endroit de ses exécrables *Lettres*, il ose appeller l'Ouvrage du Père *le Brun*, une *impertinente déclamation*. C'est ainsi qu'il qualifie impudenment un Ecrit excellent, composé par les ordres d'un très-grand Prélat.

Je finirai par une réfléxion ; c'est que dans les quinze Volumes des *Observations*, la fureur du Sieur V***, qui paroît les avoir bien examinés, n'a pû rélever qu'environ une douzaine de prétendues fautes, où dans la plupart il est l'écho d'un *Pitaval*, d'un Chevalier de *Mouhy*, & de quelques autres misérables Censeurs de l'Abbé *D. F.* * Ne voilà-t-il pas un *Préservatif* bien spécifique ?
En

* Entr'autres, ce Grotesque du Temple d'Esculape, ce Thersite de la Faculté, soupçonné pourtant de quelque esprit, quoique froid Auteur d'une insipide & ennuieuse

En échange de ce préservatif, offrons-lui un remède, & un remède qui lui convient, c'est l'Ellebore. Le pauvre V***, perd son tems depuis deux années, à vouloir comprendre *Newton*, dont il n'entend pas encore les prémiers élémens, quelque peine qu'un savant *Italien* ait prise pour les lui faire concevoir. Il a été si *honni*, si *berné*, si *conspué*, pour ses sotises philosophiques, qu'en vérité il mérite qu'on ait désormais un peu pitié de lui, & qu'on le laisse tranquillement profiter des humiliations que son *Newtonianisme* lui a procurées.

Je crois la *Voltairomanie* assez bien démontrée, par tout ce que je viens de dire. Plût à Dieu que V*** ne fût que dépourvû de lumières & de jugement, qu'il ne fût qu'insensé! Ce qu'il y a de pis, est qu'il est faux, impu-

huileuse Comédie, & d'une feuille volante contre Saint *Côme*, où il n'y a pas tout à fait une demie dragme d'esprit, ni un demi scrupule de bon sens. Tout le monde sait par cœur les jolis Vers d'un de nos plus aimables Poëtes sur ce double Bâtard d'*Apollon*, qui quoiqu'assez jeune encore, marche si glorieusement sur les pas du plus vieux radoteur de ses Confrères oisifs. On lui devoit ce petit éloge depuis six mois. On en doit aussi un depuis longtems à un certain visage obscur, Rimeur caustique, bien païé de quelques noirceurs de sa Muse impudente ; petit Cyclope, qui, depuis vingt ans, fabrique jour & nuit sur sa foible enclume des vers tels quels, pour les deux Troupes, ses Nourrices, en attendant que le hazard, ou le secours d'autrui, fasse à la fin sortir quelque bon Ouvrage de sa Forge. Je ne dirai rien d'un autre, qui, par un Acte Typographique, par devant *Briasson*, vient de substituer aux Epiciers de *Paris* un Recueil complèt de ses *Oeuvres-mêlées*,

impudent & calomniateur. Son Portrait eſt à la tête du 6 chap. de *Théophraſte* *. Qu'il écrive déſormais tout ce qu'il lui plaira, en proſe ou en vers : on l'a mis, ou plutôt, il s'eſt mis lui-même hors d'état d'obtenir la moindre créance dans le monde. Au reſte quelque maltraité qu'il paroiſſe ici, on a encore uſé d'indulgence. Que de choſes ne ſait-on pas, qu'on veut bien s'abſtenir de publier! Les horreurs de ſon Libelle diſpenſent néanmoins de la modération.

IL eſt certain que s'il pouvoit être guéri de ſon ſot orgueil, qu'il eſt impoſſible d'exprimer, il ſeroit moins fou, moins impie, moins téméraire, moins brutal, moins fougueux, moins déciſif, moins détracteur, moins calomniateur, moins enragé, &c. Or, qu'y a-t-il de plus capable d'abattre cet orgueil monſtrueux, principe radical de tous ſes vices & de tous ſes opprobres, que ce qui eſt contenu dans cette Lettre ſalutaire, dont votre charité ne manquera pas de lui faire part?

Je ſuis, &c.

A Paris, le 12 Décembre 1738.

* *Le titre eſt,* L'IMAGE D'UN COQUIN.

MEMOIRE pour C. F. JORE Libraire, contre le Sr. F. M. de V***.

J'AI païé bien chérement la confiance aveugle que j'ai eue pour le Sieur de V***. Eblouï par ses talens, je me suis livré à lui sans réserve. J'y ai perdu ma fortune, ma liberté, mon état. Dans ma triste situation je me suis adressé à lui, & l'ai prié de me païer 1400 livres 5 sols, qu'il me doit. Toutes sortes de motifs devoient l'engager à ne pas balancer sur une demande aussi juste : l'équité, la commisération même pour un homme dont il a causé la ruïne. Quelle est la réponse que j'en ai reçuë? Des injures & des menaces. Le Sieur de V*** s'est néanmoins radouci : il a fait l'effort de m'offrir par dégrés jusqu'à cent pistoles. Dans tout autre tems je n'aurois pas hésité d'accepter son offre ; Je l'aurois certainement préferée à la douloureuse extrémité de traduire en justice un homme dont j'ai été moi-même l'admirateur, & qui m'avoit séduit par le brillant de son imagination ; mais les pertes, que j'ai essuïées, me mettent dans l'impossibilité d'en supporter de nouvelles. Ainsi après avoir tenté inutilement toutes les voïes de la politesse ; après m'être adressé à des personnes respectables pour essaïer de faire sentir au Sieur de V*** l'Injustice & la bassesse de son procedé ; je me suis vû dans la dure nécessité de le citer devant les Juges.

Pour défenses il m'oppose par écrit une fin de non recevoir, & emploïe sa voix à publier dans le monde qu'il m'a païé.

C'EST

C'est à cette alternative que je dois répondre. En même tems que j'attaque le Sieur de V*** pour le païement d'une somme qu'il me doit, j'ai à me défendre de la lâcheté qu'il m'impute, de lui demander un païement que j'ai reçu. Ma justification n'est pas ce qui m'inquiète. Un compte éxact des faits qui se sont passés entre le Sieur de V*** & moi, effacera bientôt toute idée de païement. Si le contrecoup en est cruel pour le Sieur de V***, si le récit que je vais en faire contient même des faits humilians pour lui, qu'il se reproche de m'y avoir réduit pour me laver d'une bassesse. La conduite que j'ai toûjours tenue avec lui, fera bien voir que jamais je ne me serois porté de moi-même à cette extrémité. A l'égard de la fin de non recevoir qui m'est opposée, il ne me sera pas difficile de prouver qu'elle n'a pas plus de réalité que le païement.

J'ai connu particulièrement le Sieur de V*** pour lui avoir donné un logement chez moi pendant un séjour de sept mois qu'il a fait à *Rouen* en 1731. Il choisit ma maison pour y descendre, & j'avoue que je fus doublement sensible à cette préférence, tant par les espérances flatteuses que j'en conçus pour mon commerce, que par la vanité de posséder un hôte, dont le nom faisoit tant de bruit. Je ne pûs cependant jouir de cet honneur aux yeux de la Ville. Soit modestie, soit politique, le Sieur de V*** ne voulut y être regardé que comme un Seigneur *Anglois*, que des affaires d'Etat avoient obligé de se réfugier en *Fran-*

ce. Il parloit moitié *Anglois*, moitié *François*. Toute ma Maiſon fut fidèle au ſecret. Ainſi le Seigneur *Anglois* content d'un reſpect vulgaire dû à ſon rang, échapa humblement aux honneurs, qu'une Ville compoſée de gens de condition & d'eſprit, n'auroit, ſans doute, pas manqué de rendre à l'illuſtre V***, ſi elle avoit ſçu que ce grand homme étoit renfermé dans l'enceinte de ſes Murs.

Le Sieur de V*** avoit pour objèt dans ſon Voïage l'impreſſion de ſon *Charles* XII. dont il fit faire deux différentes Editions tout à la fois, & une nouvelle Edition de la *Henriade*. Lorſque cet Auteur dit qu'il ne vend point ſes ouvrages, c'eſt-à-dire qu'il ne les vend point à forfait, & effectivement il y perdroit trop. Il eſt dans l'uſage de les faire imprimer à ſes frais, & après en avoir détaillé par lui-même une partie, il vend à un Libraire le ſurplus de l'Edition, qui tombe dans l'inſtant, par une nouvelle, qu'il fait ſuccéder, à la faveur de quelques changemens légers. C'eſt par ce petit ſavoir faire que les faveurs des Muſes ne ſont point pour V*** des faveurs ſtériles, & que devenu ſage par l'exemple de tant d'autres Poëtes, il ſait s'en ſervir utilement pour ſe procurer auſſi celles de *Plutus*.

Après un ſéjour de trois mois à la Ville, Milord V*** eut beſoin pour ſa ſanté, de prendre l'air à la Campagne. Toûjours attentif à plaire à mon hôte, je fus lui procurer une jolie Maiſon de Campagne à une lieuë de *Rouen*. Avant que de partir le Sieur de V***, par

un

un trait d'économie, voulut congedier un Valèt que j'avois arrêté pour lui à 20 fols par jour ; mais pour le coup, V*** trahit le Seigneur *Anglois* ; il ne voulut païer le Valèt que fur le pied de dix fols, & coupa ainfi fes gages par la moitié ; je tirai 45 Livres de ma bourfe & terminai la conteftation.

Ces 45 liv. ne m'ont jamais été rendues. Il eft vrai que le Sieur de V*** parla galamment de les acquiter avec une Pendule, qui manquoit à la parure de la Chambre où il couchoit : mais ni la Pendule ni le païement ne font venus ; & ce n'eft pas la feule petite dette que j'aïe à répéter contre lui

Le Sieur de V*** paffa un mois à la Campagne, il y vivoit, comme dans l'âge d'or, d'herbes, d'œufs frais, & de laitage. La Jardinière, qui lui fourniffoit ces alimens champêtres, lui rendoit auffi d'autres fervices. Elle alloit trois fois la femaine à la Ville pour les épreuves de l'impreffion. Le Sieur de V*** ne fut pas ingrat de fes bons offices. Pour récompenfer fes peines & lui païer un mois de penfion, il lui donna noblement fix livres. Cette femme m'en porta fes plaintes, me repréfenta que fes œufs n'étoient feulement pas païés, & par honneur je pris encore le foin d'appaifer fes murmures & de la fatisfaire.

Je le perdis enfin cet hôte illuftre. Il s'en retourna à *Paris*, après un féjour de fept mois, tant chez moi, qu'à la maifon de campagne d'un de mes Amis, & le rolle de Seigneur *Anglois* finit glorieufement par une

pièce

pièce de vingt-quatre fols, dont fa générofité gratifia la fervante d'une maifon, où rien ne lui avoit manqué pendant un fi long efpace de tems, foit en fanté, foit dans une maladie qu'il y avoit effuïée.

Ce n'eſt qu'avec une peine extrême que j'ai pris fur moi d'entrer dans ce détail. Je ferois au défefpoir qu'il tombât dans l'Efprit de quelqu'un, que j'aïe deffein de reprocher au Sieur de V*** la dépenfe qu'il m'a occafionnée, ni de lui demander qu'il m'en tienne compte. En expofant fa conduite & la mienne, je n'ai penfé qu'à en montrer l'oppofition. J'ai voulu faire voir par l'empreffement que j'ai toûjours eu à obliger le Sieur de V***, & par les procédés que j'ai toûjours tenus avec lui, combien je ferois éloigné d'une lâcheté pareille à celle de lui demander un païement que j'aurois reçu, qu'au contraire, l'indignité avec laquelle il en ufe aujourdhui à mon égard, eft précifément dans fon caractère, que fon penchant l'entraine naturellement vers l'ingratitude, & le porte à fruftrer généralement tous ceux envers qui il eft redevable.

A peine le Sieur de V*** fut-il de retour à *Paris*, qu'il me manda de le venir trouver pour une affaire importante qu'il vouloit me communiquer. Je partis fur le champ & me rendis à fes ordres chez la Dame de *Fontaine-Martel*, où il avoit établi fon domicile. Car quoique ce riche Partifan de la République des Lettres jouiffe de 28000 liv. de rente, cependant il n'a jamais cru qu'un grand Poëte

tel

tel que lui, dût se loger & vivre à ses dépens.

La grande affaire dont il s'agissoit, étoit l'impression de 25 Lettres, qui pour mon malheur ne sont que trop connues, & pour lesquelles le Sieur de V*** m'assura avoir une permission verbale. En même tems pour solde d'un vieux compte montant à 700 liv. il me donna en paiement quelques exemplaires de la *Henriade*, qu'il se disposoit secrétement à faire réimprimer avec des additions, & un reste des Editions de son *Charles* XII, dont le lendemain il vendit un Manuscrit plus ample au Sieur *François Josse*, Libraire de Paris.

J'avoue que les différens traits, dont j'avois été témoin, auroient dû me dessiller les yeux sur le Sieur de V***; mais ils n'étoient ouvers que sur le mérite de l'Auteur, & sachant qu'effectivement il avoit souvent obtenu par son crédit des permissions & des tolérances, je me fiai à sa parole, & j'eus la facilité d'accepter le Manuscrit pour l'exécuter. Le Sieur de V*** de son côté s'engagea à païer l'impression & le papier, & à faire tous les frais de l'édition. Il éxigea en même tems que les épreuves des prémières Feuilles lui fussent envoiées par la poste: elles l'ont été en effet à son nouveau domicile, chez le Sieur *Desmoulins* Marchand de bleds, & son associé dans ce Commerce, où il avoit été loger depuis la mort de Madame de *Fontaine-Martel*.

L'Edition aïant été achevée en assez peu de tems, le Sieur de V***, dont l'Ouvrage

vrage commençoit à faire du bruit, me fit avertir de la mettre à l'écart & en sûreté, entre les mains d'un de ses Amis, qui devoit m'en païer le prix. Je connus alors le tort que j'avois eu de me fier à la parole du Sieur de V***, sur la permission d'imprimer ce Livre. Cependant quoique l'Edition fût considérable, puisqu'elle avoit été tirée à 2500 Exemplaires, je pris le parti de ne m'en point désaisir, à moins qu'on ne m'envoïât un certificat de la permission. J'en fis même changer le dépôt, je me rendis en même tems à *Paris* chez le Sieur de V***, & lui fis part de ma résolution. De son côté, il convint de faire quelques changemens à l'Ouvrage. Pour y travailler & en conférer, il me demanda deux Exemplaires, que je ne fis aucune difficulté de lui donner. Ce fut alors que l'imagination vive & féconde du Sieur de V*** lui fit enfanter un projèt admirable pour se tirer d'affaire. J'étois en procès avec le Sieur *Ferrant*, Imprimeur de *Rouen*, qui avoit contrefait un Livre dont j'avois le privilége. Le Sieur de V*** me conseilla de lui faire donner sous main son Ouvrage en Manuscrit. Il ne manquera pas, ajouta-t-il, de tomber dans le piège & de l'imprimer. L'Edition sera saisie à propos: les Supérieurs, instruits que je n'aurai eu aucune part à l'impression, jugeront que le Manuscrit m'aura été volé, & que par conséquent je ne puis être responsable des autres Editions qui en pouront paroître. Par ce moïen j'aurai la liberté de publier la mienne sans

sans obstacle, & nous serons l'un & l'autre à l'abri.

Le Sieur de V***. s'applaudit beaucoup de cette invention, qui lui paroissoit merveilleuse, & fut surpris d'appercevoir que je l'écoutois froidement. Je m'excusai sur la pesanteur de mon esprit, qui m'empêchoit de goûter cet expédient. Ma simplicité lui fit pitié; elle m'attira même une riche profusion d'épithêtes, malgré lesquelles je persistai dans mon refus.

J'ai dit que j'avois remis au Sieur de V*** deux Exemplaires, pour revoir les endroits qui avoient besoin d'être retouchés, quel est l'usage qu'il en fit? C'est ce qu'il faut voir dans une Lettre qu'il m'a écrite, & qui est imprimée à la suite de ce Mémoire. Il en confia l'un, dit-il, pour le faire relier, à qui? à un Libraire qui le fit copier à la hâte & imprimer.

V*** eut-il quelque part à cette édition? Quand il pouroit s'en défendre; quand je n'irois pas plus loin que l'aveu qu'il fait dans sa Lettre; quels reproches n'aurois-je pas à lui faire sur son infidélité & sur l'abus qu'il a fait de ma confiance? Mais n'ai-je à lui reprocher que cette infidélité? Est-il vraisemblable, que pour relier un Livre, V*** se soit adressé, non à son Relieur, mais à un Libraire? Qu'il ait livré un Ouvrage qui pouvoit causer ma ruïne, qu'il devoit regarder comme un dépôt sacré, & dont il craignoit la *contrefaction*, qu'il l'ait livré, dis-je, à un Libraire, & à un Libraire, non seulement,

qui

qui par sa profession même lui devenoit suspect, mais qu'il connoissoit si mal ? D'ailleurs, par qui ce Libraire a-t-il pû être informé que l'Exemplaire, qui lui étoit remis par le Sieur de V***, sortoit de mon Imprimerie ? Qui a pû en instruire une personne, qui, avant que l'édition de ce Libraire parût, vint me prier de lui fournir 100 Exemplaires du Livre, & m'en offrit 100 Louïs d'or, que j'eus la constance de refuser *? A l'instigation de qui les Colporteurs, chargés de débiter dans *Paris* l'édition de ce Libraire, annonçoient-ils au Public que j'en étois l'Auteur ? C'est un fait que j'ai éprouvé moi-même. A qui attribuer cette Edition étrangère qui parut en 1734, précisément dans l'époque de mes malheurs ? édition que V*** a augmentée d'une vingt-sixième Lettre, dans laquelle il répond à des faits qui ne sont arrivés qu'en 1733, édition qui se vendoit chez *Ledet*, Imprimeur du Sieur de V*** à *Amsterdam*, & qui a pour titre LETTRES, &c. PAR Mr. DE V***. A ROUEN CHEZ JORE. M. DCCXXXIV. Et pour tout dire, en un mot, qu'est-ce que cette Lettre écrite contre moi au Ministre ? Car enfin, c'est trop balancer sur la perfidie du Sieur de V*** ; l'édition du Libraire de *Paris* se répand dans le Public, je suis arrêté & conduit à la *Bastille*, & quel est l'Auteur de ma détention ? Sur la dénonciation de qui

* Ils furent offerts sur l'un des deux Exemplaires remis au Sieur de V*** : cet Exemplaire avoit été vû par des personnes de la première qualité, & avoit piqué leur curiosité.

suis-je arrêté ? Sur celle du Sieur de V***. Je suis surpris qu'on me présente une Lettre de lui, dans laquelle il m'accuse faussement d'avoir imprimé l'édition, qui paroit, dit-il, malgré son consentement.

Que peut répondre le Sieur de V*** à tous ces faits qui me confondent moi-même ? N'étoit-il qu'infidèle ? Etoit-il seulement coupable d'avoir trahi le secret d'un homme qu'il avoit séduit par l'assurance d'une *permission tacite*, & d'avoir publié ce secret à qui avoit voulu l'entendre ? Etois-je moi-même infidèle à ses yeux ? Le Sieur de V*** crut effectivement que l'Edition qui paroissoit, étoit la mienne. Pouvoit-il le penser, lorsque j'avois reçu les mille Ecus qu'il m'avoit fait offrir lui-même pour cette édition, & que j'avois déclaré que je ne consentirois jamais à la laisser répandre, sans le certificat de la permission ? Etoit-il même possible, que versé comme il est dans l'Imprimerie, il méconnut les différences de ces deux Editions, le papier, les caractères, quelques termes mêmes qu'il avoit changés ? Ou au contraire le Sieur de V*** avoit-il résolu de me sacrifier ? Piqué de mes refus, désespérant également d'obtenir une permission, & de me faire consentir à laisser paroître son Ouvrage sans me la raporter, ne me demanda-t-il les deux Exemplaires que pour en faire faire une autre édition, & pour en rejetter sur moi l'iniquité ? J'avoue que c'est un cahos dans lequel je n'ai jamais pû rien comprendre, parce qu'il est des noirceurs, dont je ne saurois croire les hom-

hommes capables. Ce qui est certain, c'est que deux jours après avoir obtenu ma Liberté, le Magistrat à qui je la devois, me montra une seconde Lettre de V***, dans laquelle en m'accusant de nouveau d'avoir fait paroître mon édition, il ajoutoit que j'étois d'autant plus coupable qu'il m'avoit mandé de la remettre à Monsieur *Rouillé*, & m'avoit offert de m'en païer le prix; & ce qui est encore certain, est que dans la Lettre que l'on mettra sous les yeux des Juges à la suite de ce Mémoire, après avoir fait mention de cette autre Lettre, par laquelle il me marquoit, dit-il, de remettre toute mon édition à Mr. *Rouillé*, le Sieur de V*** reconnoît de bonne-foi que j'étois à la Bastille lorsqu'il me l'écrivit, c'est-à-dire, qu'il a commencé par m'accuser d'avoir rendu mon édition publique, qu'ensuite lorsque, sur sa fausse dénonciation, j'étois à la Bastille, il m'a écrit de remettre à Mr. *Rouillé* cette même édition que je n'avois plus, & que par une double contradiction, qui dévoile de plus en plus le dessein qu'il avoit formé de me perdre, il a voulu encore me charger de n'avoir répandu l'Ouvrage dans le public, qu'après qu'il m'avoit averti de la remettre aux Magistrats.

CEPENDANT je parvins à prouver l'imposture du Sieur de V***. Je fis voir que l'Edition n'étoit pas de mon Imprimerie, & que je n'avois point de caractères semblables, de façon que j'obtins ma liberté au bout de 84 jours.

MAIS mon bonheur ne fut pas de longue durée.

durée. Mon édition fut surprise & saisie, & j'éprouvai bientôt une nouvelle disgrace plus cruelle que la prémière. Par Arrêt du Conseil du mois de Septembre 1734, j'ai été destitué de ma Maîtrise, déclaré incapable d'être jamais Imprimeur ni Libraire.

Tel est l'état où m'a réduit la malheureuse confiance, que j'avois eue pour le Sieur de V***, état d'autant plus triste pour moi que je lui ai été plus fidèle, puisqu'indépendamment des 100 Louïs que j'ai refusés pour 100 Exemplaires d'une personne, dont l'honneur m'étoit trop connu pour me laisser rien appréhender de sa part, je ne voulus pas écouter la proposition du Sieur *Châtelain* Libraire d'*Amsterdam*, qui pour un seul exemplaire m'offrit 2000 livres, avec une part dans le profit de l'édition qu'il en comptoit faire, & que mon scrupule alla même jusqu'à ne vouloir pas permettre de prendre lecture de l'Ouvrage en ma présence, à un ami qui avoit apparemment appris mon secrèt par la même voïe qui en avoit instruit tant d'autres.

Dans l'abîme où je me suis vû plongé par mon Arrêt, sans profession, sans ressource, je me suis adressé à l'Auteur de tous mes maux, persuadé que je ne devois mes malheurs qu'au déréglement de son imagination, & que le cœur n'y avoit point de part. J'ai été trouver V***, j'ai imploré son crédit & celui de ses amis. Je l'ai supplié de l'emploïer pour me procurer quelque honnête moïen de subsister, & de me rendre le pain qu'il m'avoit arraché. Il m'a leuré d'abord de vaines

nes promesses ; mais bientôt, il s'est lassé de mes importunités, & m'a annoncé que je n'avois rien à espérer de lui. Ce fut alors que n'aïant plus de grace à attendre du Sieur de V***, si cependant ce que je lui demandois en étoit une, j'ai cru pouvoir au moins éxiger de lui le païement de l'impression de son Livre. Pour réponse à la Lettre que je lui écrivis à ce sujèt, il me fit dire de passer chez lui. Je ne manquai pas de m'y rendre, & suivant son usage, il me proposa de couper la dette par la moitié. Je lui répliquai ingénûment que je consentirois volontiers au partage, à condition qu'il seroit égal ; que j'avois été prisonnier à la Bastille pendant 14 jours, qu'il s'y fît mettre sept ; que l'impression de son livre m'avoit causé une perte de 22000 livres; qu'il m'en païât 11; qu'il me resteroit encore ma destitution de maîtrise pour mon compte. Ma franchise déplût au Sieur de V***, qui cependant par réfléxion poussa la générosité jusqu'à m'offrir cent pistoles pour solde de compte ; mais comme je ne crus pas devoir les accepter, mon refus l'irrita, il se répandit en invectives, & alla même jusqu'à me menacer d'emploïer pour me perdre ce puissant crédit dont son malheureux Imprimeur s'étoit vainement flaté, pour sortir de la triste affaire où il l'avoit lui-même engagé.

Voila les termes où j'en étois avec le Sieur de V***, lorsque je l'ai fait assigner le 5 du mois dernier. Les défenses qu'il m'a fait signifier, méritent bien de trouver ici leur place;

place; „ Il y a lieu, dit-il, d'être surpris de
„ mon procédé téméraire. Mon avidité me
„ fait en même tems tomber dans le vice d'in-
„ gratitude contre lui, & lui intenter une Ac-
„ tion qui n'a aucun fondement, d'autant qu'il
„ ne me doit aucune chose, & qu'au con-
„ traire il m'a fait connoître qu'il est trop gé-
„ néreux dans l'occasion, pour ne pas satisfai-
„ re à ses engagemens; c'est pourquoi il me
„ soutient purement & simplement non rece-
„ vable en ma demande, dont je dois être dé-
„ bouté avec dépens.

C'est ainsi que le Sieur de V***, non content de vouloir me ravir le fruit de mon travail, non content de manquer à la reconnoissance & à la justice qu'il me doit, m'insulte & veut me noircir du vice même qui le caractérise. Ce trait ne suffit pas encore à sa malignité. Il ôse publier dans le monde qu'il m'a païé, & que, dans l'appréhension, que je sens qu'il devoit peut-être se rallumer un feu caché sous la cendre, j'abuse de la triste conjoncture où il se trouve pour faire revivre une dette acquitée. Sous ce prétexte il se déchaîne contre moi, & sa fureur ne peut être assouvie, si ce faux délateur n'obtient une seconde fois de me voir gemir dans les fers. Assuré sur mon innocence, sur l'équité de ma cause, sur la renommée de V***, je n'ai été allarmé ni de ses menaces, ni de ses vains discours; & convaincu par ma propre expérience à quel point il sait se jouer de sa parole, je n'ai pû me persuader que son témoignage fût assez

F 3   sacré

sacré pour me faire condamner sans m'entendre.

Je suis donc demeuré tranquille, & ne me suis occupé que de ma défense. Je me dois à moi-même ma propre justification. J'ai pensé que je ne pouvois mieux l'établir qu'en rendant un compte éxact des faits. Les réfléxions que je vais ajouter en prouveront la vérité : en même tems qu'elles feront cesser les clameurs du Sieur de V***, elles rejetteront sur lui l'opprobre, dont il cherchoit à me couvrir, & engageront même à me plaindre sur ma malheureuse étoile qui m'a procuré une aussi étrange liaison. En effet, quelle fatale connoissance pour moi que celle du Sieur de V***? & que penser de cet homme, dont il est également dangereux d'être ami comme ennemi, dont l'amitié a causé ma ruïne & ma perte; & qui ne veut rien moins que me perdre une seconde fois, s'il est possible, depuis que pour lui demander mon dû, je suis devenu son ennemi.

Maintenant il me reste à établir mes moïens, & à répondre aux objections du Sieur de V***; mais ne me prévient-on pas déja sur ces deux objets? Après les faits dont j'ai rendu compte, l'équité de ma cause ne s'annonce-t-elle pas d'elle-même, & les défenses du Sieur de V*** ne sont-elles pas confondues d'avance? Mes moïens sont ma demande. Après avoir été trompé, trahi, ruïné par le Sieur de V***, je lui demande au moins le prix de mon travail, le prix d'un Ouvrage que j'ai imprimé pour lui & par ses ordres,

ordres, que je n'ai imprimé que sur la foi d'une permission tacite, que *j'ai refusé de laisser paroître* tant qu'on ne me rapporteroit pas *la permission des Superieurs*, * & qui effectivement n'a jamais paru dans le public. Quelle est la preuve de mon travail? La Lettre du Sieur de V***. S'il me répond que dans sa Lettre il n'a pas nommé l'Ouvrage que j'ai imprimé pour lui, je lui réplique que je lui demande le païement d'un Ouvrage que j'ai imprimé pour lui, & qu'il n'a point nommé dans sa Lettre. Le Sieur de V*** ôse publier qu'il m'a païé en me remettant le Manuscrit, mais sa Lettre le confond, elle prouve son imposture & sa mauvaise foi. Elle prouve qu'il ne m'avoit pas encore païé en 1734 †, lorsque j'étois à la Bastille & qu'il m'écrivit alors *pour m'en offrir le prix*. Avancera-t-il qu'il m'a païé depuis? Sa variation ne suffiroit-elle pas pour montrer son infamie? D'ailleurs sa Lettre opère un commencement de preuve par écrit, & je demande en vertu de l'Ordonnance, à être admis à la preuve par témoins. Je demande à prouver que lorsque j'allai chez lui, le jour même que je l'ai fait assigner, sa réponse fut que n'aïant tiré aucun profit de l'édition, il ne m'en devoit que la moitié. Trouvera-t-on dans cette réponse, dont je suis prêt de rapporter la preuve, que l'offre qu'il me fit n'étoit que pour

---

* Lettre du Sieur de V*** ci-après.
† L'édition a été faite en 1731.

pour se rédimer de ma vexation. Il m'a, dit-il, depuis quatre mois, fait toucher une gratification de 100 livres, auroit-il été question de m'accorder une gratification, s'il m'eût dû quelque chose? Aurois-je pensé à l'en remercier par une Lettre? Mais qu'il représente ma Lettre, on y verra le motif de cette gratification. On y verra que le Sieur de V*** allarmé d'un bruit, qui se répandoit, qu'on imprimoit un de ses Ouvrages, que je ne nommerai point, il me chargea d'emploïer tous mes soins, tant à *Paris* qu'au dehors, pour découvrir si ce bruit avoit quelque fondement, & que les 100 livres furent la récompense des mouvemens que je m'étois donnés.

Mais il en faut venir à la grande objection du Sieur de V***, au reproche qu'il me fait de la perfidie la plus noire, au reproche d'abuser de la conjoncture où il se trouve, d'abuser d'une Lettre qu'il a eu la facilité de m'écrire, & que j'ai sû tirer de lui sous prétexte de solliciter ma réhabilitation, d'en abuser, dis-je, pour le forcer, par la crainte d'un procès deshonorant, à me païer une somme, qu'il ne me doit pas, & à laquelle il est hors d'état de satisfaire.

C'est donc là le grand moïen du Sieur de V***, ou plûtôt le déplorable sophisme avec lequel il prétend en imposer aux personnes les plus respectables: car enfin la haine de ce reproche ne retombe-t-elle pas sur son Auteur? Eh! qu'ai-je à me reprocher, à moi qui ne fais que demander mon dû? S'il est

vrai

vrai que le Sieur de V*** ne m'a pas païé, comme il n'eſt que trop certain, comme il eſt évident, comme j'offre d'en achever la preuve, en quoi ſuis-je coupable de m'apuïer d'une Lettre, qui, en même tems qu'elle établit ma demande, me juſtifie d'une calomnie? Les inconvéniens ſont-ils mon fait? En puis-je être garant? Que ne me païoit-il, ſans me noircir dans le public du crime d'éxiger deux fois la même dette? Ne devoit-il pas être content de tous les maux qu'il m'a cauſés, de m'avoir engagé dans une affaire malheureuſe, ſur la fauſſe aſſurance d'une permiſſion, de m'avoir privé de la liberté par ſa dénonciation calomnieuſe, de m'avoir enlevé ma fortune & mon état, ſans vouloir encore me ravir l'honneur? N'ai-je pas à retorquer ſon argument contre lui? N'ai-je pas à lui reprocher qu'il veut ſe faire un rempart de ſa Lettre & des circonſtances qu'elle renferme, non ſeulement pour me refuſer le païement de ce qui m'eſt dû, mais encore pour me rendre odieux & pour accumuler contre moi calomnie ſur calomnie? Et, lorſque le Sieur de V*** a la hardieſſe d'appuïer ſes faux raiſonnemens d'un menſonge auſſi groſſier que celui de ſon indigence, lorſqu'avec 28000 livres de rente,* indépendamment des ſommes d'argent qu'il a répanduës dans *Paris*, il ôſe avancer qu'il eſt hors d'état de païer une ſomme auſſi conſidérable que celle que je lui demande, ſe peut-il que quelqu'un ſe

* Il y en a 18500 de ſaiſies pour la dette préſente.

se laisse éblouïr par ses artifices? Ne se trahit-il pas lui-même par cette nouvelle fausseté? Cette dernière circonstance ne montre-t-elle pas clairement ce qu'on doit penser de toutes les autres; & dans toute la conduite que le Sieur de V*** a tenue avec moi, ne voit-on pas un homme à qui rien n'est sacré, qui se jouë de tout, & qui ne connoît point de moïens illicites, pourvû qu'ils le menent à son but?

Enfin le Sieur de V*** m'oppose une fin de non recevoir. Il soutient que je suis mal fondé à lui demander le païement d'une Edition, qui a pû être saisie. Une fin de non recevoir, c'est donc là la défense familière du Sieur de V***? C'est ainsi qu'il vient de païer un tailleur pauvre & aveugle, à qui comme à moi, il a opposé une fin de non recevoir. Voilà donc le païement qui m'étoit réservé, & que ma malheureuse confiance pour le Sieur de V***, devoit me procurer? Mais est-il recevable lui-même à m'opposer cette fin de non recevoir? Après m'avoir séduit par l'assurance d'une permission verbale, après que je n'ai travaillé que sur la foi de cette permission, après que, si je suis coupable, je ne le suis que pour m'être fié à la parole du Sieur de V***, puisque dans tous les tems j'ai refusé de laisser répandre l'édition, jusqu'à ce que la permission me fût montrée & qu'effectivement elle n'a jamais paru. De quel front le Sieur de V*** ôse-t-il se faire une exception de ce qu'il m'a trompé? J'ai trop de confiance dans l'équité des

Juges

Juges pour appréhender qu'ils adoptent une défense auſſi odieuſe. J'eſpère même que les perſonnes reſpectables, qui honorent de leur protection les talens du Sieur de V***, me plaindront d'avoir été ſéduit par ces mêmes talens, & que touchées de mes malheurs, elles pardonneront à la néceſſité de me défendre, & de me juſtifier d'avoir dévoilé des faits que l'intérêt ſeul ne m'auroit jamais arraché, & que je n'ai mis au jour qu'afin de ne me pas laiſſer ravir l'honneur, le ſeul bien qui me reſte.

Signé, JORE.

LETTRE de V*** au Sr. *Jore.*

Vous me mandez, Monſieur, qu'on vous donnera des Lettres de grace, qui vous rétabliront dans votre Maîtriſe, en cas que vous diſiez la vérité qu'on éxige de vous ſur le Livre en queſtion, ou plûtôt dont il n'eſt plus queſtion.

Un de mes amis très-connu, aïant fait imprimer ce Livre en *Angleterre* uniquement pour ſon profit, ſuivant la permiſſion que je lui en avois donnée, *vous en fîtes de concert avec moi une édition en* 1730. (*c'eſt en* 1731).

Un des hommes des plus reſpectables du Roïaume, ſavant en Théologie comme dans les Belles-Lettres, m'avoit dit en préſence de dix perſonnes chez Madame de *Fontaine-Martel,* qu'en changeant ſeulement vingt lignes dans l'Ouvrage, il mettroit ſon approbation au bas. Sur cette confiance je vous fis achever l'édition. Six mois après j'appris qu'il se formoit un parti pour me perdre, & que d'ailleurs Mr. le *G. D. S.* ne vouloit pas que l'Ouvrage parût. *Je priai alors un Conseiller au Parlement de* Rouën *de vous engager à lui remettre toute l'édition. Vous ne voulutes pas la lui confier, vous lui dites que vous la déposeriez ailleurs, & qu'elle ne paroîtroit jamais sans la permission des Supérieurs.*

Mes allarmes redoublèrent quelque tems après, sur-tout lorsque vous vintes à *Paris.* Alors je vous fis venir chez Mr. le Duc de *Richelieu*, je vous avertis que vous seriez perdu si l'édition paroissoit, & je vous dis expressément que je serois obligé de vous dénoncer moi-même. Vous me jurâtes qu'il ne paroîtroit aucun exemplaire; mais vous me dites que vous aviez besoin de 1500 livres *, je vous les fis prêter sur le champ par le Sieur *Paquier* Agent de change, rue Quinquempoix, & vous renouvellâtes la promesse d'ensévelir l'édition.

Vous me donnâtes seulement deux Exemplaires, dont l'un fut prêté à Madame de... & l'autre tout décousu fut donné à *F.* Libraire, rue.... qui se chargea de le faire relier pour M..... à qui il devoit être confié pour quelques jours.

F. par la plus lâche des perfidies, copia le Livre toute la nuit avec *R.* petit Libraire
d....

---

* Elles m'avoient été prêtées pour 4 mois, & je les ai acquittées au bout de deux.

d.... & tous deux le firent imprimer secrettement. Ils attendirent que je fusse à la Campagne à soixante lieuës de *Paris* pour mettre au jour leur larcin. La première édition qu'ils en firent étoit presque débitée, & je ne savois pas que le Livre parût. J'appris cette triste nouvelle & l'indignation du Gouvernement. Je vous écrivis sur le champ plusieurs Lettres, pour vous dire de remettre toute votre édition à Mr. Rouillé, *& pour vous en offrir le prix.* Je ne reçus point de réponse. Vous étiez à la Bastille ; J'ignorois le crime de F. Tout ce que je pûs faire alors, fut de me renfermer dans mon innocence, & de me taire.

Cependant R. ce petit Libraire, fit en secrèt une nouvelle édition, & F. jaloux du gain que son cousin alloit faire, joignit à son prémier crime celui de faire dénoncer son cousin R.... Ce dernier fut arrêté, cassé de Maîtrise, & son édition confisquée.

Je n'appris ce détail, que dans un séjour de quelques semaines, que je vins faire malgré moi, à *Paris* pour mes affaires.

J'eus la conviction du crime de F. j'en dressai un Mémoire pour Mr. *Rouillé*. Cependant cet homme a jouï du fruit de sa méchanceté impunément. Voilà tout ce que je sai de cette affaire. Voilà la vérité devant Dieu & devant les hommes. Si vous en retranchiez la moindre chose, vous seriez coupable d'imposture, vous y pouvez ajouter des faits que j'ignore, mais tous ceux que je viens d'articuler sont essentiels. Vous pouvez supplier

votre

votre protecteur de montrer ma Lettre à Monseigneur le Garde de *Sçeaux*, mais surtout prenez bien garde à votre démarche, & songez qu'il faut dire la vérité à ce Ministre.

Pour moi, je suis si las de la méchanceté & de la perfidie des hommes, que j'ai résolu de vivre désormais dans la retraite, & d'oublier leurs injustices & mes malheurs.

A l'égard d'*Alzire*, c'est au Sieur *Desmoulins* qu'il faut s'adresser. Je ne vends point mes Ouvrages, je ne m'occupe que du soin de les corriger : ceux à qui j'en donne le profit, s'accommoderont, sans doute, avec vous. Je suis entièrement à vous.

A *Cirey* en *Champagne* ce 25 Mars 1736.

Signé, V***.

Le Conseil soussigné, qui a vû la Lettre & le Mémoire ci-dessus, est d'avis que le Sieur *Jore* est bien fondé à demander à être admis à la preuve par témoins, attendu le commencement de preuve par écrit qui résulte de la Lettre du Sieur de V***, & que le Sieur de V*** est mal fondé à opposer au Sieur *Jore* une fin de non recevoir. Délibéré à *Paris* ce 9 Juin 1736. *Signé*, BAYLE.

„ L'infortuné *Jore* n'a pas été le seul Li-
„ braire qui a eu à se plaindre des injustes
„ procedés de cet Auteur ; mais la plûpart
„ n'ont pas jugé à propos d'avouër qu'ils a-
„ voient été ses Dupes. En voici deux, dont
„ le *Mémoire* peut faire un Pendant à celui
„ de *Jore*.

LA VÉRITÉ DECOUVERTE.

MÉMOIRE *des Libraires d'*Amsterdam *qui ont imprimé* la PHILOSOPHIE DE NEWTON, de Mr. de V***. (†)

Nous laisserions dire Mr. de V***, s'il se contentoit de mettre dans divers Ecrits puplics, que dix-huit mois ne lui ont pas suffit pour reconnoître les fautes qui lui étoient échappées dans son Manuscrit des *Elémens de la Philosophie de* NEWTON; mais puisqu'il prend à tâche de les mettre sur le compte de ceux qui lui ont fait le plaisir de les corriger, il n'y a pas moïen de garder plus long-tems le silence sur une injustice & une ingratitude aussi marquées.

EST-IL possible que ce nouveau Philosophe ait assez peu de mémoire pour avoir oublié que les Planches des seize prémiers Chapitres de son Livre, ont été gravées sous ses propres yeux, & qu'il a fait tirer la prémière feuille de cette Edition jusqu'à douze fois; tant il avoit de peine à fixer sa vaste imagination? Il est vrai que pour donner un air plus géométrique à la plûpart de ces Planches, il auroit falu les réformer presqu'entiérement, sur-tout celles où il emploïe une seule lettre pour désigner en même tems plusieurs points, plusieurs lignes, & plusieurs angles;

(†) Tiré du mois de Juillet 1738 des *Mémoires Historiques* &c. pag. 110.

gles ; mais comme on ne doit pas exiger tant d'exactitude de la part d'un homme, qui connoît mieux la mesure des Vers, que celle des lignes & des surfaces, passons aux fautes de calcul & de raisonnement, dont on a pris la peine de purger son Ouvrage.

Par exemple, page 21, l. 16. aïant fait imprimer lui-même ces mots : „ Le Soleil „ aïant dix secondes de paralaxe, un Astre „ qui n'en a qu'une seconde, est quatre cent „ mille fois plus loin de nous que lui ". Il est clair qu'il confondoit deux sortes de paralaxes tout-à-fait différentes, savoir l'annuelle qui ne doit s'entendre que des Fixes dans cet endroit, & l'horizontale qui ne peut jamais leur convenir. C'est pour cette raison qu'on a fait un Carton, où l'on a mis : „ Un Astre, qui n'a qu'une seconde de paralaxe annuelle, „ est 400000 fois plus loin de nous que le „ Soleil ".

Page 180. la Figure qu'il avoit fait graver pour représenter la réfraction de la lumière en sortant du Cryſtal & en s'écartant dans l'air, donnoit de ce Phénomène une idée aussi contraire à son discours qu'aux loix de la Nature. Au lieu de donner plus d'inclinaison aux raïons émergens vers la surface réfractante, elle leur en donnoit moins, & les faisoit plus approcher de la perpendiculaire. Car l'air étant plus transparent que le Cryſtal, il est aisé de concevoir, que le Sinus de l'angle du raïon émergent avec la perpendiculaire, doit être plus grand que celui de l'angle d'incidence. Pour lui épargner cette petite confusion,
on

on a fait une nouvelle Planche, où l'on a remis les choses dans leur ordre naturel.

Page 181. l. 15. il avoit mis: „ Doublez „ maintenant cette ligne C, D, ensorte que „ C en devienne le milieu ". Un homme du Métier se seroit bien gardé de désigner par une seule & même lettre le commencement & le milieu d'une ligne ; & après s'être servi des lettres A, B, C, D, dans la ligne supérieure, il ne se seroit jamais avisé de répéter des A ou des B dans celle-ci, qui n'étoit que la portion C, D, de la précédente, mais plus allongée. C'est ce que l'on a réformé autant que l'a permis la Planche, qui avoit déja beaucoup souffert par les variations de l'Auteur, en mettant : „ Doublez maintenant C, „ D, ci-dessus, ensorte que I en devienne „ le milieu, comme ci-dessous, &c."

Au bas de la même page, il n'avoit employé que 7 lettres, croyant qu'elles suffisoient pour faire 7 séparations, au lieu qu'il en faloit nécessairement huit, sans quoi il n'y auroit eu que 6 séparations qui n'auroient pas répondu aux termes des 7 tons & des 7 couleurs. On y a remédié en plaçant un I avant le C pour marquer le milieu de la ligne ; & par-là on a levé toutes les contradictions qui régnoient dans le texte.

Page 200. l. 13. au lieu du mot Planète dont l'Auteur s'étoit servi, on a mis celui de Comète ; & il est encore à s'en appercevoir.

Page 222. il avoit mis cette Note marginale : „ Par ces loix la pésanteur des corps „ augmente comme le quarré de leur appro„ cher

„ chement au centre de la Terre ". Mais on lui a fait la grace de la retrancher, vû que le texte ne la prouvoit pas, ou que s'il la prouvoit, elle ne faifoit rien au fujèt. Car 1°. La péfanteur pouvoit y fignifier deux chofes, favoir le choc des corps tombans, ou la viteffe initiale de leur chûte. 2°. L'approchement au centre de la Terre pouvoit fe prendre également pour la hauteur de la chûte d'un corps, & pour une plus petite diftance initiale d'un corps qui commenceroit à tomber, au dit centre. Quelle fublimité de génie ne faut-il pas avoir pour énoncer par une feule propofition deux vérités auffi différentes! Les *Newtons*, les *Clarkes* & les *Leibnitz* n'ont jamais connu ce Myftère Philofophique.

Dans la même page, l. 13. & fuivantes, par une de fes conclufions ordinaires il attribuoit les mêmes dégrés d'accroiffement aux péfanteurs qu'aux vîteffes acquifes; mais on a purgé le texte de ce paralogifme, & on s'eft contenté de dire que, puifqu'on voïoit varier les vîteffes fans en connoître la caufe, l'on préfumoit que la péfanteur pouvoit également varier en raifon quelconque.

Page 232. l. 3, & fuivantes, l'Auteur avoit mis : „ La péfanteur fur notre Globe
„ augmente en raifon du quarré des appro-
„ chemens des corps péfans au centre de la
„ Terre, & diminue en raifon du quarré de
„ fes diftances ". Comme l'approchement des corps péfans au centre de la Terre, en bonne Méchanique, fignifie toûjours la diminution de leur diftance, & jamais la diftance
di-

diminuée elle-même, on a mis pour lever cette équivoque & rectifier le texte : „ La pésan„ teur sur notre Globe, est en raison réciproque „ du quarré des distances des corps pésans du „ centre de la Terre ; ainsi plus ces distances „ augmentent, plus la pésanteur diminue ".

Page 242. on a été obligé de changer les caractères de la Figure, & leurs renvois dans le Texte, parce que l'Auteur n'avoit nommé la diagonale que par une seule lettre ; ce qui n'étoit ni clair, ni d'usage.

Pag. 248. & 249. on a pareillement changé les Lettres de la Figure pour l'adapter au texte.

Page 253. l. 2. l'Auteur s'étoit mécompté dans la distance de Venus au Soleil de 2700000 lieuës seulement. On auroit tort de lui en faire un crime ; ce n'est qu'une erreur de 12 à 13 pour cent. On n'a qu'à en faire le calcul selon les principes donnés au bas de la page 252, & l'on verra la nécessité de notre correction.

Page 255. l. 21. & 22. le Manuscrit portoit : „ Un corps pése donc en raison de sa „ distance actuelle au centre ". Comme ceci contredisoit ce que l'Auteur dit par-tout ailleurs, on a mis : „ Un corps pése donc en rai„ son inverse du quarré de sa distance actuel„ le au centre ".

Page 256. l. 8. & suivantes ; l'Auteur s'iant mis assez imprudemment que la Terre, quoique 1170 fois plus petite que Jupiter, pésoit pourtant 30 fois plus sur le Soleil que cette Planète, on a corrigé cette faute en mettant que la Terre péfe fur le Soleil 8 fois moins que Jupiter.

Page 256. l. 16. comme l'Auteur fe vantoit d'avoir démontré la loi de la gravitation en raifon inverfe des quarrés des diftances, par la chûte des corps fur la Terre, on a retranché cette démonftration imaginaire comme à la page 222.

Page 257. l. 15. fi l'on avoit fuivi le Manufcrit on auroit imprimé : „ Comme la ré„ volution de la Lune autour de la Terre „ en un mois, eft à la révolution prétendue „ du Soleil autour de la Terre pendant un „ an, ainfi la racine quarrée de la diftance de „ la Lune eft à la racine quarrée de la di„ ftance du Soleil ". Cela étant manifeftement contraire à la Règle de *Kepler*, fur laquelle l'Auteur s'appuïe, on a mis les Cubes des diftances, au lieu des diftances mêmes, ainfi qu'on le trouve à préfent dans le texte.

Page 273. l. 20. l'Auteur avoit dit que le Soleil étoit environ 460 fois plus gros que toutes les Planètes mifes enfemble, fans compter les Satellites de Jupiter & de Saturne, ni l'Anneau de ce dernier. On feroit bien curieux de favoir, où il a pris les maffes de Mars, de Venus & de Mercure, qui doivent entrer dans ce calcul, & que ni les *Newtons*, ni les *Gregory*, ni les *Whiftons* n'ont jamais ofé déterminer ; du moins fi ce font elles qui groffiffent fi confidérablement la maffe commune, il faudroit qu'elles égalaffent les $\frac{2}{3}$ de Saturne, de Jupiter & de la Terre. Comme cela eft entiérement contraire à l'expérience, on a cru devoir retenir les mesures de *Newton*, qui donnent cette proportion, comme 760 est à l'unité, en comptant rondement.

Pag. 281. l. 11. l'Auteur avoit mis: „ La „ pésanteur sur la surface du Soleil est à celle „ des corps sur la Terre comme 27, & non „ pas comme 25 à 1." Pour corriger cette bévûe il a falu mettre 24 au lieu de 27, parce que le diametre du Soleil n'est que 96 ou 97 fois plus grand que celui de la Terre. Tant il est vrai qu'on peut-être excellent Poëte, & fort mauvais Calculateur.

Page 284. on a été obligé de changer la Figure du Manuscrit, ainsi que les caractères; parce qu'il y en avoit plusieurs qui ne répondoient pas au texte.

Page 289 l. 6. Mr. de V *** a déterminé de combien de pieds un corps doit tomber sur la surface du Soleil pendant la premiére seconde de tems, savoir de 413 pieds. On pouroit lui passer cette détermination, si la pésanteur sur la surface du Soleil n'étoit pas à celle que nous sentons sur la Terre comme 24 à 1; mais comme le calcul la donne dans cette proportion, il est bon qu'il sache qu'un corps tomberoit de 360 pieds de haut sur le Soleil pendant la premiére seconde de tems, s'il n'y avoit point du tout, ou très-peu d'athmosphère autour de cet Astre. Mais comme il y en a une très-vaste, & que selon les démonstrations de *Newton* même la pésanteur doit diminuer au dedans d'un corps continu, il faut diminuer cette chûte de quelque chose. C'est pourquoi on a mis dans l'*Errata* cette correction : lifez 350 pieds au lieu de 413.

Page 289. l. 18. l'Auteur dans fon Manufcrit avoit placé Mercure à 8 ou 9 millions d lieuës de diftance moïenne du Soleil. Il a falu mettre 11 à 12 millions, parce que la diftance moïenne du Soleil à la Terre fe compte par-tout ici pour 30000000 de lieuës. Certes il feroit bien à plaindre s'il fe trompoit dans les fommes qu'il reçoit, comme dans celles qu'il donne au Public.

Page 290 & 291. il avoit plufieurs fois voulu inculquer que Mercure fentoit 8 à 9 fois plus de chaleur que la Terre. On a mis 7 fois feulement pour le ramener à la démonftration de *Newton* qu'il avoit apparemment perdue de vûe.

Page 300. l. 14. fon Manufcrit portoit, onze Siècles; on a rectifié cette petite faute de calcul en mettant 110 Siècles.

Page 301. l 20. il avoit mis 430000 ans, qui ont été corrigés par 403000 ans. Quelque bourru Critique pouroit fe déchaîner contre une faute de cette nature; mais, en fait de Chronologie, 27000 ans de plus ou de moins ne méritent pas qu'on s'y arrête.

Après cet expofé on laiffe à juger au Lecteur équitable, fi Mr. de V*** peut en honnête homme fe plaindre, comme il fait, des prétendues fautes d'impreffion, en affectant d'ignorer tous les Cartons qu'on a faits à fon Livre, & l'*Errata* qui fe trouve à la fin.

Au refte, s'il prend le parti de nier que ces

ces fautes soient dans son Manuscrit, il nous sera facile de lui en donner des Extraits en forme; & d'y joindre plus d'une cinquantaine de Lettres, avec des Notes qui ne seront certainement pas inutiles.

„ S'il y a un homme distingué dans la Ré-
„ publique des Lettres, à qui Mr. de V***
„ a eu des Obligations infinies, c'est Mr.
„ *Rousseau*, dont il a païé l'amitié de la plus
„ noire ingratitude, qu'il a porté jusqu'au
„ crime impardonnable d'attaquer sa réputa-
„ tion de toutes les maniéres. En quoi il est
„ d'autant plus coupable que certainement sa
„ Conscience lui aura dit que ses Sarcasmes,
„ ses Satyres, ses Calomnies contre ce grand
„ Homme, étoient autant de coup d'Epée
„ dans l'eau, & qu'il se faisoit plus de tord
„ qu'à celui qu'il attaquoit, dont les ouvra-
„ ges étoient déja placès honorablement dans
„ le Temple de l'Eternité. Voici un Lettre
„ de ce célèble Poëte qui découvre l'Origine
„ de la haine que V*** lui portoit.

LETTRE *de Mr.* ROUSSEAU *au sujèt des Calomnies répanduës contre lui par le Sr.* A**. *de* V***.

ON vient de m'envoïer, Mr., le nouveau Libelle que V*** a publié contre moi. Les affronts qu'il a essuiés à l'occasion des prémiers ne l'ont point découragé. Celui-ci est sur le même ton. Il est composé de deux piéces dont l'une est une Préface en prose sous le nom de ses Editeurs. L'autre est cette Epitre

tre à Madame la Marquise du *Chatelet*, dont toutes les Nouvelles de *Paris* & les Gazettes de *Hollande* me menacent depuis quelques mois. L'un & l'autre de ces deux Chef-d'œuvres étoit destiné à paroître à la tête de la nouvelle Piéce de Théatre qu'il vient de faire imprimer à *Paris* : mais les Approbateurs les aïant rejettés avec l'indignation qu'ils méritent, il s'est avisé, pour ne point perdre le fruit d'un si beau travail, de les envoïer imprimer furtivement à ses Libraires d'*Amsterdam*, avec ordre de les publier, sous peine d'encourir sa disgrace & d'être privés à jamais de l'honneur d'imprimer ses œuvres. Je suis persuadé, Mr., que vous n'attendez pas de moi une réponse du même stile. Il y a trop longtems que V*** est en possession de donner la Comedie au Public pour vouloir lui disputer un si heureux privilége. Les injures grossières qu'il me dit, & les absurdités dont elles sont accompagnées, ne prouvent autre chose contre moi que sa haine dont je n'ai garde de m'affliger & qui me fait beaucoup plus d'honneur que son estime. Mais puisque vous desirez de savoir l'origine de cette haine, il faut vous mettre en état d'en juger vous-même, par un récit abrégé de ce qui s'est passé entre lui & moi depuis que je le connois.

Des Dames de ma connoissance m'avoient mené voir une Tragedie des *Jesuites* au mois d'Août de l'année 1710. A la distribution des prix qui se fait ordinairement après ces représentations, je remarquai qu'on appella deux fois le même écolier, & je demandai au

Père

Père *Tarteron*, qui faifoit les honneurs de la Chambre où nous étions qui étoit ce jeune homme fi diftingué parmi fes Camarades. Il me dit que c'étoit un petit garçon, qui avoit des difpofitions furprenantes pour la Poëfie, & me propofa de me l'ammener, à quoi je confentis. Il me l'alla chercher & je le vis revenir un moment après avec un jeune Ecolier qui me parut avoir feize à dix-fept ans, d'affez mauvaife phifionomie, mais d'un regard vif & éveillé, & qui vint m'embraffer de fort bonne grace. Je n'en appris plus rien depuis ce moment, finon environs deux ans après, que me trouvant à *Soleure*, j'en reçus une Lettre de compliment accompagnée d'une Ode, qu'il avoit compofée pour le prix de l'Academie & fur laquelle il me demandoit mon fentiment, que je lui marquai avec toute la fincerité qu'on doit à la confiance d'un jeune homme qu'on aime. J'apris pourtant que l'Academie avoit mis cette Ode au rebus, & que l'année d'après une feconde Ode qu'il avoit fait à deffein de prendre fa revanche, avoit eu le même fort. Il continuoit cependant à m'écrire de tems en tems, toûjours dans des termes exagerés, m'appellant fon Maitre & fon modèle, & m'envoïant quelquefois des petites piéces de fa façon, où fon genie mordant & amer commençoit à fe développer, mais à la vérité très-mal pourvû de ce fel & de ces graces naïves qui affaifonnent la bonne plaifanterie & dont le privilege eft de mettre le Lecteur dans les inté-

rêts

rêts de l'Ecrivain, art que le fiel & la colère n'enseignent point, & que V***, comme on voit, n'a jamais connu. Il me reste encore quelques-unes de ces Lettres; & Monsieur le Baron de *Breteüil* qui le protegeoit, & qui m'a toûjours écrit régulierement jusqu'à sa mort, ne manquoit jamais de son côté de me parler de lui, & de m'informer tantôt de ses succès, tantôt de ses disgraces. C'est par les Lettres de ce Seigneur que je conserve encore écrites la plûpart de sa main, que j'ai sçu une partie des premiers malheurs de ce Poëte fougueux, dont un seul auroit dû suffire pour le corriger, s'il étoit susceptible de correction: l'insulte qu'il s'attira de la main du vieux *Poisson* dans les foïers de la Comédie, la Balafre dont il fut marqué au Pont de *Séve* par un Officier qu'il avoit calomnié, son emprisonnement à la Bastille pour des vers satiriques & scandaleux, ses fureurs ridicules au Parterre & au Theatre pendant qu'on sifloit son Artemire, & une infinité d'autres faits que je retrouverois dans les Lettres qui me sont restées de Mr. *de Breteuil*, si je voulois prendre la peine de les y chercher; ce que je ne raporterois même pas, si ce n'étoit pour montrer par ce témoignage d'un commerce familier soutenu sans interruption vingt ans durant avec un des plus illustres Amis que j'aïe jamais eu, quelle est l'impudence d'un imposteur qui ose avancer que j'ai manqué à mon bienfaiteur, & *piqué*, comme il dit, *le Sein qui m'avoit ranimé*, pendant que son amitié

&

& ma reconnoiſſance ſont un fait averé publiquement dans mes ouvrages même dont un des plus conſiderables eſt l'Epitre que je lui ai adreſſée.

Permettez-moi, Mr., d'interrompre mon récit pour un moment, & de vous demander ſi une calomnie ſi atroce ne ſuffit pas pour faire juger de toutes les autres. Elles ſe réduiſent, les injures à part, auxquelles je ne prétends pas répondre, à une liſte de noms qu'ils prétend, dans ſa préface, que j'ai inſulté. Mais où trouvera-t-il ces noms, dans aucun de mes Ecrits. Si les Portraits qui y ſont reſſemblent aux perſonnes qu'il nomme, pourquoi ſe mêle-t-il d'avertir le public de cette reſſemblance peut-être imaginaire? A-t-il pénetré dans mes intentions? Aura-t-il le front de dire que je les lui ai déclarées? Croit-il rendre un fort bon Office aux perſonnes qu'il nomme, en leur aprenant qu'on les reconnoit dans les tableaux ridicules qui ſont peints dans mes ouvrages? Si je m'aviſois de faire la peinture d'un Fat écervelé, plein de lui-même, pillant à droit & à gauche tous les Auteurs qu'il trouve ſous ſa main, & les dénigrant enſuite dans l'eſpérance que ſur ſa parole on ſe dégoûtera de les lire, & que par ce moïen ſes larcins demeureront à couvert. Si je peignois dans le même Homme une ignorance conſommée revêtue de tout l'orgueil du Pédantiſme, une étourderie qui annonce juſques dans ſon geſte & dans ſa démarche un frenetique achevé, une temerité qui commence toûjours par l'inſolence & finit par la
baſ-

baſſeſſe, enfin une bigarure de ſentimens & de conduite qui habille tantôt la Religion en impiété & tantôt l'impiété en Religion, ſeroit-il bien obligé à celui qui lui viendroit dire, Mr. c'eſt votre portrait qu'on a voulu faire. C'eſt ainſi cependant qu'il en uſe à l'égard de tous ces Meſſieurs qu'il nomme & qu'il offenſe ſeul. C'eſt donc lui ſeul qui eſt le Satirique & non pas moi qui ne fait que ce qu'ont fait avant moi tous les Poëtes, tous les Orateurs, tous les Prédicateurs & tous ceux dont le talent & la vocation ſont de peindre les vices & le ridicule de l'humanité; Monſieur *Déſpreaux*, notre Maitre à tous, n'y cherchoit pas tant de façon. Il n'a pas craint de citer nommément les V*** & les autres impertinens de ſon ſiecle. Moins autoriſé que lui je me ſuis tenu obligé à plus de réſerve. Je n'ai nommé perſonne dans mes écrits. J'ai aſſez bonne opinion de ceux qui ne s'y reconnoiſſent point pour eſpérer qu'ils ne ſe laiſſeront point ſurprendre aux applications malignes d'un homme comme V***, & quant à ceux qui croïent s'y reconnoitre, je n'ai d'autre réponſe à leur faire que celle du bon affranchi d'Auguſte.

Suſpicione ſi quis errabit ſuâ.
Et trahet ad ſe quod dictum eſt omnium
Stultè nudabit animi conſcientiam.

CETTE voïe indigne dont il ſe ſert pour m'attirer des ennemis, n'eſt qu'une copie groſſière de l'artifice des ſcélérats qui m'ont calomnié

avant

avant lui. Il n'a pas le don de l'invention, mais comme, Dieu merci, il est plus connu pour ce qu'il est, que les originaux, qu'il copie, ne l'étoient alors, j'espère que les impostures n'auront pas le même succès. Il n'est pas question ici des vers infames qui m'ont été si indignement attribués & dans lesquels la malignité la plus noire ne sauroit reconnoître ni mon stile, ni ma manière de penser. S'il y a encore quelqu'un assez impudent pour m'accuser d'en être l'Auteur, il n'y en a plus d'assez sot pour le croire. Cette discussion m'écarteroit trop de mon sujet. J'y reviens, & je reprens ma narration où je l'ai laissée.

J'ETOIS encore à *Vienne* lorsqu'il m'envoïa sa Tragédie d'*Oedipe*. Quelques défauts, dont cette piéce fourmille, comme ma coutume est de les excuser dans les jeunes gens jusqu'à ce que le tems & l'étude aïent meuri leur genie, je lui fis une réponse, dont un plus habile homme que lui auroit dû être satisfait, & je l'avertis seulement de parler désormais avec un peu plus de retenue, de *Sophocle* & des autres grands hommes, qu'il maltraitoit dans ses Préfaces. Il m'envoïa quelque tems après une Copie du commencement de son Poëme de la Ligue; & aïant apris par ma réponse que Mr. le Prince *Eugene* m'avoit fait l'honneur de me nommer du voïage qu'il se proposoit de faire alors aux *Païs-Bas*, il me témoigna que dès que j'y serois, il ne tarderoit pas à s'y rendre pour me voir. Ce voïage ge du Prince aïant été rompu par les raisons que tout le monde a sçuës en ce tems-là, je fis le voïage seul l'année d'ensuite, & V*** effectivement ne manqua pas de se rendre à *Bruxelles* deux mois après, à la suite de Madame de *Rupelmonde*, que des intérêts domestiques appelloient en *Hollande*. Je ne puis m'empêcher de raconter ici de quelle manière je fus informé de son arrivée. Monsieur le Comte de *Lanoy* que je trouvai à midi chez le Marquis de *Prié*, me demanda ce que c'étoit qu'un jeune homme qu'il venoit de voir à l'Eglise des *Sablons* & qui avoit tellement scandalisé tout le monde par ses indécences durant le service, que le Peuple avoit été sur le point de le mettre dehors. J'apris le moment d'après par un Compliment de V*** que c'étoit lui-même qui étoit arrivé dans la Ville à minuit, & qui avoit commencé à y signaler son entrée dans ce beau début. Je l'allai voir l'après dînée & dès le lendemain je ne manquai pas de le produire chez Monsieur le Marquis de *Prié* qui gouvernoit alors, chez Madame la Princesse *de la Tour* & dans les autres Maisons, où j'étois reçu, & où, à ma grande confusion, il ne débuta pas mieux qu'il avoit fait dans l'Eglise des *Sablons*. Son séjour fut d'environ trois semaines pendant lesquelles j'eus à souffrir, pour l'expiation de mes péchés, tout ce que l'importunité, l'extravagance, les mauvaises disputes d'un étourdi fieffé peuvent causer de supplice à un homme posé & retenu. Mais comme Dieu m'a doüé d'une patience qui souvent tourne plus

à

à mon dommage qu'à mon profit, je ne lui en témoignai rien, & je continuai à le combler de toutes sortes de civilités & de complaisances. Il me confia son Poëme de la Ligue que je lui rendis deux jours après, en l'avertissant en ami d'y corriger les déclamations Satiriques & passionnées, où ils s'emporte à tout propos contre l'Eglise *Romaine*, le Pape, les Prêtres Séculiers & Réguliers, & enfin contre tous les Gouvernemens Ecclésiastiques & Politiques, le priant de songer qu'un Poëme Epique ne doit pas être traité comme une Satire & que c'est le Stile de *Virgile* qu'on s'y doit proposer pour modèle & non celui de *Juvenal*. Je lui donnai en même tems les louanges que je crus qu'il méritoit sur plusieurs Caractères qui m'avoient parus bien touchés & sur tout sur celui de Monsieur de *Rosni*, que j'ai été fort surpris de voir qu'il avoit retranché depuis, pour substituer en sa place celui de l'Amiral de *Coligni*, le Héros des Protestans à la vérité, mais encore plus véritablement le boute-feu de la *France*, j'en ai sçû depuis la raison fondé sur le ressentiment d'une menace humiliante qu'il s'étoit attiré de feu Mr. le Duc de *Sully*, son prémier Protecteur, dont il n'avoit apaisé la juste indignation que par une de ses bassesses ordinaires. Comme il faisoit régulièrement sa cour à Madame de *Rupelmonde*, je ne pus me défendre des instances qu'il m'avoit fait plusieurs fois, en présence de cette Dame de lui réciter quelques-uns des Ouvrages nouveaux que je destinois à l'Edition de *Londres*, où je me me rendis à ce deffein quatre mois après. Il les loua beaucoup en fa préfence & il ne s'avifoit point encore d'y trouver le *Germanifme* dont il fait aujourd'hui le refrain perpétuel de fes agréables plaifanteries. Je ne prétends point m'ériger ici en champion du mérite de mes Ouvrages. Ce n'eft ni à V*** ni à moi d'en juger. C'eft au public, dont il paroit jufqu'à préfent que mes Libraires ne fe plaignent point. Je fuis pourtant, bien aife d'aprendre à ce prétendu plaifant que je n'ai jamais fçu un mot d'*Allemand*, que dans tous les païs où j'ai été, j'ai toûjours vecu avec des gens qui parlent *François* mieux que lui, qui favent mieux que lui ce que c'eft que la propriété & la vraie harmonie du langage, qui n'ont point l'oreille affez gâtée pour confondre la prononciation de *Père* avec celle de *Guerre*, pour croire qu'*Amour* & *Amour* pris dans le même fens faffent une bonne rime, & pour taxer de pédanterie ridicule la correction des *Malherbes*, des *Corneils* & des *Racines*, oppofée à la licence des Chantres de la *Samaritaine*.

Il fit avec Madame de *Rupelmonde* le voïage de *Hollande* d'où on me manda peu de tems après fon départ une infame tracafferie de fa façon, qui avoit penfé mettre les armes à la main à Mr. *Bafnage* & à Mr. *le Clerc*, & qui alloit produire un facheux éclat contre ces deux Sçavans, fi un éclairciffement venu à propos, n'avoit fait bien-tôt après retomber leur indignation fur l'Auteur de l'impofture. Ce procedé beaucoup plus ferieux que fes autres

tres impertinences m'avoit mal difposé à le bien recevoir à fon retour. Je crûs pourtant devoir me contraindre pour le peu de tems qu'il avoit à refter à *Bruxelles*; & tout alloit encore affez bien entre nous, lorfqu'un jour m'aïant invité à le mener à une promenade hors de la Ville, il s'avifa de me réciter une Piéce en Vers de fa façon, portant le titre d'*Epitre à Julie*, fi remplie d'horreurs contre ce que nous avons de plus faint dans la Religion, & contre la perfonne même de *Jefus-Chrift*, qui y étoit qualifié par tout d'une Epithete, dont je ne puis me fouvenir fans fremir; enfin fi marquée au coin de l'impiété la plus noire, que je croirois manquer à la Religion & au Public même fi je m'étendois davantage fur un Ouvrage fi affreux, que j'interrompis enfin, en prenant tout-à-fait mon férieux & lui difant que je ne comprenois pas comment il pouvoit s'adreffer à moi pour une confidence fi déteftable. Il voulut alors entrer en raifonnement & venir à la preuve de fes principes. Je l'interrompis encore & je lui dis que j'allois defcendre de Caroffe s'il ne changeoit de propos. Il fe tût alors & me pria feulement de ne point parler de cette Piéce, je le lui promis & je lui tins parole: mais d'autres perfonnes avec qui vraifemblablement il n'avoit pas pris la même précaution m'en parlérent dans la fuite & entr'autres une Dame de la premiere confidération en *France*, & un Prince dont il devinera aifément le nom & dont le témoignage n'eft pas moins refpectable que fa naiffance & fes grandes qua-
H lités.

lités. Je dirai plus bas à quelle occasion il a changé le titre & mitigé les expressions de cette infame Poësie, qui, en l'état où il l'a mise, ne laisse pas de faire encore horreur aux Libertins même. Voilà quel est le personnage, qui pillant selon sa coûtume la fin d'une chanson que Mr. *Despreaux* fit autrefois contre *Liniere*, ose dire dans son Epitre, que mes Ecrits *seront brulez, s'il se peut, avant moi*; & oublie en ce moment qu'il n'y a pas encore deux ans qu'un de ses Livres avoué de lui & imprimé à ses frais, avec la Lettre initiale de son nom, a été brulé publiquement par la main du Bourreau, & que le Décrèt rendu contre lui à cette occasion, n'est pas encore purgé.

Je m'aperçus depuis ce jour-là qu'il étoit plus reservé avec moi qu'à l'ordinaire & il partit enfin, prenant son chemin par *Marimont* où chassoit Monsieur le *Duc d'Aremberg*, que j'allai quelques jours après trouver à *Mons*. Ce fut là où j'appris de deux de ses Gentilshommes, qu'il leur avoit parlé de moi à *Marimont* de la maniére du monde la plus indigne, & un Colonel de mes amis qui a été depuis General Major & Gouverneur de *Dam* me dit, qu'à *Mons* s'étant trouvé avec lui à l'hotellerie, où il dinoit à table d'Hote, il révolta tellement la Compagnie par les propos qu'il tint sur mon Chapitre, que jamais homme ne fut plus prêt d'être jetté par les fenêtres, ce qui seroit peut-être arrivé, si dans le courant du discours il ne s'étoit pas reclamé à propos du nom de Mr. le Duc d'*Aremberg*.

J'A-

J'APPRIS à mon retour d'*Angleterre* qu'il tenoit à *Paris* les mêmes discours & ce fut dans ce tems-là qu'il s'avisa de ce joli mot de *Germanisme*, dont il fait depuis douze ans, son épée de chevet pour combattre tous mes Ecrits passés, présens & à-venir. Il fit quelque tems après représenter sa *Marianne* qui me fut envoïée imprimée par un de mes amis, à qui je ne pû m'empêcher de marquer dans ma réponse, une partie des impertinences qui m'avoient choqué, dans cette pitoïable superfétation poëtique, sifflée six mois auparavant & depuis rapetassée & redonnée au public comme neuve. Je ne sçai comment ma Lettre vint à sa connoissance, mais elle m'en attira bientôt une autre anonyme & d'une écriture contrefaite, où j'étois accommodé de toutes piéces, & à laquelle je me contentai de répondre en huit lignes, qu'après la maniere dont il avoit traité *Jesus-Christ*, je n'étois pas assez délicat pour m'offenser de ses injures, mais que je l'avertissois qu'un homme, qui avoit donné une telle prise sur lui, étoit obligé d'être sage & d'éviter sur tout de se faire des Ennemis. J'ai passé depuis, 8 à 9. ans sans entendre parler de lui du moins rélativement à moi; son avanture près de l'Hôtel de *Sully*, sa fuite de *France*, ses Extravagances à *Londres* & ses démelés avec son Libraire, qui servoient tous les jours de matiere aux Gazettiers, avant qu'il eut mis celui d'*Utrecht* dans ses intérêts, ne me regardant ni de près ni de loin. Mais l'avis charitable que je lui avois donné dans mon billet le fit, à son retour en *France*,

France, songer à ses affaires, & ce fut aparemment ce qui l'engagea à changer le titre de son *Epitre à Julie* en celui d'*Epitre à Uranie* & d'en convertir les Blasphemes en ceux qu'il y a substituez, où il se contente d'avouer qu'il n'est pas Chrétien & de soutenir qu'il est ridicule de l'être : ce qui n'en parut pas pour cela moins digne des attentions de la Police, où il fut cité & où il se tira d'affaire en disant que cet Ouvrage n'étoit pas de lui, mais du feu Abbé de *Chaulieu*. Si ce fait est vrai, comme une personne digne de foi m'en assure, on peut voir sur qui doivent retomber ses lieux communs sur la Calomnie.

Enfin voici la grande Epoque de son déchainement. Un homme de Lettres de *Paris* appellé Monsieur de *Launay*, avec qui j'ai fait connoissance par écrit, m'aïant envoïé avec la Tragedie de *Zaïre*, qui se jouoit alors, ses réfléxions sur l'Ouvrage & sur l'Auteur, je lui fis réponse sur le même ton & cette réponse aïant couru contre mon intention, V***, à qui un nouveau succès est toûjours le prélude d'une nouvelle folie, crut que le moment étoit venu de m'accabler & ce fut alors qu'il produisit le fameux *Temple du Goût* qui lui a attiré les huées de tout *Paris*, dont on peut dire que la révolte fut générale, & qui se chargea si efficacement de ma querelle, que jamais peut-être on ne vit une offense mieux vangée, ni un offenseur si complettement berné. Cela fut au point qu'il passa trois mois sans oser se montrer, ensuite de quoi sa disgrace étant oubliée du public, il l'oublia aussi & essaïa de se

mon-

montrer sur l'eau par son *Adelaïde*, qui tomba dès la prémiere représentation & par ses Lettres Angloises qui furent brûlées, comme j'ai déjà dit. J'oubliois de dire qu'avant l'impression de son *Temple du Goût*, j'avois reçu une Lettre de Mr. de *Launay* qui m'avertissoit des menaces qu'il faisoit contre moi & contre lui; & me marquoit que sur ces dernières lui aïant fait dire que s'il s'avisoit jamais de mettre son nom en jeu, il pouvoit compter sur une replique promte & qui ne seroit pas avec la plume, ce Capitan du Parnasse l'étoit venu trouver à la Comedie, où il lui avoit fait des excuses & des bassesses, dont Mr. de *Launay* me mande dans la Lettre qu'il se sentit autant ému de pitié que de mépris. Voilà, Monsieur, puisque vous avez voulu le savoir, tout ce qui a précedé l'éclat d'aujourdhui qu'il m'auroit été facile de prévenir si j'avois daigné me prêter aux ouvertures de paix qu'un de ses amis m'a faite dès l'année derniére, & si j'avois crû digne de moi d'entrer en négociation avec un homme aussi décrié que V***. Il ne me seroit pas moins aisé d'en punir au moins ses distributeurs, si je voulois me prévaloir des Ordonnances fulminantes du Magistrat d'*Amsterdam* & de la Cour de *Hollande* contre les libelles & les satyres personnelles. Mais il m'importe trop que le caractere d'un pareil ennemi soit connu & il ne sauroit mieux l'être que par l'indignité & l'emportement de ses Ecrits. Dieu merci, ce n'est point là le caractère des miens, & si la nécessité m'a obligé de reveler une partie de ses Turpitudes, au moins puis-je vous assurer que ce n'est point la colère qui m'a mis la plume à la main. C'est ce que j'ai assez fait entendre à cet ami inconnu qui m'offroit sa Médiation, dont je me contentai de le remercier, en l'assûrant que je n'étois pas faché contre V***, que ses injures ne m'aïant point fait de tort, elles ne m'avoient point fait de peines & que je souhaitois seulement qu'il se montrât plus sage à l'avenir. Mr. *Despreaux*, dont l'exemple sera toûjours m'a règle, m'a apris par son indifférence pour les invectives des *Pradons*, des *Bonnecorses*, & des *Cotins*, à mépriser celles des *Lenglets*, des *Gacons* & des V***. Mes dispositions à cet égard sont connues de tous mes amis & le motif s'en trouve marqué assez au long dans une Epitre que j'ai déjà composée depuis quelque tems & qui paroitra avec la premiere Edition de mes œuvres. Ainsi V*** peut achever de vomir tout ce qu'il a sur le cœur. C'est ici la derniere réponse en forme qu'on verra de moi. Je suis las de marcher si longtems dans l'ordure & il me suffira si cela devient nécessaire, d'envoïer à l'imprimeur, comme on m'en a déjà sollicité plusieurs fois, le Recueil de tous les Brocards tant en vers qu'en prose, de tous les Mémoires & de toutes les Lettres qui m'ont été envoïé à son sujet en différent tems & sur tout lors de la publication de son *Temple du Goût*. J'en ai de quoi fournir deux bons Volumes complets. C'est la seule façon, dont je puis lui répondre avec honneur, sauf pourtant la

s-

faculté de le saluer en passant, quand l'occasion s'en présentera, dans les Ouvrages que je pourai faire dans la suite.. Quant à présent, ce que j'ai dit, suffit pour vous mettre au fait de ce que vous desiriez savoir, & pour lui aprendre qu'un homme, qui a une Maison de Verre, ne doit point jetter des pierres dans celle d'autri. Je suis &c.
à *Enghien ce 22. Mai* 1736.

„ Les Piéces suivantes, rassemblées par les
„ amis de notre Coriphée faisoient partie du
„ ces *Brocurds* dont Mr. *Rousseau* parle ci-des-
„ sus. Elles n'ont pas besoin d'introduction,
„ chacune mèt assez le lecteur au fait des
„ circonstances qui y ont donné lieu ".

(VIII.)

CALOTTE *de* Juré Priseur des Brevèts du Régiment, *en faveur du Public*, pour Mr. de V***. *en* 1731.

Le chef d'une hache entamé
A ses membres courans les rues
Salut & Quinte. Notre Amé
Et féal faiseur de Recrues,
Apollon, autre fou pommé,
Se plaint à nous & nous remontre
Qu'il ne chante plus qu'à son dam,
Et qu'à chaque pas il rencontre
Pour censeur un certain Quidam,

Prifant toute chofe à la montre,
Hardi donneur de camouflèt,
Grand ami du Pour & du Contre
Bien atteint du coup de giblèt,
En tout n'aïant le fens d'une Oïe
Juge à la façon de Bridoïe,
Frappé d'aveuglement complèt,
Et jouant pour l'Auteur, qu'il morgue,
Du plat des mains & du fifflèt
Comme un Savoïard de fon orgüe.
Ouï le rapport fait du tic
De ce Quidam nommé Public,
Vû tes fatras & Tragedies
Par lui fur la Scene aplaudies
Monumens de ces Quiproquo,
Vû la Foire & fes rapfodies,
Vû Samfon, Amafis, Ino,
La Silphide, les Parodies,
Et des Spectacles le Trio.
Vû le jeu baroque & mauffade
De la Troupe de Lelio,
Refte d'un miferable Echo
Et de College & de parade,
Vû les gagiftes de Ponto (*a*)
Vû le Grand (*b*) & fa mafcarade

        Refte

(*a*). Entrepreneur des fpectacles de la Foire.
(*b*) Comedien.

Reste froid d'un vieux Vertigo,
Vû le Tambourin, la Gambade
Et le Cû de la Camargo.
Tout cela traité de merveille
Et couru comme des *Gratis*,
Pendant qu'on met *à remotis*
Racine, Moliere & Corneille,
Suivant l'injustice pareille
Dont gemit le Consul Romain (*c*)
Claqué, bien reclaqué la veille
Et deserté le lendemain.
Tandis que des mêmes bévûes
Le Roi d'Egypte (*d*) a profité,
Et qu'à bas dans sa nouveauté,
A la reprise il monte aux nuës,
Bien informé que les chalands
Tous les mois, toutes les semaines,
Savourent comme succulents
Les Riens des Mercures galants,
Les moins que riens de Desfontaines.
Tout mûrement consideré,
Ledit Public est déclaré
Calotin des plus parfaits;
Le proclamons en consequence
Juré priseur de nos Brevets

En-

(*c*) Le Brutus de V***.
(*d*) L'Amasis de la Grange.

. . . . ; (*)

Entre sa tête de Linotte
Et le dessous de sa Calotte
Autant qu'en met bas Don Japhèt:
Et pour que l'Attribut s'ajuste
Au renom qu'il a d'être juste,
Voulons qu'en sa main pour Hochèt
Soit une balance inégale;
Un côté gros comme à la Halle,
Et l'autre pris du trebuchèt.
Lui commandons, pour notre gloire,
De hanter, loin du Sens-commun,
Deux mauvais lieux qui n'en font qu'un,
Les Italiens & la Foire.
Pour les François malgré leurs soins
Sur peine d'un Grélot de moins;
Et même d'un peu d'Ellebore,
Mépris constans lui sont enjoints;
Non que chez eux sur certains points
Notre Pavillon ne s'arbore;
Mais c'est qu'on sait qu'en bien des coins
Le bon goût s'y tapit encore,
Au reste pour gages il aura
Des Balivernes d'Opera,
De la Foire les Fariboles,

Des

(*) Il y a ici une Lacune de quelque vers.

Des petits Princes de Noifi, (e)
Les chimeres des têtes folles,
Les Rèves de Romagnefi,
Et d'Arlequin les Cabrioles.
Donné dans le plus grand Château,
Que nous poffedions en Efpagne,
A la veille du Renouveau,
Tems où les Rats font en campagne.
Signifié dans le moment
Par humble, difcrèt & fage homme,
Martin Aymon, qu'ici l'on nomme
Juré Crieur du Regiment.

Que doit-on conclure de cette *Calotte*? Que c'éft être fou de s'imaginer qu'on ne fait point partie du Public? ou que c'eft l'être doublement de fe donner publiquement pour tel? Non.

De ce Brevet, pour tous & un chacun,
Voici quel eft le commentaire:
Qui penfe autrement que V***
Ne peut avoir le fens commun.

Homine imperito nihil quicquam eft injuftius, qui præter quod ipfe facit, nihil rectum putat.

(e) Petit Roman dans le goût des Contes des Fées.

IX.

(IX.)

BREVET *Pour aggreger le Sr.* A** *de* V*** *dans le Regiment de la* Calotte.

Par Mr. Camuzat.

Nous les Régens de la Calotte,
Aux Fidèles de la Marotte,
Et qui ces Présentes verront,
Ou qui lire les entendront
Salut. A** dit V***,
Par un esprit loin du vulgaire,
Par ses mémorables Ecrits,
Comme aussi par ses faits & dits,
S'étant rendu recommandable,
Et ne croïant ni Dieu ni Diable:
Tenant notre Cour à Paris,
N'avons pas été peu surpris
Qu'un Poëte de cette trempe,
Qui mériteroit une estampe,
Aïant de plus riches talens,
Qu'onc aucun autre à soixante ans:
Savoir Boutique d'insolence,
Grand magazin d'impertinence,
Grenier plein de rats les plus gros,
Caprices & malins propos,
Eût, par une insigne disgrace,

Manqué d'obtenir une place
De Calotin du Regiment,
Dont il mérite bien le rang.
Après mûre information faite
De sa legereté de tête,
Et débilité de cerveau,
Où gît toûjours transport nouveau,
Nous le déclarons Lunatique,
Et très-digne de notre Clique.
Nous étant de plus revenu,
Que ledit avoit obtenu,
Pour bonne & sûre récompense
D'une certaine outrecuidance,
Dont il vouloit se faire un nom,
Un nombre de coups de bâton,
Pour quels ledit donna requête
D'où vint Décrèt & puis enquête
Contre quidams enfans d'Iris, *
Qui ne s'étoient pas brin mépris,
Et dont on n'a fait découverte ;
Si qu'ils nous ont causé la perte
Dudit, qui pour se soulager,
Et trouver lieu de se vanger
D'une si cruelle entreprise
A fait voile vers la † Tamise.

A

* Des Laquais.
† Le bruit avoit couru que le Sr. A*** étoit parti pour Londres.

A ces Causes, nous dits Régens,
Qui protegeons le indigens,
De notre certaine science
Voulons que ledit A**
Dont nous avons fait le portrait,
Soit aggregé dans la Marotte.
Lui décernons triple Calotte
De laquelle lui faisons don;
Item de notre grand Cordon,
Qu'il doit porter en bandouliere
Où seront Rats devant, derriere,
Brodez en relief; puis au bas,
Sous le plus gros de tous les Rats,
Pendra notre grande Medaille,
Avec toute la prétintaille
De Sonettes & Oreillons,
Girouettes & Papillons.
Plus, accordons audit V***,
Pour figurer en Angleterre
Et se glisser parmi les Grands,
Dix-mille Livres tous les ans,
Qu'il percevra sur la fumée,
Sortant de chaque cheminée
De Paris, où brûle fagot,
Cotret, bois de compte, en un mot,
Bois à brûler de toute sorte.
Entendons que, sous bonne escorte,

Ces fonds lui soient toûjours remis,
Afin qu'ils ne soient jamais pris
Et saisis par gent maltotiere.
Fait l'an de l'Ere Calotiere
Sept-mille sept-cens vingt-six,
De notre Ramadan le dix.

(X.)

TRIOMPHE *de* V***, *sur* Rousseau *de l'an* 1734.

Lorsque Rousseau d'un piquant Vaudeville
  Régaloit A**
Celui-ci dit : je me ris de sa bile
  Et de ses coups de fouet;
Car en frondant son *stile Germanique*
  Je lui fais la nique moi
  Je lui fais la nique.

J'appelle ainsi de certains tours de phrase,
  Qu'un chacun applaudit,
Ses mots nouveaux, qu'on loue avec emphase,
  Et qui prennent crédit.
Même on prétend, voïez la raillerie,
  Que je les décrie à tort
  Que je les décrie.

Les traits vantés de sa Veine Lyrique
Me causent de l'ennui ;
Par les accès de fureur satirique
Je l'emporte sur lui ;
Et dans un Temple, où brille mon genie,
Sa Muse est ternie enfin
Sa Muse est ternie.

Je m'en rapporte à l'estime publique
Des plus graves auteurs:
Ne tiens-je pas F. . . . . & sa clique
Pour mes approbateurs ?
De ce parti tirant toute ma gloire
Je chante victoire, moi
Je chante victoire.

(XI.)

Sur son départ de Paris.

LACHE ennemi du Grand Rousseau,
Digne ami du petit Lamare,
Geai malheureux, noir Etourneau
Aigle aux yeux du Vulgaire ignare,
V***, on ne te retient pas ;

Va,

Va, vole au fond des Païs-Bas
Replonger ta Muse infernale :
Porte loin pour jamais, porte loin de nos yeux,
Avec ton squelette odieux,
L'Horreur, le Vice & le Scandale.

(XII.)

BILLET *qui accompagnoit les* Couplets *de la Muse de* V***, *au Tribunal d'Apollon.*

Voici, Monsieur, cette Chanson dont vous m'avez parlé & que je ne croïois plus d'avoir. Vous m'avouerez que parmi ces traits & quantité d'autres lancés bien ou mal à propos contre Mr. de V***, la jalousie & l'injustice y ont autant de part que la raison & la verité : que celle-ci même y est le plus souvent déguisée ou mise à l'écart & tout à fait supprimée, cela ne s'appelle-t-il pas avoir deux poids & deux mesures ? Par exemple, *Le Newton à la portée de tout le monde* me paroit un Ouvrage admirable : il est vrai qu'il ne remplit pas entierement son titre ; puisqu'il se trouve des censeurs assez peu intelligens pour lui refuser les louanges qu'il semble mériter. D'autres qui se sont vantés de l'avoir compris, ont osé le mépriser, mais sans parler de l'Epitre Dédicatoire qui en renferme toute la sublimité, je ne puis m'empêcher de la remettre sous vos yeux,

I   BEL-

BELLE Emilie, acceptez de ma main
Ce dernier fruit de ma litterature;
Ce jeune Enfant conçu dans votre sein
De nos amours est la vive peinture.
Je vous dois tout, aimable créature,
Mieux que Newton vous faites ma splendeur,
Vous, dont l'esprit, la beauté, la droiture
La modestie & la chaste pudeur
M'ont, au défaut de sens & de lecture,
Communiqué leur attractive odeur;
Et qui m'aïant dévoilé la *Nature*,
M'en avez fait sonder la profondeur.

QUE de beautés, que d'esprit, que de noblesse, que de tendresse métaphysique, que de précision dans ces douze vers? Peut-on voir les grands sentimens plus délicatement exprimés? peut-on rimer plus richement? Qu'on dise encore que l'Auteur n'est pas un Philosophe profond? un Poëte qui n'est pas maitre de la rime quand il veut, qu'il la néglige, qu'il cherche même à l'abroger tout-à-fait de la Poësie Françoise, pour y substituer ce qu'il appelle des *Vers blans*? malice toute pure, comme vous voïez. Quoiqu'il en soit, Monsieur, je vous dis naïvement ma pensée : à vous permis de penser autrement. Je suis &c.

La Muse de V*** au Tribunal d'Apollon sur l'air de la Confession.

Apollon.

Que je vois d'abus,
De gens intrus
Ici ma chere?
Depuis vingt cinq ans
Qu'en pourpoint j'ai couru les champs?
Comment y monta le téméraire?
Qu'on nomme V***?

La Muse.

Joli fansonnet
Bon perroquet
Dès la lisiere
Le petit fripon
Eut d'abord le vol du chapon.

Apollon.

Que fit ensuite le téméraire?
Répondez ma chere.

La Muse.

Il fit le méchant,
Le chien couchant,
Le refractaire,
Et selon les tems
Montra le derriere ou les dents.

Apollon.

Que fit ensuite le téméraire?
Répondez ma chere.

La Muse.

Le reveur, le fat,
L'homme d'Etat,
Le populaire,
Le fin courtisan,
Le charlatan,
Le geai du Paon.

Apollon.

Mais qu'avoit donc fait le téméraire
Répondez ma chere.

La Muse.

Croyant en plein air
Voler de pair
Avec Homere,
Il rima Sully
Et crayonna le Grand Henri (*a*).

Apollon.

Que fit ensuite le téméraire?
Répondez ma chere

La

(*a*) La Henriade tirée des Mémoires de Sully.

La Muse.

Maints Drames pillés, (*b*)
Et r'habillés
A sa maniere,
Toujours étayé
Du Parterre bien soudoyé

Apollon.

Que fit ensuite le téméraire ?
Repondez ma chere.

La Muse.

L'histoire d'un Roi (*c*)
Qui par ma foi
N'y gagna guère :
Car il y paroit
Aussi fou que l'Ecrivain l'est.

Apollon.

Que fit ensuite le téméraire ?
Répondez ma chere.

La Muse.

Une satire où (*d*)
Ce maitre fou

Gal-

(*b*) Les Tragedies.
(*c*) L'histoire de Charles XII. Roi de Suede.
(*d*) Le Temple du Goût.

Gaiment s'ingere
Votre maréchal de logis

Apollon.

Que fit ensuite le téméraire ?
Répondez ma chere.

La Muse.

Il philosopha (*e*)
Apostropha
Ce qu'on revere ;
Saisissant l'Ecrit
Themis un allumette en fit.

Apollon.

Que fit ensuite le téméraire ?
Répondez ma chere.

La Muse.

Croyant à Newton (*f*)
Donner le ton
Sur la lumiere
Son mauvais propos
Le replongea dans le cahos.

Apollon.

Que fit encore le téméraire ?

Ré-

(*e*) Ses Lettres Philosophiques brulées par la main du Bourreau.
(*f*) Newton mis à la portée de tout le monde.

Répondez ma chere.

La Muse.

Il fait & refait
 Ce qu'il a fait
 Ce qu'il voit faire,
 Subtil Editeur
Grand Copiste, jamais auteur.

Apollon.

J'ordonne, lorsque le Plagiaire
 Sera dans la biere
 Qu'on porte soudain
 Cet Ecrivain
 Au cimetiere
 Dit communément
Les charniers de saint Innocent.

Et qu'il y soit écrit sur la pierre
 Par mon Secretaire:
 Ci-dessous gît, qui
 Droit comme un I
 Eut perdu terre,
 Si du montfaucon
La fourche étoit sur l'Helicon.

(XIII.)
ANAGRAMME.

Tiriot toujours de flame,
Pour V*** son mignon,
Voulut par une Anagramme
En éterniser le nom :
Mais le pauvre petit cancre,
Après avoir de son encre
Barbouillé bien du papier,
Dans *A** de V***
Trouva pour tout commentaire,
Taré de vol ou Rotier.

(XIV.)

VAUDEVILLE *sur le Temple du Goût.*

V*** devenu maçon,
A fait un Temple à sa façon,
Dont la merveilleuse structure
Nous trace le plan d'une nouvelle architecture,
Où les ordres paroissent tous
Sens devant derriere sens dessus dessous.

C'est là qu'il met à remotis

Tous

Tous les Auteurs grands & petits,
Et confondant tout à merveilles,
Place les Malherbes, les Racines, les Corneilles,
Pêle-mêle avec cent poiloux ;
Sens devant derrière, sens dessus dessous.

※

Ce petit grimaud d'Ecolier,
Prenant un ton de Chancelier,
S'est arrogé le privilège
De régler le rang des Précepteurs de son Collège,
Suivant son caprice & ses goûts,
Sens devant derrière, sens dessus dessous.

※

Mais pour corriger cet abus,
Les Précepteurs sont revenus,
Et lui détachant l'éguillette,
Les verges en main chacun a troussé sa Jaquette,
Pour fustiger ce Roi des fous ;
Sens devant derrière, sens dessus dessous.

AIR *de Joconde.*

Monsieur l'Evêque de Luçon,
Si l'on en croit V***
Vous êtes un joli garçon

Mais Monsieur votre Père,
Sans conduite & sans jugement,
Et gonflé d'arrogance
Etoit après le grand Armand
Le plus grand fou de France.

EPIGRAMME.

V*** sur Montmartre endormi l'autre nuit
Avoit construit en songe un Temple pour sa secte;
Mais un bruit de sifflets reveillant l'Architecte,
Il se frotta les yeux & trouva tout détruit.

A V*** *sur le même sujet.*

Dans ce Temple hideux, où s'étale si bien
De ton goût dépravé l'impertinence extrême,
V***, tes portraits ne ressemblent à rien,
Mais tu te peins fort bien toi-même.

(XV.)

(XV.)

PARODIE *de la Sentence rendue en dernier ressort par Mr.* Herault, *Commissaire du Conseil, contre le Fondeur de Cloches pour le Roi de* Portugal.

JUGEMENT en dernier ressort rendu par Momus Conseiller d'Etat d'Apollon, Lieutenant Général de Police du Parnasse, & Messieurs les Commissaires en cette partie.

VEU par nous Momus Chevalier Seigneur des plaisanteries, Conseiller d'Etat & Lieutenant Général de la police du Parnasse; *Houdart de la Motte*, Seigneur de *Romulus*, d'*Œdipe* & d'*Inhes*; *Nicolas Danchet*, Seigneur des *Tindarides*, *Heraclides* & autres *Pieces*; *Jacques Piron*, Seigneur de *Calisthène*; & *Blaise de Boissy* Sr. d'*Alceste*, Commissaires du Conseil d'Apollon en cette partie.

La Requête à Nous présentée par *Bernard de Fontenelle* sous le nom de Mademoiselle *Bernard*, par laquelle il nous auroit demandé acte de l'Appel qu'il interjettoit des applaudissemens que le Parterre auroit pû donner à la nouvelle Tragedie du Sieur V***; ainsi que de la demande en revendication de ladite Tragedie qu'il affirmeroit n'être qu'une refonte de celle de *Brutus*, qu'il auroit anciennement donnée sous le nom de ladite Demoiselle *Bernard*. Faisant droit sur l'Appel & sur la Requête du dudit *Fontenelle*. Avons mis &

met-

mettons les applaudissemens donnés le 10. du préfent mois de Decembre . . . . à la Piece dudit V*** au néant; Emendant, fans avoir égard à l'approbation du Parterre, que nous déclarons pour la prémière fois être fufceptible de faillibilité; & aïant aucunement égard au raport des Spectateurs Organiftes des intéreffés, qui ne fe laiffent point féduire par les fons enchanteurs d'un vers, qui fouvent ne mérite que par l'Acteur qui le fait valoir. *Ordonnons* que les quinze cent vers refondus de la nouvelle Tragedie dudit *V*** en éxécution du marché paffé entre lui & les Comediens, demeureront pour fon compte, & à fes perils & risques. Et en conféquence le condamnons par corps à rendre au fieur *Fontenelle* ou à la Demoifelle *Bernard* fondée de fa procuration, la quantité de fept à huit cent vers que ledit Sieur V*** auroit pris dans la Piéce dudit *Fontenelle*, & qu'il auroit retournés pour en cacher le larcin; de même qu'une partie des fentimens Romains qui auroient fait l'admiration du Public dans la bouche de *Brutus*, comme de l'efprit de V***; & qui n'étoient que l'écho de *Fontenelle*; & à défaut par ledit V*** de faire ladite reftitution, le condamnons par les mêmes voïes de partager avec ladite D^{lle}. *Bernard* les émolumens & profits que la décadence des fiécles & du bon goût lui attirent, fuivant le calcul qui en fera fait par le Controlleur de la Comédie: ladite D^{lle} *Bernard* deuement appellée. *Déclarons* le préfent jugement folidaire avec Nicodeme *Tiriot*, fa

cau-

caution. Et attendu les contraventions dudit V*** au veritable esprit du Poëme dramatique, lui défendons sous les peines terribles du sifflet, de prendre à l'avenir aucun sujèt de Tragedie qui aura été traité avant lui; crainte que la memoire ne lui fournisse des traits que sa vanité croira lui appartenir. Lui ordonnons pareillement de faire parler une Romaine en Romaine, & non en Heroïne d'Opera; de donner à l'Ambassadeur l'idée de son veritable caractere, & non celui d'un fourbe maladroit, dont la grossiereté se develloppe même à celui qu'il veut tromper. Et sur tout lui défendons d'employer dans les Tragedies de ces vers & de ces traits séducteurs qui étonnent l'Ignorant, éblouissent le savant, & arrachent l'admiration de ceux qui ne les entendent pas: Lui ordonnons pareillement d'observer plus de gradation dans l'interêt, moins de laconisme dans les sentimens. &c.

Signé PELLEGRIN Greffier.

(XVI.)

ODE à Mr. de V***. (§)

QUELLE odieuse frenesie

T'en-

(§) Mr. S... le d'*Amsterdam*, *auteur de cette Ode, envoiée à Mr. de V*** dans sa Retraite, après son dernier Voïage en Hollande, & l'on a apris qu'il l'a trouvée bonne; comme il a avoué que l'Auteur de l'Almanach du Diable, avoit raison dans ce qu'il y dit sur son sujèt.*

T'entraine dans ces noirs accès;
Quoi, d'une basse jalousie
Espéres-tu quelque succès?
Que t'ont fait Rousseau, De-Fontaines
Contr'eux lorsque tu te déchaines?
Que te produisent tous tes Soins,
Vains efforts d'une affreuse rage,
T'en estime-t'-on davantage
Ou les en estime-t'-on moins?

Aristarque, éclairé, sincére,
Celui-ci (a) ne pardonne rien;
Tu vois dans l'autre un adversaire
Dont le nom obscurcit le tien:
C'est là leur crime & ton injure
Pour punir l'un, à la Censure
Ne laisse rien à redresser,
Et sur l'Horace de la France
Exerce une noble vengeance
En tâchant de le surpasser.

Que j'aplaudissois à tes veilles
Quand ta jeune, mais docte main
Peignoit à l'envi des Corneilles,
Les Malheurs du Heros Thebain:
Quand ton immortelle Henriade
Nous rappella de l'Iliade
Et l'Harmonie & les attraits,

Ou

(a) Desfontaines.

Ou quand fier rival de Salufte,
Des Heros d'une Ligue injufte
Tu nous retraças les Portraits.

 Mais lorfque Sophifte frivole,
Tu viens, Eleve d'Albion,
De Déïfme tenant Ecole
Arborer l'irreligion;
Quand plein de fiel & d'Amertume
Tu fais diftiler de la plume
Le Venin qu'enferme ton cœur;
A cet indigne Caractère
Je ne reconnois plus V***;
L'eftime fe change en horreur:
Crois-tu que lorfque dans un Temple (*a*)
 En Maitre tu fixes les rangs?
Ton Autorité, ton exemple
Subjuguent un goût différent?
Non, non ta haine te décèle
Dans ton jugement on démêle
Les motifs qui te l'ont dicté
Ce n'eft point la faine Critique
Qui par ton organe s'explique
C'eft l'envie & la vanité.

 Ah! fi d'un encens légitime
L'Hommage flattoit les Efprits
Tes Chants raviroient notre eftime,

Elle

(*a*). *Le Temple du Goût.*

Elle est encore au même prix :
Suit mieux les loix de ton genie,
Laisse de la Philosophie
Le langage aux Esprits profonds,
Et choisis plutôt pour tes guides
Les Homères, les Euripides
Que les Locks ou les Newtons.

  Mes Clameurs ne sont pas vaines,
Le bien public doit réunir,
Rousseau, V**** & Desfontaines
Et leur haine enfin va finir
Que l'Amour du bon goût vous ligue
Opposez une forte digue
Aux faux brillans, aux nouveaux mots,
Où bientôt, sans un promt reméde,
Au siècle d'Auguste succède
Le Siècle barbare des Goths.

 Que l'empesé Néologiste
Du bel Esprit vain Sectateur
Qe le petit Anatomiste
De ces petits replis du Cœur,
Que ces Romanciers fameliques
Que les grossiers & plats comiques
Tombent sous vos coups réunis ;
Ecrasez, réduisez en poudre,
C'est-là qu'il faut lancer la foudre,
Ce sont là vos vrais Ennemis.

(XVII.)

(XVII.)
ELOGE de Mr. V***. (*)

Petits Auteurs qu'on vit Jadis
e mettre au rang des Beaux Esprits
Qui tant de faquins fites taire,
Parleriez-vous devant V***?

Boileau, Corneille, Sarazin,
Virgile, Horace, Rabutin,
Racine, Tite-Live, Homere
Qu'estes-vous auprès de V***?

C'est un grand Homme décidé,
Du goût défenseur afidé,
Le seul *vrai* peut le satisfaire
Rien n'est parfait hors de V***.

Aux vieux âges les bonnes gens
Sotement bornoient leurs talens,
Trop prévenus de leur misère,
L'Homme universel c'est V***.

Poëme, Epique, Ode, Sonnet,
Conte, Elegie, Triolet

Tant

(*) Composé à *Berlin*, après son dernier voïage.

Tant de fois vendus à l'enchère,
Sont les coups d'essai de V***.

A Londres au bout de trois mois,
Il écrivit un Livre Anglois :
Et le Livre mis en Lumière
Y fit crier Vive V***.

Arrivé qu'il est à Berlin
Il fait un Compliment germain,
Limé, tourné d'une manière
Qu'on dit, *il est Germain V****.

De son Latin doutera-t-on ?
Il l'aprendroit à Ciceron ;
S'il recommençoit sa carière,
Il prendroit pour Maitre V***.

Ce Controversiste subtil
Du Quaker confond le babil, (*)
L'Anglican, qui se désespère, (†)
Dit, grace, je me rends V***.

Il prépare un Recueil complèt
De *Lettres contre Mahomet*,

Pour

(*) Dans les Lettres Philosophiques &c.
(†) *Ibidem.*

Pour mieux digérer la matiére
Chez le Turc on attend V***.

Humaniste, Critique expert,
Logicien, pressant, disert,
Qu'il parle; on admire, on revère
L'Oracle rendu par V***.

Il n'entreprend rien au hazard,
Il connoit les secrets d'un Art,
Le vrai, le faux, l'imaginaire,
Tout est pénétré par V***.

La Phisique il l'a fait à fond
Plus Geomètre que Newton,
Il le guide, l'instruit, l'éclaire
Ha! Rien n'est égal à V***.

Il faisoit brûler, sans Apel,
Le schismatique Machiavel,
Sans un tour bibliopolaire,
Tour rusé, qui surprit V***.

Ce tour, vrai tour d'iniquité,
Ne sera jamais imité.

J'en donnerois le Commentaire,
Si je rimois comme V***.

Eſſayons pourtant bien ou mal,
De rimer le détour fatal,
Qui pût déſarmer la colère
De l'inéxorable V***.

Un Libraire, vrai patelin
L'amadouant d'un air ſerain,
L'embraſſe & d'un ton débonnaire
Lui dit, arrêtez, cher V***.

„ Entre nous corrigez ſans bruit
„ De votre (*) Arrêt le Manuſcrit
„ Je ſaurai cacher le miſtère
„ De l'*Errata* fait par V***.

A ces mots V*** adouci
Parle à Machiavel en ami,
Lui tient un langage de frère
Ainſi ſe retracta V***.

Dans ſes Lettres qu'il eſt benin!
Ardent, zèlé pour ſon prochain!

Nul

(*) l'Anti-Machiavel qui a été imprimé à la *Haye*
chez *van Duron*, altéré &c. par V***.

Nul intérêt ne peut distraire
Le zèle empressé de V***

Ferme dans son engagement,
Sa parole vaut un Serment,
Et j'en atteste maint Libraire,
Ah! l'honnête homme que V***.

De candeur, de sincerité
C'est un Trésor. La probité
Par tout est son unique affaire,
Ah! c'est un grand Saint que V***.

Quelquefois un piége tendu
Donna licence à sa vertu
Cette Licence est ordinaire
Aux Saints rimeurs tels que V***.

C'est alors qu'il vend, à tout prix,
A droite, à gauche, ses Ecrits,
Multiplie un même Exemplaire
Où toûjours on connoit V***.

Du profit on voit les apas,
Mais quant à Dieu qu'il ne voit pas,
Il tient que c'est une chimére
Je crois au Réel *dit* V***.

Certain babillard fanfaron
Egaloit les tours de *Villon*,
(Ce grand joueur de Gibeciére,)
Aux subtilités de V***.

Villon, dis-je, villon de pair!
Je l'avouë (*a*) il rimoit en l'air
Mais en esprit sur notre Sphére
Nul n'est comparable à V***.

Qu'un Roi le comble de présens
V*** le comble d'encens,
Encens leger vrai honoraire
Ah! le fin matois que V***.

Mais en est-il toûjours épris
Ce Monarque? & de sens rassis
Lui veut-il censurer son Père?
Pourquoi non? puisque c'est V***.

Rimeurs à chanter les Heros (*b*)

In-

(*a*) Le Poëte *Villon* vivoit vers la fin du 15. siècle; on sait le genre de sa mort, & qu'il fit des Vers un peu avant son suplice.

(*b*) On en a vû une pièce en vers qui a paru cette année.

Invitez Nymphes, Paſtouraux,
Auprès d'eux jamais chant n'opére
Qui n'eſt pas un chant de V***.

C'eſt ainſi qu'en Vers peu coulans
Parlant moins aux yeux qu'au bon ſens
J'aſſemblois des rimes en *ere*
Pour louer le Divin V***.

(XVIII.)

ADIEUX de Mr. de V*** aux Muſes.

Ou ſuis-je, juſtes Dieux, & qu'eſt-ce que je voi !
Me tompai-je ? Merope ! Ah Merope (*a*), eſt-ce toi ?
Ouï, c'eſt toi. Quel démon dans mes bras te ramene ?
Le ſort a-t'il trahi V*** & Melpomene ?
Une ſecrette horreur ſe répand dans mon ſein.
Liſons. De Prônevers (*b*) je reconnois la main.
Des Hérauts de ma gloire il eſt le Coryphée.

C'eſt

(*a*) Tragédie de Mr. de V***, que les Comédiens *François* ont refuſée en 1738, parce qu'elle reſſembloit trop à *Amaſis*, Tragédie de Mr. de la Grange. *Ma Merope fut achevée au commencement de 1736. à peu près telle qu'elle eſt aujourdhui.* (dit Mr. de V*** à Mr. le M. de Maffey dans ſa Lettre en 1744.) *D'autres études m'empêchèrent de la donner au Theatre: mais la raiſon qui m'en éloignoit le plus, étoit la crainte de la faire paraitre après d'autres Pièces* HEUREUSES, *dans leſquelles on avoit vû depuis peu le même ſujet ſous des noms différens.*

(*b*) Nicodeme Tiriot.

C'est lui qui dans Paris m'élevant un trophée,
Et de mes vils Rivaux affrontant le couroux,
Crie à tous les Humains: Profanes, à genoux.
O honte de la France! O douleur de l'Europe!
Un comique Sénat a dédaigné Merope!
Merope, des objets de terreur, de pitié,
Le plus beau que ma plume ait jamais copié;
Elle que de compas, de prismes entourée,
Ma Muse avec Newton forgea dans l'Empyrée,
Et qui de mille traits, par Laverne choisis;
Devoit avec la Grange accabler Amasis.

Mais parlez, grands Docteurs. Quelles autres mer-
    veilles (*b*)
Ont fasciné vos yeux, & séduit vos oreilles?
Vous rebutez Merope! Hélas! il est trop vrai;
Il n'est plus de bon-sens & de goût qu'à Cirey.
Tandis que la science illustre l'Angleterre,
L'ignorance abrutit le reste de la terre.
Et voilà donc, ingrats, le prix de mes bienfaits;
Vous, enrichis des dons que mon Art vous a faits,
Vous, qui n'ignorez pas ce qu'avant moi vous fûtes,
Vous, que plus d'une fois ont soutenu (*c*) mes chutes,
Pensez-vous qu'en son cœur dévorant cet affront,
V*** à vos dédains offre un stupide front?
                                       Toi,

(*b*) *Maximien*, peut-être.
  (*c*) Il y a telle Tragédie de Mr. de V***, dont le succès manqué a valu aux Comédiens des sommes considérables.

Toi, dont mes chants pompeux, mes accords pleins
    de charmes,
Ont enlevé l'esprit, quand j'épargnois tes larmes,
Toi, pour qui tant de fois mes Vers éblouïssans
Ont sous un tas de mots *(d)* écrasé le bon-sens,
Imbécile Public, pourras-tu sans colere
Voir la Scene arrachée à son Dieu tutelaire?
Pouras-tu, renonçant aux fruits de mes loisirs,
Voir périr à la fois ma gloire & tes plaisirs?
C'est toi, dans mon couroux, c'est toi que je reclame.
Va porter au Théatre & le fer & la flâme.
Vien, je t'y conduirai. Que les Comédiens
Sachent quels sont sur eux & mes droits & les tiens.
Montrons-leur ce qu'ils sont, & que s'ils ont un Maître,
C'est toi, c'est un Auteur, tel que moi, qui dois l'être.

Quoi, Spectateurs, hardis seulement à siffler,
Quand je vole au combat, vous semblez reculer;
Et rébelle à l'Arrêt, que mon dépit enfante,
Chacun rougit de honte, ou pâlit d'épouvante !
C'en est trop.... Contre tous il suffit de ma main.
Je déclare la guerre à tout le genre humain.
Mais je ne prétends point profaner mon épée,
Qui dans le sang encor n'a point été trempée.
Je vais, Mortels, je vais vous porter d'autres coups,
Moins dangereux pour moi, plus funestes pour vous.
                                  Vous

(d) Mr. de V*** sait se rendre justice. *Voyez* le commencement de l'Epitre Dédicatoire d'*Aizire*.

Vous savez de quels traits, dans mes fureurs tragiques,
S'arment de mon cerveau les fougues énergiques.
Loin que, comme un enfant, (e) je répande des pleurs,
C'est vous que je ferai pleurer de mes douleurs.
Il faut que ma vengeance, il faut que vos tortures
Aillent semer l'effroi chez les races futures.

Vous, par qui j'ai vaincu Desmarêts & Pradon,
Doctes filles du Ciel.... Attendez.... Ah, pardon
Moi, je prostituerois vos caresses chéries!...
Je veux, au lieu de vous, invoquer les Furies.
Noires filles d'enfer, affreuses Déités,
Embrasez mon esprit des feux que vous portez,
Accourez; prêtez-moi la peau de la Chimere,
Et des pinceaux trempés dans le fiel de Cerbere....
On vient; la terre tremble, elle s'ouvre, & mes yeux
Pénetrent tout à coup l'horreur des sombres lieux,
De plaintives clameurs leurs voûtes retentissent,
Sous mon corps frémissant mes pas s'appesantissent.
Je descends au séjour de la damnation,
Par un pur mouvement de gravitation;
Incertain, dans ce lieu de trouble & de martire,
Si j'attire l'enfer, ou si l'enfer m'attire.
Mais, quoiqu'il en puisse être, à tort je frissonnois.
Ma terreur se dissipe, & je me reconnois.

J'arri-

(e) *An si quis atro dente me petiverit,*
Inultus ut flebo puer?
Hor. Od. VI. Lib. V.

J'arrive; me voici sur le mont de Sisyphe,
Assis dans le fauteüil du ténébreux Pontife.
Oüi, c'est ici qu'habile à décider de tout,
Je bâtis l'Uranie, & le Temple du Goût,
Et tous ces monumens de grotesque structure,
Où l'Art victorieux massacre la Nature.

Du noir Tiran des Morts Ministres tout-puissans,
Paroissez, & servez la fureur que je sens....
On m'obéit. Je vois apporter par Mégere
Des plumes de harpie, & du suc de vipere.
Alecton pour Bureau me dresse, à peu de frais,
Sur quatre pieds de Sphinx (*f*) deux planches de ciprès.
Des monstres de l'enfer l'élite m'environne.
L'Opinion m'encense, & l'Orgüeil me couronne.
Je sens d'un feu soudain bouillonner mes esprits.
C'est à toi, Tisiphone; allons, dicte, j'écris.
Mais tâche d'égaler, en vengeant mon outrage,
Le supplice au forfait, ta fureur à ma rage.
Remplis de ton poison mon génie & mes Vers;
Et souviens-toi surtout que c'est moi que tu sers.

Que dis-je! En quelle erreur la haine enchanteresse
Va-t'-elle de mes sens précipiter l'ivresse ?
Si je suis offensé par quelques malheureux,
Est-ce donc les punir que d'écrire contr'eux ?

Qu'im-

―――――――――――――

(*f*) Allusion à l'*Oedipe* de M. de V***.
Ce monstre à voix humaine, aigle, femme, lion.

Qu'importe, qu'en mes Vers ma rage les déchire,
S'ils ont dans leur douleur le plaisir de les lire?
Non, ne leur forgeons point des tourmens superflus.
Je les punirai mieux ; je ne rimerai plus.
Assez pour un vain nom, pour un or périssable,
A des flots d'ignorans, de traîtres & d'ingrats,
Qui traitoient mes concerts de sublime fatras.
O siécle ténébreux! ô France infortunée!
Moi-même je frémis de votre destinée,
Mais mon honneur flétri m'impose cette loi,
Vous ne méritez pas un Rimeur tel que moi.
Vous osez m'avilir; mais pour votre supplice,
Il faut à votre tour que je vous avilisse.
Je vous prive des jeux qui vous ont illustrés,
Rentrez dans le cahos, dont je vous ai tirés.
Ainsi, lorsque Phébus, sortant de la Balance,
Va porter au Chevreau les rayons qu'il nous lance,
Le Lapon est plongé, par l'Astre qui le fuit,
Dans les froides horreurs d'une profonde nuit.

Entreprise frivole! inutile espérance!
Comment de mes écrits priverai-je la France;
De ces écrits heureux, vainement décriés,
Et que mon avarice a trop multipliés?
Tu chasses toutefois une idée importune,
Cher Houdar; je pourai partager ta fortune.
Si ton nom, si tes Vers périrent avec toi,
Périsse aussi mon nom & mes Vers avec moi ;

Et soyons tous les deux, avec la même audace,
L'exemple des revers du Monde & du Parnasse.

Mais avant ce malheur, où tend mon désespoir,
Merope, qu'en mes mains je rougis de revoir,
Merope, digne objèt de ma plus tendre estime,
Sois d'un Virginius l'héroïque victime.
Irois-tu, par la presse exposée au grand jour,
Instruire de ta honte & la Ville & la Cour?
Va, péris par le feu....C'en est fait, & la flâme,
T'embrasant à mes yeux, dévore aussi mon ame.
Mais un espoir soutient mon courage affoibli.
Tu brûles, & je vois mon destin accompli.
Ton sort, ton triste sort rappelle à ma pensée
L'horrible catastrophe à ton père annoncée.
Je n'avois que quinze ans. Ma curiosité
Osa de l'avenir sonder l'obscurité,
Et j'allai consulter une antique Sibylle.
Elle m'envisagea quelque tems immobile,
Et de sa sombre voix l'organe foudroyant
Me lança jusqu'au cœur cet Arrêt effrayant:
Scipion doit souvent punir ta frénésie,
Et jamais Scipion ne causera ta mort; (g)
Mais si l'on peut guérir ta hideuse phtisie,

Prends

(g) *Hunc neque dira venena, neque hosticus auferet ensis.*
HOR. Sat. IX. Lib. I.

Prends garde que Vulcain ne termine ton sort.
La Sibylle a dit vrai. Le destin de Mérope,
Eclairant ma raison, remplit mon horoscope.
Un sinistre avenir ne me fait plus trembler;
Et c'est sans doute ainsi que je devois brûler.

La nuit a trop long-tems assiégé ma paupiere.
Mes yeux enfin, mes yeux s'ouvrent à la lumiere.
Je renonce aux Humains par l'erreur abrutis.
Je quite les Rimeurs dans la fauge engloutis.
Proselite nouveau de la Philosophie,
Comme Empédocle, (*b*) il faut que je me défie.
Après avoir traité tant de sujets divers,
Il me manquoit l'honneur d'arranger l'Univers.
Dans ce goufre infernal, que la nuit envelope,
Je puis avec succès dresser un telescope,
Et du fond de l'abîme, où j'éclipse Pluton,
Parcourir l'Empyrée à côté de Neuton;
Dussai-je, dans l'essor de ma course rapide,
M'égarer, & me perdre avec lui dans le vuide.

Déesses, dont jadis l'aspect me fut si doux,
Adieu, Muses; je romps tout commerce avec vous.
Ingrats Comédiens, Spectateurs indociles,

Fasti-

(*b*) . . . . . . *Deus immortalis haberi*
Dum cupit Empedocles, ardentem frigidus Ætnam
Insiluit. Sit jus, liceatque perire Poëtis.

    Ho. Art. Poët.

Fastidieux Lecteurs, Critiques imbéciles,
Vous ne me verrez plus, par de bruyans écrits,
Briguer votre suffrage, ou braver vos mépris.
Tragicomique honneur, gloire ignominieuse,
Vous n'infecterez plus mon ame ambitieuse.
D'un plus noble transport mon esprit agité
Combat pour la lumiere, & pour la vérité.
Je fuis de l'Helicon la carriere infensée,
Et je laisse la Scene en proïe à *La Chaussée*.

(XIX.)

Les ADIEUX *de* V*** (*)
sur l'air de *Manon la Revendeuse*.

ADIEU belle Emilie (*a*)
En Prusse je m'en vas
Etaler ma folie
Et promener mes rats
Dans cette Cour polie
On connoit mieux le prix
De nos beaux Esprits.

Paris, qui m'a vû naitre,
Me laisse sans éclat
Et ma manie est d'être
Un Ministre d'Etat,
Des Finances le maitre
Au moins Ambassadeur
Comme feu Prieur (*b*)

Adieu

(*) Imprimez à Berlin.
(*a*) La Marquise du °°°.
(*b*) Mr. *Prior*, Poëte Anglois Ambass. en *France*.

Adieu, Roi, mauvais Poëte
Jamais las du Sifflèt,
Qu'à S. Lazare on fouëtte;
Chassé du Châtelèt,
Adieu l'homme à courbette,
Tant fripon, tant battu
Et bien plus cocu.

Adieu, toi vilain Prêtre,
Tiré, par mon crédit,
Du Château de Bicêtre,
Pour ce péché maudit
Qui fait cuire son Maitre;
Soins honteux que j'ai pris
D'un Fripier d'Ecrits.

Tyriot (*c*), pauvre hérc,
Adieu, Jurè crieur,
Tu fus, en Angleterre,
Mon digne Ambassadeur
Prône plûtôt la Sére
Que les vers de deux Fats (*d*)
Et de ton Midas (*e*).

Petit

(*c*) Ci-devant le Proneur de V**° & son Pensionnaire.
(*d*) *Bernard* & *le Franc*, Auteurs de l'Opera de *Castor & de Pollux*.
(*e*) La *Popeliniére* Fermier General chez qui étoit alors *Tyriot*.

Petit Sardanapale (*f*),
Faquin du dernier Bail,
Poëtique Cigale,
Chante dans ton Serrail;
Mais pour la gent Burſale
L'apas, je te le dis,
Eſt un Piloris.

M***, ce Carême,
Doit revenir, dit-on,
Il me dicta le Thême
Que j'ai fait ſur Newton (*g*),
Tu ſauras le Siſteme
Des Meules de Moulin (*h*),
De ce Calotin.

Si je quitte la Pruſſe
Chaſſé par le Bâton,
Je ferai, chez le Ruſſe,
Prêcher Lock & Newton
Ou porterai mon prépuce

Au

(*f*) La *Popelinière* qui a chez lui *Mimi Dancourt* & ſa Fille.
(*g*) C'eſt la Philoſophie de *Newton* à la portée de tout le monde, qu'on promet depuis ſi longtems en *Hollande*, & qui aparenment ne paroitra jamais.
(*h*) Il a imprimé que les Aſtres ont la forme de Meules de moulin.

L

Au Reverend Mufti
Comme Macarti. (*i*)

Adieu chere Julie,
Adieu, ne pleure pas :
Fui la mélancolie
Comme la mort-aux-rats, (*k*)
Console-toi, mamie ;
Aux petites maisons
Nous nous reverrons.

(XX.)

V*** *à* La Noue *Comédien, Auteur de la Tragedie de* MAHOMET l.

MON cher La Noue, illuftre Père
De l'invincible Mahomèt,
Soïez le parain d'un cadèt,
Qui, fans vous, n'eft pas fait pour plaire :
Votre fils eft un Conquerant,
Le mien a l'honneur d'être Apôtre,
Prêtre fripon, devot Brigand,
Faites en l'Aumonier du vôtre.

La *Noue* à V***.

LE cadet, cher V***, outré dans la furéur,
En me glaçant d'effroi, me donne de l'horreur.

Sa

(*i*) L'Abbé *Macarti* eft paffé en *Turquie*, où il s'eft fait Mahometan.

(*k*) ON dit qu'après le départ de V*** pour *Londres*, cette Julie au defefpoir, a voulu & a cru s'empoifonner tout de bon ; mais qu'heureufement fa fille de chambre ne lui avoit donné que de la créme de tartre.

Sa politique impie a de quoi me déplaire,
A son affreux aspect mon cœur est étonné,
Avant qu'il soit reçu Chapelain de l'Aîné
A Bicêtre il lui faut six mois de seminaire.

Que les jugemens des Hommes sont différens! autant de têtes, autant de bonnets.

(XXI.)

A la Princesse Ulrique de Prusse
Songe, *& impertinence de* V***.

SOUVENT un air de verité
  Se mêle au plus grossier mensonge.
  Cette nuit dans l'erreur d'un songe
Au rang des Rois j'étois monté.
Je vous aimois alors, & j'osai vous le dire;
  Les Dieux à mon reveil ne m'ont pas tout ôté;
    Je n'ai perdu que mon Empire

Se peut-il rien de plus spirituel & de plus délicat que cette déclaration d'amour?

PARODIE.

Oui, c'est la pure . . . . verité
Le contraire seroit . . . . . . mensonge
V*** en veille comme en . . . songe
Au rang des Rois se croit . . . . monté
Personne, à mon avis, ne peut y contre . . . dire
A ce grand Roi des Fous rien ne doit être . . ôté,
  On lui laisse tout son . . . . . empire.

Si cette Parodie paroit platte, que dira-t-on de la grossiereté renfermée dans les Vers suivans?

On remarque pour l'ordinaire
Qu'un songe est analogue à notre caractere,
Un Guerrier peut songer qu'il a passé le Rhin,
Un Marchand qu'il a fait fortune,
Un Chien qu'il aboïe à la Lune,
Un Voleur qu'il a fait butin.
Mais que V*** en Prusse à l'aide d'un mensonge
Ose se croire Roi, lui qui n'est qu'un faquin;
Ma foi c'est abuser du songe.

La déclaration amoureuse de notre Poëte, n'aïant point eu tout le succès que sa philautie lui avoit promis, il s'en est consolé d'abord par la raison qu'elle lui a aussi suggerée, & qu'il exprime si bien dans les Quatrains qu'on va lire.

(XXII.)

QUATRAINS *d'un homme qui avoit le malheur d'avoir 47. ans.*

Si vous voulez que j'aime encore
Rendez moi l'âge des Amours:
Au crépuscule de mes jours
Rejoignez, s'il se peut, l'aurore.

Des beaux lieux, où le Dieu du vin,
Avec l'Amour, tient son empire,

Le Tems, qui me prend par la main,
M'avertit que je me retire.

Laissons à la belle Jeunesse
Les plaisirs & les agrémens :
Nous ne vivons que deux momens
Qu'il en soit un pour la Sagesse.

Quoi ! pour toûjours vous me fuïez
Tendresse, Illusion, Folie :
Dons du Ciel qui me consoliez
Des amertumes de la Vie ?

On meurt deux fois je le vois bien :
Cesser de plaire & d'être aimable
C'est une mort insuportable,
Cesser de vivre ce n'est rien.

Ainsi je déplorois la perte
Des erreurs de mes prémiers ans,
Et mon ame aux desirs ouverte
Rapelloit ses enchantemens.

Du Ciel alors daignant descendre
L'Amitié vint à mon secours
Elle étoit plus douce, aussi tendre,
Mais moins vive que les Amours.

Touché de la Beauté nouvelle
Et de sa lumiere éclairé

Je la suivis, mais je pleurai
De ne pouvoir plus suivre qu'elle.

V*** a lâché ces Vers où il a passé en revenant de *Berlin*, c'étoit en Novembre 1743. Selon le Titre cet Homme avoit alors 47. ans: Le grand malheur! Il est donc né en 1696. Cependant au bas de son portrait qui se trouve à la tête de la *Merope* (Edit. de *Paris* 1744) on lit qu'il est né en 1695, & sous un autre qui ne lui ressemble pas mieux gravé par *Petit*, que c'est en Novembre 1694. C'est pour faire paroli aux différentes Editions de ses Ouvrages, dont *on ne connoitra les veritables qu'après sa mort*, dit-il, dans sa Lettre au R. P. La Tour. Quelle puérilité!

AMPHIGOURIE en *Bouts Rimés.*

Qui ne riroit, d'entendre *encore*
Titon parler de ses *amours?*
Il implore pour ses vieux *jours*
Le ministere de l'*Aurore.*

Si des lieux, où le Dieu du Vin,
Avec l'Amour, tient son empire,
On lui fait signe de la *main*
Même du pied qu'il se *retire;*

Helas! c'est que de la *Jeunesse*
Il a perdu les *agrémens,*

Pour

Pour en oublier les *momens*
Il appelle enfin la *sagesse*.

Mais de tout tems vous la *fuïez*,
Lui dit-on; car c'est la *Folie*
Avec *qui vous vous consolez*,
Des amertumes de la Vie.

Ce Don du Ciel, tu le vois *bien*
Est tout ce qui te rend *aimable*;
Sans lui, vivre est *insupportable*,
Et vivre en sage ce n'est *rien*.

Pourquoi donc déplorer la *perte*
Des douceurs de tes *premiers ans*?
Ton ame aux délires *ouverte*
Manque-t-elle d'*enchantemens*?

En vain du Ciel daignant *descendre*
L'Amitié viendroit au *secours*;
Car la Vertu qui la rend *tendre*
Ne peut remplacer tes *amours*.

Sa lumiere est pour toi *nouvelle*,
Jamais tu n'en fus *éclairé*,
Et jamais tu n'en as *pleuré*:
Que diable veux tu faire d'*elle*?

(XXIII.)

(*)LETTRE *de M. de* V*** *au R. P.* de la Tour, *Principal du College de Louis le Grand.*

Mon Reverend Pere.

Ayant été élevé longtems dans la Maison que vous gouvernez, j'ai crû devoir prendre la liberté de vous adresser cette Lettre, & vous faire un aveu public de mes sentimens dans l'occasion qui se présente. L'Auteur de la Gazette Ecclésiastique m'a fait l'honneur de me joindre à Sa Sainteté, & de calomnier à la fois, dans la même page, le prémier Pontife du monde, & le moindre de ses serviteurs. Un autre Libelle non moins odieux imprimé en *Hollande*, me reproche avec fureur mon attachement pour mes maitres, à qui je dois l'amour des Lettres & celui de la Vertu. Ce sont ces mêmes sentimens qui m'imposent le devoir de répondre à ces Libelles.

Il y a quatre mois qu'aïant vû une Estampe du portrait de Sa Sainteté, je mis au bas cette Inscription Latine.

Lambertinus hic est Romæ decus & Pater Orbis,
Qui Terram scriptis docuit, virtutibus ornat.

Je ne crains pas que le sens de ces paroles soit repris par ceux qui ont lû les ouvrages
de

(*) Imprimée à Paris in 4°.

de ce Pontife, & qui font inftruits de fon règne. S'il dépendoit de lui de pacifier le monde, comme de l'éclairer, il y a longtems que l'Europe joindroit la reconnoiffance à la véneration perfonnelle qu'on a pour lui. Monfeigneur le Cardinal *Paffionei*, Bibliothecaire du Vatican, homme confommé en tout genre de litterature, & protecteur des fciences auffi bien que le Pape, lui montra ce foible hommage que je lui avois rendu, & que je ne croïois pas devoir parvenir jufqu'à lui, je pris cette occafion d'envoïer à *S. S.* & à plufieurs Cardinaux qui m'honorent de leurs bontés, le Poëme fur la Bataille de *Fontenoy*, que le Roi avoit daigné faire imprimer à fon *Louvre*. Je ne faifois que remplir mon devoir, en préfentant aux perfonnes principales de l'Europe ce monument élevé à la gloire de notre Nation, fous les aufpices du Roi même. Vous fçavez, M. R. P. avec quelle indulgence cet ouvrage fut reçu à *Rome*. La gloire du Roi, qui ne fe borne pas aux limites de la *France*, répandit quelques uns de fes raïons fur ce foible effai; il fut traduit en vers Italiens; & vous avez vû la traduction que Son Eminence M. le Cardinal *Quirini*, digne fucceffeur des *Bembes* & des *Sadolets*, voulut bien en faire, & qu'il vous envoïa.

Ceux, qui connoiffent le caractere du Pape, fon goût & fon zèle pour les Lettres, ne font point furpris qu'il m'ait gratifié de plufieurs de fes medailles, lefquelles font autant de monumens du bon goût qui règne à Rome.

me. Il n'a fait en cela que ce que Sa Majesté avoit daigné faire, & s'il a ajouté à cette faveur, celle de m'honorer d'une Lettre particuliere qui n'est point un Bref de la Daterie, y a-t-il dans ces marques de bonté si honorables pour la Litterature, rien qui doive choquer, rien qui doive attirer les fureurs de la calomnie? Voilà pourtant ce qui a excité la bile de l'Auteur clandestin de la Gazette Ecclésiastique. Il ose accuser le Pape *d'honorer de ses Lettres un seculier, tandis qu'il persecute des Evéques*: & il me reproche à moi, je ne sai quel Livre auquel je n'ai point de part, & que je condamne avec autant de sincerité qu'il devroit condamner ses libelles.

Je sai combien le Monarque bienfaisant qui règne à *Rome*, est au dessus de la licence où l'on s'emporte de le calomnier, & de la liberté que je prendrois de le défendre.

Scilicet is superis labor est, ea cura quietos sollicitat.

S'il est étrange que tandis que ce Prince se fait cherir de ses sujèts du monde Chrétien, un Ecrivain du Fauxbourg S. *Marceau* le calomnie, il seroit bien inutile que je réfutasse cet Ecrivain. Les discours des Petits ne parviennent pas de si loin à la hauteur où sont placés ceux qui gouvernent la Terre. C'est à moi de me renfermer dans ma propre cause; mais si l'esprit de parti pouvoit être calme un moment, si cette passion tirannique & ténébreuse pouvoit laisser quelque accès dans l'ame aux lumieres douces de la raison, je con-

conjurerois cet auteur & ses semblables de se représenter à eux-mêmes, ce que c'est que de mettre continuellement sur le papier des invectives contre ceux qui sont préposés de Dieu pour conserver le peu qui reste de paix sur la terre ; ce que c'est que de se rendre tous les huit jours, criminel de Leze-Majesté, par des libelles méprisés, & d'être à la fois calomniateur & ennuïeux. Je lui demanderois avec quelle chaleur il condamneroit dans d'autres, ce malheureux & inutile dessein de troubler l'Etat que le Roi défend à la tête de ses Armées : il verroit dans quel excès d'avilissement & d'horreur est une telle conduite auprès de tous les honnêtes gens : il sentiroit s'il lui convient de gemir sur les prétendus maux de l'Eglise, tandis qu'on n'y voit d'autre mal que celui de ces convulsions avec lesquelles trois ou quatre malheureux méprisés de leur parti même ont prétendu surprendre le petit peuple, & qui sont enfin l'objèt du dedain de ceux mêmes qu'ils avoient voulu séduire.

Qu'il se trouve des hommes assez insensés, & assez privés de pudeur, pour dresser des filles de 7 à 8 ans, à faire des tours de passepasse, dont les Charlatans de la Foire rougiroient ; qu'ils aïent le front d'appeller ce manege infâme, *des miracles faits au nom de Dieu* ; qu'ils jouent à prix d'argent cette farce abominable pour prouver qu'*Elie* est venu ; qu'un de ces misérables ait été de Ville en Ville se pendre aux poutres d'un plancher, contrefaire l'étranglé & le mort, contrefaire enſuite le reſſuſcité, & finir enfin ſes preſtiges par mourir en effet dans *Utrecht* le 17. Juin 1743. à la potence qu'il avoit dreſſée lui-même & dont il croïoit ſe tirer comme auparavant. Voilà ce qu'on pourroit appeller les maux de l'Egliſe, ſi de tels hommes étoient en effet comptés ſoit dans l'Egliſe, ſoit dans l'Etat.

Il leur ſied bien ſans doute de calomnier le ſouverain Pontife, en citant l'Evangile & les Pères: il leur ſied bien d'oſer parler des loix du Chriſtianiſme, eux qui violent la prémière de ſes loix, la Charité, eux qui, au mépris de toutes les Loix Divines & Humaines, vendent tous les jours un Libelle, qui dégoûte aujourdhui les lecteurs les plus avides de médiſance & de ſatyre.

A l'égard de l'autre libelle de *Hollande* qui me reproche d'être attaché aux Jeſuites, je ſuis bien éloigné de lui répondre comme à l'autre : *Vous êtes un calomniateur* : Je lui dirai au contraire : *Vous dites la verité.* J'ai été élevé pendant ſept ans chez des hommes qui ſe donnent des peines gratuites & infatigables à former l'eſprit & les mœurs de la Jeuneſſe. Depuis quand veut-on que l'on ſoit ſans reconnoiſſance pour ſes maîtres? Quoi! il ſera dans la nature de l'homme de revoir une maiſon où l'on eſt né, un village où l'on a été nourri par une femme mercenaire ; & il ne ſeroit pas, dans notre cœur d'aimer ceux qui ont pris un ſoin généreux de nos prémières années? Si des Jeſuites ont un procès au *Malabar* avec un Capucin, pour des choſes dont je n'ai point connoissance, que m'importe? Est-ce une raison pour moi d'être ingrat envers ceux qui m'ont inspiré le goût des Belles Lettres, & des sentimens qui feront jusqu'au tombeau la consolation de ma vie? Rien n'effacera dans mon cœur la mémoire du P. *Porée*, qui est également chere à tous ceux qui ont étudié sous lui. Jamais homme ne rendit l'étude & la vertu plus aimable. Les heures de ses leçons étoient pour nous des heures délicieuses, & j'aurois voulu qu'il eut été établi dans *Paris* comme dans *Athenes*, qu'on pût assister à tout âge à de telles leçons : Je serois revenu souvent les entendre. J'ai eu le bonheur d'être formé par plus d'un Jesuite du caractere du P. *Porée*, & je sai qu'il a des successeurs dignes de lui. Enfin, pendant les sept années que j'ai vecu dans leur maison, qu'ai-je vû chez eux ? La vie la plus laborieuse, la plus frugale, la plus réglée, toutes leurs heures partagées entre les soins qu'ils nous donnoient, & les exercices de leur profession austere. J'en atteste des milliers d'hommes élevés par eux comme moi, il n'y en aura pas un seul qui puisse me démentir. C'est sur quoi je ne cesse de m'étonner, qu'on puisse les accuser d'enseigner une morale corruptrice. Ils ont eu comme tous les autres Religieux dans des tems de ténébres, des Casuistes qui ont traité le Pour & le Contre des Questions aujourd'hui éclaircies, ou mises en oubli. Mais de bonne-foi est-ce par la Satyre ingénieuse des Lettres Provinciales qu'on doit juger de leur morale ? C'est assurément par le P. *Bourdaloue*, par le P. *Cheminais*, par leurs autres Prédicateurs, par leurs Missionaires.

Qu'on mette en parallele les Lettres Provinciales & les Sermons du P. *Bourdaloue*, on apprendra dans les premiéres l'art de la raillerie, celui de présenter des choses indifférentes sous des faces criminelles, celui d'insulter avec éloquence : on apprendra avec le P. *Bourdaloue* à être severe à soi-même, & indulgent pour les autres. Je demande alors de quel côté est la vraïe morale, & lequel de ces deux Livres est le plus utile aux hommes.

J'ose le dire, il n'y a rien de plus contradictoire, rien de plus inique, rien de plus honteux pour l'humanité, que d'accuser de morale relâchée des hommes qui mènent en *Europe* la vie la plus dure, & qui vont chercher la mort au bout de l'*Asie* & de l'*Amerique*. Quel est le particulier qui ne sera pas consolé d'essuïer des calomnies, quand un Corps entier en éprouve continuellement d'aussi cruelles ? Je voudrois bien que l'Auteur de ces Libelles pitoïables, dont nous sommes fatigués, vint un jour au pied d'un Jesuite au tribunal de la Penitence, & que là il fit un aveu sincere de sa conduite, en présence de Dieu, il seroit obligé de dire.

„ J'ai osé traiter *de persecuteur* un Roi ado-
„ ré de ses sujèts : j'ai appellé *cent fois* ses
„ Ministres, des ministres d'iniquité, J'ai
„ *vomi* les calomnies les plus noires contre le
„ qui

» qui a rendu des services essentiels dans ses Am-
» bassades auprès de trois Papes: Je n'ai respecté
» ni le nom, ni l'autorité sainte, ni les mœurs
» pures, ni la grandeur d'ame, ni la vieil-
» lesse vénérable de mon Archevêque. L'E-
» vêque de *Langres*, dans une maladie po-
» pulaire qui faisoit du ravage à *Chaumont*,
» accourut avec des Médecins & de l'argent, &
» arrêta le cours de la maladie: il a signalé toutes
» les années de son Episcopat par les actions de
» la charité la plus noble ; & ce sont ces mê-
» mes actions que j'ai empoisonnées. L'Evê-
» que de *Marseille*, pendant que la contagion
» dépeuploit cette ville, & qu'il ne se trou-
» voit plus, ni qui donnât la sépulture aux
» morts, ni qui soulageât les mourans; al-
» loit le jour & la nuit, les secours temporels
» dans une main, & Dieu dans l'autre ; af-
» fronter de maisons en maisons, un danger
» beaucoup plus grand que celui où l'on est
» exposé à l'attaque d'un chemin couvert ; il
» sauva les tristes restes de ses diocésains par
» l'ardeur du zèle le plus attendrissant, &
» par l'excès d'une intrepidité, qu'on ne ca-
» ractériseroit pas sans doute assez, en l'ap-
» pellant heroïque; c'est cet homme, dont
» le nom sera beni avec admiration dans tous
» les âges, ce sont ceux qui l'ont imité que
» j'ai voulu décrier dans mes petits libelles
» diffamatoires.

Je suppose pour un moment que le Jesuite, qui entendroit cet aveu, eut à se plaindre de tous ceux qu'on vient de nommer ; qu'il fut le parent & l'ami du connable, ne lui diroit il pas ? Vous avez commis un crime horrible, & vous ne pouvez trop l'expier.

Ce même homme, qui ne se corrigera pas, continuera de calomnier tous les jours ce qu'il y a de plus respectable sur la Terre ; & il ajoutera à sa liste le Confesseur qui lui aura reproché ses excès : il l'accusera lui & sa société d'une morale relâchée. C'est ainsi que l'esprit de parti est fait. L'Auteur du Libelle peut tant qu'il voudra, mettre mon nom dans le recueil immense & oublié de ses calomnies : il pourra m'imputer des sentimens que je n'ai jamais eus, des livres que je n'ai jamais faits, ou qui ont été alterés indignement par les Editeurs. Je lui répondrai comme le Grand *Corneille* dans une pareille occasion : *Je soumets mes Ecrits au jugement de l'Eglise. Je doute qu'il en fasse autant.* Je ferai bien plus : je lui déclare à lui & à ses semblables, que si jamais on a imprimé sous mon nom une page qui puisse scandaliser seulement le sacristain de leur paroisse, je suis prêt de la déchirer devant lui ; (*) que je veux vivre

(*) Après l'Eloge pompeux que l'auteur de cette Lettre fait de la Morale & de la Vie des Rev. Pères, qu'il aille donc leur faire amande honorable de l'Epigramme suivante qu'il a adressé au Régent.

Non, Monseigneur, en Vérité
Ma Muse n'a jamais chanté
Amonites ni Moabites
Brancas vous répondra de moi,
Un Rimeur sorti des Jésuites,
Des Peuples de l'ancienne Loi.

vre & mourir tranquile dans le sein de l'Eglise Catholique, Apostolique & Romaine, sans attaquer personne, sans nuire à personne, sans soutenir la moindre opinion qui puisse offenser personne: (§) je déteste tout ce qui peut porter le moindre trouble dans la societé. Ce sont ces sentimens connus du Roi, qui m'ont attiré ses bienfaits, comblé de ses graces, attaché à sa personne sacrée, chargé d'écrire ce qu'il fait de glorieux & d'utile pour la Patrie. Uniquement occupé de cet emploi, je tâcherai pour le remplir, de mettre en pratique les instructions que j'ai reçues dans votre maison respectable; & si les règles de l'éloquence que j'y ai aprises, se sont effacées de mon

(§) Témoin l'Ode raportée ci-dessous No. XXV. témoin l'*Epitre à Uranie*, qui étoit encore plus affreuse quand elle étoit adressée à *Julie*, témoin l'*Epitre à Athenaïs*, témoin le *Mondain*, témoin tant de Traits répandus, non seulement contre la Religion Romaine mais même contre la Chrétienne, dans ses *Lettres Philosophiques* & dans ses Tragedies de ZAÏRE & de MAHOMET, &c. &c. &c. La Déclaration, que V*** fait ici, & qui donne lieu à cette Note, est l'accomplissement de la Profétie contenue dans l'Epigrame suivante.

> *Que pensez-vous de l'Auteur d'Uranie?*
> *Vous l'avez vû Poëte, Historien,*
> *Critique amer, hardi Pyrrhonien,*
> *Sur tout sujèt exerçant son genie,*
> *Vous le voiez Anti-Cartesien,*
> *Ami du Vuide, Anglois à toute outrance;*
> *Je le prédis, grace à son inconstance,*
> *Peut-être un jour vous le verrez Chrétien.*

Il faut lire encore au sujet de cette *Déclaration*, la piéce No. XXXII

mon esprit, le caractére de bon citoïen ne s'effacera jamais de mon cœur.

On a vû, je crois, ce caractére dans tous mes Ecrits quelque défigurés qu'ils soient par les ridicules Editions qu'on en a faites. La *Henriade* même n'a jamais été correctement imprimé: on n'aura probablement mes véritables ouvrages qu'après ma mort *, mais j'ambitionne peu pendant ma vie, de grossir le nombre des livres dont on est surchargé: pouvû que je sois au nombre des honnêtes gens, attachés à leur Souverain, zélés pour leur Patrie, fidèles à leurs amis dès l'enfance, & reconnoissans envers leurs prémiers maitres.

C'est dans ces sentimens que je serai toujours &c.

A Paris 7. Fevrier 1746.

RE-

(*) On peut ajouter ici l'*avis* que donne V*** à son *Lecteur* mis à la tête de *La Merope Françaife*, en ces termes; „ L'Editeur de Merope .... avertit qu'on dé-
„ bite, sous le nom de l'Auteur, beaucoup d'Editions aux-
„ quelles il n'a aucune part. Celles qui sont imprimées
„ à *Amsterdam* sont très-incomplettes & très fautives.
„ [celle de *Ledet* & *Desbordes* en 1739. a pourtant
„ été faite sous ses yeux, & il y a fait des changemens
„ sans nombre. On peut le justifier par ses Lettres.]
„ Celle qui paroit être imprimée à *Geneve* est, [*c'est pour-*
„ *tant son Edition favorite, celle dont il régale ses meil-*
„ *leurs amis.*] plus complette; mais elle fourmille de
„ fautes. Il n'y a aucune de ces Editions dans lesquel-
„ les on ne trouve des Piéces entièrement défigurées,
„ ou faussement attribuées à l'Auteur. Il est absolument
„ nécessaire que les Libraires, qui voudront faire enfin
„ un bon Recueil de ses véritables Ouvrages, s'adres-
„ sent à lui, & ne fassent rien sans son aveu; faute de
„ quoi leurs Editions seront décriées d'elles mêmes.

RÉPONSE du R. P. de la Tour à Mr. de V***.

MONSIEUR,

J'ai reçu la Lettre si judicieuse, si belle & si touchante dont vous venez de m'honorer; & je l'ai vûë avec autant de reconnoissance, que de plaisir & d'admiration; puisqu'elle est à la fois l'ouvrage de la Raison, l'apologie de la Vérité & l'expérience fidelle des sentimens les plus vertueux. Dans l'usage que nous en ferons, Monsieur, nous consulterons moins nos intérêts, que votre gloire : rien ne peut donner plus de consolation à tout ce qui aime la Vertu, le bien, la Religion; que de voir les talens les plus connus plaider leur défense avec tant de zéle & d'onction.

A notre égard, nous ne pouvons être qu'infiniment touchés de la justice que vous nous rendez : elle entretiendra notre émulation, elle l'augmentera même. Nous tâcherons de conserver ce même esprit qui nous mérite votre estime : nous n'ambitionnons aucune des pompeuses chimeres que la malignité & la sotise continuent à nous attribuer avec une perseverance aussi odieuse qu'affligeante pour l'humanité. Nous consacrons & nos forces & nos peines, nous bornons tous nos vœux à transporter & à distribuer dans tous les Etats par tout ce que nous avons l'honneur d'élever, le règne de la Religion & de la Vertu : l'amour du Souverain, de la Patrie, des devoirs; le goût des travaux util s; la douceur & l'honnêteté des mœurs, & ces principes invariables qui font penser à agir avec suite pour le repos commun de la Societé & des Familles. Je ne sai point si la persecution se lassera de nous éprouver, mais j'espére qu'elle ne nous découragera jamais.

Quoique je ne puisse, Monsieur, attribuer l'honneur que vous me faites de vous adresser à moi, qu'à la place que je remplis, je n'en suis pas moins sensible à une attention qui m'honore infiniment: je voudrois bien mériter personnellement cette distinction: peut-être n'en suis-je pas si indigne, si vous avez la bonté de ne consulter, pour l'accorder, que les qualités du cœur, & que l'estime aussi étenduë que respectueuse avec laquelle j'ai l'honneur d'être &c.

Asinus Asinum fricat.

(XXIV.)

LETTRE *du Pape écrite à Mr. de* V***. *le* 15. 7bre. 1745. *traduite de l'Italien.*

BENOIT XIV. &c.

MON CHER FILS, *salut & bénédiction.*

Il y a quelque tems qu'on nous présenta votre belle Tragedie de MAHOMET(*a*), que nous lûmes avec un très-grand plaisir. Ensuite le Cardinal *Passionei* nous donna l'excellent Poëme sur la Bataille de *Fontenoy*. Mr. *Leprotti* nous fit voir depuis l'Inscription que vous

(*a*) Voicz le morceau [A] ci-après, pag. 132.

vous avez mise sous notre Portrait. Toutes ces attentions nous font connoitre que nous sommes obligés de vous en remercier; nous les réunissons toutes ici pour vous rendre de justes graces de la bonté singuliére que vous avez eu pour nous, vous assûrant, de notre part, de l'estime dûë à vôtre mérite si universellement reconnu.

Le Distique que vous avez fait pour notre Portrait aïant été publié à *Rome*, un homme de Lettres de votre Païs s'avisa de dire qu'il y avoit une faute dans la sillabe *hic*, que vous faites breve, & qui, selon lui, doit être toûjours longue. Nous répondimes qu'il se trompoit, qu'elle étoit tantôt breve & tantôt longue. *Virgile* la fait breve dans ce vers-ci que nous citâmes.

Totus hic inflexit sensus, animumque labantem

Et la fait longue dans celui-ci.

Hic finis Priami fatorum, hic exitus illum.

Il nous semble que nous avons répondu assez promtement, pour un homme qui n'a pas lû son *Virgile* depuis cinquante ans. Quoique ce soit ici votre cause, nous connoissons trop bien votre franchise & votre probité, pour ne pas vous faire juge vous-même entre nous & notre critique. Nous vous donnons, mon cher fils, notre bénédiction Apostolique, &c.

Nonobstant ces marques brillantes de distinction & d'estime de la part de *Benoit* XIV. pour Mr. de V***. un Zoïle jaloux n'a pas laissé de décocher ces couplets.

Sur l'Air

Connoissez-vous notre Intendant.

Savez vous le but du présent
Que le Pape fait à V✱✱✱?
Oui, répond un mauvais plaisant,
J'en crois pénétrer le mystére :
C'est qu'il jette un os au Mâtin,
Comme on a fait à l'Aretin.

Autre sur l'Air

De tous les Capucins du monde.

Que de contrastes dans la Vie !
Pour avoir médit de Marie,
Dans Lutece on brula Petit ;
Et celui qu'à bon titre on nomme
Blasphémateur de Jésus-Chrit,
V✱✱✱ est honoré dans Rome.

[A]

„ Bien des gens s'inscrivent en faux contre
„ cette Lettre, & la croïent supposée, parce
„ qu'elle n'est ni du stile, ni de la dignité d'un
„ Souverain Pontife : & si c'est comme simple
„ particulier qu'il l'a écrite, il auroit, disent-
„ ils, supprimé les termes de *mon cher Fils*, &
„ de *bénédiction Apostolique*. Nous ne voulons
„ point contester sa réalité, ni la fidelité de la
„ traduction, nous la donnons telle que Mr.
„ V✱✱✱ l'a lui-même envoïée à de ses amis,

„ Mais nous ferons remarquer seulement que
„ le Pape dit, que c'est *Monsignor Leprotti*,
„ qui lui a fait voir l'Inscription Latine; & que
„ Mr. V***. écrit au P. *La Tour*, que ç'a été
„ le Cardinal *Passionei*. C'est cette Eminence,
„ dit le Pape, qui lui a donné le Poëme de
„ *Fontenoy*, avant qu'il eut vû l'Inscription:
„ & c'est de cette Inscription parvenue à S. S.
„ que V***., à ce qu'il dit, a pris occasion
„ de lui envoïer ce Poëme. Si la Lettre est
„ véritablement du S. Père, dira-t-on qu'il a
„ manqué de mémoire? Et si elle est de la fa-
„ brique de V***. ces petites contradictions
„ ne doivent nullement surprendre; puisque
„ son grand talent est de mettre toûjours ses
„ Lecteurs en défaut par des variantes conti-
„ nuelles.
„ Quoiqu'il en soit, si les *Lettres Philo-*
„ *sophiques*, l'*Athénaïs* & l'*Uranie* étoient par-
„ venuës à la connoissance du S. Père, il est
„ plus que vraisemblable qu'elles auroient sus-
„ pendu sa générosité. Il se peut aussi que
„ leur Auteur par un repentir sincére, ou par
„ un simple desaveu, en aura obtenu l'abso-
„ lution avec indulgence pleniére: aussi bien
„ que de l'*Ode* suivante; dans laquelle on ver-
„ ra quels etoient ses sentimens touchant *Ro-*
„ *me* & les *Jésuites*, avant sa conversion.

(XXV.)

ODE *au Roi par Mr.* A*** *de* V***.

Après que la Pourpre Romaine
Se vit Maitresse Souveraine

De la demeure des Céſars;
Par ſon aveuglement, par ſes fourbes ſacrées,
Elle crut ajouter à ſes riches contrées,
Tout ce qu'ils poſſedoient par le ſecours de Mars.

Alors en Luxe Monarchique
De l'indigence Apoſtolique
On vit l'énorme changement;
Et foulant à ſes pieds tous les Rois de la Terre,
On vit les cheveux blancs du Succeſſeur de Pierre,
D'une triple Couronne emprunter l'ornement.

Soudain ſa Cour fut décorée
D'une vaine pourpre ignorée
Aux prémiers Diſciples de Chriſt;
Et ceux qui juſqu'alors avoient été ſes frères,
Eurent la lâcheté d'être ſes Tributaires,
Par l'apas décevant que Rome leur offrit.

La ſeule Egliſe Gallicane,
De ce joug honteux & profane,
Défendit toûjours ſes Autels;
Et l'inutilité du foudre ridicule,
Que lancérent contr'elle un Boniface, un Jule,
Fit voir leur impoſture au reſte des Mortels.

Le

Le Parlement & la Sorbonne
Furent une double Colonne
Pour la Mère des vrais Chrêtiens!
Que de doutes levés! que de vivans Oracles!
Comment le Vatican, jaloux de leurs miracles,
Vit-il leurs jugemens mieux reçus que les siens?

C'est alors qu'écumant de rage,
Le Roi de l'infernal rivage
Fit éclater son désespoir.
Quoi, dit-il, l'Héréfie est par tout triomphante,
De ce poison maudit, Rome n'est pas éxemte,
Et dans la seule France on brave mon pouvoir.

Je veux pour punir ce grand zèle,
Emprunter des armes contr'Elle,
Chez ses plus cruels Ennemis;
Et qu'aux Enfers armé le fond de l'Ibérie
Prête le seul fléau, vengeur de sa Patrie,
Par qui je veux ternir la pureté des Lys.

Il dit, & plus prompt à la vûë
Que l'éclair, qui part de la nuë,
Il franchit les Monts sourcilleux,
Qui, de deux grands Etats réciproques frontiéres,
Semblent pour mettre entr'eux d'éternelles Barriéres,
Elever jusqu'aux Cieux leurs sommets orgueilleux.

Bientôt il aperçoit Ignace,
Qui d'un Maure suivant la trace,
A travers les Monts & les Bois,
De la Mère de Dieu Chevalier chimérique,
Contre les Mécréans en dévot fanatique,
Veut par un coup de lance en soutenir les Droits

L'habile tiran du Cocyte
Arrêtant sa vaine poursuite,
Lui promèt de plus grands exploits;
Et, pour le couronner d'une gloire immortelle,
Il lui dicte le plan d'une Secte nouvelle,
Qui doit un jour marcher sur la tête des Rois.

L'effet répond à la promesse,
Des Disciples de toute espéce
Viennent se ranger sous sa loix;
De la Terre bientôt ils couvrent la surface,
Et leurs Dogmes nouveaux, au sujèt de la Grace,
Corrige l'Evangile & réforme la Loi.

Les Lis, ennemis des Impies,
Courent terrasser ces harpies
Par des jugemens rigoureux;
Mais nos Rois, dont bientôt ils se rendent les Maitres,
Loin de venger sur eux le sang de leurs Ancêtres
Du soin de leur salut se reposent sur eux.

La

La foi commence à disparoitre,
L'exemple du Souverain Maitre
Entraine bientôt tous les cœurs :
Et c'est par les Conseils de ces nouveaux arbitres,
Qu'on voit la Dignité, les honneurs & les Mitres
N'être plus dispensés qu'à leurs Adulateurs.

D'Augustin frapé d'Anathême,
De l'Apôtre des Gentils même
Ils condamnent les Saints Ecrits,
Et du siège de Rome une Bulle émanée,
Traitant l'amour de Dieu de vaine & d'erronée,
De ce premier précepte affranchit les Esprits.

Nos Prélats lâches & perfides,
De la Pourpre Romaine avides
Reçoivent le Dogme inconnu,
Et le seul Molina, Docteur de l'Evangile,
Montre un chemin du Ciel plus court & plus facile
Que celui qu'au vieux tems nos Pères ont tenu.

Quatre seuls Pasteurs de la France
De ce venin, par leur constance,
Avoient garanti leurs Troupeaux,
Mais la Societé ne veut point qu'on la brave,
Laffiteau son Elève & Tencin son Esclave,
Juges de ces Martirs, vont être leurs Bourreaux.

Je vois un vieillard vénérable
De la cabale impitoyable
Subir les arrêts inhumains;
Et par un jugement, qui flétrit leur Mémoire,
Emporter dans l'Exil le renom & la gloire
D'être, comme Brutus, le dernier des Romains.

Grand Dieu! c'est toi que l'on insulte,
Ces Ennemis de ton vrai culte
N'en veulent pas demeurer là.
Tu ne peux rétablir ton pouvoir sur la Terre,
Qu'en les précipitant, par un coup de Tonnerre,
Dans le fond du Tartare aux piés de Molina.

Oint du Seigneur, Jeune Monarque,
Que des embuches de la Parque
Sa main a sauvé tant de fois,
Si tu veux prévenir des effets plus sinistres,
Ne mets plus désormais au rang de tes Ministres,
Ceux qui sont plus soumis à Rome qu'à leurs Rois.

(XXVI.)

Sur les Editions différentes & précipitées du Poëme de la Bataille de FONTENOY. (a)

Lorsqu'on veut en dépit des loix (b)
Griffonner des vers à la hâte,
Qu'en arrive-t-il? on les gâte,
Autant qu'on les change de fois;
Mais ici ce n'est pas de même;
Chaque nouvelle Edition,
Avec une vitesse extrême,
Ne court qu'à la perfection:
Espérons donc qu'à la centiéme,
Graces au critique Lecteur,
Et la souplesse de l'Auteur,
Nous pourrons voir un beau Poëme.

Sur ceux qui y ont applaudi d'abord à la prémiére Edition.

Je ne censure point ce Poëme, où V***,
Prodigue d'un flatteur encens,
Donne des soufflets au Bon-Sens,
C'est là son allure ordinaire:
D'un

(a) On en a vû cinq en huit jours; & l'on en étoit à la huitiéme en Juillet 1745., quand ces vers parurent.

(b) Travaillez à loisir, quelque ordre qui vous presse,
Et ne vous piquez point d'une folle vitesse:
Un stile trop rapide & qui court en rimant,
Marque moins trop d'esprit, que moins de jugement
  Boileau Art Poët. Ch. I.

D'un fol Auteur, d'un fot Ecrit,
Chacun à fa guife peut rire;
Moi, je ris du faux Bel-efprit,
Qui, plus fot encor, les admire.

„ Comme il n'a guères paru, dans le délu-
„ ge de Vers, que caufa la fameufe Bataille de
„ *Fontenoy*, que le Comte de *Saxe* auroit
„ perdu, (car alors on n'auroit pas dit que le
„ Roi auroit commandé fon Armée) fi deux
„ Regimens feuls n'avoient pas manqué à
„ leur devoir; il n'a guères paru, dis-je, de
„ Piéces plus mauffade, plus négligée, plus
„ impertinente, plus adulatrice, plus fauffe,
„ que le Poëme de la Bataille de *Fontenoy*;
„ il n'eft pas étonnant qu'il ait plû une nuée
„ de critique en differens goûts. Nous en ra-
„ porterons trois qui ont plû, ou paru plaire
„ plus que les autres.

(XXVII.)

Les Heros Modernes *Poëme*.

Quoi, marchant fur les pas du *fameux fatirique*
(1) V*** entonnera *la trompette héroïque*,
Chantera de l'Efcaut *les Bors enfanglantés*,
Les farouches Anglois fuïans, épouvantés,

Et

(1) Poëte fameux du Règne de *Louis* XV. d'heureufe Mémoire, il s'appelle auffi *A***, & fait de très-belles Tragedies, témoin fa *Princeffe de Navare*.

Et nous, quand nôtre Roi renverse des *murailles*,
Quand, vainqueur à nos yeux, il gagne des *Batailles*,
Lorsque son digne Fils méprisant le *trépas*,
Nous conduit, nous anime & suit par tout nos *pas*,
Admirateurs, témoins de leur noble *Vaillance*,
Pourrions-nous bien garder, *un indigne Silence*,
Aux Champs de Fontenoy, volez, accourez tous.
Camarades, Soldats, je ne chante que *vous*.
Combien sont descendus sur l'infernale rive !
(2) Lyonnois rappellant *son ame fugitive*,
Blessé devant Tournay, sent croître sa *valeur*,
Et volant à l'Anglois veut mourir son Vainqueur.
(3) Saint Pierre, Limousin, le Breton (4) l'Espérance
La Rose, Jolicœur, la Tulippe, la France,
Pezenas, qui perdit un œil devant Menin,
Bourguignon, Francœur, moi, *tous nos Heros enfin*,
Dans l'ombre de la nuit *& celle du silence*,
Demandons que l'Aurore & le péril commence.
Le signal est donné par dix mille Tambours ;
Des notres repoussés, nous volons au secours ;

C'est

(2) Lyonnois étoit de Lyon.
(3) S. *Pierre*, de *Chaumont* en *Bassigni*, Paroisse S. *Jean*. Il eut le secret d'enroller son Père & son Oncle avant que de partir pour en tirer de l'Argent.
(4) Ce l'*Espérance-là* est le quatriéme du même Nom, de la même Ville, de la même Famille, qui a servi dans la même Guerre, dans le même Régiment, & qui s'est très-bien battu, de même que tous ses Parens. Dieu veuille qu'il ne meure pas de même.

C'est de tous les côtés un carnage du (5) Diable,
Et Fontenoy devient un Enfer effroïable,
*Chefs, Officiers, Soldats, l'un sur l'autre entassés,
Sous le fer expirans, par le plomb renversés,*
Appellent des vengeurs, comptent pour rien la vie
Glorieux de verser leur sang pour la Patrie.
La foudre part; ah Ciel! quel horrible fracas!
Que de Piés, que de Bras, que de Têtes à bas!
Le Régiment du Roi, celui de la Couronne,
Que le trépas poursuit, que la flame environne,
Perdent mille Héros, autant de Demi-Dieux,
Devant tout à leur bras & rien à leurs Aïeux.
Tu meurs, brave Bertrand (6), digne du nom d'Alcide,
C'en est fait de tes jours, une balle Homicide
Vient, au milieu de nous, te couper le sifflet;
Alexandre eut péri d'un seul coup de mousquet.
On meurt par droit Canon, à la Guerre, à tout âge :
Contre un coup de fusil, à quoi sert le courage?
(7) L'intrépide Dubois, natif de saint Quentin,
(8) Et la Brie & son frère, ont trouvé là leur fin.
Henry

(5) C'est comme qui diroit de *Demon*, de *Possédé*.
(6) *Betrand*, Fils d'un gros Marchand d'eau de vie de *Cognac*, fût peut-être bien devenu un grand homme, s'il ne fût pas mort.
(7) *Dubois* de la *Rochelle* fût sans doute encore revenu de cette Bataille, sans un Coup de Canon qui lui emporta la tête, il laisse une assez jolie femme *Vivandière*, si le Roi force ses Ennemis à la paix, *Fanchon*, c'est le nom de la Veuve, pourra bien épouser cet Hiver *Jolicœur* en secondes Noces : nous en avertirons le Public.
(8) La *Brie*, de *Brie* Comte *Robert*, descendoit en
droite

Henry, Dumont, (9) Beauchamp *roulent sur la pouſſière ;*
(10) Bel-humeur, emporté par ſon humeur guerrière,
Voit le malheur, accourt, & le ſabre à la main,
Renverſe quatre Anglois, qu'il trouve en ſon chemin ;
Il tombe enfin lui-même, en ſe mettant en garde,
Et perd le doux eſpoir d'avoir la Hallebarde.
Rang, Titres, Dignités, dont on eſt ſi jaloux
La Mort dans nos tombeaux vous dévore avec nous.
Qui ne trembleroit pas, dans ce péril extrême ?
Et la vie après tout mérite bien qu'on l'aime.
Gardiens de *Paris* (11) que je plains votre ſort !
Hélas ! vous ne pouvez vous garder de la Mort.
Vos intrépides Chefs plus Soldats que vous-mêmes,
Succombent à vos yeux chargés d'Honneurs ſuprêmes ;

droite ligne de *Roberlade* petit, ſous-petit-couſin des Couſins iſſus de Germains, en ligne collaterale, des anciens Cochers des Comtes de *Brie* ; ſon petit frère, qui étudie à *Troie* en *Champagne*, ſe diſtingue en Cinquiéme, ſe rend redoutable parmi ſes Camarades, & fait déja, dit-on, le coup de poingt à merveille.

(9) Trois jolis Garçons, marchands de la Ruë S. *Denis*, qui avoient du Cœur comme quatre. Cette remarque eſt ſur le revers de ce feuillet.

(10) *Jaques Balouar*, ſurnommé, Bel-humeur de *Limoges*, Fils d'un Maître Tailleur de Pierre ; il fût ſurnommé Bel-humeur, à cauſe de ſon air jovial, qu'il ne quitta pas même à la mort : comme il expiroit, il dit à un de ſes Camarades qu'il étoit charmé de mourir, pour voir quelle chienne de figure faiſoient les *Anglois* qu'on venoit d'envoyer à l'autre Monde.

(11) Gardes *Françoiſes*.

Vous tombés tous comme eux ; frappés des mêmes coups....

Mais, que vois-je ! Arrêtez, vengez-les, vengez-nous ;

Vous qui gardez mon Roi, vous qui gardez la France

Vous, Peuple de Héros, dont la foule s'avance,

Le voici, ce moment de fixer les deſtins ;

Louis, ſon Fils, l'Etat, l'Europe eſt en vos mains

Maiſon du Roi, marchez, aſſûrez la Victoire ;

De nos Héros, Soldats, l'éclat, l'appui, la gloire.

Renverſez ces Anglois, écraſez ſous vos coups

Ces combattans ſi fiers, & ſi dignes de vous.

Secondez leur valeur, brave Gendarmerie,

Vengeurs de votre Roi, l'Eſpoir de la Patrie.

Plus vite que l'éclair, & bravant le Canon,

Je vois voler au feu ce *brillant Eſcadron*,

L'Honneur de nos Guerriers, fameux par cent Batailles,

Tel qu'il marchoit jadis dans les Champs de Marſailles ;

Intrépide le *Clerc* (12), d'un coup de piſtolet

Vous

---

(12) Le *Clerc*, aïant été *Clerc* de Procureur ſurnuméraire, dans la meilleure boutique du Palais, en prit le ſurnom, & s'appelle *Claude-André Policarpe, Euſtache-Antoine-Mames-Alexandre le Clerc*, Fils *d'Etienne-Sebaſtien, Nicolas-Jerome-Blaiſe-Michel-Alexandre*, & de *Margo Fanchonete-Agnes-Guillemete-Louiſon des Lauriers*. Le jeune *Clerc*, dont il eſt ici queſtion, eſt de *Caën* : il a tué en ſa part trois Hommes & quatre Chevaux, ſans compter les Bleſſés. S'il en a tué ou bleſſé davantage, nous le mettrons en marge dans la Iére. Edition.

Vous désarmez votre Homme, il tombe, ç'en est fait:
Soudain pour le venger, un autre se présente,
Les yeux brillans de rage & la bouche écumante,
Son Coursier indompté s'échape de ses rangs,
Il s'élance sur vous, vous lui percez les Flancs;
Le Cheval, son Héros, immolés à la gloire,
Vous cédent en tombant une entière Victoire.
Est-ce vous que je vois, illustre Chamberi (13)
Généreux Citoïen, bon Dragon, bon Ami?
Vous qu'on vit sur le Mein, Soldat & Capitaine,
D'Ennemis furieux, sabrer une Vingtaine!
Quelle ardeur vous emporte au milieu des *Anglois*?
Quel Spectacle effraïant, oui, je vous reconnois,
C'est vous, c'est vous: en vain la Poussière vous cache,
Des ombres de l'oubli la valeur vous arrâche.
Dieux, j'en frémis d'horreur (14) Francœur pâle &
 mourant,
Par son Cheval fougueux trainé de Rang en Rang,
De son glorieux front, bât, sillone la Terre;
Vous

(13) Ce *Chamberi*-là, n'est pas de *Chamberi*; mais comme le Père de *Chamberi* étoit lui-même de *Chamberi*, le Fils de *Chamberi* a pris le nom de *Chamberi*, que portoit son Père *Chamberi*.

(14) *Francœur* étoit *Franc-Maçon*, il venoit d'être fait Chef de Loge, & recevoit pour la pléce de 24. Sols en faveur des curieux indigens. C'est une perte pour les Aspirans; comme ce n'étoit pas cher, j'allois me faire recevoir à crédit.

Vous nous le païerez cher trop hautaine *Angleterre.*
C'en est fait, vous pliez : les courageux Grassins (15)
Rompent vos Escadrons & fixent nos destins.
Déja des vieux Guerriers, le grand cœur les anime,
Du Roi victorieux ils emportent l'Estime :
Fils de la liberté, la valeur les conduit ;
Ils volent au combat, la Victoire les suit.
O Mars, qui l'auroit crû, qu'une Troupe nouvelle,
Fit voir, à son berceau, tant d'ardeur, tant de zèle !
Tous enfans des plaisirs, élevez dans *Paris*,
Au milieu des Caffez, & des jeux & des ris,
Ils partent, les voilà Regiment *intrépide.*
Que les François sont grands, quand leur Maître les guide !
L o u i s les animoit ; l'*Anglois* est abbatu,
Et la férocité le cède à la vertu,
Comment ces jeunes gens, doux, enjoués, aimables,
Sont-ils dans les combats des Lions indomptables ?
Quel assemblage heureux, de graces, de valeur !
L'auroit-on pû penser, jeune & brave la Fleur (16)

Que

---

(15) Cela s'entend tout seul, les Grassins sont assez connus.

(16) Fils Naturel, mais légitimé d'un fameux Fleuriste de *Provins* ; il hérita à la Mort de son Père de près de deux mille piés de Rosiers, qui raportoient au moins chacun une livre de conserve de Roses : mais la succession mangée en 6. Mois, le jeune la Fleur embrassa le parti des Armes en 1740., il a fait avec honneur les Campagnes de *Bohême.*

Que, fait pour les Amours, dans la vingtième Année,
Antoin eut vû sitôt finir ta destinée?
Que nos Lauriers Sanglans doivent coûter de pleurs!
Que deviendra Rosette, en proïe à ses malheurs,
D'un Guerrier tel que toi veuve avant l'hymenée?
A faire un autre choix, la voilà condamnée.
Tu meurs cher *Léonard*(17); mais deux petits marmots
Héritiers de ton nom, deviendront des Héros;
C'est des braves *François* la plus chère Espérance:
Ils seront comme toi Protecteurs de la *France*:
Ces jeunes Mirmidons, portent déjà tes traits;
Ils te remplaceront, tu peux mourir en Paix,
Puisque tu meurs, pleuré du Prince *le plus tendre;*
Il honore de pleurs le Sang qu'il fait répandre.
Que, *de l'Elbe à la Seine*, on entende en tous lieux
Le plus chéri des Rois est le plus glorieux.

(XXVIII.)

Requete *du Curé de* Fontenoi *au Roi.*

AVERTISSEMENT.

Le Curé de Fontenoi *doit rendre compte au Pu-*

___

(17) *Léonard* avoit été Comédien de Campagne; il venoit de débuter à *Paris* à l'Opera Comique, quand il fût enrollé à *Charenton* par deux Suisses: l'Opera Comique alloit contribuer pour le favoir: mais ce Spectacle vient, dit-on, de mourir aussi par Arrêt du Conseil. Quel dommage!

Public, que si sa Piéce paroît trop courte ou trop négligée ; c'est parce qu'il n'a été que trois heures à la composer, la revoir, la corriger, & l'écrire.

Si on lui objecte que rien ne l'obligeoit à y mettre si peu de tems, il répondra, que des devoirs d'Etat l'appelloient à d'autres occupations indispensables. Au reste, s'il survient quelque chose d'intéressant, il fera des augmentations considérables, ou plutôt il donnera une Piéce nouvelle, par le nombre de changemens & d'additions qu'il se propose, au cas que son tems le lui permette.

Quoique naturellement il ne doive parler qu'au Roi son Maitre, il aura cependant la complaisance d'ajouter trois ou quatre Vers en faveur de chaque Personne distinguée, qui seroit fâchée de n'être pas nommée dans l'Ouvrage, ensorte qu'on espére qu'à la centiéme Edition, la Piéce pourra commencer à prendre forme : il restera moins de mécontens.

Si le Poëme ne paroît pas assez bon pour mériter une Critique, l'Auteur en fera une lui-même, pour tâcher de faire valoir & débiter son Ouvrage.

J'ose vous supplier, Grand Roi,

De vouloir bien penser à moi.

Mon Bénéfice est le plus mince

Qui soit dans toute la Province.

Vous avez, par votre valeur,

Immortalisé ma Paroisse ;

Et les Anglois avec angoisse

Se rappellent votre vigueur.

Par-

Par-tout où vole votre gloire,
On vante déja Fontenoi,
Et le Village avec le Roi
Sera célébré dans l'Histoire.
Mais à quoi sert un nom pompeux,
Sans l'avantage des richesses?
C'est souvent un titre onéreux,
Et vous n'avez, par vos prouesses,
Illustré que des malheureux.
Je suis le Crésus du Village,
Et ma Cure vaut cent écus:
Ce sont de foibles revenus,
Puisque, grace à votre courage,
Je deviens un grand personnage.
Tous les jours mille Curieux
Viennent en foule dans ces lieux
Voir le siége de votre gloire.
Il me faut, comme je le puis,
Faire les honneurs du païs,
Les gîter, leur donner à boire,
Et ceux que j'ai déja reçus,
Me coûtent plus de trente écus.
Les fonds du pauvre Bénéfice
Seront bientôt anéantis,
Si vous ne fondez un hospice,
Où l'on les héberge gratis.
Ou bien, augmentant ma dépense,

Augmentez donc mon revenu,
Puisque c'est par votre vaillance
Que le lieu de ma résidence
Est plus fréquenté, plus connu,
Que bien des Evêchés de France.
Auſſi juſte que courageux,
Vous ferez bientôt mon affaire,
Car vous verrez qu'entre nous deux
Il reſte un petit compte à faire.
Lorſque les morts ſont enterrés,
Il revient des droits aux Curés.
Or, on a fait dans mon Domaine
Plus de huit mille enterremens :
Donc, à douze francs la douzaine,
Il m'appartient huit mille francs,
En les mettant l'un portant l'autre.
Vous voyez que c'eſt bon marché,
Et ſouvent l'on eſt écorché
Par les diſeurs de Patenôtre.
Mais j'uſe de facilité
En faveur de la quantité.
Car, par une raiſon bien ſûre,
Et qu'on doit trouver à propos,
Il convient que la ſépulture
Soit plus chere en détail qu'en gros :
Auſſi les gens de mon Village
Me donnent toujours davantage,

Et quoique ce soient mes enfans,
Il n'en est point, pour son passage,
Qui ne me paye au moins six francs.
Telles sont les loix de l'Eglise,
Et le Reglement m'authorise.
Ainsi, parlant de bonne-foi,
Vous sentez que j'y perds, Grand Roi.
Assurément tous mes Confrères
Diront, en se plaignant de moi,
Que j'entens fort mal les affaires,
Et que je gâte le métier.
Mais je les laisserai crier.
Il est si beau de voir un Prêtre
Sur l'intérêt être endormi ;
Et moi, j'en veux agir ainsi
En faveur de notre ancien Maître,
D'un Roi charmant, d'un Prince à qui
Nous brûlions tous du desir d'être.
Vos ennemis, s'ils l'avoient pû,
Auroient encore combattu :
Ils vouloient prendre leur revanche ;
Mais, par un bonheur sans égal,
Vous & notre Grand Maréchal
Etiez fermes dessus la hanche.
Car quoique chez lui l'eau s'épanche,

Il conserve, malgré son mal,
Bras & tête de Général,
Et vers lui la Victoire panche,
En carosse comme à cheval.
Tournay, même sa Citadelle
Qui vouloit faire la rebelle,
Se sont soumises à vos loix,
A la barbe de ces Anglois,
Qui disoient en battant d'une aile,
LOUIS, en frottant la Sequelle,
A ma foi fait un coup de trois (*).
Ils avoient grande impatience
De voir de près un Roi de France,
Et crioient tous, c'est un Grivois,
Qui vaut mieux que ceux d'autrefois.
Comme il fait bonne contenance!
Il saura nous mettre aux abois,
Et du Roi Jean vanger les droits.
Son Fils aussi par sa présence
Semble animer les Bataillons;
Le Père sait du vrai courage
Donner l'exemple & les leçons,
Et le Fils, intrépide & sage,
Se montre, dès son plus jeune âge,

Digne

(*) Les *Autrichiens*, les *Anglois* & les *Hollandois*.

Digne successeur des Bourbons.
Ils ont senti votre puissance:
Mais aussi-tôt que du combat
On eut rappellé le Soldat,
Malgré les désirs de vangeance
Qui fortifioient leur fureur,
Ils admiroient votre valeur,
Et célébroient cette clémence,
Dont le charme fait tant d'honneur
Aux vertus d'un Héros vainqueur.
Vous voulûtes que les Malades
De l'une & l'autre Nation
Fûssent tous, sans distinction,
Traités comme des camarades.
Pour les Morts, on les a tous mis,
Comme on eût fait de bons amis.
Moi, j'ai prié pour tout le monde,
Et souhaite que le Seigneur
Dans son Paradis les confonde.
Quoi! n'est-ce pas un grand bonheur
Pour tant de Sectes d'Hérétiques,
Que d'être, à la fin des combats,
Mis pêle mêle dans un tas
Avec d'honnêtes Catholiques?
Oh, ces Messieurs auroient grand tort,

D'être

D'être mécontens de leur sort.
SIRE, vous leur apprenez comme
L'on doit user de son pouvoir.
A votre exemple, en honnête homme,
J'ai bien fait aussi mon devoir,
Et pour les Défunts qu'on renomme,
J'ai dit trois fois l'Office en Noir.
Or, toute peine vaut salaire,
Et vous êtes trop bon Chrétien
Pour vouloir, à ce que j'espere,
Que sur ma Paroisse on enterre
Sept ou huit mille hommes pour rien;
C'est mon casuel, c'est mon bien.
Sur mes droits & mon honoraire
On m'a fait encor d'autres torts :
Un fameux Monsieur de Voltaire
A donné l'extrait mortuaire
De tous les Seigneurs qui sont morts,
Et je n'aurai plus rien à faire.
Mais, pour prévenir les remords
Qu'il doit avoir en conscience,
Tâchez de me faire l'avance
De quelque libéralité,
Soit à titre d'indemnité,
Soit à titre de récompense.
Nombre d'ennemis sur les bras
Vous met, je le sçai, dans le cas

De

De faire beaucoup de dépense,
Mais en voilà beaucoup à bas,
Et ceux-là n'y reviendront pas.
Au reste, c'est une matiere
A mettre en composition,
Et je vous laisse l'option
Sur la somme, & sur la maniere
De faire la donation;
Soit de somme mobiliaire,
Soit par forme de Pension,
Ne fut-elle qu'alimentaire.
Au cas qu'elle soit viagere,
Aïant près de quatre-vingts ans,
Il conviendroit à mes parens
De prendre une tête étrangere.

 Grand Prince, si votre bonté
M'accorde cette faculté,
De peur qu'une bale incivile,
Ou quelque brutal de canon
Ne rende la grace inutile
Je refuse pour caution
Harcourt, Richelieu, d'Aubeterre,
Bouflers, Luxembourg, Langeron,
Turenne, Soubise, Crillon,
D'Aumont, Croissy, Grassin, Tonnerre,
Guerchy, Duguesclin, d'Argenson,
Et tant d'autres foudres de Guerre,

Qui

Qui tous les jours dans les Combats
Narguent de sang froid le trépas,
Et pour l'honneur de vos Conquêtes,
Risquent gaillardement leurs têtes.
Mais, SIRE, à votre volonté,
Je prendrai pour ma sureté,
Dans Paris, en Flandre, à Versailles,
Quelqu'un de poids, de gravité,
Ami de la tranquillité,
Qui n'aille point sous des murailles
Montrer son intrépidité,
Ni compromettre à des batailles
Ma pension & sa santé.
Pour votre gloire, en vérité,
Je ferai part à mes Ouailles
De votre générosité.
Ils vous béniront tous, Grand Prince,
Et l'on dira dans la Province,
Que le Peuple de Fontenoi,
Pauvre sous la Maison d'Autriche,
Devint fameux, content & riche,
Sitôt qu'il appartint au Roi.
Remplis de zèle & d'allégresse,
Nous célébrerons vos succès:
Je parle de vous à la Messe,

Et

Et déja vos nouveaux Sujets,
Pour vous forment des vœux sans cesse.
Heureux, pour prix de leur tendresse,
S'ils pouvoient avoir la promesse,
Que vous ne les rendrez jamais.
Cette Paix, que chacun desire,
Produiroit de tristes effets,
S'il leur en coûtoit les regrets
De n'être plus sous votre Empire.

(XXIX.)

REFLEXIONS

Sur un Imprimé intitulé,

LA BATAILLE DE FONTENOY,

Dediées à Mr. de V***. Historiographe de France.

MONSIEUR,

LA réputation, dont vous jouissez à juste titre dans toute l'Europe, d'un des plus grands genies que la *France* ait produit, vous attire cet hommage de ma part. Votre nom est un passe-port pour la posterité; & il est tout naturel que j'aye cherché à décorer ce petit Ecrit d'une pareille recommandation. N'apprehendez cependant pas, que sur le ton des pesantes Dédicaces j'aille vous endormir du récit de vos propres louanges. Accoûtumé que vous êtes à distribuer l'encens aux Heros & aux Dieux, vous feriez peu de cas de celui que vous offriroit un inconnu.

Mon

Mon deſſein eſt tout différent. Après avoir été aſſez téméraire que de me déplaire à la lecture de votre dernier Poëme, j'ai conçû le ſingulier projèt de vous en faire la confidence; & j'ai aſſez bonne opinion de votre droiture & de votre généroſité pour être perſuadé que vous ne vous offenſerez ni de l'un ni de l'autre. Au reſte, Monſieur, ne vous en prenez qu'à vous-mème ſi nous ſommes devenus ſi difficiles. Ce ſont vos Ouvrages qui nous ont gâtés. On peut bien vous appliquer ce que S. *Evremond* dit de *Corneille*. Vous êtes ſi admirable dans vos belles productions, que l'on ne vous ſouffre point ailleurs médiocre.

D'AILLEURS c'eſt vous qui nous avez montré l'exemple. Vous nous avez appris dans un âge encore tendre, à citer au tribunal de la Raiſon, les Ouvrages & la réputation du grand *Paſcal*. Nous n'avons pas oublié avec quelle univerſalité de talens, vous avez décidé de toute la Littérature Angloiſe dans vos *Mélanges*, & de toute celle de la France dans votre *Temple du Goût*. Nous ſavons avec quel généreux déſintéreſſement vous avez *déchiré* dans ce dernier Ouvrage, *les trois quarts d'un gros Recueil d'Oeuvres poſthumes de la Fontaine*. Nous n'ignorons pas avec quelle exactitude & quelle préciſion vous avez *réduit Marot à ſept ou huit feuillets & Voiture & Sarraſin à quelques pages*. Nous nous rappellons encore avec quelle fineſſe vous avez tempéré les louanges de *Rollin*, & avec quelle intrépidité vous avez avertis que, *quoique*

que en robe on l'écoutoit, chose assez rare à son espèce. Nous nous ressouvenons avec quelle grandeur d'ame, vous avez *jetté au feu Surena*, *Pulcherie*, *Agesilas*, & avez contraint le grand Corneille.

A sacrifier sans foiblesse

Tous ses Enfans infortunés,

Fruits languissans de sa vieillesse,

Trop indignes de leurs aînés. (*a*)

C'EST vous aussi, Monsieur, qui nous avez appris à distinguer l'aimable *Auteur des Mondes & de l'Histoire de l'Academie des Sciences*, de *l'Auteur des Lettres du Chevalier d'Her*, *d'une passion d'Autonne*, *&c*. Permettez-moi donc de suivre aujourd'hui vos exemples & vos préceptes, & de mettre aussi une grande différence entre l'Auteur de la *Henriade*, d'*Oedipe*, de *Zaïre*, de *Mérope*, &c. & l'Ecrivain de la *Princesse de Navarre* & du *Poëme de la Bataille de Fontenoi*.

IL n'y a que les grands Hommes dont les fautes méritent d'être relevées. Le Vulgaire peut pécher impunément, ses fautes ne tirent point à conséquence. *Magis dicunt vitiose, quam acutè reprehenduntur*. (*b*) Mais les défauts des grands Hommes sont contagieux. C'est une maladie qui gagne. *Decipit exemplar vitiis imitabile*. (*c*)

J'AI

(*a*) *Temple du Goût*.
(*b*) *Quint. Justit. Lib. 5. c. 13.*
(*c*) *Hor. Epist. Lib. 8. Ep. 19.*

J'ai sans doute à me féliciter de ce qu'en attaquant aujourd'hui un homme de votre mérite j'ai votre autorité pour le faire. Peut-être même pourrois-je dire de vous ce que vous dites de *Paschal*: que *c'est une consolation pour un esprit aussi borné que le mien, d'être bien persuadé que les plus grands Hommes se trompent comme le Vulgaire.* (a) Mais je m'en garderai bien: au contraire, je m'indignerai avec *Horace* de voir sommeiller l'*Homere* de nos jours, & je gémirai de ne pas rencontrer la perfection où je devois la trouver.

D'AILLEURS un intérêt plus fort que celui de la Poësie m'oblige à vous écrire, c'est celui de la vérité. J'ai crû remarquer dans votre Ouvrage quelques réflexions hazardées sur un peuple qu'il sembloit que vous *respectiez* autrefois, & qui trouveroit aujourd'hui en vous un adversaire redoutable. Quelque disproportioné que soit le combat où je m'engage, & à quelque contraste que je m'expose quand j'ose me mesurer avec vous, je le fais avec joye dans cette occasion. La réputation est la moindre des choses qu'un honnête homme doive risquer quand il y va de la vérité. Au reste quelques échauffés que soient les esprits par la derniere affaire, je vous fais trop d'honneur pour soupçonner seulement que cela doive vous mettre de mauvaise humeur. Je vous répéterai en tout cas vos propres paroles & je dirai, qu'*il seroit absurde & cruel de faire une affaire*

___

(a) *Rem. sur les pensées de Pascal.*

affaire de parti de quelques réflexions innocentes. On n'a d'autre parti que la vérité. (a)

Je m'adresserai donc d'abord à l'*Apollon du Parnasse François*, au digne successeur de *Racine* & de *Corneille*, & je me plaindrai à lui de lui-même. Je parlerai ensuite à l'Auteur de l'Histoire de *Charles* XII. de l'Essai sur le siècle de *Louis* XIV, enfin à l'*Historiographe de France*; c'est-à-dire, à celui à qui son Roi a confié une plume d'or pour enregistrer ses propres exploits & pour rendre justice même à ses ennemis. *Ne quid falsi dicere audeat, ne quid veri non audeat:* (b)

※

Plus je considere votre Poëme, & plus je me confirme dans ma prémière idée. Tout de bon, seroit-ce une gageure? Et de même que l'Orphée d'aujourd'hui s'est vanté, dit-on, de mettre en musique la Gazette; auriez-vous entrepris de la rimer? Cela seroit un plaisant Opera. A quel propos, en effet, entasser cinquante-sept noms dans un Poëme de deux cens Vers. J'approuve le généreux dessein que vous avez *d'arracher à l'oubli les ombres vertueuses de nos Héros, & de faire revivre leurs Exploits dans vos Chants.* Mais en vérité la chose est-elle possible dans le détail? N'est-il pas à craindre que l'oubli de quelques-uns ne fasse plus de mécontens, que cet éloge univer-

(a) *Remarques sur les Pensées de Páschal.*
(b) *Ciceron.*

versel ne pourroit faire d'amis ? De-là ces fréquentes éditions & ces notes multipliées. Dans votre Poëme les rangs sont plus pressés qu'ils n'étoient à *Fontenoi*. Tel Lieutenant Général est obligé de se serrer dans son Vers, & n'occupe pas quelquefois son quart d'Hemistiche, tandis que tel autre a les coudées franches, & se met à son aise aux dépens de ses voisins. En vérité, Monsieur, pour un Courtisan, vous n'y pensez pas, cette prédilection pourroit faire jaser.

Vous ne vous attendez pas, sans doute, que je fasse l'analyse de votre Poëme, & que j'y cherche un ordre & une méthode que vous avouez vous-même (a) n'y avoir pas mis. Ne craignez pas non plus que j'aille passer en revûe tous vos Vers, en éplucher chaque syllabe, & *péser des mots dans ma balance* ; je ne parlerai ni de quelques tours prosaïques que l'on y remarque, ni de quelques inversions trop dures, ni même de quelques fautes de langues qui vous sont échappées. Je sçais trop d'après vous qu'*il est des défauts heureux qu'on doit aimer.* (b)

Je suis charmé en commençant, d'avoir à vous remercier de la part de toute la *France*, du portrait avantageux que vous faites de Monsieur de *Saxe*. Je ne trouve rien de plus grand, qu'un grand homme,

Qui

(a) *Monsieur de V*** dit qu'il n'a composé qu'à mesure que les Listes lui venoient.*
(b) *Temple du Goût.*

Qui touchant à l'infernale rive,
Rapelle pour son Roi son ame fugitive,
Et qui demande à Mars, dont il a la valeur,
De vivre encore un jour & de mourir vainqueur.

Mais qu'entendez-vous par *ce fier Saxon qu'on croit né parmi vous?* N'est-ce pas, que quoique M. le Maréchal de *Saxe* soit Saxon, il n'y paroît pas, & qu'il a tout-à-fait *cet air François, sans lequel*, comme dit le Marquis du François à Londres, *un homme est à jetter par les fenêtres?* En vérité, je ne connois rien au-de-là que le bon mot de ce Gascon, de joïeuse mémoire, qui à *Londres* dans un bal, *trouvoit que Charles II. ne dançoit pas mal pour un Etranger.*

D'ailleurs, pourquoi ce grand Général disparoît-il tout d'un coup dans votre Poëme? J'aurois voulu qu'il en eût été l'ame, comme il l'a été de toute cette grande action. J'aurois voulu le voir courir dans tous les rangs.

Sur un Coursier fougueux plus leger que les vents,
Qui fier de son fardeau, du pied frappant la terre,
Appelle les dangers & respire la Guerre (*a*).

Et n'appréhendez pas, Monsieur, que la gloire de notre grand Monarque en eût souffert. Semblable à celle du Soleil, elle se communique aux autres Astres, sans s'épuiser. Le Très-Haut ne se repose-t'il pas sur ses Ministres du soin de sa vengeance? Ecoutez ce que

(*a*) *Henriade Liv.* 8.

que dit M. *Flechier*, dans une pareille occasion, en parlant d'un autre *Louis*, & d'un autre Maréchal de *Saxe*. C'est M. de *Turenne*.

„ Pour récompenser tant de vertus par quel-
„ que honneur extraordinaire, il falloit trou-
„ ver un grand Roi, qui crut ignorer quel-
„ que chose, & qui fut capable de l'avouer.
„ Loin d'ici ces flatteuses maximes, que les
„ Rois naissent habiles & que les autres le de-
„ viennent ; que leurs ames privilégiées sor-
„ tent des mains de Dieu, qui les crée, tou-
„ tes sages & intelligentes ; qu'il n'y a point
„ pour eux d'essai ni d'apprentissage : qu'ils
„ sont vertueux sans travail, & prudens sans
„ expérience. Nous vivons sous un Prince,
„ qui tout grand & tout éclairé qu'il est, a
„ bien voulu s'instruire pour commander ; qui
„ dans la route de la gloire a sçu choisir un
„ guide fidèle, & qui a cru qu'il étoit de sa
„ sagesse de se servir de celle d'autrui. Quel
„ honneur pour un Sujèt d'accompagner son
„ Roi, de lui servir de conseil, & si je l'ose
„ dire, d'exemple dans une importante con-
„ quête ! honneur d'autant plus grand que la
„ faveur n'y pût avoir part ; qu'il ne fut fon-
„ dé que sur un mérite universellement con-
„ nu ; & qu'il fut suivi de la prise des Villes
„ les plus considérables de *la Flandre*. "

Mais examinons de plus près votre combat. D'abord vous rangez vos Troupes en bataille, vous placez vos Lieutenans Généraux, vous sonnez la charge. *La mort frappe à coups redoublés une foule innombrable*, & tout d'un coup

coup, sans savoir pourquoi, *pour Cumberland le Dieu Mars se déclare*. Sur le champ vous faites marcher la Maison du Roi, les Carabiniers, la Gendarmerie & les Dragons, & *l'Anglois est abbattu*. Encore faut-il en deviner la moitié dans les Notes. Je n'examine point combien ce récit est peu fidèle historiquement. Je me réserve à en parler ailleurs. Je ne l'envisage que Poëtiquement, & je me plains de n'y pas trouver le fil & la suite d'une grande action, qui doit intéresser par son appareil, effraïer par le danger & la difficulté, rassurer & enfler le cœur par le plaisir de la Victoire; enfin ce que Mr. *Mascaron* appelle si éloquemment *les dehors de la Guerre*, c'est-à-dire, *le son des Instrumens, l'éclat des Armes, l'ordre des Troupes, le silence des Soldats, l'ardeur de la Mêlée, le commencement, le progrès & la consommation de la Victoire*. (a)

Vous connoissez sans doute le Poëme de Mr. *Addisson*, intitulé *La Campagne*. Je m'attendois, pour moi, que votre Poëme devoit avoir nécessairement la même supériorité sur le sien, que les armes de la *France à Fontenoi* ont eu sur celles d'*Angleterre*. Mais pourquoi faut-il qu'*Appollon* n'ait pas suivi l'exemple de *Mars*? Et pourquoi ne peut-on pas dire de vous ce que *Patercule* disoit de *Ciceron*:
„ C'est à lui à qui nous avons l'obligation de
„ n'être pas vaincu par l'esprit & les talens de
„ ceux que nos armes ont domté. *Is effecit ne quos armis viceramus, eorum ingenio vince-*

_____
(a) *Oraison funeb. de Turenne.*

remur ? Cet Ouvrage fameux qui mérita sur le champ à son Auteur un Poste de confiance, qui fut un des degrés par lesquels il s'éleva à la place de Secretaire d'Etat, n'étoit pas l'ouvrage de *deux jours*, mais de plusieurs mois.

Rappellez-vous quelle terreur il excite dans l'ame lorsqu'il pointe *ces batteries meurtrieres*, & qu'il dispose *ces tubes d'airain*, *dans le sein desquels reposent mille tonnerres . . . les sons aigus de la Trompette sont noyés dans le bruit sourd & confus des Tymbales . . . Les deux Armées s'ébranlent . . . C'est d'un pas ferme & majestueux & dans une pompe affreuse que les longs Escadrons traversent la Plaine . . . La mort terrible dans ses approches excite une horreur inquiete dans les cœurs des plus braves ; mais ces cœurs agités & inquiets, soupirent toujours après le combat, & la soif de la gloire étouffe l'amour de la vie . . . O ma Muse !* s'écrie le Poëte, *quels accords pourras-tu trouver pour chanter le choc impétueux des deux Armées ? Je crois entendre les sons tumultueux du Tambour. Les cris des Vainqueurs se mêlent aux gémissemens des mourans. Le fracas du Canon fend la voûte de l'air, & tout le Tonnerre de la Bataille se réveille.* C'est au milieu de ces horreurs qu'il dépeint son Heros tranquille. Il lui fait examiner la scene horrible de la Guerre, & contempler d'un œil Stoïque le Champ de la Mort. Il envoye aux Escadrons épuisés un secours propice ; il inspire aux Bataillons rebutés de ranimer leur audace, & apprend au Combat, encore douteux, où doivent tomber ses efforts. Ainsi lors-

que le Ministre de la vengeance du Très-Haut, par un orage affreux ébranle une terre coupable, d'un front calme & serein il conduit l'ouragan terrible ; & glorieux d'exécuter l'ordre du Tout-Puissant, monté sur le tourbillon, il dirige la Tempête.

C'est dans ma Prose languissante que je tâche de rendre les plus beaux Vers, qui peut-être aient été faits depuis *Homere* & *Virgile*. C'est dommage que quelques traits trop durs, trop amers répandus dans ce bel Ouvrage, ne permettent pas de le faire connoître en *France*. Je ne connois personne plus en état que vous-même, de lui rendre Justice. Mais j'ai honte de vous citer plus long-tems pour modele un Auteur qui parle la même langue que nos Ennemis. Je vous rappelle donc à vos Juges naturels, & parmi eux j'en vais choisir un, que je vous défie de récuser. C'est vous-même.

Récuse si tu peux, & choisi si tu l'oses.

Comparons la Bataille de *Fontenoi* à la Bataille d'*Ivry*, au huitiéme Livre de la *Henriade*. Quelle différence dans les Portraits, les Comparaisons, les Descriptions, enfin dans tout ce qui constituë la Poësie de l'une & de l'autre? Je sçais bien que vous m'allez dire qu'il y a une grande différence entre un Poëme historique, tel que le vôtre, & un Poëme épique, où les événemens & les situations sont libres : que *la proximité des tems, la notorieté publique, la solidité du sujet*, ôtoient à votre génie toute liberté d'invention; qu'il est vrai que

Lucain n'osant s'écarter de l'Histoire, a rendu par-là son Poëme sec & aride, & qu'il a caché trop souvent cette sécheresse sous de l'enflure; (a) mais que ces défauts sont plutôt ceux de l'Ouvrage que de l'Ouvrier. Mais qui vous empêchoit d'attendre que la Renommée vous eut instruit des particularités ? Je connois quelques événemens de cette illustre Action, qui, graces à votre précipitation, vont être ensevelis dans l'oubli, dont vous auriez pû les *arracher*, & qui cependant auroient pû figurer avec les situations les plus intéressantes de la *Henriade*. Enfin au défaut du détail, qui vous empêchoit de louer les corps entiers omis ou négligés dans votre ouvrage ? C'étoit-là le vrai moïen d'éviter les mécontens. Pourquoi le Régiment de *Normandie*, par exemple, qui a eu tant de part à cette affaire, & dont le nom semble fait pour triompher des *Anglois*, est-il oublié tout-à-fait ? Pourquoi les *Carabiniers, cités avec éloges dans la Lettre du Roi*, ne se trouvent-ils chez vous que dans une Note ? Pourquoi *la Maison du Roi* est-elle louée si superficiellement, que l'on peut vous reprocher avec raison, qu'elle est bien mieux traitée par un Ennemi, c'est l'Auteur *Anglois* que je vous citois tout-à-l'heure ? Chez vous c'est *un Peuple de Heros, dont la foule s'avance*; chez lui c'est *cette Troupe altiere, la terreur de l'Europe, & l'orgueil de la France, dont chaque Soldat renferme dans son sein tout l'art de la Guerre, & brule de l'ardeur de la Victoire qui enflamme un Général.*

MAIS

___
(a) *Essai sur la Poësie Epique.*

Mais entrons dans le détail de la comparaison que je vous ai promise. Voici la Description du Combat de *Fontenoi*.

Le signal est donné par cent bouches d'airain,
D'un pas rapide & ferme, & d'un front *inhumain*
S'avance vers nos rangs la profonde Colomne,
Que la terreur devance, & la flamme environne,
Tel qu'un nuage épais, qui sur l'aile des vents,
porte l'éclair, la foudre, & la mort dans ses flancs.
Les voilà ces Rivaux du grand nom de mon Maître
Plus *farouches* que nous &moinsvaillans peut-être, (a)
Fiers de tant de Lauriers moissonnés autrefois;
BOURBONS, voici le tems de venger les VALOIS.
La mort de tous côtés, la mort insatiable
Frappe à coups redoublés une foule innombrable;
Chefs, Officiers, Soldats, l'un sur l'autre entassés,
Sous le fer expirans, par le plomb renversés,
Poussent les derniers cris en demandant vengeance.

J'avoue que je reconnois ici quelques traits de la main qui crayonna les vertus du *Grand Henry*. J'y retrouve le ton de la Poësie, pour ainsi dire, & le Méchanisme d'un homme accoutumé à faire de bons vers. Mais cet (b) *Esprit Divin*, selon l'expression d'*Horace*,
cette

―――――――――――

(a) *Peut-être* avant l'action, sans doute *après*.
(a) *Ingenium cui sit, cui mens divinior, atque os*
Magna sonaturum, des nominis hujus honorem.
Hor. Sat. 4. Lib. 1.

cette flamme feconde qui échauffe & qui vivifie, je ne l'y trouve plus. Ou fi j'en appercois encore quelques traces, ce n'eft qu'une vaine lueur réflechie du feu de la *Henriade*, qui a plus d'éclat que de chaleur & de vivacité. Tranfcrivons quelques endroits reffemblans de ce dernier Ouvrage.

Defcription d'une Marche.

(a) Des nuages épais que formoit la pouffiere,
Du Soleil dans les champs déroboient la lumiere;
Des Tambours, des Clairons, le fon rempli d'horreur,
De la mort qui les fuit étoit l'avant-coureur:
Tels des Antres du Nord échappés fur la terre
Précedès par les vents, & fuivis du tonnere,
D'un tourbillon de poudre obfcurciffans les airs,
Les orages fougueux parcourent l'Univers.

Choc de deux Armées. (b)

Sur les pas des deux Chefs alors en même-tems,
On voit des deux Partis voler les Combattans.
Ainfi lorfque des Monts feparés par Alcide
Les Aquilons fougueux fondent d'un vol rapide;
Soudain les flots émus de deux profondes mers,
D'un choc impétueux s'élancent dans les airs,
La terre au loin gémit, le jour fuit, le Ciel gronde,
Et l'Affricain tremblant craint la chûte du Monde.

Defcrip-

(a) *Henriade* 5.
(b) *Henriade* 8.

Description de la Mêlée. (a)

On se mêle, on combat; l'adresse, le courage,
Le tumulte, les cris, la peur, l'aveugle rage,
Le desespoir, la mort, l'ardente soif du sang,
Par-tout, sans s'arrêter, passent de rang en rang.

— — — — — — — —

La Nature en fremit, & ce rivage affreux
S'abreuvoit à regrèt de leur sang malheureux.

Autre. (b)

Alors on n'entend plus ces foudres de la Guerre
Dont les bouches de bronze épouvantoient la terre.
Un farouche silence, enfant de la fureur,
A ces bruyans éclats succede avec horreur.
D'un bras déterminé, d'un œil brulant de rage,
Parmi ses Ennemis chacun s'ouvre un passage.

— — — — — — — —

Les Assiegeans surpris sont par-tout renversés,
Cent fois victorieux, & cent fois terrassés.
Pareils à l'Ocean poussé par les orages,
Qui couvre à chaque instant, & qui fuit ses Rivages.

J'AVERTIS ici, que pour que la comparaison
fut exacte de tous côtés, il faudroit lire de
suite

(a) *Henriade* 8.
(b) *Henriade* 6.

suite dans la Description de la Bataille d'*Ivry*, ces morceaux épars que je rassemble, si l'on veut y trouver ce fil & ce progrès d'une Action intéressante que je n'apperçois point dans celle de *Fontenoi*. En second lieu, ce qui est impossible ; il faudroit apporter à la lecture d'un événement arrivé, il y a plus de cent cinquante ans, les mêmes dispositions que l'on doit avoir naturellement pour un événement qui nous touche & dont nous faisons partie. N'ai-je donc pas lieu de me plaindre, si malgré tous ces desavantages, des lambeaux décousus, sont non-seulement plus brillans, mais portent encore les marques des ornemens que l'on leur a dérobé, pour déguiser sa pauvreté ? Et ne disons pas que les mêmes situations auront amené le même tour, & fait naitre les mêmes idées. On avoit fait bien des descriptions de Batailles avant que vous fissiez celle de *Narva*, dans l'histoire de *Charles* XII. & sans doute que quand vous serez arrivé à cet endroit de la Vie de notre Grand Monarque, vous retrouverez encore de nouvelles couleurs pour celle de *Fontenoi*.

Mais poursuivons. La chose deviendra encore plus sensible dans la suite. La description d'une bayonette n'est point une matiere plus Poëtique que celle d'un Combat de Dragons. Quelle différence cependant dans l'exécution de l'une & de l'autre ? Voici la prémiere.

(*a*) Au mousquet réuni le sanglant coutelas,
Déjà de tous côtés porte un double trépas.

Cette

Cette Arme que jadis pour dépeupler la terre
Dans Bayonne inventa le Démon de la guerre,
Raſſemble en même-tems, digne fruit de l'Enfer,
Ce qu'ont de plus terrible & la flamme & le fer.

L'USAGE, l'origine, le nom même, tout eſt peint, tout eſt annobli. Voici la ſeconde.

Chevreuſe à cette attaque *horrible & meurtrière*,
Fait voler cette Troupe *& ſi prompte & ſi fiere*,
Qui tantôt de *pied ferme* & tantôt *en courant*
Donne de deux Combats le ſpectacle effrayant.(a)

LA comparaiſon des Chaſſeurs Numides, vaut-elle celle des chiens de Chaſſe qui pourſuivent un Sanglier? Voici les Chaſſeurs.

(b) C'eſt ainſi que l'on voit dans les Champs des Numides
Différemment armés des Chaſſeurs intrépides;
Les Courſiers écumans franchiſſent les guérêts;
On gravit ſur les monts, *on* borde les forêts,
L'un *attend*, l'autre vole, & *de ſang ſont trempées*,
Les *fleches*, les épieux, les lances, les épées,
Et les *Lions* ſanglans percés *de coups divers*,
D'affreux rugiſſemens font retentir les airs.

VOICI la comparaiſon des chiens. Comparaiſon d'autant plus ingénieuſe que vous ne pouviez pas ſeulement nommer ces animaux
qui

(a) *Henriade* 6.
(a) *POEME de Fontenci*.

qui en font le sujèt. Mais que vous les avez heureusement exprimé!

(*a*) Tels au fond des forêts précipitant leurs pas,
Ces animaux hardis, nourris pour les combats,
Fiers esclaves de l'homme, & nés pour le carnage,
Pressent un Sanglier, en raniment la rage,
Ignorans le danger, aveuglés, furieux,
Le cor excite au loin leur instinct belliqueux;
Les antres, les rochers, les monts en retentissent.

Opposons maintenant le portrait que vous faites des Courtisans à celui que vous en aviez déja fait dans la *Henriade*. Voici celui de la *Henriade*.

(*b*) Des Courtisans François tel est le caractère,
La paix n'amolit point leur valeur ordinaire;
De l'ombre du repos ils volent aux hazards;
Vils flatteurs de la Cour, Héros au champ de Mars.

Voici celui de la Bataille de Fontenoi,

(*c*) Comment ces Courtisans, *doux, enjoués, aimables*,
Sont-ils dans les combats des Lions indomptables?
Quel mélange *étonnant* de graces, de valeur!

Decidez vous-même, Monsieur, entre ces enfans de votre imagination, & jugez si les
cadèts

_____
(a) *Henriade* 6.
(b) *Henriade* 3.
(c) *POEME de Fontenoi*.

cadets sont dignes de leurs aînés. Je n'ai garde de dire de vous après vous avoir comparé à vous-même, ce que vous dites de *Pradon* après l'avoir comparé à *Racine* (a); mais je vous avoue que je n'aime pas voir un grand genie se replier ainsi sur lui-même, sur tout lorsque les seconds efforts ne sont point au-dessus des prémiers. Ne vous fiez pas trop, Monsieur, sur votre réputation. Une grande réputation est un gros patrimoine, que des dépenses inconsidérées peuvent dissiper. Il est permis tout au plus de dépenser son revenu, mais jamais d'en risquer le fonds. Est-ce vous ménager vous-même ou respecter le Public que de le rendre le témoin & le confident de vos (b) corrections? Ce n'est pas la prémière fois, je le sçais, que par d'heureuses métamorphoses, la pierre brutte est devenue entre vos mains un diamant précieux. Mais j'en croirai *Waller* (c) après *Horace*, & je dirai avec tous les deux que *les plus grands Auteurs perdroient beaucoup de l'estime que nous avons conçu pour eux si nous pouvions appercevoir ce que dérobent à nos yeux leurs prudentes ratures.*

APRES vous avoir vengé de l'injure Poëtique que vous vous faites à vous-même; je vais

---

(a) *Préface de Mariamne.*
(b) En huit jours on a fait cinq Editions différentes; toutes changées, augmentées, abregées & retranchées, du Poëme & des Notes instructives sur la Bataille de *Fontenoi*. Les Commentateurs futurs des Ouvrages de M. de V*** seront bien embarassés un jour à concilier ensemble toutes ses variantes.
(c) Waller au Comte de Roscommon.

vais préfentement vous attaquer fur celle que vous faites aux autres.

L'Anglois eft abattu,

Ditez-vous,

Et la férocité le cede à la vertu.

C'est remplir, ce me femble, affez exactement les fonctions de la Chevalerie errante que de vouloir ainfi vous attaquer & vous défendre tour à tour *envers & contre tous*. Mais ceci s'adreffe à l'Hiftoriographe de *France*.

De tous les préjugés les plus injuftes & même les plus honteux font ceux qui tombent fur des nations entieres. Eft-il croïable que le délicat *Bouhours* ait demandé férieufement s'il étoit poffible qu'un Allemant eût de l'efprit, & s'il ne l'a pas fait férieufement, où eft le mot pour rire (a)? J'ai été pénétré de douleur quand j'ai lû pour la prémiere fois dans les mémoires de M. *du Gué* (b) que ce grand homme avoit naturellement de l'averfion pour un Anglois. Je ne me fuis réconcilié avec lui que lorfqu'il avoue que c'étoit une foibleffe dont il n'étoit pas le maître. Après la bravoure, dit M. de *Tourreil*, il n'y a rien de plus brave que l'aveu de la poltronnerie.

La rivalité des deux peuples eft auffi ancienne

___

(a) *Entret. Arift. & Eugene.*
(b) *Voyez Mémoires de Duguetrouin.*

cienne que les deux Monarchies. Différentes causes & différens intérêts ont servi à la nourrir & à la fomenter de siecle en siecle. Mais je ne vois pas ce qui a pû donner occasion au reproche de *férocité* qu'on fait aux Anglois, reproche même qui est plus nouveau qu'on ne pense, à moins qu'on ne s'imagine que la *fureur* & la *férocité* des anciens Normans est passée chez eux avec *Guillaume* le Conquerant. Aussi-bien une fameuse Satyre Angloise (a) leur reproche de n'être tous aujourd'hui que des François, c'est-à-dire, des Normans.

Les Anglois se battent bien, ils ensanglantent souvent le Théâtre, ils mangent la viande moins cuite qu'en France, donc les Anglois sont sanguinaires; donc ils sont *naturellement féroces*, comme dit M. *Flechier*; donc ils sont *farouches* & *inhumains*, comme le prétend M. de V***. Je pardonnerois à un Historien prévenu ou mal instruit, à un Ecrivain de parti, de mettre sur le compte de la férocité des Anglois la valeur qu'ils ont toûjours montré depuis l'intrépide résistance qu'ils ont fait autrefois à tous les efforts de *Jules-Cesar*, jusqu'à leur défaite à *Fontenoi* par LOUIS XV. Je consens qu'un Géographe oisif qui s'est mis en tête de caracteriser tous les Peuples de l'Univers, & qui dans trois lignes prétend avoir tracé les mœurs de toutes les Bourgades de la *France* & de toutes les

Pro-

___
(a) *But that the Sword should be so Civil*
To make a Frenchman English—that's the Devil.
True-born Englishman.

Provinces de la *Chine*; je confens, dis-je, qu'un pareil Ecrivain en faifant fa ronde diftribue aux Anglois cinq ou fix Epithetes hazardées qu'il appliquera peut-être avec autant de raifon deux pages après, aux Peuples de la *Laponie* & du *Japon*. Mais lorfque M. *Flechier* devant l'auditoire le plus poli & le plus refpectable de l'Univers, trouve le moïen de relever la modération & l'humanité de M. de *Turenne* (a), parce qu'*à la Bataille des Dunes on le vit arracher les armes des mains des Soldats étrangers, qu'une férocité naturelle acharnoit fur les vaincus*; lorfque M. de V***, le partifan déclaré des Anglois, eft le prémier à les taxer d'être *farouches, féroces, & inhumains*, ces paroles dans leurs bouches ont trop l'air d'une opinion reçûe & établie pour ne pas mériter qu'on en recherche l'origine. Et quel mal y auroit-il fi l'on venoit à découvrir qu'elle eft mal fondée ? Ne feroit-ce pas autant de gagné pour la vérité & pour la nature ? Commençons d'abord par M. *Flechier* & par le récit hiftorique de cette fameufe Bataille des Dunes. Il fervira peut-être à jetter du jour fur cette matiere.

Selon le Traité fait entre le Roi & *Cromwel*, les François devoient conquerir cette place alors entre les mains des Efpagnols pour la remettre aux Anglois. Milord *Lockart* à la tête de fix mille hommes de fa nation, fe joignit aux Troupes du Vicomte de *Turenne*, tandis qu'une flotte Angloife de vingt vaiffeaux

fer-

(a) *Oraif. Funeb. de M. de Turenne.*

fermoient l'entrée du Port, & battoit la Ville du côté de la Mer. Le secours commandé par Dom *Jean d'Autriche* & le Prince de *Condé* ne fut pas long-tems à paroître Les Assiégeans sortirent de leurs lignes & allerent rencontrer les Espagnols auprès *des Dunes*. Le principal effort tomba sur les Anglois. Ils le soutinrent avec une valeur ou plûtôt une *fureur* & une *férocité* incroïable. Ce qui les animoit étoit la vûe des Ducs d'*York* & de *Glocestre* fils de l'infortuné *Charles* I., qui commandoient dans l'Armée Espagnole un corps de leurs fidèles Sujets, & venoient venger sur ces rebelles le meurtre de leur père. Leurs efforts furent inutiles aussi-bien que ceux de Dom *Jean* & du Prince de *Condé*. Dom *Jean* avoit mis pied à terre & la pique à la main, il se mêloit parmi les Bataillons Ennemis; & pour le Prince de *Condé*, lors même qu'il fallut se retirer il ne le fit que le dernier, & couvert de sang & de poussiere, il faisoit face de tous côtés & arrêtoit dans sa retraite ces vainqueurs furieux.

La Ville cependant ne se rendit point pour cela, elle ne fut prise que quelques jours après: le brave Marquis de *Leyde* qui en étoit Gouverneur aïant été tué à une vigoureuse sortie qu'il fit à la tête de presque toute sa garnison. Le Roi, qui avoit été témoin de la Bataille & du Siége, prit possession de la Ville & la remit entre les mains de *Lockart* pour *Cromwel*. Telle fut l'issue du fameux Siége de *Dunquerque* & de la Bataille des *Dunes*, l'une des plus mémorables dont l'histoire fasse

fasse mention par les actions de valeur qui s'y firent, par la qualité de personnes qui y assisterent, & par la singularité de l'entreprise. Un Roi de France qui fait la Conquête d'une de ses plus fortes places & d'un des plus beaux Ports de son Roïaume par sa situation pour les remettre entre les mains des Anglois & d'un vil usurpateur: l'héritier présomptif de la Couronne d'Angleterre qui risque sa vie mille fois pour l'empêcher d'en venir à bout. Des Sujets traîtres & rebelles combattant contre le sang de leur Roi: un Prince du Sang de France attaquant & défiant le sien. Dom *Jean d'Autriche* forçant & abattant tout devant lui avec la vigueur & la vivacité Françoise: M. de *Turenne* avec tout le flegme & la sagesse Espagnol disposant tout de sang froid dans la chaleur même de l'action: enfin un grand Roi accompagné de son Frere & de son principal Ministre témoin de cette grande action & animant également ses Sujets & ses Ennemis par sa présence.

Je me suis arrêté à dessein sur le détail de cet événement, parce que j'ai crû y remarquer quelques traits ressemblans à celui du 11. de Mai. Il est aisé d'en conclure que ce qui a donné lieu au reproche de *férocité* étoit les spectacles affreux que les Anglois venoient de donner à tout l'Univers. Trois Roïaumes pendant soixante ans teints du sang de leurs propres Habitans, un Roi & une Reine conduits sur un échaffaut, étoient des choses qui faisoient frissonner la nature & qui devoient attirer à bon droit aux coupables auteurs de

ces

ces crimes des noms encore plus forts que ceux de feroces & de barbares. Mais ce reproche après tout n'auroit-il pas dû tomber plûtôt sur les tems, que sur la nation en général. En bonne foi, les François d'alors étoient-ils bien sages? Ne pourroit-on point dire qu'un esprit de vertige s'étoit emparé de tous les Peuples de l'Europe. Ou plûtôt ne faudroit-il pas dire, (a) que *Dieu avoit permis aux vents & à la mer de gronder & de s'émouvoir & que la tempête s'étoit élevée?* La nouvelle de la mort de *Charles* I. arriva à *Paris* le jour même des barricades, & ne servit pas peu à rallentir la *fureur* & la *férocité* du Peuple.

MAIS pourquoi les Anglois, dira-t-on, ont-ils toûjours aimé & aiment-ils encore le sang & les choses atroces sur la scene? Ecoutons là-dessus l'opinion d'un Etranger désintéressé, opinion adoptée par le nouveau Traducteur de leur théâtre „ les Anglois, dit *M.*
„ *Riccoboni*, (b) sont doux, humains, polis mê-
„ me; mais communément pensifs à l'excès,
„ le fond de leur caractere est de se plonger
„ dans la (c) rêverie. Si l'on donnoit sur leur
„ Théâtre des Tragédies dans le goût des meil-
„ leures & des plus exactes, c'est-à-dire, de
„ celles qui sont dénuées de ces horreurs qui
„ souillent la scene par le sang, les spectateurs
„ s'en-

(a) *Flechier Oraiſ. Fun. Tellier.*
(b) *Reflex. sur differens Theat. de l'Europe.*
(c) Les Anglois pensent profondement *dit la Fontaine*,
Même les chiens de leur séjour
Ont meilleur nés que n'ont les nôtres.

„ s'endormiroient peut-être. L'expérience
„ que les prémiers Poëtes dramatiques auront
„ faites de cette vérité les aura obligé à éta-
„ blir ce genre de Tragédie pour les faire for-
„ tir de leurs rêveries par des grands coups
„ qui les reveillent.

On peut rendre la même raison de quelques autres usages assez communs à *Londres*, comme les combats des Coqs, des Gladiateurs, &c. Voici ce qu'en dit *Mr. l'Abbé du Bos* dans son excellent Livre des *Réflexions Critiques sur la Poësie & sur la Peinture*. Son témoignage est d'autant plus respectable qu'il joignoit à un goût exquis, une expérience acquise dans presque toutes les Cours de l'Europe, & un fond de raison & de droiture qui ont mérité qu'une grande Princesse le chargeât de soutenir ses intérêts au fameux Congrès d'U-trecht.

„ * Nous avons, dit-il, dans notre voisi-
„ nage un Peuple tellement avare des souf-
„ frances des hommes qu'il respecte encore
„ l'humanité dans les plus grands scélérats.
„ Il a mieux aimé que les criminels échapas-
„ sent souvent aux châtimens que l'intérêt de
„ la societé civile demande qu'on leur fasse
„ subir, que de permettre qu'un innocent pût
„ être jamais exposé à ces tourmens dont les
„ Juges se servent dans les autres Païs Chré-
„ tiens pour arracher aux accusés l'aveu de
„ leurs crimes. Tous les supplices dont il
„ per-

(a) *Reflex. critiques sur la Poësie & la Peinture*, Tom. I. Sect. 2.

« permet l'usage, sont de ceux qui tuent les
« condamnés sans leur faire souffrir d'autre
« peine que la mort. Néanmoins, ce Peuple
« si respectueux envers l'humanité, se plaît
« infiniment à voir les bêtes s'entre-déchirer.
« Il a même rendu capable de se tuer ceux
« des animaux à qui la nature a refusé des ar-
« mes qui pussent faire des blessures mortel-
« les à leurs semblables; il leur fournit avec
« industrie des armes artificielles qui blessent
« facilement à mort. Le Peuple dont je par-
« le contemple encore avec tant de plaisir des
« hommes païés pour cela, se battre jusqu'à
« se faire des blessures dangereuses, qu'on
« peut croire qu'il auroit de véritables Gla-
« diateurs à la Romaine, si la Bible défendoit
« un peu moins positivement de verser le sang
« des hommes hors le cas d'une absolue né-
« cessité.

Ce sont les loix d'un Païs qui font foi de son caractère, il n'y en a point où la vie des hommes soit plus ménagée qu'en Angleterre. Mais le suicide n'y est-il pas commun ? A cela je réponds que quand il seroit aussi commun qu'on l'imagine d'ordinaire cela ne concluroit rien. Ceux qui sont les plus prodigues de leur propre vie, ne le sont pas pour cela de celle des autres. Les Romains qui se tuoient si volontiers avoient des loix on ne peut pas moins sanguinaires. *Ciceron* fut taxé pour avoir fait *mourir* les conjurés de *Catilina*. Enfin, il n'y a pas jusqu'aux voleurs Anglois qui ne soient plus honnêtes & plus courtois, pour ainsi dire, que par-tout ailleurs ; car en presant la bourse, ils n'attentent jamais à la vie.

Qui a donc pû engager M. de V***, témoin de tous ces usages, connoissant les Anglois & l'Angleterre, où il a été si feté, à venir aujourd'hui les traiter de *féroces*, de *farouches*, & d'*inhumains*? Que les tems sont changés! Où est le tems, Monsieur, que sur la mort d'une Comédienne (a) vous attaquiez le sacré & le profane pour les louer? Que vous plaignant,

> Que le foible François s'endormoit sous l'empire
> de la superstition.

Vous demandiez,

> Quoi! N'est-ce donc qu'en Angleterre,
> Que les mortels osent penser?
> Exemple de l'Europe, ô Londre! *heureuse terre*,
> Ainsi que vos *Tyrans* vous avez sçu chasser
> Les *préjugés honteux* qui nous livrent la guerre.

Vous trouviez, que

> Quiconque a des talens, à Londre est un grand homme,
> Le genie étonnant de la Grece & de Rome,
> Enfant de l'abondance & de la liberté,
> Semble après deux mille ans chez eux ressuscité.

Et vous adressant à Mademoiselle *Sallé*
qui

(a) *Sur la mort de Mademoiselle le Couvreur.*

qui étoit alors en Angleterre, vous lui di-
fiez,

Dans tes nouveaux fuccès reçois avec mes vœux,

Les applaudiffemens d'un *Peuple refpectable*

De ce Peuple puiffant, fier, libre, *genereux*,

Aux malheureux propice, aux Beaux Arts favorable :

De Laurier d'Apollon dans nos ftériles Champs,

La feuille négligée eft déformais flétrie.

Dieux : pourquoi mon Païs n'eft-il plus la Patrie

  Et de la Gloire & des Talens?

Pour tout Commentaire à cette belle tirade, je vous renvoïe à la Fable de la Chauve-Souris (a) de la Fontaine; pourvu cependant qu'elle ne foit pas une de celles que vous avez *déchiré* avec *le gros Recueil*.

Dans le glorieux emploi dont je me fuis chargé, *de redreffer les torts des Nations affligées*, je me trouve naturellement dans un grand embaras, parce qu'en époufant leurs inté-

---

(a) Moi Souris ! Des méchans vous ont dit ces nouvelles.
 Je fuis Oifeau, voyez mes aîles;
 Vive la gent qui fend les airs.

— — — — — — —

Qui fait l'Oifeau? C'eft le plumage.
Je fuis Souris. Vivent les Rats.
Jupiter confonde les Chats. *Voyez, Fables de la Fontaine.*

intérêts, je dois prendre aussi leur caractère, & jouer, pour ainsi dire, leur personnage, & que dans ce cas, la raison qui voudroit que vous aïez tort, ne me permettroit pas tout-à-fait d'avoir raison. Tel est l'endroit où, quand *l'Anglois est abattu*, vous faites venir,

Clare, avec l'Irlandois, qu'animent nos exemples.

Voyons quel biais nous pourrons donner à la chose, pour vous faire concevoir ce que je veux dire.

A la fameuse Journée de *Crémone*, où cette Ville fut, pour ainsi dire, arrachée des mains du Prince *Eugéne*, qui s'en étoit rendu maître la nuit par surprise, deux Régimens Irlandois se distinguérent beaucoup. M. de *Mahoni*, Capitaine dans un de ses Régimens, fut depêché par Monsieur de *Revel* pour porter au Roi la nouvelle de cette Glorieuse Affaire; il s'acquitta de sa Commission en homme d'esprit, & n'omit rien de tout le détail, excepté les louanges qui pouvoient naturellement tomber sur sa petite Troupe. *Monsieur*, lui dit *Louis* XIV., avec cet air de grandeur & de bonté qu'il sçavoit si bien mêler ensemble, *vous ne me dites rien de mes Irlandois, vos braves Compatriotes?* SIRE, répondit M. de Mahoni, *ils ont suivis l'exemple des Sujets de Votre Majesté.* Il appartenoit à la modestie de M. de *Mahoni*, de répondre ainsi; & il appartenoit aussi à la grandeur d'ame du plus Grand des Monarques de lui faire cette question obligeante, & de lui donner des marques

de

de la satisfaction qu'il avoit de ses services, aussi-bien qu'à tous les Officiers qui s'étoient distingués, & dont quelques-uns vivent encore aujourd'hui.

Je crois qu'aprésent vous devinez à peu près, ce que je ne voulois pas vous expliquer tout à l'heure. Eh bien, Monsieur, je suis devenu plus hardi; & j'ose maintenant vous dire, sans crainte d'en être démenti, que pour servir le Roi, & pour mourir sous ses yeux, les Irlandois n'ont besoin de l'exemple de personne, & qu'ils ne le céderont pas même aux Sujets naturels de Sa Majesté.

Une chose que personne n'a pû comprendre dans votre Poëme, c'est la raison pourquoi vous faites venger par les Suisses la mort de M. le Chevalier *Dillon*. Est-ce que vous seriez assez peu au fait de l'Histoire du Païs, pour ignorer qu'il étoit Irlandois ? Ou, ce qui paroît plus vrai-semblable, seroit-ce qu'instruit des Exploits du Père, vous auriez été tellement jaloux de la gloire du Fils, que ne vous fiant pas assez de sa vengeance, à ses Compatriotes, vous en auriez chargé les Suisses ? Eh, pourquoi envier à son Régiment, & même à près de quatre-vingt Officiers, & quatre cent Soldats de la Brigade, la gloire d'être morts pour le Roi, & pour lui ?

Je rends justice de tout mon cœur à la sagesse, la probité & la valeur des Suisses; & je suis persuadé que ce Peuple généreux rend la pareille à des Etrangers qui servent comme eux sous les Drapeaux de la France. Mais permettez-moi, M. de vous faire remarquer qu'il qu'il n'étoit pas poli, après avoir animé les Irlandois de l'exemple des François, de faire remarquer tout de suite que les *heureux Helvetiens*, étoient *nos antiques amis, & nos Concitoyens*. Selon toutes les règles de la Grammaire & de la Logique, cette Phrase est exclusive pour la précedente.

A P P A R E M M E N T que vous avèz cherché à réparer par-là l'opprobre que vous avez jetté sur cette Nation respectable, lorsque vous les appellés dans la Henriade des

(*a*) Barbares, dont la Guerre est l'unique Métier,
Et qui vendent leur sang à qui veut le payer.

I L est inutile de distinguer dans une Note les Suisses d'aujourd'hui, des Suisses du tems de la Ligue; car, puisque les Suisses d'aujourd'hui, comme ceux de ce tems-là, servent dans les différens Roïaumes de l'Europe, vous laissez dire d'eux, que *la Guerre est leur unique Métier, & qu'ils vendent leur sang à qui veut le payer*. Une insulte qui a besoin d'une Note pour la réparer, est une blessure qui demande un emplâtre. Je suis charmé, *en faisant ma ronde*, d'avoir occasion de *rendre justice* à un Peuple que j'honore & qu'on attaque injustement.

M A I S qui vous a chargé, Monsieur, d'exclure les Irlandois d'être *nos antiques Amis, & nos Concitoyens*? Si l'attachement & les services peuvent mériter ce titre; les Irlandois peuvent le disputer aux Suisses. La dispute

sera

(a) *Henriade* 10.

sera glorieuse pour les deux Nations, & tout l'honneur en retombera sur la France. Ils se consoleront en attendant avec ce Philosophe de l'Antiquité, qui répondit à ceux qui lui demandoient pourquoi on ne lui avoit point dressé de Statue dans la Place publique; *qu'il étoit plus glorieux pour lui qu'on demanda pourquoi il n'en avoit point, que si, en aïant une, on venoit à demander pourquoi il l'avoit.* Ignoreriez-vous, Monsieur, de quelle façon les Irlandois se sont établis en France? Ne sçavez-vous pas qu'un des articles de la Capitulation de *Limerik*; la plus belle, selon le P. d'*Orleans*, qu'on vit jamais, un des articles, dis-je, de cette Capitulation, fut que toutes les Troupes qui tenoient encore pour le Roi d'Angleterre, passeroient en France avec tous leurs effets; & qu'en conséquence, l'Escadre de M. de *Château-Renaud*, y transporta seize mille hommes de Trouppe, & un grand nombre de famille? La glorieuse adoption que la France fit alors de ces Exilés volontaires, ne leur donne-t'elle pas droit à se regarder, non-seulement comme *Amis* & comme *Concitoyens*, mais encore comme *Enfans de la Nation? Alors* dit l'Auteur des Lettres Persannes, *on vit une Nation entiere quitter son Païs, sans avoir d'autre ressource qu'un talent formidable pour la dispute.* Je n'ai garde d'enlever aux dignes Suppots *des Prolegomenes de la Logique*, cette ardeur pour les Combats de l'École, & cette force de poumons qu'ils ont fait briller plus d'une fois avec avantage, dans plus d'une Université; mais j'oserois presque assurer que

les

les seize mille hommes qui s'embarquerent avec M. de *Château-Renaud*, & qu'on pourroit légitimement appeller *la Nation*, ne fçavoient guères s'efcrimer de la langue.

Ce fut donc en 1691, que les Irlandois cefférent d'avoir une Patrie. Depuis ce tems, répandus dans tous les Roïaumes de l'Europe; à la richeffe près, ils reffemblent affez aux Juifs Difperfés de tous côtés, ne faifant cependant qu'une grande famille, quand ils fe retrouvent, ils fe rappellent encore le fouvenir de *Sion*, & foupirent après les rives du Jourdain.

Tels fur les murs fumans d'Ilion mis en cendre
Les Peuples confternés des rives du Scamandre,
Les yeux moüillés de pleurs fe demandoient entre eux:
Où donc eft cette Ville, en beautés fi féconde,
La Reine des Cités, la Maîtreffe du Monde,
Le Berceau des Heros, & l'Azile des Dieux?
Par des chants immortels, au gré de mon envie,
Que ne puis-je exalter, ce Peuple malheureux,
Né pour aimer fes Rois, & pour mourir pour eux:
Dans le Champ de l'honneur fier d'expofer fa vie,
Conquerant au-dehors, Efclave en fa Patrie,
(*a*) Favori des neuf Sœurs, doux, généreux, vaillant,

En

(*a*) Le Comte de Rofcommon, Congreve, Swift, &c. pour la Littérature, Boyle, pour la Phyfique. Ufferius, pour la Science Univerfelle, & mille autres.

En tous lieux exilé, mais par-tout triomphant.
Oui, si les meilleurs vers devoient leur origine,
Au feu que d'un beau zèle allument les flambeaux,
Je défirois les Dieux de la double Colline,
Et jamais Apollon n'en feroit de si beaux.

MAIS n'admirez-vous pas la confiance avec laquelle je vous présente mes vers, après avoir osé attaquer les vôtres? C'est qu'il est d'une très-petite conséquence que j'en fasse de mauvais ou de bons; au-lieu, qu'il ne vous est pas permis, d'en faire d'autres que d'excellens: & que c'est un crime de Léze-Majesté Poëtique d'abuser de son crédit & de sa réputation, pour faire passer la fausse monnoye au lieu de la bonne.

AH! si j'avois hérité de quelques étincelles de ce feu sacré qui vous échaufoit quand vous immortalisiez le Grand *Henry*, vous me verriez m'écrier dans un enthousiasme plus que Poëtique,

Pour chanter d'un Grand Roi les Exploits inouis,
Muses, réveillez-vous au seul nom de LOUIS;
Ne vantez point en lui, l'éclat de sa Couronne,
C'est l'effet du hasard: pour être sur le Trône
Du reste des Mortels on est peu distingué.
LOUIS, fuit un éloge à d'autres prodigué.
Mais, dites que vaillant, généreux, doux, affable,
Roi sans faste & sans pompe, humain, tendre, équitable,

Capitaine, Soldat, & Monarque à la fois,
C'eſt le Père du Peuple, & l'exemple des Rois.
Jeune HEROS, cours, vole, au ſein de la Victoire,
Va, combattre & punir le belliqueux Germain.
Arrive, (a) environné de l'éclat de ta gloire,
Pour confondre l'*Autriche*, & fixer ſon deſtin,
Laiſſe parler ton nom, & fait taire ta foudre.
Montre lui ſeulement pour la réduire en poudre,
Le Vainqueur de Fribourg, d'Yprés & de Menin.
Des aſtres revoltés ainſi la Troupe altiere
Voulut du Dieu du Jour éclipſer la Lumiere, (b)
Pour diſſiper leur Ligne, il n'eut qu'à ſe montrer,
Il parut : dans la nuit on les vit tous rentrer.

J'AI l'honneur d'être, &c.

(XXX.)

EXTRAIT *d'une Lettre de feu* Mr. *de Saint Hyacinthe à un de ſes amis, écrite de* Geneken *près de* Breda *le* 10. *Octob.* 1745.

„ AVEZ-vous, Monſieur, le ſixième Vo-
„ lume des œuvres de V***, où il dit dans
„ des inſtructions qu'il donne aux Journaliſtes,
„ que c'eſt M. de *Sallengre* & non pas moi,
„ qui eſt l'Auteur du Matanaſius, & que ce
„ qu'on

(a) Le Roi eſt arrivé à ſon Armée la veille de la Bataille qu'il a gagnée.
(b) La Deviſe du Roi eſt le Soleil.

„ qu'on a ajouté au commentaire (il entend la
„ Deïfication d'*Aristarchus Masso*) est une pièce
„ digne de la plus vile canaille, & faite par un
„ de ces François qui vont dans les Païs étran-
„ gers deshonorer leur Patrie & les Lettres?
„ J'ai été obligé de répondre à cette belle anec-
„ dote; parce que mon silence en auroit été un
„ aveu tacite. Je l'ai fait par une Lettre im-
„ primée (*a*) dans la 2. partie du XL. vol. de
„ la Bibl. françoise. D'où il est arrivé que l'ac-
„ cusation de M. de V***. & ma réponse aïant
„ excité la curiosité de voir ce qui l'avoit mis
„ de mauvaise humeur, on a été chercher dans
„ le 2 vol. du *Matanase* ce qui y avoit déplu
„ à M. de V***. Ce qu'on a d'autant plus
„ aisément trouvé que cela avoit déja été in-
„ diqué dans la Volteromanie (*b*), & que de-
„ puis lors, on a appellé des *V****, les Canes
„ fortes, pour les distinguer des Canes de Ro-
„ seau; & qu'on dit *Voltairiser*, au lieu de cette
„ longue & vilaine circonlocution, donner des
„ coups de bâton, ou donner des coups de Ca-
„ ne : ainsi cet honnête homme de Poëte aura
„ enrichi notre langue de deux mots, dont en
„ effèt elle avoit besoin, on m'a même fait
„ voir une Epigramme qui commence.

„ Pour une Epigramme indiscrete,
„ On *Voltairisoit* un Poëte, &c.

„ C'est ce qu'il falloit savoir pour bien en-
„ tendre le fin de l'avanture, dont la narration
„ a excité la bile de M. de V***.

„ Nos

(*a*) Elle est inserée ci-après pag. 247.
(*b*) Voyez ci-dessus pag. 56.

„ Nos beaux Esprits continuent toujours
„ à se divertir à ses dépens; c'est véritable-
„ ment, à cet égard là, le *Montmaur* de son
„ siècle; aussi m'a-t'on parlé du projèt d'un ou-
„ vrage latin intitulé Gargilius Mamurra
„ Redivivus. Je voudrois le voir éxécuté. En
„ attendant voici encore deux Piéces à sa lou-
„ ange, que j'ai reçu depuis peu.

(XXX*)

Lettre à *Mr. D*** sur le* Temple de
la Gloire, *de* V*** &c.

„ Ha! Monsieur, que de belles choses
„ créées & avortées sur notre Parnasse, de-
„ puis que je ne vous ai écrit! Que de mau-
„ vaises Piéces aplaudies! Que de pitoïables
„ Académiciens instalés! Que de nouveaux
„ Débarqués au sacré Valon! Que d'Invalides
„ retirés! Que de Héros à bas, & que de
„ Goûjats parvenus! C'a été une véritable
„ image de nos Guerres, pour la bisarerie &
„ la foule des Evénémens; *& quorum pars
„ magna fui*: car je me suis fouré dans la mê-
„ lée comme les autres, & j'y ai à peu près
„ aussi bien figuré, & autant gagné qu'eux.
„ V***. selon sa coûtume, est celui qui a
„ fait le plus de bruit, le plus de besoigne,
„ le plus de sotises, & le plus de profit. Les
„ pensions & les grands coups de sifflèt ont
„ été pour lui. Actuellement il est encore
„ au milieu de l'oprobre & de l'éclat de la
„ derniére production, pour laquelle la Cour

„ a

„ a fait une dépense à rebutter notre Con-
„ troleur-Général, & qui est de cent piques
„ au-dessous de sa *Princesse de Navarre*, qui
„ étoit au-dessous du rien. Il a eu pour celle-
„ ci la place d'*Historiographe de France* (a). Je
„ ne sais ce qu'on lui donnera pour la der-
„ nière; mais si la récompense croit à pro-
„ portion de l'impertinence, le Trésor Ro-
„ ial ne suffira pas. Cette dernière produc-
„ tion est un Opéra qui a pour titre *le Tem-
„ ple de la Gloire*. Si *le Temple du Goût*, ja-
„ dis tant & si justement vilipendé, n'étoit
„ pour la sagesse & la beauté un vrai *Temple
„ de Salomon* : c'étoit du moins un *Temple
„ d'Impudence*, & celui-ci n'est qu'un *Tem-
„ ple de misére* . . . .
„ Notre gros Abbé *Des-Fontaines*, son bon
„ Ami, est mort avec la douce consolation
„ de laisser en mourant des Elèves, qui berne-
„ ront, aussi bien que lui, Mr. le *Templier* (b).
Je suis &c.

MONOLOGUE

Les Distraits, les Foux, les Poëtes,

Ont peine à retenir leurs Langues indiscrètes.

Ces

(a) Il est à souhaiter, pour l'avantage de la vérité Historique, qu'il n'écrive pas plus sur ce sujet, que n'ont écrit deux autres Poëtes, *Boileau* & *Racine*, qui ont été revêtus du même Titre. L'Auteur de *la Bataille de Fontenoi* connoit-il la vérité?

(b) Il a fait 3 Temples, *le Temple du Goût*, en Vers & en Prose, qui est dans le Tom. IV. de ses Ouvrages, le *Temple de l'Amitié*, petit Poëme, qui se trouve dans le même Volume, & *le Temple de la Gloire*, impertinent Opera-Balet,

Ces jours passés un de ceux-ci
Se parloit à lui-même & raisonnoit ainsi.

Par tous les Dons de la Nature,
Si l'on excepte ma figure,
Je suis un *Homme* bien *Gentil!*
Ergo *Gentil-homme*, dit-il.
Cette illustre Etymologie,
Vaut bien ma Généalogie.
Pourquoi prôner, quand on peut mieux,
Les Pancartes de ses Aïeux?
Si mes Talens, si ma Sagesse,
Sont mes vrais Titres de Noblesse,
Envain mille envieux Grimauds,
Prétendroient-ils s'inscrire en faux.
Déjà leur chétive Cohorte,
A deux battans m'ouvre leur porte;
Près du Roi pair & compagnon,
Je vais passer pour son mignon:
Chez toutes les Têtes sacrées,
On va m'accorder les entrées:
Comme en Prusse on me recevra,
Puis après on me chassera,
Ensuite on me rapellera,
Tant qu'à la fin & cætera.

(XXXI.)

(XXXI.)

LETTRE *de Mr. de* SAINT HYACINTHE *à Mr. de* V***.

MONSIEUR DE V***.

UN de mes Amis m'envoïe l'extrait de ce que vous dites de deux de mes Ouvrages dans le sixième volume des vôtres. Je trouve que vous y parlez d'une maniére digne de vous, mais qu'il ne convenoit pas de faire imprimer. C'est ainsi que mon Ami en juge aussi. Voilà ses propres termes. *C'est une plaisante chose que* V*** *se mêle de donner des avis à un Journaliste, & qu'il l'exhorte à publier des faussetés & des calomnies.*

QUELLE est votre imprudence, MONSIEUR, d'aller dire que je n'ai pas fait un Livre dont, depuis plus de trente ans, il est de notoriété publique que je suis l'Auteur? N'est-ce pas pour me servir d'une expression qui sente le *Mutanasius*, n'est-ce pas, dis-je, vouloir *aracher à Hercule sa massue.*

IGNOREZ-VOUS que M. *Pierre* GOSSE Libraire de la *Haye*, qui a fait la prémiére Edition du *Chef-d'œuvre d'un Inconnu*, vit encore, qu'il étoit ami particulier de M. de SALLENGRE, qu'il connoissoit tous ceux qui ont commencé avec moi le *Journal Litteraire* ; que si le Commentaire sur la Chanson *l'autre jour Colin malade*, avoit été l'Ouvrage de la petite Societé qui travailloit à ce Journal, M. *Johnson* qui en étoit un des Auteurs, en même tems qu'il en étoit le Libraire, auroit fans doute imprimé ce Commantaire?

Pouvez-vous douter que Mr. Husson Libraire à la *Haye*, dont le Père acquit le droit de réimprimer *le Chef-d'œuvre*, ne déclare pas que feu fon Père n'en avoit jamais reconnu d'autre Auteur que moi; que c'eft avec mes corrections ou mes additions que les éditions qu'il en a données, ont été faites?

Enfin, Monsieur, êtes-vous fûr qu'il n'y a plus au monde perfonne de ceux qui m'y ont vû travailler, & pouvez-vous douter que c'eft de la propre bouche de ceux qui m'y ont vû travailler, que le Public a fçu que j'en étois l'Auteur?

Vous pouriez trouver des perfonnes à *Paris* qui vous diroient, que j'entendois parler de cet ouvrage, que je le voïois attribuer à M. *de* Fontenelle, à M. *de* Crouzas, à M. *de* La Monnoye, fans que je fiffe connoître de qui il étoit, quoique rien ne pût flater davantage un jeune homme, dont ce Livre étoit un coup d'effai, que l'éclairciffement d'une méprife qui lui faifoit tant d'honneur. On n'a fçu qu'il étoit de moi que longtems après que le fuccès de ce Livre avoit excité la curiofité de favoir qui l'avoit fait. Si un autre que moi en eût été l'Auteur, il avoit le tems de fe faire connoître. L'aplaudiffement qu'on donnoit à cet ouvrage, y invitoit. Croïez-vous en bonne-foi, qu'un fuccès auffi heureux eût trouvé un Auteur affez indifférent pour souffrir qu'un imposteur fe le fût attribué? & que l'Anecdote vous en eût été confiée.

fiée pour ne la divulguer qu'au bout de trente ans. En vérité, cela est risible. Que si dans la suite je m'en suis avoué l'Auteur sans aucune façon, c'est qu'il étoit inutile de le dissimuler, cela étoit déja trop connu, que d'ailleurs le Livre ne me faisoit qu'honneur, & que j'ai toujours crû qu'un honnête homme pouvoit bien ne point publier son nom en publiant ses Ouvrages, mais qu'il ne devoit jamais se faire une peine de les avouer, parce qu'il n'en faisoit jamais qu'il dût desavoüer, c'est pourquoi je n'ai mis mon nom à aucun de mes Ouvrages qu'à un seul, encore n'est-ce qu'au bas d'une Epitre dédicatoire, où j'ai crû qu'il étoit plus respectueux de le mettre que de le suprimer, c'est ainsi d'ailleurs que je n'ai fait nulle difficulté de dire que j'étois l'Auteur des Livres que j'ai faits lorsqu'on me l'a demandé ; mais que j'en ai entendu quelquefois parler favorablement à gens qui ne savoient pas que j'en étois l'Auteur, sans leur avoir apris que celui-là même, devant qui ils en parloient, les avoit écrits.

Quand même on ne sauroit pas aussi parfaitement qu'on le sait, que j'ai fait le Commentaire sur lequel vous donnez de si belles instructions à vos Journalistes, j'ose assurer que nuls de ceux qui le liront & qui sauront lire, ne croiront votre Anecdote vraïe. Il n'y a personne qui ne sente qu'un Ouvrage dont le ton très-difficile à soutenir est néanmoins aussi également soutenu, où la même ironie qui commence dès le prémier mot du Titre, continue jusqu'à la fin avec le même sérieux & le même

même badinage, sans aucune discordance, ne peut être l'Ouvrage de plusieurs. Il ne faut pas être fort habile pour sentir que celui, qui a fait le Commentaire d'une seule demi-strophe, est le même que celui qui a commenté toute la Chanson. Quoique votre *Temple du Goût*, sur-tout, m'ait convaincu que vous avez souvent le goût très dépravé, je ne puis croire que vous l'aïez au point de méconnoitre ce qui est l'ouvrage d'un seul d'avec ce qui est l'ouvrage de plusieurs. Non, cela ne se peut. Aussi tout ce que je remarque ici n'est que pour vous faire voir votre imprudence, & non pour vous faire voir la fausseté de votre Anecdote; vous savez trop bien & trop mieux que personne, combien elle est fausse. Vous connoissez celui de qui vous la tenez.

APRES cette Anecdote si imprudemment hazardée, vous donnez à votre Journaliste un conseil que vous fortifiez d'un jugement, où il entre un peu de passion, du moins cela me paroît à n'en juger même que par les termes. *Si*, dites-vous, *on ajoute à cette plaisanterie* (c'est-à-dire au Matanasius) *une infame Brochure*, (c'est-à-dire la Déïfication d'Aristarchus Masso) *digne de la plus vile canaille & faite sans doute par un de ces mauvais François qui vont dans les Païs étrangers deshonorer les Belles Lettres & leur Patrie, faites sentir l'horreur & le ridicule de cet assemblage monstrueux.* Il y a longtems que je vous ai averti, MONSIEUR, que votre stile n'étoit ni assez régulier dans la construction, ni assez exact dans le choix des termes. Comment osez-vous dire que *la Déïfication d'A-*

d'*Aristarchus* Masso, est une *infame* Brochure? Que signifie *infame*, je vous prie, à l'égard d'une pièce où on ne prêche assurément pas la débauche & où il ne s'agit de rien qui en aproche? *La Déification d'Aristarchus Masso* est un ouvrage d'imagination. C'est une fiction inventée pour représenter les défauts auxquels des gens de Lettres se laissent aller. On y voit la présomption & les extravagances, dont l'excès & le ridicule devroient coriger ceux qui prétendent s'élever au-dessus des autres par leur savoir & qui se mettent au-dessous par leur déraison. On trouve dans cette Déïfication un peu de mythologie & de critique Litteraire; voilà tout. La pièce peut être mal imaginée, mal exécutée, mal écrite. La Critique peut n'y pas être judicieuse, mais cela ne s'apelera jamais une *infame* Brochure par quelqu'un qui sait le François, à moins que quelque passion ne lui fasse outrer la signification des termes.

Quand vous ajoutez qu'elle est *digne de la plus vile canaille*, faites vous réflexion que vous dites grossièrement une injure à tous ceux qui ne jugeant pas comme vous de cette Déïfication, peuvent trouver du plaisir à la lire? Car les goûts sont différens. J'ai vû des personnes que vous n'oseriez assurément traiter de canaille qu'à quelques lieuës de distance, qui croïoient qu'il y avoit dans cette pièce autant de gayeté, plus d'art, & plus de savoir que dans le Commentaire sur *le Chef-d'œuvre*, & qu'elle avoit dû coûter beaucoup plus à son Auteur. Mais quand cette Déïfication seroit
une

une mauvaise Brochure, il est néanmoins certain qu'elle n'est point une *infame* Brochure & que par égard pour la diversité des goûts, vous n'auriez pas dû vous exposer à offenser d'honnêtes gens en disant, qu'elle est *digne de la plus vile canaille*. Si vous vous piquez de bien écrire, convenez que cette expression est déplacée & qu'elle n'est pas noble.

Vous dites ensuite que cette *infame Brochure digne de la plus vile canaille, est faite sans doute par un de ces mauvais François qui vont dans les Pays étrangers deshonorer les belles Lettres & leur Patrie.* Ceci me regarde personellement, car vous savez très-bien, Monsieur, que je suis l'Auteur de la Déïfication. Vous le savez, dis-je, & vous le savez très-bien. Je pourois le prouver par votre propre écriture. Vous le savez, dis-je, & comment avez-vous l'imprudence d'en parler, & d'en parler en des termes qui seroient injurieux s'ils ne venoient pas d'un homme comme vous & qu'ils ne s'adressassent pas à un homme comme moi. Ne savez-vous pas que celui qui ne peut être injurié ne peut injurier personne? Cette réflexion devroit vous guérir du plaisir que vous avez à dire des choses offensantes, de même que de celui que vous avez à en inventer.

Si ceux de qui j'ai l'honneur d'être connu, voïent que c'est moi que vous voulez indiquer par *un de ces mauvais François qui vont dans les Païs étrangers deshonorer les belles Lettres & leur Patrie*, ils riront de votre malignité & s'écrieront, *voilà bien V***, on le reconnoit.*

Si ceux qui liront ce que vous dites de ce *mauvais François*, ignorent que c'est de moi que vous voulez parler, c'est par raport à eux & à moi come si vous n'en parliez pas. Ainsi, Monsieur, vous voïez qu'il y a beaucoup d'imprudence à vous occuper à écrire des choses qui ne prouvent rien, ou qui ne prouvent que le plaisir que vous avez à débiter des calomnies contre ceux qui ont l'honneur de vous déplaire.

Je ne suis pas assez heureux pour faire honneur à ma Patrie, ni aux belles Lettres, mais je puis dire que s'il sufisoit de les aimer beaucoup pour leur faire beaucoup d'honneur, personne assurément ne leur en feroit plus que moi. J'ai voulu servir l'une. J'ai toute ma vie cultivé les autres. Si mes offres de service en *France* reçus avec tant de distinction d'abord, n'ont pas été agréés dans la suite, c'est peut-être un effet de l'envie ou de la calomnie, ou, c'est peut-être aussi qu'en m'aprofondissant davantage, on a reconnu que ma capacité n'égaloit pas mon zèle.

Si les progrès que j'ai faits dans les Siences ne sont pas considérables, c'est faute de talens & non pas faute d'aplication. En cela plus louable, quoique moins heureux, que ceux qui y font de grands progrès sans beaucoup de peine. Ainsi mes desseins sont louables, lors même que le succès n'en est pas heureux, & si je ne fais pas honneur à ma Patrie ni aux Lettres, il est sûr que je ne les deshonore pas.

Je ne suis jamais sorti de *France* par la crainte

crainte que quelque Décrèt m'empêchât de me promener aux Thuilleries. Si j'avois eu le malheur de le mériter, ce n'auroit été fans doute que par l'infraction à quelque loi qui m'auroit rendu coupable fans me rendre criminel, & alors quand j'aurois été un auffi grand Poëte que Racine ou que Despreaux, mon refpect pour ma Patrie & la juftice que je me ferois rendu, m'auroient empêché de me repréfenter dans la Vignette de mon principal Ouvrage, comme un Cygne qui paffe la Mer pour éviter des bêtes feroces. Je n'ai jamais eu la baffeffe de louer les Nations étrangeres au dépens de la mienne, de prodiguer à leurs grands Hommes des louanges en déprimant ceux qui font honneur à la *France*. Je n'ai jamais fait de vers pour m'écrier en les finiffant :

Dieux ? Pourquoi mon Païs n'eft-il plus la Patrie,
   Et de la Gloire & des Talens?

J'ai par un feul trait un peu trop loué une fois les Anglois, je l'avoue, mais ils m'en ont corrigé, & j'ai reparé mon erreur.

À l'égard des Lettres, vous favez que je n'ai point fait le *Temple du Goût*, que je n'ai point écrit pour prouver l'immortalité de l'Ame en faifant valoir de mon mieux ces miférables raifonnemens, qui par une forte d'aparance jettent néanmoins dans l'Athéifme moral, ceux qui ne favent pas ce que c'eft que raifonner. Je n'ai fait aucun Ouvrage dont je doive rougir, aucun que je doive defavouër. Ah, Monsieur de V***, fi je voulois faire

faire le portrait d'*un mauvais François qui deshonore les Lettres & sa Patrie* (& en cela d'autant plus coupable qu'il auroit pû leur faire honneur) que cela me seroit facile. Je sai où en trouver l'original. Vous le connoissez. Malgré la rudesse de mon pinceau vous seriez frapé de la ressemblance. Je sai où trouver des Factums de Libraires tant imprimés que manuscrits, j'en ai même que j'ai empêché un Libraire de faire paroitre. Je ferois venir plusieurs Gazettes Angloises. Je parcourerois des ouvrages où je copierois fidèlement ces traits saillans qu'on ne peut méconnoitre. J'y joindrois des Anecdotes qui ne vous sont point inconnues. J'y ajouterois le caractère qu'a fait de cet original un Seigneur de la Cour ; je le conserve en Manuscrit, & n'ai point voulu le faire imprimer dans un Recueil où il avoit sa place naturelle, & sur le tout je ferois paroitre une certaine déclaration publiée, si je ne me trompe, dans *le Journal Universel*, par un homme qui vouloit être de l'Academie Françoise, & qui a vainement sollicité plusieurs fois pour y être reçu. Mais ce portrait ne seroit assurément pas le mien.

Je finis, Monsieur, une Lettre qui est déja si longue qu'elle vous aura peut-être ennuié. Je vous assure que mon dessein n'avoit point été de vous écrire, ni de faire aucune remarque sur *vos avis aux Journalistes*. Mais puisqu'on m'en a fait changer, permettez que je vous représente encore votre imprudence. Si j'osois me servir d'un proverbe très-bas, je vous dirois qu'*il ne faut point réveiller le chat*
qui

qui dort. Le proverbe est bas & la comparaison n'est pas noble. Mais le sens en est très-bon, il ne faut pas avoir autant de pénetration que vous en avez, ni savoir ce que vous savez pour en comprendre la force. Je ne vous dis rien, je suis tranquile. Pourquoi faites-vous imprimer que je suis *un de ces mauvais François qui vont dans les Païs étrangers deshonorer leur Patrie & les Lettres ?*

Je vous abandonne les deux volumes du *Matanasius*, si vous le voulez, & tous mes autres Ouvrages; dites-en ce qu'il vous plaira, c'est l'affaire du Public. Mais pour le reste, si cela vous attire quelque discussion qui vous soit desagréable, *ne vous en prenez qu'à vous-même*. Je vous ai déplu par ce qui auroit dû mériter votre attachement & votre reconnoissance. C'est un malheur, mais il est plus grand pour vous que pour moi. Après ce qui s'est passé à *Paris*, il y a sept ou huit ans, je croïois que vous m'aviez fait l'honneur de m'oublier. C'étoit le meilleur parti que vous eussiez à prendre. Permettez-moi de vous y exhorter, je vous le demande même en grace. Si vous ne le prenez pas & que vous aïez l'imprudence de hazarder encore quelque Anecdote, je vous avertis que j'en écrirai aussi quelques-unes (*) qui ne seront point douteuses, de grands noms, des noms connus & des Personnes qui ne sont

―――――――――

(*) La plûpart des piéces de ce Volume ont été recueillies par l'Auteur de cette Lettre, du Cabinèt duquel elles ont été tirées par un ami de Mr. de V***. dont nous les tenons.

font point encore où eſt feu M. *de* SALLEN-
GRE, pouront en ateſter la vérité. Ces Anecdotes ſont ſi ſingulieres, que le Public les lira
avec un très-grand plaiſir : je ne croi pas
qu'elles vous en faſſent beaucoup. Pour moi
je vous aſſure que je ne les publierai qu'à regrèt, parce que quoiqu'il y ait quelque choſe de très-ſingulier & de très-plaiſant, j'ai des
choſes plus utiles à faire. Mais enfin quand
j'en aurai pris le parti je m'en acquiterai de
mon mieux, & ce parti eſt pris ſi vous ne
m'accordez pas la grace que je vous demande.
Faites-moi donc l'honneur de m'oublier, je
vous prie; ne vaut-il pas mieux m'oublier que
de penſer, que je ne ſuis pas votre très-humble & très-obéïſſant ſerviteur

SAINT HYACINTHE.

A Geneken ce 16. *Mai* 1745.

(XXXII.)

LA PALINODIE (*a*).

Oui, je dis que la *Henriade*
Eſt au deſſus de l'Iliade;
Que nul n'a mieux chanté que moi
La Bataille de *Fontenoi*;

Qu'en

(*a*) C'eſt V***. qui parle ou qu'on fait parler, ſuivant la connoiſſance qu'on a de ſes ſentimens, ſur la
Religion, dont il ne s'eſt guères caché & qu'on l'a pluſieurs fois entendu ſoutenir avec feu.

Qu'en tous genres de Poëfie,
Je fais pâlir la Jaloufie;
Et qu'admiré, chéri des Grands,
Un Pape, un Roi font mes Garans (a).
Pourquoi des Faquins, dont j'enrage!
Me refufent-ils leurs fuffrages?
J'entends fe récrier les Sots,
Les *Scrupuleux*, & les Bigots,
Sur mes Lettres Philofophiques,
Peut-être trop fcientifiques.

Oh! fi pour les amadoüer,
Il ne faut que defavoüer,
Me voilà prêt: je les renie,
L'*Athenais* & l'*Uranie*,
La *Calomnie*, & Cætera,
Mais j'ai beau me donner aux Diables,
Tous vilains cas font reniables;
Je n'en fuis point cru pour cela.

(a) Il fait quel fond il y a à faire fur les Garanties & fur les Garans.

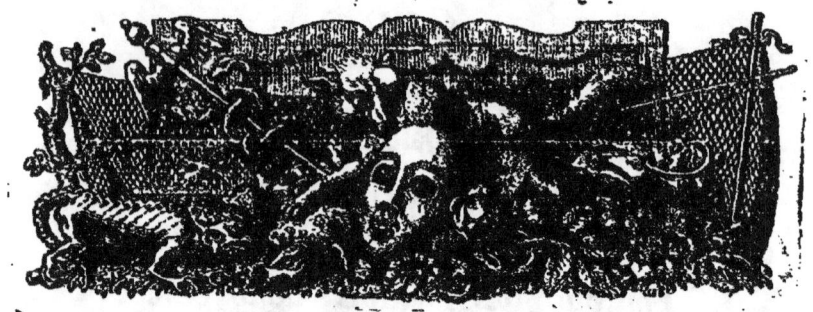

SECONDE PARTIE

(I.)

OMNIS HOMO MICHEL MORIN

MA foi, V*** est un grand homme !
Il n'est de Paris jusqu'à Rome
Aucun mortel si fortuné,
Ni de talents mieux guerdonné.
De science infuse il se pique,
Ce n'est que salpêtre & que feu ;
Quatrain, Sonnet, Poëme Epique,
Tout cela pour lui n'est que jeu :
En huit jours Piéce Dramatique (†)
L'Histoire lui coûte aussi peu.
Machiavel en Politique,
Il lui donneroit la leçon.
Du Goût oracle fantastique
Dans une Pagode comique.
Git Idole de sa façon.
Aigle subtil, Linx en Physique,

A

(†) Poëme de *la Bataille de Fontenoi*, dont on trouve une critique badine ci-dessous pag. 190 & une autre très raisonnée pag. 207.

A tous il explique à coup sûr
De *Newton* le système obscur.
   Saine Morale theorique (§)
Voltigeant par saut & par bond,
Quoique contraire à sa pratique,
De son savoir vaste & profond
Est une autre preuve authentique.
   Stellionaire (†), ami du Bien,
(Que s'il vous dit qu'il n'en est rien,
Jore & *Ledet*, dans leur Replique,
Soutiendront qu'ils le savent bien)
Deïste, Athée & Fanatique,
Nouveau *Capanée* il s'applique
A morguer un Dieu qui l'attend.
   Il brave tout: haine publique,
Religion, Gouvernement:
Pour sa licence frénétique,
Tantôt coffré, tantôt errant,
Et soutenant these gaulique
Dont *Chabot* (*) fut le Président.
   Enflé de ce laurier caustique
A d'autres honneurs il prétend.
Houzai! pour ce Protée unique,
Son éloge ne peut tarir:
Mais c'est assez en discourir:
Concluons, & disons en somme
Ma foi, V*** est un Grand homme.

(§) Semé par-ci par-là dans ses ouvrages.

(†) Richelet dit *Stelli nataire*, celui qui vend la même chose à différentes personnes, comme a fait V*** de ses Ouvrages.

(*) Le Pr. de *Rohan* qui lui fit donner des coups de Cannes, devant l'Hôtel de *Sully*, comme on peut voir ci-dessous pag. 266, dans le *Triomfe-Poëtique*.

(II)
CONTE.

Des longtems un fameux *Templier*,
(C'est-à-dire un faiseur de Temples,
Dont on ne voit que peu d'exemples;
Rodoit au tour d'un Attelier;
Malgré les quarante Manœuvres
Il prétendoit se placer là,
Comptant bien que tous ses Chefs-d'œuvres
Lui serviroient de Quinola (*a*)
Mais *Athénaïs*, *Uranie* (*b*)
Y mettoient toujours le hola.
Enfin après mainte avanie,
Un beau matin on l'instala.
Comment, dit Roch, comment cela ?
C'est, qu'avec un air Hippocrite,
Il a sçu faire, en chatemite,
Salamalec à Loyola (*c*).

AVIS

(*a*) Sobriquet qu'on donne à un Meneur de Dames chez le Bourgeois, ce qu'on nomme Ecuyer chez les Grands.
(*b*) Voyez la Lettre de Rousseau ci-dessus pag. 103.
(*c*) Comme on peut le voir dans sa Lettre au *P. la Tour* raportée dans la I. Partie pag. 168.

(III)
A V I S
du Templier.

Du Temple de la Gloire & du Temple du Goût
  L'extravagante architecture
  Executée à l'avanture
  Fait siffler l'ouvrier par tout :
  Qu'il entreprenne la structure
  D'un autre Temple pour l'Orgueil ;
  On lui promet un bon accueil,
  S'il travaille d'après nature.

(IV)
EPIGRAME.

Etre élu des Quarante, ah ! Dieu, quelle fortune
On Sacrifieroit tout à cette Ambition
Un Appellant renonce à sa Religion
  Un Athée en prend une.

Pour rester en si beau chemin
Il faudroit être lâche
Quand la faveur tient par la main
C'est un sot qui la lâche

Vous

Vous souhaitiez d'être gravé
Au Temple de Mémoire,
Vous y voilà tout arrivé
Par la Honte ou la Gloire;
Oh! qu'importe pour la façon
Vous voilà fameux dans l'Histoire.

(V.)

LE TRIOMPHE POÉTIQUE.

Tel qu'il est venu à notre connoissance en 1739. avec les Variantes pour l'an 1746 au bas des Pages.

Momus (a) instruit par les Gazettes
Du Triomphe que de nos jours
Paris (b) décerne aux grands Poëtes;
Fait, par ses Crieurs & Trompettes,
Publier, dans les Carrefours,
La rare & poëtique fête,
Qu'au *Sieur A*** il* (c) apprête.
Le jour (d) de la Lune de Mars
Le plus (e) venteux & variable,
Eclairé (f) de rayons blafards,
Est assigné comme (g) sortable
A ce Triomphe incomparable (h)

D'un

(a) Paris. (b) Rome. (c) Lucain François elle.
(d) Le 20. (e) Lune venteuse. (f) Jour luisant.
(g) Jour au Triomfateur. (h) Vers ajouté.

D'un Alguazil & trois mouchars
On verra partir le Quadrille
De la porte de la Baſtille;
Palais dont ces Introducteurs
Au Poëte ont fait les honneurs.
Un Soufflet, * mesquine voiture,
Sera le char de l'Apollon,
Chargé de grotesque peinture,
Girouettes au pavillon,
Sur les pannaux en beau blazon
Sera le timbre hereditaire,
Du Fief *qu'on appelle V****, (j)*
Fief dont l'Empire Calotin
L'inveſtit comme *Suzerin* (k)
Et *que Torſac*, en (l) ſes Annales
Place au bout des Terres Auſtrales.

Voici l'attelage du char :
Une Chevre dans le brancard,
Chevre bondiſſante & pelée,
Un Levrier à la Volée.
Derriere le Triomphateur
Tiriot honnête perſonne (m)

Son

* Allufion au Soufflet que V*** a reçu de *Poiſſon* Comedien.
(j) Qui n'a nul Cenſitaire. (k) Souverain.
(l) Et Fief, *qu'Aimon*, en
(m) Le petit Clerc, ſon Colporteur, perſonne mince & ſubalterne.

Son très-fidèle colporteur
L'affublera d'une couronne
Faite de houx & de laurier,
Cet assemblage singulier
Dénotant le double genie
D'Epopée & de calomnie.
Badauts, battez des mains ici,
Place à *V*** (n)*, le voici.
Qui dites vous? Cette momie?
Ce Spectre (o) ? Oui : L'œconomie
La soif de l'Or le seche ainsi,
Et le corrosif de l'envie.
Est-il assis, debout, couché?
Non. Sur deux flageollets il flotte
Entouré d'une redingotte
Qu'à Londre il eut à bon marché.
Son corps tout disloqué balotte;
Sa machoire à vuide grignotte:
Son regard est effarouché:
Vous reconnoissez Don Quichotte
Qui dans la cage est attaché:
Le Sec cadavre est accroché (p)
A sa rapiere encor pucelle.
Il reve, il siffle, il vous appelle.

Ba-

(n) A l'Apollon. (o) Il vit pourtant d'Oeconomie.
(p) *Ajouté.*

Badauts, battez des mains ici
Place à V***(q) le Voici
 Mais on fait alte; & l'équipage
Arrête à l'Hôtel de Sully;
Place, où V***(r) eut l'avantage
D'être par *Chabot* (s) annobli
Selon l'accolade Sauvage
Par laquelle Monsieur Jourdain
Fut reçu Turc & Paladin
On tourne au Palais: mais bien vite
On le passe; car le Rimeur
Seroit blessé d'y voir le gîte
De ses Frère, Beau-frère, & Sœur
Bourgeois qui lui font mal au cœur.
Tirons donc vers la Comédie.
Là *feront* (t) peints en effigie
(u) *Poisson le fils, & Beauregard* *
Dont A** (x) avec un dard
Pourra balaffrer la *peinture* (y)
En *troc de certaine* (z) blessure
Qu'au visage il eut de *leur* (a) part.
 Venez Savante Académie

En

(q) A l'Apollon. (r) Ou mon Héros. (s) Un Grand.
(t) Sera. (u) Un auteur mauvais goguenard.
(x) le Poëte. (y) Figure. (z) En échange de la.
(a) Sa.
* Voyez le passage de la *Deification d'Ariftarchus Moffe*
raporté à la page 56.

Encensez-le (b) sur votre Seuil.
Bon. Ces Messieurs lui font l'accueil
Et l'excuse la plus (c) polie,
Pour (d) n'avoir pas incorporé
Chez eux un mortel si rare (e)
V*** (f) avec mépris les traite.
C'est vos jettons que je regrette
Adieu Messieurs les Beaux Esprits
Trop sots pour connoître mon prix (g).

    Mais Ciel! qui bouche les passages?
Qu'entendons-nous? Quelles clameurs!
Haro sur le Roi des Rimeurs,
On veut l'arrêter pour les gages.
C'est un monde de Souscripteurs
De Libraires, & d'Imprimeurs,
Citans des Vols des (h) brigandages.
Paix Coquins. N'a-t-il pas promis
De rendre tout ce qu'on a mis?
Que n'attendez-vous je vous prie?
He quoi! S'il avoit ramassé
Tous les fonds de la Lotterie,
Ne vous eut-il pas remboursé?

Paix-

(b) Pour l'encenser.   (c) Et même Excuse très-
(d) De.   Un Lyrique si célébré.
(f) Mais avec mépris il.
(g) Vous m'avez refusé vos Prix.
(h) Victimes de ses.

Paix-là. Quelle criaillerie!
Monsieur l'Exempt & vos mouchards
Délivrez-nous de ces braillards.
Mais en vain. La *Tourbe* (*i*) indocile
Ne se payant point de raisons,
Notre Alguazil en homme habile
Cherchant au Poëte un azile
Le niche aux petites maisons.

(VI.)

Monsieur,

„ Tous les momens de votre Vie sont au-
„ tant de triomphes Poëtiques; votre Muse
„ universelle a embrassé tous les *Genres*, l'*E-*
„ *pique*, le *Dramatique*, le *Lyrique*, que sais-
„ je? Votre noble audace a percé les Mysté-
„ res les plus inaccessibles à l'intelligence hu-
„ maine. Quel Honneur pour l'Académie,
„ si Elle pouvoit écrire dans ses Fastes im-
„ mortels un Nom aussi célèbre que le vo-
„ tre! Pénétré d'admiration pour de si rares
„ Talens, Elle n'est pas moins touchée que
„ Vous, des inconvéniens qui vous ont sépa-
„ ré d'Elle jusques ici. Je ne discuterai
„ point la nature, & la qualité de l'obstacle,
„ qui s'opposoit à notre Alliance. Tirons le
„ Rideau sur des objèts facheux, qui ne jus-
„ tifient que trop votre triste exclusion. Nous
„ nous

(*i*) Troupe.

„ nous contenterons d'accuser, avec vous, la
„ Nécessité, sous qui tout doit fléchir, &
„ nous pensons bien que vous n'êtes pas d'hu-
„ meur à soupçonner la sincérité de nos re-
„ grèts, & de notre estime.

„ Nous ne dissimulerons point, Monsieur,
„ combien vos Empressemens redoublés, ont
„ relevé le prix de nos Places, un peu ra-
„ baissées par l'indifférence de quelques
„ Auteurs connus. Ils ont cherché l'Hon-
„ neur dans d'autres sources ; mais vous a-
„ vez senti que notre Compagnie étoit l'*U-*
„ *nique Temple de la Gloire.* Aussi nous
„ vous tenons compte, Mr., de vos
„ démarches, de vos inquiétudes, de vos
„ supplications, pour apaiser des Ennemis ;
„ de vos menées pour séduire nos Amis, de
„ tant de courses dans la Ville, & de voïages
„ furtifs à la Cour, de tant d'Emissaires em-
„ ploïés, de tant de Troupes *Auxiliaires*, con-
„ voquées, depuis le Cabinèt des Grands, &
„ les Toilettes des Dames, jusques aux Caf-
„ fés de *Paris* ; de votre Profession-de-Foi si
„ édifiante pour les Incrédules, de votre Com-
„ merce avec les Banquiers en Cour de *Ro-*
„ *me*, pour obtenir votre absolution. Nous
„ voulons bien oublier qu'il vous importe d'a-
„ voir la Sauve-Garde Académique, contre
„ les recherches importunes des Argus de
„ Thémis. Nous vous avoüons même l'ex-
„ trême besoin que notre Corps avoit d'un
„ Génie distingué.

„ EN vérité, Monsieur, vous vous y êtes
„ pris trop tard. Aussi que ne vous êtes-vous
„ pro-

» proposé à l'Académie, avant toutes vos
» traverses ? L'Ame de nos Scrutins, la ca-
» bale si nécessaire à tant d'autres, eut été
» pour vous inutile. Nous vous eussions peut-
» être épargné bien des désastres. Qui sait
» si l'Esprit d'une Société sage & réglée n'eut
» pas influé sur le vôtre, ne vous eut pas in-
» spiré quelque Amour pour la Patrie, quel-
» que Tolérance pour le Culte & les Usages
» reçus ? S'il n'eut pas enchérie sur cette in-
» dépendance Républicaine, pour allier en-
» fin le Citoïen à l'Auteur ? S'il n'eut pas cal-
» mé cette démangeaison d'immoler, sans
» cesse, notre Nation à la risée de nos voi-
» sins, qui vous en savent si peu de gré, &
» qui vous ont vendu si cher un azile ? Vous
» eussiez même fait l'honneur à votre Famil-
» le de garder son nom. Vous le quittâtes au
» tems de votre prémière avanture. Quelle
» foule de surnoms vous auriez, Monsieur,
» si chaque Epoque de votre Vie vous coû-
» toit un travestissement, celui auquel vous
» paroissez vous en tenir, vous raproche un
» peu de PERSE, ce fameux Satirique de
» *Rome*. Votre Satire s'est égaïée plus d'une
» fois sur nous. Vous nous avez mal à pro-
» pos *embourbés* (*) *dans le limon du Parnasse*.
» Quoi-

(*) LE BOURBIER.
Satire imprimée contre l'Académie

POUR tous Rimeurs habitans du Parnasse,
De par Phoebus il est plus d'une place ;
Les rangs n'y sont confondus, comme ici,
Et c'est raison, feroit beau voir aussi

Le

„ Quoiqu'il en soit, nous reconnoissons que
„ vous régnez sur le *sommet de cette Monta-*
„ *gue*

Le fade Auteur d'un Sonet ridicule,
Sur même lit couché près de Catule.
Ou bien 'a M**. aïant l'honneur du pas,
Sur le Harpeur ami de Mécenas.
Trop bien Phoebus sait de sa *République*,
Régler le rang, & l'Ordre Hiérarchique.
Et dispensant honneur & dignité,
Donne à chacun ce qu'il a mérité.
Au haut du Mont sont Fontaines d'eau pûre,
Rians jardins, non tels qu'a Chatillon,
En a planté l'Ami de Crébillon ;
Et dont l'Art seul a fourni la parure.
Ce sont Jardins ornez par la Nature,
Ce sont Lauriers, Orangers toûjours verds.
Là séjournez, gentis faiseurs de Vers.
Anacreon, *Virgile*, *Horace*, *Homère*,
(Vous qu'à genoux le bon Dacier revére)
D'un beau Laurier y couronnent leur front.
Un peu plus bas, sur le penchant du Mont.
Est le séjour de ces Esprits timides,
De la Raison partisans insipides,
Qui compassez dans leurs vers languissans,
A leur Lecteur font haïr le bon sens.
Adonc, Amis, si quand ferez voyage,
Vous abordez la Poëtique Plage,
Et que la M**. aïez desir de voir,
Retenez bien, qu'elle est son manoir.
Là ses Consors ont leurs têtes ornées,
De quelques fleurs presqu'en naissant fanées ;
D'un sol aride incultes nourrissons,
Et dignes prix de leurs chansons ?
Cettui Païs, n'est Païs de Cocagne.

„ *gne*. Nous vous félicitons même d'avoir
„ trouvé, dans son sein, une *Mine* inconnuë
aux

Il est enfin au pied de la Montagne,
Un *Bourbier* noir, d'infecte profondeur,
Qui fait sentir maleplaisante odeur,
A un chacun, fors à la Troupe impure,
Qui va nageant dans ce Fleuve d'ordure.
Et qui sont-ils ces Rimeurs diffamez?
Pas ne prétends que par moi soient nommés.
Mais quand verrez Chansonniers, Faiseurs d'Odes
Rauques corneurs de leurs vers incommodes,
Peintres, Abbés, Brocanteurs, *Jettonniers*(§),
D'un vil Caffé superbes Cazaniers,
Où tous les jours contre *Rome* & la *Grèce*,
De mal-disans se tient Bureau d'adresse,
Direz alors, en voïant tel gibier;
Ceci paroit Citoïen du *Bourbier*.
De ces Grimauds la croupissante race,
En cettui Lac incessamment croasse,
Contre tous ceux qui d'un vol assûré,
Sont parvenus au haut du Mont Sacré.
En ce seul point cettui Peuple s'accorde,
Et va cherchant la Fange la plus orde,
Pour en noircir les Menins d'Hélicon,
Et polluër le Thrône d'Appollon,
C'est vainement: car cet impur nuage,
Que contre *Homère* en Son aveugle rage,
La Gent moderne assembloit avec art,
A retombé sur le Poëte H**.,
H**. Ami de la Troupe aquatique,
Et de leurs vers aprobateur unique,

Com-

(§) Pour désigner les *Académiciens*, qui reçoivent le *Jetton*
à chaque Assemblée.

(273)

„ aux CORNEILLES, & que les Libraires,
„ & les Souscripteurs vous ont tant de fois re-
„ prochée.

„ Nous vous pardonnons tous les traits,
„ que vous nous avez décochés, dépit d'A-
„ mant contre les rigueurs d'une Maitresse
„ sévère! Il nous fût impossible en 1714.,
„ de vous adjuger un prix que vous avez
„ souhaité: que ne donniez-vous une meil-
„ leure Ode? Avec quelle joïe nous vous eus-
„ sions couronné! C'eut été nous donner des
„ arrhes mutuelles d'un Engagement pro-
„ chain. Votre chagrin contre notre justice
„ exacte, loin de se ralentir par le tems, n'a
„ fait que s'irriter. Il semble que vous n'aïez
„ multiplié des Editions, que pour nous livrer
„ au mépris. Nous vous remettons nos of-
„ fenses particulières. Heureux, si la *partie*
„ *publique* n'étoit pas plus inéxorable.

„ CROYEZ-MOI, Monsieur, vous n'avez
„ pas besoin d'être Membre d'aucun Corps,
„ vous en faites un tout à vous seul. La Re-
„ nommée marche devant vous, & vous
„ annonce à tous les Etats, que votre inquié-
„ tude vous fera parcourir. La *France* est une
„ Espace trop resserrée pour vous. Voïagez,
„ por-

Comme est aussi le tiers Etat Auteur,
Du dit H** unique Admirateur;
H**. enfin, qui dans un coin du Pinde;
Loin du Sommet où Pindare se guinde,
Non loin du Lac est assis, ce dit-on,
Tout au-dessus de l'Abbé T**.

S

„ portez vos Conquêtes Littéraires, chez
„ toutes les Nations. Enveloppez-vous dans
„ vos Talens; ils jettent de tems en tems des
„ étincelles, dont nos yeux ne sont pas fati-
„ gués. Nous nous flattons que ce Discours
„ de Consolation, vous plaira par la singula-
„ rité, qui vous est si chère. Il ne ressemble
„ pas à ces Eloges communs, que nous som-
„ mes forcés d'ajuster aux objèts ordinaires
„ de notre choix ".

(VII.)

Discours, que Mr. de V***. prononça le jour de sa Réception dans l'Académie Françoise.

MESSIEURS,

„ VOTRE Fondateur mit, dans Votre é-
„ tablissement, toute la noblesse & la gran-
„ deur de son ame. Il voulut, que vous fus-
„ siez toujours libres & égaux. En effèt, il
„ dût élever au dessus de la dépendance, des
„ hommes, qui étoient au dessus de l'inté-
„ rêt, & qui, aussi généreux que lui, fai-
„ soient aux Lettres, l'honneur qu'elles mé-
„ ritent, de les cultiver pour elles-mêmes. Il
„ étoit peut-être à craindre, qu'un jour des
„ travaux si honorables ne se ralentissent. Ce
„ fut pour les conserver dans leur vigueur,
„ que vous vous fites une règle de n'admet-
„ tre aucun Académicien, qui ne résidât dans
„ *Paris*. Vous vous êtes écartés sagement de
„ cette loi, quand vous avez reçu de ces Gé-
„ nies

„ nies rares, que leurs dignités apelloient ail-
„ leurs; mais que leurs ouvrages touchans,
„ ou fublimes, rendoient toûjours parmi vous.
„ Car, ce feroit violer l'efprit d'une loi, que
„ de n'en pas tranfgreffer la lettre en faveur
„ des grands Hommes. Si feu Mr. le Préfi-
„ dent *Boubier*, après s'être flaté de vous con-
„ facrer fes jours, fut obligé de les paffer loin
„ de vous, l'Académie & lui fe confolèrent,
„ parce qu'il n'en cultivoit pas moins vos
„ Sciences dans la Ville de *Dijon*, qui a pro-
„ duit tant d'Hommes de Lettres, & où le
„ mérite de l'efprit femble être un des carac-
„ tères des Citoïens.

„ Il faifoit reffouvenir la *France*, de ces
„ tems, où les plus auftères Magiftrats, con-
„ fommés comme lui dans l'étude des Loix,
„ fe délaffoient des fatigues de leur état, dans
„ les travaux de la Littérature. Que ceux
„ qui méprifent ces travaux aimables: Que
„ ceux qui mettent je ne fais quelle miférable
„ grandeur à fe renfermer dans le cercle é-
„ troit de leurs emplois, font à plaindre! I-
„ gnorent-ils que *Cicéron*, après avoir rempli
„ la prémière place du monde, plaidoit en-
„ core les caufes des Citoïens, écrivoit fur la
„ nature des Dieux, conféroit avec des Phi-
„ lofophes; qu'il alloit au Théatre; qu'il dai-
„ gnoit cultiver l'amitié d'*Efopus* & de *Rof-
„ cius*, & laiffoit, aux petits efprits, leur con-
„ ftante gravité, qui n'eft que le mafque de
„ la médiocrité?

„ Mr. le Préfident *Boubier* étoit très-fa-
„ vant; mais il ne reffembloit pas à ces Savans
„ info-

„ insociables & inutiles, qui négligent l'étude
„ de leur propre langue, pour savoir impar-
„ faitement des langues anciennes ; qui se
„ croient en droit de mépriser leur siècle,
„ parce qu'ils se flatent d'avoir quelques con-
„ noissances des siècles passés ; qui se récrient
„ sur un passage d'*Eschyle*, & n'ont jamais eu
„ le plaisir de verser des larmes à nos specta-
„ cles.

„ Il traduisit le Poëme de *Pétrone* sur la
„ Guerre civile ; non qu'il pensât, que cette
„ déclamation, pleine de pensées fausses, a-
„ prochât de la sage & élégante noblesse de
„ *Virgile*. Il savoit, que la Satire de *Pétrone*,
„ quoique semée de traits charmans, n'est
„ que le caprice d'un jeune homme obscur,
„ qui n'eut de frein, ni dans ses mœurs, ni dans
„ son stile. Des hommes, qui se sont donnés
„ pour des Maitres de goût & de volupté,
„ estiment tout dans *Pétrone* ; & Mr. *Bouhier*
„ plus éclairé, n'estime pas même tout ce
„ qu'il a traduit. C'est un des progrès de la
„ raison humaine dans ce siècle, qu'un Tra-
„ ducteur ne soit plus idolâtre de son Auteur,
„ & qu'il sache lui rendre justice comme à un
„ contemporain.

„ Il exerça ses talens sur ce Poëme, sur
„ l'Himne à *Venus*, sur *Anacréon*, pour mon-
„ trer, que les Poëtes doivent être traduits
„ en vers. C'étoit une opinion, qu'il défen-
„ doit avec chaleur, & on ne sera pas étonné,
„ que je me range à son sentiment.

„ Qu'il me soit permis, Messieurs,
„ d'entrer ici avec vous, dans ces discussions
„ litté-

„ littéraires; mes doutes me vaudront, de
„ vous, des décisions. C'est ainsi que je
„ pourrai contribuer au progrès des Arts; &
„ j'aimerois mieux prononcer devant vous un
„ Discours utile, qu'un Discours éloquent.
„ Pourquoi *Homere, Téocrite, Lucrece,*
„ *Virgile, Horace,* sont-ils heureusement tra-
„ duits chez les *Italiens,* & chez les *Anglois?*
„ Pourquoi ces Nations n'ont-elles aucun
„ grand Poëte de l'Antiquité en prose, & que
„ * nous n'en avons encore aucun en vers? Je
„ vais tâcher d'en démêler la raison.
„ La difficulté surmontée dans quelque
„ genre que ce puisse être, fait une grande
„ partie du mérite. Point de grandes choses
„ sans de grandes peines : & il n'y a point de
„ Nation au monde chez laquelle il soit plus
„ difficile que chez la nôtre, de rendre une
„ véritable vie à la Poësie ancienne.
„ Les prémiers Poëtes formèrent le génie
„ de leur langue. Les *Grecs* & les *Latins* em-
„ ploïérent d'abord la Poësie, à peindre les
„ objèts sensibles de toute la Nature. *Homere*
„ exprime tout ce qui frape les yeux. Les
„ *François* qui n'ont guères commencé à per-
„ fectionner la grande Poësie qu'au Théatre,
„ n'ont pû & n'ont dû exprimer alors, que ce
„ qui peut toucher l'ame.
„ Nous nous sommes interdits, nous-mêmes
„ insensiblement, presque tous les objèts que
„ d'autres Nations ont osé peindre. Il n'est
rien

(*) *Je ne sai, si* que, qui *tient ici lieu de* pourquoi,
est en sa place.

„ rien que le *Dante* n'exprimât, à l'exemple
„ des Anciens. Il accoûtuma les *Italiens* à
„ tout dire ; mais nous, comment pourrions-
„ nous aujourd'hui imiter l'Auteur des *Geor-*
„ *giques*, qui nomme, sans détour, tous les
„ instrumens de l'agriculture ? A peine les
„ connoissons-nous, & notre molesse orgueil-
„ leuse dans le sein du repos & du luxe de
„ nos Villes, atache malheureusement une
„ idée basse à ces travaux champêtres, & au
„ détail de ces arts utiles, que les maîtres &
„ les législateurs de la Terre cultivoient de
„ leurs mains victorieuses.

„ Si nos bons Poëtes avoient sû exprimer
„ heureusement les petites choses, notre lan-
„ gue ajoûteroit aujourd'hui ce mérite, qui
„ est très-grand, à l'avantage d'être devenue
„ la première langue du monde, pour les
„ charmes de la conversation & pour l'expres-
„ sion du sentiment. Le langage du cœur &
„ le stile du Théâtre ont entièrement préva-
„ lu. Ils ont embelli la langue *françoise*; mais
„ ils en ont resserré les agrémens dans des
„ bornes un peu trop étroites.

„ Et quand je dis ici, Messieurs, que
„ ce sont les grands Poëtes, qui ont déter-
„ miné le génie des langues, je n'avance rien
„ qui ne soit connu de vous. Les *Grecs* n'é-
„ crivirent l'Histoire que quatre cens ans a-
„ près *Homère*. La langue *Grèque* reçût de
„ ce grand Peintre de la Nature, la supério-
„ rité qu'elle prit chez tous les peuples de
„ l'*Asie* & de l'*Europe*. C'est *Térence*, qui,
„ chez les *Romains*, parla le prémier avec
„ une

» une pureté toûjours élégante. C'eſt *Pétrar-*
» *que*, qui après le *Dante*, donna à la langue
» *Italienne*, cette aménité & cette grace qu'el-
» le a toûjours conſervées. C'eſt à *Lopés de*
» *Vega*, que l'*Eſpagnol* doit ſa nobleſſe & ſa
» pompe. C'eſt *Shakeſpear*, qui tout barbare
» qu'il étoit, mit dans l'*Anglois* cette force &
» cette énergie qu'on n'a jamais pû augmen-
» ter depuis, ſans l'outrer, & par conſéquent
» ſans l'affoiblir. D'où vient ce grand effèt
» de la Poëſie, de former & de fixer enfin le
» génie des peuples & de leurs langues? La
» cauſe en eſt bien ſenſible. Les prémiers
» bons vers, ceux-mêmes qui n'en ont que
» l'aparence, s'impriment dans la mémoire,
» à l'aide de l'harmonie. Leurs tours natu-
» rels & hardis deviennent familiers; les hom-
» mes qui ſont tous nés imitateurs, prennent
» inſenſiblement la manière de s'exprimer, &
» même de penſer, des prémiers dont l'ima-
» gination a ſubjuɣué celle des autres. Me
» deſavouerez-vous donc, MESSIEURS, quand
» je dirai, que le vrai mérite & la réputation
» de notre langue ont commencé à l'Auteur
» du *Cid* & de *Cinna*?

» *Montagne*, avant lui, étoit le ſeul Livre,
» qui atirât l'attention du petit nombre d'é-
» trangers, qui pouvoient ſavoir le *François*;
» mais le ſtile de *Montagne* n'eſt ni pur, ni
» correct, ni précis, ni noble. Il eſt éner-
» gique & familier; il exprime naïvement de
» grandes choſes: c'eſt cette naïveté qui plaît;
» on aime le caractère de l'auteur; on ſe plaît
» à ſe retrouver dans ce qu'il dit de lui-mê-
» me,

„ me, à converser, à changer de discours &
„ d'opinion avec lui. J'entends souvent re-
„ gretter le langage de *Montagne*; c'est son
„ imagination qu'il faut regretter; elle étoit
„ forte & hardie; mais sa langue étoit bien
„ loin de l'être.

„ *Marot*, qui avoit formé le langage de
„ *Montagne*, n'a presque jamais été connu hors
„ de sa patrie; il a été goûté parmi nous pour
„ quelques contes naïfs, pour quelques épi-
„ grammes licentieuses, dont le succès est
„ presque toûjours dans le sujèt; mais c'est
„ par ce petit mérite même, que la langue
„ fut longtems avilie : on écrivit, dans ce
„ stile, les Tragédies, les Poëmes, l'Histoi-
„ re, les Livres de Morale.

„ Le judicieux *Despréaux* a dit : *Imitez de*
„ *Marot l'élégant badinage*. J'ose croire, qu'il
„ auroit dit : *naïf badinage*, si ce mot plus
„ vrai n'eut rendu son vers moins coulant. Il
„ n'y a de véritablement bons ouvrages, que
„ ceux qui passent chez les Nations étrangè-
„ res, qu'on y aprend, qu'on y traduit; &
„ chez quel peuple a-t-on jamais traduit *Ma-*
„ *rot* ?

„ Notre langue ne fut longtems après lui,
„ qu'un jargon familier, dans lequel on réüs-
„ sissoit quelquefois à faire d'heureuses plai-
„ santeries; mais quand on n'est que plaisant,
„ on n'est point admiré des autres Nations;

Enfin Malherbe vint, & le prémier en France
Fit sentir dans les vers, une juste cadence,
D'un mot mis en sa place enseigna le pouvoir.

„ Si

„ Si *Malherbe* montra le prémier, ce que peut le grand art des expreſſions placées, il eſt donc le prémier qui fut *élégant*. Mais quelques ſtances harmonieuſes ſufiſoient-elles pour engager les Etrangers, à cultiver notre langage? Ils liſoient le Poëme admirable de la *Jeruſalem*, l'*Orlando*, le *Paſtor Fido*, les beaux morceaux de *Petrarque*. Pouvoit-on aſſocier à ces chef-d'œuvres, un très-petit nombre de vers *François*, bien écrits à la vérité, mais foibles & preſque ſans imagination.

„ La Langue *Françoiſe* reſtoit donc à jamais dans la médiocrité, ſans un de ces génies faits pour changer & pour élever l'eſprit de toute une Nation : c'eſt le plus grand de vos prémiers Académiciens; c'eſt *Corneille* ſeul, qui commença à faire reſpecter notre langue des Etrangers, préciſément dans le tems, que le Cardinal de *Richelieu* commençoit à faire reſpecter la Couronne. L'un & l'autre portèrent notre gloire dans l'*Europe*. Après *Corneille* ſont venus, je ne dis pas de plus grands génies, mais de meilleurs écrivains. Un homme s'éleva, (*Racine*) qui fut à la fois plus paſſionné & plus correct; moins varié, mais moins inégal; auſſi ſublime quelquefois, & toûjours noble ſans enflure; jamais déclamateur, parlant au cœur avec plus de vérité & plus de charmes.

„ Un de leurs contemporains, (*Deſpréaux*) incapable peut-être du ſublime qui éleve l'ame, & du ſentiment qui l'atendrit, mais

„ fait

« fait pour éclairer ceux à qui la Nature ac-
» corda l'un & l'autre, laborieux, sévère,
» précis, pûr, harmonieux, qui devint enfin
» le Poëte de la raison, commença malheu-
» reusement par écrire des Satires; mais bien-
» tôt après, il égala, & surpassa peut-être
» *Horace*, dans la Morale & dans l'Art poë-
» tique; il donna les préceptes & les exem-
» ples; il vit, qu'à la longue, l'art d'instrui-
» re, quand il est parfait, réussit mieux que
» l'art de médire, parce que la Satire meurt
» avec ceux qui en sont les victimes, & que
» la raison & la vertu sont éternelles. Vous
» eûtes, en tous les genres, cette foule de
» grands hommes, que la Nature fit naître
» comme dans le siécle de *Léon X.* & d'*Au-*
» *guste.* C'est alors que les autres peuples ont
» cherché avidement, dans vos auteurs, de
» quoi s'instruire; & graces en partie aux
» soins du Cardinal de *Richelieu*, ils ont a-
» dopté votre langue; comme ils se sont em-
» pressés de se parer des travaux de nos ingé-
» nieux Artistes, graces aux soins du grand
» *Colbert*.

» Un Monarque (*a*) illustre chez tous les
» hommes, par cinq victoires, & plus enco-
» re chez les sages, par ses vastes connoissan-
» ces, fait de notre langue la sienne propre,
» celle de sa Cour & de ses Etats; il la parle
» avec cette force & cette finesse, que la seu-
» le étude ne donne jamais, & qui est le ca-
» ractère du génie. Non seulement il la
  » cul-

(*a*) Frederic III. Roi de Prusse.

„ cultive; mais il l'embellit quelquefois, par-
„ ce que les ames supérieures saisissent toû-
„ jours ces tours & ces expressions dignes
„ d'elles, qui ne se présentent point aux a-
„ mes foibles. Il est, dans *Stockholm* une
„ nouvelle *Christine*, (*a*) égale à la prémiere
„ en esprit, supérieure dans le reste; elle fait
„ le même honneur à notre langue. Le *Fran-*
„ *çois* est cultivé dans *Rome*, où il étoit dé-
„ daigné autrefois; il est aussi familier au
„ Souverain-Pontife, que les langues savan-
„ tes dans lesquelles il écrivit, quand il in-
„ struisit le monde Chrétien qu'il gouverne.
„ Plus d'un Cardinal *Italien* écrit en *François*
„ dans le *Vatican*, comme s'il étoit né à *Ver-*
„ *sailles.*

„ Vos ouvrages, Messieurs, ont péné-
„ tré jusqu'à cette Capitale de l'Empire le
„ plus reculé de l'Europe & de l'Asie, & le
„ plus vaste de l'Univers; dans cette Ville,
„ (*Petersbourg*) qui n'étoit, il y a 40 ans,
„ qu'un desert habité par des bêtes sauvages.
„ On y représente vos pièces Dramatiques;
„ & le même goût naturel, qui fait recevoir,
„ dans la Ville de *Pierre le Grand* & de sa
„ digne fille, la musique des *Italiens*, y fait
„ aimer votre éloquence.

„ Cet honneur, qu'ont fait tant de peu-
„ ples à nos excellens Ecrivains, est un a-
„ vertissement, que l'*Europe* nous donne, de
„ ne pas dégénerer. Je ne dirai pas, que tout
„ se précipite vers une honteuse décadence,
„ com-

(*a*) La Princesse Royale de Suéde.

„ comme le crient si souvent des satiriques,
„ qui prétendent en secrèt justifier leur pro-
„ pre foiblesse, par celles qu'ils imputent
„ en public à leur siècle. J'avoue, que la
„ gloire de nos armes se soûtient mieux que
„ celle de nos Lettres: mais le feu qui nous
„ éclairoît, n'est pas encore éteint. Ces der-
„ nières années n'ont-elles pas produit le seul
„ Livre de Chronologie, dans lequel on ait
„ jamais peint les mœurs des hommes, le ca-
„ ractère des Cours & des Siècles? Ouvrage,
„ qui, s'il étoit sèchement instructif, com-
„ me tant d'autres, seroit le meilleur de tous,
„ & dans lequel l'Auteur (*le Président Henaut*)
„ a trouvé encore le secrèt de plaire; parta-
„ ge reservé au très-petit nombre d'hommes
„ qui sont supérieurs à leurs écrits.

„ On a montré la cause du progrès & de
„ la chute de l'Empire *Romain*, dans un li-
„ vre encore plus court, écrit par un génie
„ mâle & rapide (*le Président de Montesquiou*)
„ qui aprofondit tout, en paroissant tout é-
„ fleurer. Jamais nous n'avons eu de Tra-
„ ducteurs plus élégans & plus fidèles. De
„ vrais Filosophes ont enfin écrit l'Histoire.
„ Un homme éloquent & profond s'est for-
„ mé dans le tumulte des armes. Il est plus
„ d'un de ces esprits aimables, que *Tibulle* &
„ *Ovide* eûssent regardés comme leurs disci-
„ ples, & dont ils eûssent voulu être les amis.

„ Le Théâtre, je l'avoue, est menacé d'u-
„ ne chute prochaine; mais au moins je vois
„ ici ce génie véritablement tragique, (*Mr.
„ de Crebillon*) qui m'a servi de maitre, quand
„ j'ai

„ j'ai fait quelques pas dans la même carriè-
„ re; je le regarde avec une satisfaction mê-
„ lée de douleur, comme on voit sur les dé-
„ bris de sa patrie, un Héros qui l'a défen-
„ due. Je comte parmi vous, ceux qui ont,
„ après le grand *Moliere*, achevé de rendre
„ la Comédie une école de mœurs & de bien-
„ séance; école qui méritoit chez les *Fran-*
„ *çois*, la considération qu'un Théâtre moins
„ épuré eut dans *Athenes*. Si l'homme célé-
„ bre, (*Mr. de Fontenelle*) qui le prémier orna
„ la Filosophie des graces de l'imagination,
„ apartient à un tems plus reculé, il est en-
„ core l'honneur & la consolation du vôtre.
„ Les grands talens sont toûjours nécessai-
„ rement rares; sur-tout quand le goût & l'e-
„ sprit d'une nation sont formés. Il en est alors
„ des esprits cultivés, comme de ces forêts,
„ où les arbres pressés & élévés ne soufrent
„ pas, qu'aucun porte sa tête trop au-dessus
„ des autres. Quand le commerce est en peu
„ de mains, on voit quelques fortunes pro-
„ digieuses, & beaucoup de misère; lors-
„ qu'enfin il est plus étendu, l'opulence est
„ générale, les grandes fortunes rares. C'est
„ précisément, Messieurs, parce qu'il y
„ a beaucoup d'esprit en *France*, qu'on y
„ trouvera dorénavant moins de génies supé-
„ rieurs.
„ Mais enfin, malgré cette culture uni-
„ verselle de la nation; je ne nierai pas, que
„ cette langue devenue si belle, & qui doit
„ être fixée par tant de bons ouvrages, peut
„ se coromprè aisément. On doit avertir
„   „ les

„ les étrangers, qu'elle perd déja beaucoup
„ de sa pureté dans presque tous les Livres
„ composés dans cette célèbre République,
„ (a) si longtems notre alliée, où le *François*
„ est la langue *presque* dominante, au-milieu
„ des factions contraires à la *France*; mais si
„ elle s'altère dans ces païs, par le mélange
„ des idiômes, elle est prête à se gâter par-
„ mi nous, par le mélange des stiles. Ce qui
„ déprave le goût, déprave enfin le langage.
„ Souvent on affecte d'égayer des ouvrages
„ sérieux & instructifs, par les expressions
„ familières de la conversation. Souvent on
„ introduit le stile Marotique dans les sujèts
„ les plus nobles; c'est revêtir un Prince des
„ habits d'un farceur. On se sert de termes
„ nouveaux, qui sont inutiles, & qu'on ne
„ doit hazarder que quand ils sont nécessai-
„ res. Il est d'autres défauts, dont je suis en-
„ core plus frapé, parce que j'y suis tombé
„ plus d'une fois. Je trouverai parmi vous,
„ Messieurs, pour m'en garantir, les se-
„ cours que l'homme éclairé à qui je succè-
„ de s'étoit donnés par ses études. Plein de la
„ lecture de *Ciceron*, il en avoit tiré ce fruit
„ de s'étudier à parler sa langue, comme ce
„ Consul parloit la sienne. Mais c'est surtout
„ à celui qui a fait son étude particulière des
„ ouvrages de ce grand Orateur, (*l'Abbé d'O-*
„ *livet*) & qui étoit l'ami de Mr. le Président
„ *Bouhier*, à faire revivre ici l'éloquence de
„ l'un, & à vous parler du mérite de l'autre.
„ Il

(a) La Hollande.

„ Il a aujourd'hui à la fois, un ami à regret-
„ ter & à célébrer ; un ami à recevoir & à
„ encourager. Il peut vous dire avec plus
„ d'éloquence, mais non avec plus de senfi-
„ bilité que moi, quels charmes l'amitié ré-
„ pand sur les travaux des hommes consacrés
„ aux Lettres ; combien elle sert à les con-
„ duire, à les corriger, à les exciter, à les
„ consoler ; combien elle inspire à l'ame, cet-
„ te joïe douce & recueillie, sans laquelle on
„ n'est jamais le maître de ses idées.
„ C'est ainsi que cette Académie fut d'a-
„ bord formée. Elle a une origine encore
„ plus noble que celle qu'elle reçût du Car-
„ dinal de *Richelieu* même : c'est dans le sein
„ de l'amitié qu'elle prit naissance. Des hom-
„ mes unis entr'eux par ce lien respectable
„ & par le goût des beaux Arts, s'assembloient
„ sans se montrer à la renommée ; ils furent
„ moins brillans que leurs successeurs, & non
„ moins heureux. La bienséance, l'union,
„ la candeur, la saine critique, si oposée à
„ la satire, formèrent leurs assemblées. Elles
„ animeront toujours les vôtres ; elles seront
„ l'éternel exemple des gens de Lettres, &
„ serviront peut-être à corriger ceux qui se
„ rendent indignes de ce nom. (*) Les vrais
„ amateurs des arts sont amis. Qui est plus
„ que moi en droit de le dire ! J'oserois m'é-
„ tendre, Messieurs, sur les bontés dont
„ la

(*) *On désigne ici les Auteurs de ces infames satires, sous le nom de* Calottes, *ouvrages faits pour la canaille, & qui ont rendu leurs Auteurs le mépris & l'horreur des honnêtes gens.*

„ la plûpart d'entre vous m'honorent, si je
„ ne devois m'oublier, pour ne vous parler
„ que du grand objèt de vos travaux, des
„ intérêts devant qui tous les autres s'éva-
„ nouissent; de la gloire de la nation.

„ Je sais combien l'esprit se dégoûte aisément
„ des éloges; je sais que le Public, toujours
„ avide de nouveautés, pense, que tout est
„ épuisé sur votre Fondateur & sur vos Pro-
„ tecteurs; mais pourrois-je refuser le tribut
„ que je dois, parce que ceux qui l'ont païé
„ avant moi, ne m'ont laissé rien de nouveau
„ à vous dire ? Il en est de ces éloges qu'on
„ repète, comme de ces solemnités qui sont
„ toujours les mêmes, & qui réveillent la mé-
„ moire des évènemens chers à un peuple
„ entier ; elles sont nécessaires.

„ Célébrer des hommes tels que le Cardi-
„ nal de *Richelieu*, & Louis XIV; un *Seguier*,
„ un *Colbert*, un *Turenne*, un *Condé* ; c'est-
„ dire à haute voix, *Rois, Ministres, Gé-*
„ *néraux à venir, imitez ces grands Hommes.* I-
„ gnore-t-on, que le Panégirique de *Trajan*
„ anima *Antonin* à la vertu? Et *Marc Aurele*,
„ le prémier des Empereurs & des Hommes
„ n'avoue-t-il pas dans ses écrits, l'émulation
„ que lui inspirérent les vertus d'*Antonin?*

„ Lorsque Henri IV. entendit dans
„ le Parlement nommer Louis XII. *le Pè-*
„ *re du peuple*, il se sentit pénétré du desir de
„ l'imiter, & il le surpassa.

„ Pensez-vous, Messieurs, que les
„ honneurs rendus par tant de bouches à la
„ mémoire de Louis XIV., ne se soient
„ pas

„ pas fait entendre au cœur de son Succes-
„ seur, dès sa prémière enfance ? On dira
„ un jour, que tous deux ont été à l'immor-
„ talité, tantôt par les mêmes chemins, tan-
„ tôt par des routes différentes. L'un & l'au-
„ tre seront semblables, en ce qu'ils n'ont
„ différé à se charger du poids des affaires,
„ que par reconnoissance ; & peut-être c'est
„ en cela qu'ils ont été les plus grands. La
„ postérité dira, que tous deux ont aimé la
„ justice, & ont commandé leurs armées.
„ L'un recherchoit, avec éclat la gloire,
„ qu'il méritoit ; il l'apeloit à lui du haut de
„ son Trône ; il en étoit suivi dans ses Con-
„ quêtes, dans ses Entreprises ; il en rem-
„ plissoit le monde ; il déploïoit une ame su-
„ blime dans le Bonheur & dans l'Adversité,
„ dans ses Camps, dans ses Palais, dans les
„ Cours de l'*Europe* & de l'*Asie* ; les terres
„ & les mers rendoient témoignage à sa ma-
„ gnificence, & les plus petits objèts, si-tôt
„ qu'ils avoient à lui quelque raport, pre-
„ noient un nouveau caractère, & recevoient
„ l'empreinte de sa grandeur.

„ L'autre (*Louis XV.*) protége des Empe-
„ reurs & des Rois, subjugue des Provinces,
„ interrompt le cours de ses conquêtes pour
„ aller secourir ses Sujèts, & y vole du sein
„ de la mort, dont il est à peine échapé. Il
„ remporte des victoires ; il fait les plus gran-
„ des choses avec une simplicité, qui feroit
„ penser, que ce qui étonne le reste des hom-
„ mes, est pour lui dans l'ordre le plus com-
„ mun & le plus ordinaire. Il cache la hau-
„ teur

„ teur de fon ame, fans s'étudier même à la
„ cacher; & il ne peut en affoiblir les raïons,
„ qui, en perçant, malgré lui, le voile de fa
„ modeſtie, y prennent un éclat plus dura-
„ ble.

„ LOUIS XIV. fe fignala par des monu-
„ mens admirables, par l'amour de tous les
„ Arts, par les encouragemens, qu'il leur
„ prodiguoit: O vous, fon auguſte Succeſ-
„ feur, vous l'avez déjà imité, & vous n'at-
„ tendez que cette paix, que vous cherchez
„ par des victoires, pour remplir tous vos
„ projèts bienfaifans, qui demandent des jours
„ tranquilles.

„ Vous avez commencé vos triomfes dans
„ la même Province, où commencérent ceux
„ de votre Bifaïeul, & vous les avez étendus
„ plus loin. Il regretta de n'avoir pû, dans
„ le cours de fes glorieufes campagnes, for-
„ cer un ennemi digne de lui, à mefurer fes
„ armes avec les fiennes, en bataille rangée.
„ Cette gloire qu'il défira, vous en avez jouï.
„ Plus heureux que le *Grand Henri*, qui ne
„ remporta prefque de victoires, que fur fa
„ propre Nation, vous avez vaincu les éter-
„ nels & intrépides ennemis de la vôtre. Vo-
„ tre fils, après vous l'objèt de nos vœux &
„ de notre crainte, aprit à vos côtés, à voir
„ le danger & le malheur même, fans être
„ troublé, & le plus beau triomphe, fans
„ être ébloui. Lorfque nous tremblions pour
„ vous dans *Paris*, vous étiez au milieu d'un
„ champ de carnage, tranquille dans les mo-
„ mens d'horreur & de confufion; tranquille
dans

„ dans la joïe tumultueuse de vos soldats vic-
„ torieux; vous embrassiez ce Général (*Le*
„ *Maréchal de Saxe*) qui n'avoit souhaité de
„ vivre que pour vous voir triompher; cet
„ homme que vos vertus & les siennes ont
„ fait votre sujèt; que la *France* comptera
„ toûjours parmi ses enfans les plus chers &
„ les plus illustres. Vous récompensiez déjà
„ par votre témoignage & par vos éloges,
„ tous ceux qui avoient contribué à la vic-
„ toire; & cette récompense est la plus belle
„ pour des *François*.
„ Mais ce qui sera conservé à jamais dans
„ les Fastes de l'Académie; ce qui est pré-
„ cieux à chacun de vous, Messieurs; ce
„ fut l'un de vos confrères (*Le Duc de Riche-*
„ *lieu*) qui servit le plus votre Protecteur &
„ la *France*, dans cette journée. Ce fut lui,
„ qui, après avoir volé de brigade en brigade,
„ après avoir combattu en tant d'endroits diffé-
„ rens, courut donner & exécuter ce conseil si
„ prompt, si salutaire, si avidement reçû par
„ le Roi, dont la vûe discernoit tout dans
„ des momens, où elle peut s'égarer si aisé-
„ ment. Jouïssez, Messieurs, du plaisir
„ d'entendre dans cette Assemblée, ces pro-
„ pres paroles que votre Protecteur dit au
„ neveu de votre Fondateur, sur le champ
„ de Bataille: *Je n'oublierai jamais le service*
„ *important, que vous m'avez rendu.* Mais,
„ si cette gloire particulière vous est chére,
„ combien sont chéres à toute la *France*,
„ combien le seront un jour à l'*Europe*, ces
„ démarches pacifiques, que fit LOUIS XV.,

T 2 „ après

„ après ſes victoires ? Il les fait encore ; il ne
„ court à ſes ennemis, que pour les déſarmer ;
„ il ne veut les vaincre, que pour les fléchir.
„ S'ils pouvoient connoître le fond de ſon
„ cœur, ils le feroient leur arbître, au lieu
„ de le combattre ; & ce ſeroit peut-être le
„ ſeul moïen d'obtenir ſur lui des avantages.
„ Les vertus qui le font craindre, leur ont
„ été connues, dès-qu'il a commandé : celles
„ qui doivent ramener leur confiance, qui
„ doivent être le lien des nations, demandent
„ plus de tems pour être aprofondies par des
„ ennemis.

„ Nous, plus heureux, nous avons con-
„ nu ſon ame, dès qu'il a régné. Nous avons
„ penſé, comme penſeront tous les peuples
„ & tous les ſiècles ; jamais amour ne fut ni
„ plus vrai, ni mieux exprimé ; tous nos
„ cœurs le ſentent, & vos bouches éloquen-
„ tes en ſont les interprêtes. Des médailles
„ dignes des plus beaux tems de la *Gréce*,
„ éterniſent ſes triomphes & notre bonheur.
„ Puiſſe-je voir dans nos places publiques, ce
„ Monarque humain, ſculpté des mains de
„ nos *Praxiteles* ; environné de tous les ſim-
„ boles de la félicité publique ! Puiſſe-je lire,
„ aux piés de ſa ſtatuë, ces mots, qui ſont
„ dans nos cœurs.

AU PERE DE LA PATRIE !

(VIII.)

(VIII.)

Reponse *de M. l'Abbé d'*Olivet, *Directeur de l'Académie* Françoife, *au Difcours prononcé par M. de V****.

Quoique l'art de louer faffe partie de la belle Litterature, j'avouerai, Messieurs, qu'il n'entra jamais dans le plan de mes études. A quoi fert, me fuis-je dit cent fois, de fe rendre habile dans un art, dont l'abus ne manque point d'avilir l'Orateur; & qui, lors même qu'on l'emploïe le plus à propos, eft moins propre à flater le vrai mérite, qu'à le bleffer? Ainfi raifonnois-je, fans prévoir qu'un jour, placé où je fuis par le caprice du fort, j'aurois à exprimer vos fentimens, & fur l'illuftre confrère que nous avons perdu, & fur celui que nous venons d'aquérir.

Il eft vrai, & je ne puis avoir que cela feul pour me raffurer; il eft vrai que la voix publique vient ici au fecours de la mienne. Car qui ne fait, Monsieur, que l'étendue de votre réputation a égalé celle de vos talens? Quel eft aujourd'hui le païs, où il fe trouve, ne difons pas des Savans & des Curieux, mais quelque forte d'humanité, quelque ombre de politeffe, & où votre nom n'ait pas pénétré? Les plus célèbres Académies de l'Europe n'en ont-elles pas orné leurs Faftes? Et depuis combien de tems avez-vous jetté les fondemens d'une gloire fi brillante? Vous étiez connu par des Poëfies ingénieufes, & d'un tour délicat,

licat, à un âge, où savoir lire des vers, c'est beaucoup. *Oedipe*, la prémière de vos Tragédies, fit douter si vous n'aviez pas dès-lors atteint de fort près le point de perfection, où sont marquées les bornes de l'Art. Une diction pure, noble, élégante; cette harmonie qu'on ne définira jamais, & qui fera toûjours son effèt; chaque passion qui parle son langage, parce que l'imagination & le cœur sont d'accord; les ornemens dispensés avec la sagesse d'un âge mûr; & cela dans un sujèt manié par les deux plus grands maîtres. Atléte encore si jeune, lutter contre *Sofocle* & contre *Corneille* ! Pour espérer de pouvoir les vaincre, il falloit nécessairement commencer par vous saisir de leurs propres armes, c'est-à-dire, conserver leurs véritables beautés; mais avec le secrèt que vous aviez de faire qu'on ne pût les distinguer de celles qui n'apartenoient qu'à vous.

Parlerai-je des autres pièces, que *Talie* ou *Melpoméne* vous ont dictées? Mais que pourrois-je en dire, qui valût ces acclamations flatteuses, dont la Sènere tentit encore tous les jours? Avouez-le; car les hommes à qui l'on ne dispute point leur supériorité, gagnent à convenir de leurs foiblesses: avouez que ces bruyantes saillies, qui sont l'organe de la multitude, & qu'on ne peut ni commander, ni reprimer, l'emportent de beaucoup sur la froide admiration d'un lecteur tranquile dans son cabinèt. Aussi étoit-il à craindre qu'un Théâtre qui tenoit de vous le pouvoir d'enchanter, ne produisît sur vous-même un

effèt

effet pareil, en vous refervant tout entier pour lui feul, & vous faifant oublier qu'il feroit beau à l'émule de *Sofocle* d'être le rival d'*Homére*. On auroit été privé de cette fameufe Henriade, que la *France* a regardée comme l'unique Poëme, dont elle pût fe faire honneur, dans un genre où l'efprit, où le travail ne fufit pas; mais pour lequel il faut du génie.

Qu'est-ce que le génie? C'eft un feu dont les ames communes n'ont jamais fenti l'ardeur, mais qui s'alume indépendamment de nous, & s'éteint de même. C'eft une lumière étincelante, mais qui ne fe montre qu'à certaines heures, pour être bien-tôt remplacée par un nuage. C'eft une douce fureur, plus ou moins fréquente. C'eft l'ivreffe de l'efprit, comme toute paffion eft l'ivreffe du cœur. En un mot, le génie eft pour les beaux Arts, l'Epope'e fur tout, ce qu'eft le Soleil pour la Terre. Tout eft produit, échaufé, vivifié, embelli par le foleil: & c'eft pareillement au génie qu'il apartient d'enfanter des vers, où il y ait de l'ame; d'en bannir la ftérilité, le froid, la féchereffe; d'inventer, de varier, d'orner; & de faire enfin que l'art, fidèle imitateur de la nature, préfente toujours l'agréable avec l'utile, le beau avec le bon, le gracieux avec le folide.

Vos prémiers maîtres & les nôtres, j'entens les Poëtes de l'Antiquité, ont enfeigné que le Dieu des vers étoit auffi chargé de préfider à la Divination. Eft-ce donc par lui, Monsieur, que vous fûtes averti de renoncer

cer pour un tems aux faveurs qu'il vous prodiguoit, & de vous apliquer à écrire l'Histoire? Oui sans doute, un pressentiment secrèt vous fit voir de loin ce glorieux emploi, qui devoit vous être destiné. Pour essàyer vos forces, vous avez écrit l'Histoire d'un *Héros*: & c'étoit vous préparer à écrire celle d'un Roi. On sera *Héros* avec des vertus dangereuses, une bravoure inquiète, d'heureuses témérités. On n'est Roi que par une sagesse capable d'alier la modération avec la valeur, & qui, usant à propos, ou de l'une, ou de l'autre, réüssit à faire le bonheur du monde. Ainsi la postérité, en vous lisant, sera presque effrayé de *Charles* XII, & nous enviera *Louis* XV.

Mais que vois-je? le cilindre d'Archimède dans ces mêmes mains, qui ne paroissoient faites que pour la lire d'*Orfée*! Peu s'en faut que dans un lieu consacré à la Poësie & à l'Eloquence, je ne me recrie contre le projèt d'unir avec leurs charmes, les spéculations de la Phisique & la Géometrie. Je serois plus hardi, n'en doutez point, si ce lieu même n'ofroit à mes regards le célèbre *Fontenelle*. Osons ne pas le traiter autrement, que comme feront nos derniers neveux. Vous avez voulu, par une émulation qui vous honore l'un & l'autre, lui enlever la gloire d'être un homme unique. Tous les deux vous faites voir qu'il étoit reservé à notre siècle, de joindre l'universalité des connoissances à celle des talens. Originaux l'un & l'autre, qui conserveront toujours leur prix, mais dont, vrai-semblableblement, il n'y aura jamais que de mauvaises copies.

Pendant que je parle de talens universels, & de connoissances sans bornes, il est difficile qu'on ne se rapelle pas l'idée de votre prédécesseur. Ce fut un Savant du prémier Ordre, mais un Savant poli, modeste, utile à ses amis, à sa patrie, à lui-même. Vous attendez, Messieurs, que j'entre dans un détail, qui puisse, pour quelques instans, suspendre votre douleur; & qui n'aboutira enfin qu'à l'aigrir, parce qu'il mettra notre perte dans un plus grand jour.

J'ai dit, un Savant du prémier Ordre; & ne croïez pas que j'abuse des termes. Depuis la renaissance des Lettres, à peine comptons-nous trois siècles : & à peine chaque siècle nous a-t-il montré deux ou trois prodiges d'érudition, qui soient comparables à feu M. le Président *Bouhier*. Hériter d'une riche Bibliothèque, qui fut à ses yeux la belle portion de son patrimoine; destiné à être le septième de son nom, qui de père en fils rendroit au Parlement de *Bourgogne*, l'honneur qu'il en recevroit; il se proposa d'égaler, & de surpasser même ces grands personnages, qui ont décoré la Robe par leur éminent savoir, les *Budés*, les *Bignons*, les *Brissons* : & bientôt ne mettant plus de frein à une ambition si respectable, il embrassa tout à la fois l'Ancien & le Moderne, le Profane & le Sacré, les Langues savantes, la Chronologie, la connoissance des Monumens antiques, la Jurisprudence, la Critique. Vous dis-je rien, Messieurs, dont vous n'aïez des preuves entre les mains?

Que ceux qui ne l'ont connu que par ses ouvrages, ne se figurent pourtant pas qu'il fût de ces Auteurs ensévelis dans leurs livres, & dont l'humeur sombre est le voile d'un ridicule orgueil. Jamais homme ne fut d'un commerce plus aisé, ni plus aimable. Une douceur naturelle, une grande candeur, autant de vivacité qu'il en faut, & jamais rien au delà, tel fut son caractère; & vous le retrouvez dans tous ses écrits. Jusques dans les ronces de la Critique, il fait éclorre les fleurs de l'Urbanité. Quand il relève une méprise, il vous insinue que celui à qui elle est échapée, mérite de l'estime par d'autres endroits. Quand il dévelope un sens nouveau, quand il présente une heureuse conjecture; si le germe imperceptible s'en trouve quelque part, il vous le dit; & on voit qu'il le dit avec plus de plaisir que n'en ont les plagiaires à se cacher. Avant lui, rien de si commun parmi les Doctes de la prémiere Classe, que de se faire entr'eux une langue à part, féconde en termes injurieux. Mais lui, ne sachant que la langue de l'honnête-homme, soit qu'il se défende, soit qu'il ataque, c'est avec un air de politesse, qui fait sentir ce qu'il est.

Remontons à la source de cette urbanité, que l'imitation ne donna point, & où l'afectation n'arive point. Vous croirez peut-être l'avoir trouvée dans une éducation, qui répondit à sa naissance. Pour moi, en convenant que cela doit y avoir contribué, je crois qu'il n'y a qu'une modestie sincère, qui fasse
des

des hommes véritablement polis. Et qu'entendons-nous par modestie, si ce n'est la connoissance de soi même ? Il avoit trop étudié, trop réfléchi, pour tomber dans les pièges, que l'Orgueil tend à l'Ignorance. Quiconque croit beaucoup valoir, est bien éloigné de savoir beaucoup.

On reproche un autre vice aux Savans, une espèce d'avarice, qui leur est propre. Tout ce qu'ils ont de lumières, ils le gardent pour eux uniquement ; comme si c'étoit s'apauvrir, que d'en faire part. Publions à la gloire de Mr. le Président *Boubier*, qu'en ce genre, plus il étoit opulent, plus il a été liberal. Hé ! dans quelle bouche seroit mieux placé que dans la mienne, l'aveu de cette générosité, que tous ses amis ont éprouvée ? Puisqu'elle se conformoit à leurs besoins, j'ai dû m'en ressentir plus que personne. J'avois en lui un guide incapable de m'égarer, & si mon fardeau me paroissoit trop lourd, disposé à me soulager d'une partie. Que ne puis-je donner ici un plein effort à ma reconnoissance ! Mais je ne dois pas, Messieurs, présumer qu'il me fût permis de parler long-tems de moi.

Une érudition si profonde, & si variée, lorsqu'elle se rencontre dans une personne publique, seroit-elle la suite d'une intempérance, ou plutôt d'une manie, qui fait qu'on veut quelquefois aprendre tout hors ce qu'on est obligé de savoir ? Vous n'en soupçonnerez point le Magistrat, qui cause nos regrèts. Persuadé, comme il le fut dès sa plus tendre jeunesse, que le mérite essentiel du grand homme me est de servir la patrie, & que les services qu'elle attend de nous, se règlent sur le rang qu'on y tient; il comprit que si d'autres études ne lui étoient pas interdites, si elles lui étoient même nécessaires pour nourir l'activité, & l'étonnante facilité de son esprit, au moins l'étude des Loix devoit-elle toujours être son principal objèt. De-là ces deux immenses volumes, qui ne laisseront dans le Droit municipal de sa Province, ni obscurité, ni contradiction, ni équivoque. Ouvrage, dans lequel je ne sais ce qu'on admirera le plus, ou le zèle qui l'a fait entreprendre, ou le courage & la persévérance d'un Savant, dont le goût étoit décidé pour les travaux Académiques, & à qui les Muses & les Graces ofroient de continuelles distractions.

Que me reste-t-il, qu'à vous le peindre dans sa vie privée? Car à quel propos nous aplaudir de nos laborieuses veilles, si elles ne servent pas à nous rendre heureux, & par conséquent vertueux, ou, ce qui est la même chose, plus dociles à la Raison, qui nous parle dans nos livres? Voilà en quel sens Mr. le Président *Boubier*, bon mari, bon père, bon ami, juge intégre, sage économe de son bien, & de ses talens, recueilloit sans cesse le fruit d'une étude tournée à sa propre utilité. Ses jours, partagés entre sa charge, sa famille & son cabinèt, formèrent le cours d'une vie égale, qui ne respiroit que l'honneur & la décence. Arrive le jour fatal, il n'en est point ému, parce qu'il avoit apris de la Philosophie à le prévoir, & de la Religion à s'y préparer. Un
frère

frère digne de lui, & dont les vertus illuſtrent l'Epiſcopat, reçoit ſon dernier ſoupir. Une tendre mère, plus que nonagénaire, lui ferme les yeux.

Vous avez Messieurs, bien peu jouï de ſa préſence; & vous ne vous flatiez preſque plus de le revoir dans vos aſſemblées. Une goûte impitoïable l'a tenu, pour ainſi dire, enchainé depuis près de quinze ans. Ce qu'il y trouva de plus dur, il m'a fréquemment chargé de vous le témoigner; ce fut de ſe voir ſéparé de vous, & hors d'état de vous rejoindre. Au milieu des plus vives douleurs, il penſoit à vous. Dans ces triſtes momens où il n'avoit de libre que la tête & le cœur, il verifioit : aimant à croire qu'un genre de travail, qui eſt plus particulièrement le votre, Messieurs, le raprochoit de vous. Il a même conſenti à publier quelques-unes de ſes Poëſies, non pour ſe parer d'un talent qu'il avoit de bonne heure ſacrifié à de plus importantes occupations, mais pour avoir de quoi offrir un hommage à l'Académie.

Je reviens à vous, Monsieur, & je finis en vous exhortant à une aſſiduité, qui nous dédommage de ce que la longue abſence de votre prédéceſſeur nous a fait perdre. Tout doit vous attirer ici, des exercices qui tendent à épurer la langue, & le goût; des efforts unanimes pour avancer le progrès des beaux Arts; une eſtime réciproque, & une parfaite union; des talens, plutôt divers qu'inégaux, & nulle diſpute, ſi

ce

ce n'eſt à qui marquera le plus de zèle pour la gloire de notre auguſte Protecteur. Quelle aparence, que nous éuſſions pû voir l'Hiſtoire de ſon merveilleux Règne, prendre naiſſance ailleurs, que dans le ſein de l'Académie? Venez donc vous aſſeoir parmi nous: & afin que cette Hiſtoire, qui ne ſera qu'un tiſſu de faits admirables, mérite d'être admirée elle-même, n'oubliez point qu'aujourd'hui nous contractons un engagement mutuel; vous, Monſieur, de nous faire honneur par vos travaux; nous, de nous intéreſſer à vos ſuccès.

(IX)

Réflexions *ſur le Remerciement de Mr. de V*** à l'Académie Françoiſe.*

Il paroit ici Mr. deux diſcours, l'un de Mr. de V*** & l'autre de Mr. l'Abbé d'*Olivet*. Je vous les envoïe tous deux. Et comme ce ſont deux Pendans, & que je ſuis preſqu'accoûtumé à vous écrire des Paralelles; permettez-moi de vous en faire encore: ſi de vous montrer Mr. de V*** en ſa qualité d'Orateur, à peu près tel que je vous l'ai fait voir en ſa qualité de Poëte.

Mr. de V*** aïant été reçu à l'Académie Françoiſe, a été obligé de prononcer un diſcours à ſa réception, & le Directeur de lui répondre. Mr. l'Abbé d'O*** a rempli ſa charge avec toute la ſageſſe & toute la diſcrétion convenable. Il avoit deux Eloges à faire

re l'un de l'Académicien entrant, & l'autre de l'Académicien mort. Il a dit au prémier toutes les Politesses qu'il mérite sans doute; mais sans compromettre, ni lui-même, ni sa place, ni la Compagnie au nom de laquelle il parloit. Vous sentez que le pas étoit délicat. Quand il vient à Mr. le *P. Boubier*; il le montre d'une manière à le faire regretter par ceux-mêmes qui ne l'ont jamais vû. C'est ce qu'on peut dire d'un éloge bien fait, & c'est ce qu'on en a pensé.

Pour ce qui est du Discours de Mr. de V***. vous n'y verrez rien de ce que vous croïez y voir. Il est tout, excepté ce qu'il doit-être. Ce sont des réfléxions, des observations, des morceaux de Dissertations, des lambeaux de Panegyrique. Il n'y a que de remerciement dont il n'y a pas un seul môt : c'étoit son sujèt.

J'ai été surpris, je vous l'avouë, de voir d'un côté un Homme qui remuë tout l'Univers, & qui montre un empressement prodigieux pour arriver à une place; & de l'autre, ce même Homme qui paroît indifferent & comme insensible lorsqu'il y est arrivé. Mr. de V***. se pique de sensibilité & d'amitié, ces vertus peuvent-elles être bien pures & bien solides sans la reconnoissance.

Tout Discours, en pareil cas doit-être assorti aux circonstances. La place dont il prenoit possession, les personnes à qui il parloit, celles qui l'écoutoient, lui dictoient ce qu'il devoit dire. On croïoit le prévoir par les seules conjectures du bon sens : mais l'Orateur a des marches dérobées, des détours qui ne sont

qu'à

qu'à lui : il parle comme il veut ; ses principes & son autorité le mettent au-dessus des règles.

Son discours est composé de trois parties, à ce que je crois, d'un Eloge maigre & croqué du *P. Bouhier* : d'une dissertation sur la Langue Françoise ; & d'une tirade d'Eloges. Voïons comme l'Auteur à sçu lier des matières si peu faites pour s'unir.

Les quatre premiéres phrases qui font une maniére d'Exorde ; plaisent assez, quand on les lit rapidement, & sans y faire trop d'attention. *Votre Fondateur, Mr. vous a fait libres & égaux ; parce que vous êtes au dessus de l'intérêt & que vous cultivez les belles Lettres pour elles-mêmes... Il étoit peut-être à craindre que des travaux si honorables ne se ralentissent.* Ces deux phrases sont vraïes ; mais l'une ne méne point à l'autre. *Ce fut pour les conserver* (ces travaux) *dans leur vigueur, que vous vous êtes fait une règle, de n'admettre aucun Académicien qui ne résidât dans Paris. Vous vous êtes écarté de cette loi en faveur du P. Bouhier.*

De toutes ces pensées, la prémiére est un rayon qui sembloit annoncer une suite lumineuse. L'Auteur l'a fait partir, parce qu'il l'avoit. Mais il faut venir au sujèt, & cette idée n'y mène point ; n'importe ; il faut du brillant au début ; & après avoir dit les grands mots de *liberté, d'indépendance*, nous parlerons dans la troisième phrase, de *rallentissement*, de *règles*, de *dispense*. J'aimerois bien mieux une belle suite d'idées que ces zigzags.

Mr. le P. se consola de n'être point à Paris,

à

à l'*Académie* ; *parce qu'il étoit à Dijon où il y a beaucoup de Gens de Lettres.* C'est-à-dire que Dijon & les Gens de Lettres qui y sont, tenoient lieu au P. B. de Paris, & des Académiciens; cette comparaison fait honneur aux Citoïens de Dijon, mais en fait-elle à l'Académie? Est-il poli de dire à quelqu'un : *Je me suis consolé de n'être pas avec vous ; parce que j'étois avec d'autres.*

Il *faisoit ressouvenir la France de ces Magistrats, qui se délassoient* des fatigues *de leur état, dans les travaux de la Litterature :* Croïez-vous Mr. qu'on se délassât des *fatigues* par les *travaux*? l'Antithése est pauvre & puérile. Mais n'importe, c'est toujours antithése. *Que ceux qui se renferment dans le cercle étroit de leur emploi, sont à plaindre :* voilà une proposition qui est de Mr. de V***: en voici une autre qui n'est pas de lui : *Que la Société seroit heureuse si chacun trouvoit son bonheur à se renfermer dans ses emplois!* Laquelle des deux est la plus vraie & la plus sensée?

Pour prouver qu'il faut *sortir du cercle de ses emplois*, l'Orateur cite l'Exemple de Ciceron, qui *plaidoit la cause des Citoïens, qui écrivoit sur la nature des Dieux, qui cultivoit l'amitié de Roscius* Comédien. Mais quelle opinion nous donne-t-il de ses sentimens & de ses idées? De mettre au même niveau, l'éloquence qui deffend le Citoyen, la Philosophie qui l'instruit, & la Comédie qui l'amuse : tout cela délassoit-il également Ciceron? Sortoit-il bien alors du cercle de ses Emplois? Tous ses amusemens mêmes n'y avoient-ils pas rapport? *Atque a-*
V
deo

deo mihi concedendum est magis quod ex his studiis hæc quoque crescit oratio, & facultas: quæ quantacunque in me est, nunquam amicorum periculis defuit; il y a apparence que Ciceron est un exemple mal choisi; ou mal emploïé. C'étoit sûrement un *petit esprit*, qui ramenoit tout à ses emplois: mais pour en faire un génie superieur, Mr. de V***. lui prête ses pensées & ses goûts; il le fait voltiger dans tous les genres; lui fait effleurer toutes les matiéres, & cela uniquement pour promener ses idées, au lieu que l'Orateur Romain ne songeoit qu'à servir sa patrie: *Je rougirois*, dit-il, (a) *si, comme quelques-uns, je me livrois à une Etude stérile pour la Société, me renfermant dans mon cabinèt avec des ouvrages de Litterature, mais, &c.* Ciceron ne croïoit pas assurément que la constante *gravité* d'un Citoïen dans ses emplois, fut la marque de la *médiocrité*; au contraire, il regardoit cette amusante *variété* qui rejoüit nos *esprits prétendus non médiocres*, comme une marque de foiblesse & de *légereté*.

M. le P. B. n'estime pas même tout ce qu'il traduit. M. de V***. a intention de loüer, je pense. Vous voïez comme il sçait choisir les beaux traits. Que peut-on tirer de celui-ci à l'honneur de celui qui est loué?

M. le P. B. prétendoit: *que les Poëtes doivent être traduits en Vers. On ne sera pas étonné que je me range à son sentiment.* Pourquoi nous dire cela? je ne vois point de raison pour être étonné. Quelque sentiment que prenne
Mr.

(a) *Pro Arch. Poët.*

Mr. de V***. il eſt autant Poëte qu'Orateur, autant Orateur que Poëte; ainſi on ne ſeroit pas étonné qu'il prit un ſentiment plûtôt que l'autre, ou même qu'il les prît tous deux enſemble.

J'aime mieux prononcer devant vous un Diſcours utile, qu'un Diſcours éloquent. Mr. de V***. eſt Philoſophe, par conſequent au-deſſus *des idées vulgaires.* Quelle difference, met-il donc entre un Diſcours utile, & un Diſcours éloquent? un Diſcours peut-il être vraiment utile, ſans être éloquent, ou vraiment éloquent ſans être utile? Je ſais bien, par exemple, qu'on peut faire un Diſcours qui ne ſoit ni *utile*, ni *éloquent*; mais quand de ces deux qualités l'une eſt bien réelle & bien marquée, l'autre la ſuit.

La difficulté ſurmontée fait une grande repartie du mérite. De qui? Ou de quoi? De la perſonne, ou de l'Ouvrage! Mr. de V***. *va démêler la raiſon pourquoi nous n'avons encore en vers aucun grand Poëte de l'Antiquité.* Et pour en venir à bout, il poſe ce principe: *La difficulté ſurmontée dans quelque genre que ce puiſſe etre, fait une grande partie du mérite.* Ce n'eſt point de l'Ouvrage, ſans doute; car, s'il eſt bien fait, quoique fait aiſément, il n'en a pas moins de mérite. C'eſt donc le mérite de la perſonne. Par conſequent voici le raiſonnement de l'Orateur: *Il n'y a point de Nation au monde, chez laquelle une perſonne mérite plus que chez la nôtre, en rendant une véritable vie à la Poëſie ancienne;* donc nous ne devons point avoir de Traduction. Que fait là le mérite? Il ſuffiſoit de dire ſimplement:

n'avons point de la Traduction des Anciens, parce que cela est très-difficile parmi nous; il ne falloit point faire de galimatias, pour prouver cette difficulté dont tout le monde convient, mais il falloit aller tout de suite au nœud, & dire, si l'on veut que c'est la faute de notre Langue. L'Orateur y vient. Voyons comment il se *démêle* d'un raisonnement où il veut *démêler* les causes.

Les prémiers Poëtes formérent le génie de leur langue. Voilà qui est prononcé. C'est comme si on disoit: les prémiers Peintres formérent le caractère des couleurs naturelles. Non Mr. on parla d'abord pour se faire entendre; & quand la Prose fut bien établie dans ses droits, elle s'émancipa dans la Poësie. Elle y devint même un peu libertine: desorte que du consentement de tous les Grammairiens, c'est dans la Prose & non dans la Poësie, qu'il faut aller chercher le vrai caractère & le vrai *génie* des Langues.

Les Grecs & les Latins emploïerent d'abord la Poësie à peindre les objèts sensibles de toute la Nature. Cela est faux encore, ce fut la Prose. Les Langues Grecques & Latines étoient faites avant *Homère* & *Virgile*. On peignoit tout dans les discours, avant qu'ils eussent entrepris de peindre dans leurs Poësies; on ne peignoit pas si bien qu'eux, il est vrai, mais cependant on peignoit.

Les François qui n'ont guères commencé à perfectionner la grande Poësie, qu'au Théâtre, n'ont pû & n'ont dû exprimer alors, que ce qui peut toucher l'ame. Où va notre Orateur? Où va t'il?

t'il? Je crois que voici son idée : nous ne pouvons traduire les Vers en Vers ; parce que notre langue est pauvre : elle est pauvre, parce que les Poëtes ne l'ont point enrichie : ils ne l'ont point enrichie, parce qu'ils ont commencé par des piéces de Théâtre. Mais *Virgile* qui n'est venu chez les Romains qu'après les piéces de Théâtre, en a-t'il trouvé la langue Latine plus pauvre ? L'Orateur Académique veut en venir à cette vieille idée, qu'il a jettée dans la Préface de sa Henriade, *que notre Langue ne peut peindre noblement les petits détails.* Que de circuits inutils pour arriver ? Mais quel raisonnement ? Nous ne pouvons peindre les petits détails : donc nous ne pouvons traduire les grand Poëtes de l'Antiquité. C'est sans doute *Homere, Virgile, Sophocle, Horace*, qu'il entend ; mais c'est justement où les petits détails sont les moins nécessaires. Notre Langue ne peut s'abbaisser aux petites choses ; donc, au moins doit-elle réussir mieux que les autres dans les grandes. Et supposé qu'elle ne puisse *nommer sans détour les Instrumens de l'Agriculture,* comme *la Bêche,* le *Rateau,* le *penible Hoyau,* le *Soc* tranchant, que *Despreaux* nomme cependant dans l'Epître à son Jardinier ; cela n'empêche pas qu'elle ne puisse prendre *Jupiter tonnant,* & *Pluton qui s'effraïe dans les Enfers.* Disons plûtôt que c'est la verve du Poëte, qui manque à la Langue ; cette verve, quand on l'a, fait tout annoblir. On dit tout en François, quand on a assez de génie pour bien manier la Langue : & s'il y a des choses que nous ne pouvons nommer, il faut s'en prendre au goût & à la délicatesse de la Nation, plûtôt qu'au génie de la Langue : deux choses tout-à-fait différentes & qu'on ne distingue pas assez. Si cette contrainte irrite la paresse de l'Auteur, elle maintient les droits de la bienséance, & de la politesse.

Le langage du cœur & le style du Théâtre ont entiérement prévalu : ils ont embelli la Langue Françoise, mais ils en ont resserré les agrémens dans des bornes un peu trop étroites. Voilà ce que j'appelle des Phrases vagues, qui ne ménent à rien, qui ne signifient rien, qui ne jettent nulle lumiére dans l'esprit. Tout ce qui s'exprime dans la Poësie, est ou récit, ou sentiment, ou raisonnement. Ces deux derniéres parties se trouvent au Théatre dans tous les dégrés possibles, selon les conditions & les situations des Acteurs Et si les Discours Dramatiques ont *embelli la Langue Françoise*, ils ne l'*ont resserrée* ni du côté du grand, ni du côté du simple. Une suivante dans *Moliére*, dit tout ce qu'elle pourroit dire, quand elle seroit à *Rome* ou à *Athénes*, à quelques polissonneries près, que M. de V***. sans doute ne regrette pas. *César*, *Pompée*, *Alexandre* dans *Corneille* & dans *Racine* disent ce qu'il peut y avoir de plus grand dans le discours de l'Epopée : car les Discours de l'Epopée sont Dramatiques, chacun y a le ton qui lui convient. *Junon*, qui s'excite à la vengeance, parle, comme elle feroit sur un Théatre : & *Enée* qui gémit à la vûë de la tempête, ne gémiroit pas mieux sur la scéne.

ne. Ainsi *le langage du cœur, & le stile du Théatre ne nous ont resserrés* ni dans le grand, ni dans le simple, lorsqu'il s'agit des sentimens, ou des raisonnemens. Ils ne nous ont pas fait plus de tort dans les récits. Que répondra M. de V***. à l'exemple de la *Fontaine* pour le récit des plus petites choses, *le langage du cœur & le stile du Théatre, l'on-t'ils resserré dans des bornes trop étroites?* Et s'il veut du grand, que répondra-t'il aux récits de la mort d'*Hyppolyte*, du passage du Rhin! Mais selon lui notre Langue n'a point le défaut de ne pouvoir atteindre aux grandes choses, c'est de ne pouvoir descendre aux petites: & voilà pourquoi nous ne *pouvons traduire la haute Poësie des Anciens.*

C'est Terence qui chez les Romains parla le prémier avec une pureté toujours élégante. L'Orateur confond l'élégance des choses avec l'élégance des mots. *Plaute* parloit plus naïvement & aussi élégament que *Terence*; mais le fond des choses n'étoit pas si choisi chez lui que dans *Terence*. Il avoit deux défauts qui ne regardoient point la *pureté* du langage: l'un dans ses vers, qui n'étoient pas toujours assez réguliers; l'autre dans ses plaisanteries, qui n'étoient pas toujours du goût des honnêtes gens. Mais pour le langage, le sçavant *Varron* disoit, même après avoir lû *Terence*, que les Muses, quand elles voudroient parler latin, emprunteroient le langage de *Plaute*. D'ailleurs, M. de V***. tombe ici en contradiction avec lui-même: il dit *que la Langue Françoise a été resserrée dans des bornes plus étroites* *que la Latine*, parce que *les François n'ont guères commencé à perfectionner la Poësie qu'au Théatre*: & il dit ensuite, *que c'est Terence qui chez les Romains parla le premier avec une pureté toujours élégante.* Pourquoi nos Dramatiques nous auroient-ils fait un tort, que *Terence* n'a point fait aux Romains?

Me désavouerez-vous donc, Messieurs, quand je dirai que le vrai mérite, & la réputation de notre Langue, ont commencés à l'Auteur du Cid & de Cinna. Oüi, M. on vous désavouera, parce que de deux choses que vous dites, il y en a une qui est fausse: *C'est que le vrai mérite de notre Langue ait commencé à Corneille.* Prenez garde que vous distinguez deux choses, le *vrai mérite* & la *réputation*: & comme vous les confondez dans la suite de votre raisonnement, vous faites un sophisme. La *réputation* de notre Langue, a commencé, si vous voulez, avec *Corneille*, mais son vrai mérite existoit avant lui. *Balsac* sçavoit mieux le François que *Corneille*, & il a plus fait que lui pour notre Langue. Il lui a donné du nombre, du feu, de la noblesse, de l'exactitude. Elle avoit tout quand *Corneille* est venu, excepté les Ouvrages. *Montagne, Marot, Malherbe* & *Racan* étoient célébres chez nous; ils ne l'étoient point chez les Etrangers; cela ne prouve point que notre Langue de leur tems n'étoit point faite; cela prouve seulement que nous n'avions pas d'Ouvrages, ou qu'ils n'étoient pas encore assez bons, & par conséquent sans *Corneille* & ceux qui l'ont suivi, notre Langue seroit restée dans *l'obscurité*:

cela

cela est vrai. Mais ce n'est pas raisonner juste ; que de conclure qu'elle seroit restée à jamais dans *la médiocrité*, à moins que vous veüilliez prétendre, que tout ce qui est obscur est médiocre, & que tout ce qui est médiocre est obscur. Si cela étoit, combien de *célébrités* se changeroient en *obscurités* ? Vos hinc, hinc vos.

Un de leurs Contemporains, incapable, peut-être du sublime qui éleve l'ame, & du sentiment qui l'attendrit : C'est de *Despreaux* dont il s'agit. Qu'est-ce que le sublime ? Est-il dans les grands mots, dans les phrases sonorées, empoulées, dans les pointes épigrammatiques, dans les bluettes de l'antithèse. Il faut juger avec réserve les grands hommes, de peur de condamner ce qu'on n'entend pas : *ne damnent quod non intelligunt*. Le sublime se trouve dans tous les genres. C'est un degré de perfection qui enleve l'admiration de quiconque est né pour sentir. On peut être sublime, non-seulement dans une *Henriade*, dans le Temple de la Gloire ; mais dans une Fable de la *Fontaine*, ce grand homme que M. de V***. a oublié de nommer dans son discours, & que je suis sûr qu'il adore, sans sçavoir, peut-être, que c'est parce qu'il est sublime. Pour prononcer qu'un Auteur n'est pas sublime ; il faut demander auparavant si la matiére qu'il a traitée comportoit le sublime qu'on dit qui lui manque ; quand *Despreaux* dans quelques-uns de ses Ouvrages, n'auroit pas le sublime dont on parle, on ne seroit point en droit de prononcer *qu'il étoit incapable de sublime*. Il l'a été

été sublime, quand il a pû & quand il a dû l'être. Qu'on life le passage du Rhin, plusieurs morceaux du 4e. Chant de l'Art poëtique, plusieurs du Lutrin, on verra *s'il étoit incapable du sublime qui éleve l'ame.* Le Discours de la Molesse n'est-il pas sublime? Non: il n'y a pas de grands mots . . . . Les grands traits dans les images, les tours naïfs & heureux, les expressions vives & piquantes, les pointes aigues de la Satire la plus délicate, tout cela n'est point sublime comme le sont *Phedre* & *Cinna*: ainsi on peut dire *que Despreaux étoit incapable du sublime.* En vérité il seroit bien plus sage de ne point hazarder de telles décisions.

J'avoue que *la gloire de nos Armes se soutient mieux que celle de nos Lettres.* Personne ne sera assez hardi pour contester cette vérité à M. de V***. sur-tout après avoir lû son Discours; on ne lui dira point non plus après avoir lû son Poëme sur la Bataille de Fontenoi.

* François vous savez vaincre, & chanter vos victoires.

Mais quel besoin avoit l'Académie de cette comparaison odieuse pour elle. Il loue le Roi, mais le Roi a-t'il besoin de l'opposition avec les Lettres pour paroître grand? Et l'Académie devoit-elle s'attendre dans un remerciment qu'on lui fait, à des antithèses où elle est écrasée? Je veux croire, pour l'honneur du nouvel entrant, que c'est l'antithèse même

* Henriade, Ch. 7.

même qui l'a ébloüi, & qui l'a empêché de voir ce qu'il difoit. Elle l'a auffi ébloüi, quand dans la page précedente, en parlant du Souverain Pontife, il oppofe *inftruire* à *gouverner*: *quand il* inftruit *le monde Chrétien qu'il* gouverne: on ne gouverne les efprits qu'en les inftruifant. On ne peut les forcer, il faut les perfuader, par conféquent les inftruire. Elle l'a ébloüi quand il a dit : que *le même goût naturel qui a fait recevoir à Petersbourg la Mufique Italienne, y a fait aimer l'éloquence françoife.* Voilà *Boileau*, *Corneille*, *Racine*, *Moliere*, comparés à la Mufique Italienne; tout fera pétillant chez eux, chiqueté, pulvérifé. Un homme qui s'ébloüit fi fouvent auroit prefque befoin d'un guide.

Crébillon eft fur la fcène, comme un Héros fur les débris de fa patrie qu'il a défenduë. Voilà apparemment du fublime : mais à qui fait-il honneur? A *Crébillon* qui a défendu cette Patrie; fans avoir pû l'empêcher de périr, ou à l'Académie qui auroit dû la rendre toujours glorieufe & triomphante? Voilà le fort de ces belles idées; on les trouve creufes quand on les fonde.

C'eft précifément parce qu'il y a beaucoup d'efprit en France, qu'on y trouvera dorénavant moins de génies fupérieurs. Il s'enfuit de cette propofition que dans le fiécle paffé, il y avoit moins d'efprit en *France* qu'il y en a aujourd'hui; parce qu'alors il y avoit beaucoup de génies fupérieurs. Comme il y avoit peu de Connoiffeurs, on laiffoit aux *Corneilles*, aux *Boileaux*, aux *Racines*, aux *Molieres*, aux la
Fon-

Fontaines, aux *Desboulières*, aux *Quinauts*, aux *Flechiers*, aux *Bossuets*, aux *Bourdaloues*, aux *Fenelons*, la liberté de *porter leurs têtes au dessus des autres*. Mais si tous ces grands hommes vivoient aujourd'hui, *il y a tant d'esprit en France*, que par cette raison *précisément*, ils se trouveroient de niveau avec les autres. *Le commerce de l'esprit est si étendu aujourd'hui, l'opulence si génerale, qu'il n'y a plus de grandes fortunes à espérer.*

Les Etrangers sont avertis que la Langue Françoise perd déjà beaucoup de sa pureté chez les Hollandois. Les Etrangers avoient besoin de l'avis, & dorénavant ils n'iront plus à *Amsterdam* apprendre le François; mais ils viendront à *Paris* lire la *Henriade*, & le Remerciment de M. de V***. à l'Académie, pour apprendre le beau langage, & l'art de faire de beaux complimens par antithèse.

La Langue est prête à se gâter parmi nous par le mélange des stiles. Cette remarque n'est malheureusement que trop vraie. Mais que M. de V***. s'en plaigne, cela est assez singulier.

Quis tulerit Gracchos de seditione querentes?

Par exemple, (sans parler de la Princesse de *Navarre*) ce Discours qui doit être tout dans le stile médiocre, est tantôt familier, tantôt poëtique, quelquefois il y a des élans du stile lyrique : vous verrez dans ce qui suit des amis unis par le goût des Arts, qui s'assemblent sans se montrer à la Renommée : Vous verrez un Roi qui cache *la hauteur de son ame*,

& qui ne peut en affoiblir les rayons, qui en perçant, malgré lui, le voile de sa modestie, y prennent un éclat plus durable. Qui croiroit que cette phrase allégoriquement entortillée, est faite pour achever de peindre l'admirable simplicité d'un Roi qui fait les plus grandes choses, comme si elles étoient dans *l'ordre ordinaire*, il n'y avoit qu'à les dire comme il les fait. Passez à l'Orateur, *l'ordre ordinaire de la nature* la fait *naître* pour mépriser ces minuties de stile. *Il est d'autres défauts dont je suis encore plus frappé, parce que j'y suis tombé plus d'une fois.* C'est justement par cette raison, Mr. que vous devez en être moins frappé; c'est beaucoup pour un Auteur *yvre d'encens & de prospérité*, d'avoir des soupçons sur ses défauts. Mais vous, vous en êtes frappé. Corrigez-vous donc. Dans ce qui suit, par exemple, vous le pouvez: il y a matiére: *Mais je trouverai parmi vous, Messieurs, les secours que Mr. le P. B. s'étoit donné par ses études. Plein de la lecture de Ciceron, il en avoit tiré le fruit de s'étudier à parler le François, comme ce Consul parloit le Latin.* Et vous, Mr. quel fruit tirez-vous de ces M^{rs}? Vous n'en parlez point: vous brisez-là votre pensée qui paroissoit annoncer un second membre; voiez la marche de vos idées: notre Langue se gâte: je trouverai parmi vous des secours pour me corriger, comme le P. B. a tiré de *Ciceron* le fruit de s'étudier à bien parler François. Mais c'est à Mr. l'Abbé d'O**, qui sçait bien *Ciceron*, à vous parler du P. B. Quel rapport cette queuë a-t'elle avec la dif-

sertation sur le mérite de la Langue Françoise. Il paroît que l'Orateur nouveau n'a pas fait son étude particuliére de l'art des transitions. Elles sont pourtant un des plus grands mérites des ouvrages d'esprit. Toutes ses idées produites par une effervescence d'imagination se confondent & se doublent. Il embrasse d'un coup d'œil mille choses. Il est en *Prusse*, à *Stockolm*, en *Italie*, à *Londres*, en *Hollande*, à *Dijon*, où n'est-il pas ? A l'Académie, peut-être. Il differte, il prône, il panégyrife, il jette en phrase..... Ce n'est pas ainsi que se fait un Discours sensé. Il faut d'abord considerer toutes les pièces qui doivent le composer: les traiter, les ajuster: en préparer les articulations & les jointures, & quand cette opération est faite, y jetter les pensées pour habiller l'esquelette, pour lui donner du mouvement, de la vie, & enfin, revêtir toutes ces parties d'un stile uniforme & en même tems varié; & sacrifier de bonne grace toutes les beautés étrangeres, fut-ce le plus bel œil du monde, la plus belle main : deux suffisent pour le besoin & pour la grace. Et c'est mal entendre ses intérêts que de vouloir tout rassembler sur un même corps. Mr. de V***. n'est point dans ce principe. Il avoit sur son Bureau des ébauchés, telles qu'en font les esprits dont la profession est de penser : l'occasion de faire un Discours à l'Académie se présente, il rassemble ses matériaux, & voilà un Discours tout fait.

C'est ainsi que l'Académie fut d'abord formée. Mr. de V***. se mocque de nous. Il nous pré-

présente cette pensée comme une conséquence, & il n'en a pas dit un mot dans ce qui précede. Si c'est une nouvelle idée qui lui vient sur l'origine de l'Académie. Il falloit dire, *voici comme l'Académie, &c. J'oserois m'étendre sur les bontés, dont la plûpart d'entre vous m'honorent, si je ne devois m'oublier, pour ne vous parler que du grand objèt de vos travaux, des intérêts devant QUI, ou LESQUELS, tous les autres s'évanoüissent, de la gloire de la Nation.* C'est ici apparemment la proposition du sujèt. L'Orateur va entrer en matiére. Je vais Mrs. vous parler de la gloire de la Nation qui est le grand objèt de vos travaux. Jusqu'ici dans ces 18. prémiéres pages, nous n'avons que préludé, mais dans les cinq qui nous restent, je dois *vous parler du grand objèt de vos travaux* : *Je scai combien l'esprit se dégoute aisément des éloges.... mais je ne puis refuser le tribut que je dois : parce que celebrer des grands hommes, c'est dire, imitez-les : donc il faut les louer encore aujourd'hui quoiqu'on l'ait deja fait mille fois.* Mais Mr. de V***. devoit parler à l'Académie *du grand objèt de ses travaux* : il ne paroît pas en prendre le chemin. Non : il va louer les grands hommes qui ont fondé l'Académie. Vous le croïez, Mr. parce que l'Orateur vous l'a promis ; mais il manque de parole, il vient de plein saut à un parallele qu'il fait de *Louis* XV. avec *Louis* XIV. Il est du bel air de voltiger, on passe pour un esprit qui ne prend que la fleur des choses, & qui ne donne que de l'exquis. *Louis* XIV. *se signala par des monumens admirables..* O *vous*

son

son auguste Successeur, vous l'avez déja imité, &c. C'est-là une fusée lyrique, qui part à propos de rien. N'y auroit-il pas eu plus de décence & plus de sagesse à dire: *Son auguste Successeur l'a déja imité, &c.* Les figures sont de bon usage quand elles sortent du fond même du sujèt; mais quand elles ne sont que commandées, & qu'elles le paroissent, elles donnent à tout discours l'air de déclamation. C'est un feu pâle qui enlaidit les objèts plutôt que de leur donner du lustre; qui gonfle le stile plutôt que de l'animer. Après avoir loué *Louis* XIV. & *Louis* XV. l'Orateur continue.

Mais ce qui sera conservé à jamais dans les fastes de l'Académie, ce qui est précieux à chacun de vous, Mrs, ce fut un de vos Confrères qui servit le plus votre Protecteur. Cette phrase qui commence par un *mais* emphatique, ne semble-t'elle pas annoncer que la matière s'éleve & qu'on va entendre quelque chose de plus précieux que ce qui précede: *Major rerum mihi nascitur ordo, majus opus moveo.* Est-ce une suspension? Venons à la décision: *Ce qui sera, ce qui est, ce fut l'un,* comment concilier tous ces tems? *ce qui sera* conservé, *ce fut l'un de vos Confrères.. ce qui* est précieux à chacun de vous *ce fut l'un de vos Confrères....* & ensuite, pourquoi *l'un* & non pas un?.. *qui courut donner & exécuter un conseil:* je croïois qu'on disoit, *suivre un conseil, exécuter un ordre: courir exécuter un conseil prompt:* Est-ce là le purisme Académique? *Conseil reçu par le Roi, dont la vûë discernoit tout dans des momens, où elle s'égare aisément.* Ces deux consenfonnances font d'un Auteur négligent, ou qui va trop vîte ; il avoit déja dit plus haut, *la constante gravité* n'eſt que la marque de *la médiocrité*.

L'Orateur finit par l'éloge du Roi : Il loue en paſſant l'Académie des Inſcriptions ; celle de Sculpture & de Peiture, & ſouhaite de voir ériger au Roi une Statuë avec ces mots : *Au Père de la Patrie*. Une choſe m'a fait rire dans cette eſpèce de péroraiſon, c'eſt que Mr. de V***. deſire de voir cette Statuë, avec une ardeur qui feroit croire qu'il regarde la choſe preſque comme impoſſible. *Puiſſe-je voir dans nos Places publiques ce Monarque, &c.* Vous le verrez, Mr. de V***. le plus fort eſt fait, pour vous contenter ; c'étoit de le mériter.

Vous me direz, peut-être, Monſieur : que ceci eſt un diſcours d'appareil, où il ne faut point exiger toute la régularité d'un plaidoïer ou d'un diſcours de morale ; il me ſembloit, par cette raiſon même, que c'eſt un Diſcours de montre & d'appareil, un Diſcours fait pour plaire à l'eſprit ; que tout devoit y être régulier & travaillé avec ſoin. Mais il s'en faut bien que j'exige cette perfection. Je ne demandois qu'une choſe : c'étoit que le Diſcours fut ce qu'il devoit être : qu'il y eut du ſens & de l'eſprit, & que l'un & l'autre fut exprimé avec juſteſſe & avec grace. Et pourquoi donc a été faite l'Académie ? N'eſt-ce point pour donner des modéles de diſcours de langage ? Etoit-ce pour nous apprendre à lancer des phraſes au hazard, ſans s'embaraſſer d'y mettre de la ſuite ni de la liaiſon ? Quelle idée

X nous

nous donneriez-vous de l'Académie, & de ceux qui l'ont établie? Où irai-je chercher des Maîtres, si ce n'est-là? A qui me fierai-je, si M. de V***. me trompe? Qui me corrigera, qui me conduira, s'il a besoin d'être corrigé & d'être conduit? C'est faire justice que de montrer à de certaines gens leurs défauts. Vous ferez de ma Lettre, l'usage que vous jugerez à propos: & si par hazard elle parvenoit jusqu'à M. de V***. lui-même, je le crois trop galant homme pour s'en fâcher: *La saine critique, si opposée à la satyre*, a toujours été permise. J'aurois claqué des mains comme les autres, si je l'eusse pû en conscience, & je lui promets de ne pas y manquer quand il m'en donnera l'occasion. Je ne demande pas mieux que d'approuver quand il y aura sujèt. J'ai l'honneur d'être.

21. Mai 1746.

(X.)

MEMOIRE signifié *pour* Louis Travenol, *de l'Académie Roïale de Musique, contre le Sieur* A** *de* V***. *de l'Académie Françoise.*

Le Sieur de V***, après avoir essuïé depuis qu'il s'est acquis de la celebrité, tous les traits du Parnasse, sans avoir osé jamais en repousser aucun, rompt enfin le silence. Devenu tout à coup plus délicat & plus sensible, ou pour mieux dire, se croïant plus apuïé, il use de son nouveau crédit pour y tirannifer.

Il

Il jette l'épouvante dans toutes les familles de Libraires; menaces, surprises, abus de confiance, emprisonnemens; il n'est rien qu'il ne mette en usage, pour se venger des dernières Critiques prétenduës publiées contre lui. Mais qui auroit cru que parmi le monde d'adversaires qu'il s'est attirés, peut-être moins par ses Vers que par ses Actions, il eut choisi un Violon de l'Opera? *Travenol* uniquement occupé de son état, ignoré du peuple Auteur, estimé dans son corps, où il est entré sans bassesse, & où il se soutient par ses talens, & par sa probité. *Travenol* enfin, seule ressource d'une famille indigente, d'un père & d'une mère décrépites & d'une sœur infirme, ne songeoit guères à s'illustrer par un ennemi aussi fameux. Le Sieur *A*** le traduit devant les Tribunaux, sans penser aux conséquences de sa démarche: Il veut se venger avec éclat sur lui de tout ce qu'il a souffert, quand sa propre conduite lui interdisoit la liberté d'élever la voix.

Tout Citoïen auroit à craindre les intrigues d'un ennemi si dangereux & si remuant: *Travenol* sans apuï, sans protection déclarée, n'en attend que de la Justice. Il va mettre dans son jour sa conduite & celle du Sieur *A***, & se renfermant uniquement dans les bornes de sa cause; il compte que sa modération ne prêtera que plus de force à la vérité.

F A I T.

Dans le cours de ses voyages même les plus involontaires, le Sieur *A*** ne perdit pas tout-à-fait l'esprit de retour en *France*: du moins doit-on le présumer par le projet qu'il forma, il y a quelques années, de s'y procurer un abri favorable, qui pût le souftraire aux poursuites commencées contre lui.

Merope, celui de tous les Ouvrages de ce Poëte qui a reçu le plus d'aplaudissemens tumultueux, fut comme le gage de sa réconciliation avec le Public, & l'annonce d'une vie désormais moins errante. Il lui étoit arrivé rarement d'être témoin en personne de ses succès : aussi voulut-il cette fois en recueillir le fruit, & parcourant le Theatre & les Loges, montrer son visage à tous les Spectateurs. Dès qu'il parut les cris redoublérent, & il fut proclamé Académicien par une tourbe apostée, qui le servit selon ses espérances.

Une imagination accoûtumée aux écarts, fut moins que jamais dans ces momens, susceptible de réflexion. Le stratageme avoit réussi ; le Sieur *A*** en prit droit sur la recommandation du Parterre d'aller solliciter les Académiciens. Il fit ses visites & fut éconduit.

L'Academie est un Temple dont les Ministres doivent joindre les mœurs au savoir. On n'a garde d'aprofondir ici les motifs du refus. Il suffit de dire, qu'il semble être l'époque de la plaisanterie du *Discours prononcé à la porte de l'Académie, par Monsieur le Directeur*

teur à Monsieur ✱✱✱, qui fait l'objèt du procès, & de la haine que le Sieur *A*✱✱ a jurée à *Travenol*. A l'égard du *Triomphe Poëtique*, Pièce surannée, accolée à ce discours, ce n'est qu'un badinage Topographique, qui rapelle les lieux où le Héros imaginaire de la pièce a joué des Scenes.

Ces deux Pièces ne sont pas nouvelles. Le *Discours prononcé à la porte de l'Académie* &c. parut en 1743. lorsque le Sieur *A*✱✱✱ fut renvoïé de sa demande. Et le *Triomphe Poëtique*, est une pièce imprimée dans un Livre connu de tout le monde, intitulé : *Mémoire de la Calotte* petit *in* 12. de Hollande, Edition de 1739. Cette pièce fait le suplément de la quatriéme partie.

Est-il possible que ces deux Piéces aïent laissé tant d'années reposer la bile du Sieur A✱✱ ? Peut-être aussi la crise facheuse qu'il venoit d'essuïer, suspendit-elle sa colère impuissante. Tout l'engageoit à se taire ; l'éclat ne lui eut pas été favorable, & l'incertitude de savoir de quel côté les Rieurs se tourneroient, lui inspira un intervalle de prudence. Au reste, ce n'est pas toujours aux talens seuls que le Public donne sa voix, & il n'est reservé qu'à lui de faire acception des personnes.

Le revers qui nota la démarche du Sieur A✱✱, auroit écouffé les desirs de tout homme sensé. Il ne se rebuta pas. Une place à l'Académie vint encore à vacquer au bout de trois ans : nouvelles batteries dressées pour briser les barriéres qu'il n'avoit pû entr'ouvrir à la prémière attaque.

On le fit sans doute réfléchir sur la nature des obstacles qui l'avoient exclus. On n'est pas tenté de lui arracher son secrèt. Tout le monde sait seulement qu'il imprima une Confession de foi ; retracta des Ouvrages, que l'impiété jointe au délire avoit enfantés; rompit une lance avec l'Auteur des Nouvelles Ecclésiastiques; & se présenta muni de nouveaux titres, dont la sincérité aparente n'a guères affoibli les soupçons.

L'Académie pardonna, crut le repentir véritable, oublia le passé, espéra de l'avenir & reçût le Néophite. Heureux si le commerce de ces Sages pouvoit lui inspirer l'esprit de societé, que le veritable amour des Lettres & de la Vertu, entretient parmi eux! Mais quel malheur s'il hâtoit lui-même le moment de voir son successeur, comme autrefois *Granier* & *Furetiere* virent les leurs! (*a*)

Sa réception fut donc l'événement qui excita les cris de ses adversaires. Les anciens brocards reparurent : on en vit éclore de nouveaux : on lui en adressa de toutes parts. Entr'autres la Harangue Burlesque, où on le fait parler lui-même & dont l'auteur ne s'est pas caché, puisqu'il prit le parti de l'envoïer avec une Lettre écrite & signée, *Baillet de St. Julien*.

Sous cette inondation de traits, il reste tranquille, il dédaigne de s'en garantir, il s'en laisse,

___

(*a*) Voïez l'Histoire de l'Académie, par Mr. *Pelisson*. *Granier* fut exclus par déliberation de la Compagnie du 14. Mai 1636. & *Furetiere* le 22. Janvier 1685.

laisse, pour ainsi dire, accabler; & s'il rend plainte contre l'Ecrit du nommé *Baillet de Saint Julien*, (a) c'est moins pour en obtenir réparation, que pour sonner l'allarme au Parnasse. Mais son Stoïcisme tombe à l'aspect du *Discours prononcé à la porte de l'Académie* & du *Triomphe Poëtique*. Ces deux Piéces rouvrent ses plaïes & semblent l'anéantir; lorsque la fureur ranimant ses forces, il vole à l'Académie, la veut intéresser dans sa querelle; il a besoin d'alliés, il en cherche à quelque prix que ce soit, pour attaquer jusqu'au dernier Colporteur. Sa demande fut rejettée, soit comme contraire aux usages de l'Académie, soit comme étant d'une nature à ne pas émouvoir tout un Corps.

On lui conseilla même unanimement d'éviter l'éclat, mais trop passionné pour écouter un avis si sage, l'oposition qu'il trouve, le rend encore plus furieux. Ses clameurs percent jusqu'aux extrémités du Louvre, & arrêtent le passant effraïé qui croit déjà voir le paisible Lycée ensanglanté. La Compagnie enfin lui ordonna de se taire ou de sortir (b).

Le

(a) Plainte renduë le 2. Mai 1746. par le Sieur A** puis abandonnée.

(b) Le public veut que le Sieur A** se soit échapé en termes grossiers contre Mr. *Danchet* que l'âge, le savoir, les talens & l'usage qu'il en a toûjours fait, rendent aussi cher que respectable à son siècle. L'Académie n'eut pas souffert cette incartade & eut chassé l'Assaillant. On est charmé de trouver cette occasion de détromper le Public, & de l'assurer que le Sieur A** n'a montré uniquement qu'un échantillon de son caractère.

Le Sieur A**, frustré de tout secours du côté de l'Académie, fut réduit à mettre son espoir en lui seul : timide contre les forts, audacieux contre les foibles, il ne s'agissoit plus, pour faire illusion, que de trouver un *vil mortel* qu'il pût *écraser* sans peine.

Travenol, absent depuis quelque tems par un congé émané du Directeur de l'Opera, ne devinoit pas que c'étoit sur lui & sur sa famille que l'orage alloit fondre. Un Violon de l'Opera ne connoit guères les Auteurs que par leur chûte, ou par leur succès sur ce Théâtre; & le *Temple de la Gloire* s'étoit écroulé trop subitement pour donner le tems à *Travenol* de faire attention à celui qui l'avoit élevé.

Cependant le Sieur A** après avoir fait inutilement la patroüille dans toute la Ruë *St. Jacques* : après avoir effraïé plus d'un Libraire, à la tête des Archers qu'il conduisoit lui-même (*a*), s'arrêta d'abord à la maison de feu Mr. de *Mérault* (*b*).

Ce

___

(*a*) Le Sieur V***. étoit dans la boutique de *Prault* le fils, & servoit de mouche lorsqu'on fit la visite chez la veuve *Bienvenu* & chez *Delormel*, Libraires à la descente du Pont-Neuf.

(*b*) Mr. de *Mérault*, Auteur de plusieurs écrits polémiques, & de l'excellente traduction de *Némésien* & *Calpurnius*, Poëtes bucoliques, est mort regreté de tous les Savans le 15. Août de cette année, après une longue & douloureuse maladie. Il trouvoit dans le commerce des Muses, auxquelles il a fait tant d'honneur, l'adoucissement à ses maux; & dans la Philosophie Chrétienne, l'avantage de les suporter avec résignation. Il étoit d'un caractère doux, simple & modeste, & avoit un génie superieur

Ce modeste & judicieux Membre de la République des Lettres, étoit alors accablé de la maladie dont il est mort. Occupé de la pensée de sa dernière heure, il attendoit des visites plus salutaires. Un Commissaire avec son escorte paroit: Mr. de *Mérault* n'en est point ému; il demande quel sujèt l'amène. On foüille en silence dans tous ses Papiers: un tems s'écoule: l'espoir de trouver ce que l'on cherche, se perd. On alloit sortir quand Mr. de *Mérault* indiqua lui-même d'une voix mourante, un endroit (a) échapé aux regards pénétrans du Commissaire & de l'Exempt. Enfin le Commissaire ne pouvant rien découvrir, n'anonce le sujèt de sa mission que lorsqu'il est obligé de se retirer.

Tandis que des Partis font la petite guerre aux environs de la Maison de Mr. de *Mérault*, on passe rapidement à d'autres soupçonnées de recéler les deux piéces en question. La marche finit chez le Sieur *Travenol* absent, on n'y trouva qu'un Père âgé de quatre vingt ans, absolument étranger aux querelles du Parnasse, & connu par des mœurs irré-

perieur & le cœur excellent. Il exerçoit quelque fois sa critique sur les Ecrits du Tems; mais c'étoit moins pour en relever les défauts, que pour arrêter le torrent du mauvais goût: on fait ici d'autant plus volontiers cet éloge, qu'il est un tribut que l'amitié rend à la vérité, & qu'il prouve que le Sieur de V***. connoissoit bien mal Mr. de *Mérault*, pour avoir étourdiment hasardé une descente de Commissaire chez un Sçavant, qui méritoit des égards à plus d'un titre.

(*a*) Piéce très-importante dont est chargé le procès verbal du Commissaire *Lavergée*.

irréprochables. On l'arrête au lieu du fils : on le traite en criminel au For-l'Evêque ; on l'y retient trois jours au secret. Mais le Magistrat, dont sans doute, la Religion avoit été surprise, indigné d'un procédé si barbare, se hâta de rendre la Liberté à l'Octogenaire. Si le père A** avoit été emprisonné chaque fois qu'on a pris ou cherché son fils fugitif, quelle désolation n'auroit-ce pas été dans la Famille !

Travenol, rentré dans la sienne, aprit, avec une extrême surprise, tout ce qui s'étoit passé pendant son absence, & la nécessité où sa mère & sa sœur avoient été de présenter un Mémoire à la Police, pour obtenir l'élargissement du prisonnier. La circonstance étoit aussi triste qu'embarassante, & ne leur permettoit pas d'aporter le moindre retardement. Aussi ce Mémoire fut-il dressé à la hâte & présenté sans qu'il ait été possible auparavant d'en donner connoissance à *Travenol*. Il le desaprouva aussitôt qu'il fut de retour. Mais comme l'affaire étoit terminée avantageusement à la Police, & que le calme sembloit renaître ; il se mit peu en peine d'un pareil Mémoire fait en son absence, sans son aveu, & qui n'étoit signé ni aprouvé par aucune des parties. Il ne songea qu'à témoigner sa reconnoissance de la délivrance de son Père, à un Académicien généreux (*a*) qui l'avoit obtenuë, & qui eut voulu prévenir un éclat devenu

---

(*a*) Mr. l'Abbé d'*Olivet* Conseiller d'honneur en la Chambre des Comptes de *Franche-Comté*.

devenu de jour en jour plus préjudiciable à son nouveau Confrère qu'à *Travenol* même.

Ce Médiateur qui porte à un si haut dégré la Réputation d'Homme de Lettres & d'Honnête-homme, crut avoir trouvé le moïen de concilier tout. Le Sieur A** paroissoit vouloir s'en tenir à l'aveu simple d'une apparence de faute, dont l'accusé n'étoit pas même coupable : la moindre honnêteté suffisoit pour l'apaiser ; & ce n'étoit qu'à ce prix qu'il vouloit rendre la tranquilité à une famille que tout autre que lui se feroit reproché d'oprimer.

Mr. l'Abbé d'*Olivet* jaloux de terminer l'affaire à l'amiable, alla trouver le Sieur *Travenol*, lui offrit d'emploïer son crédit auprès de son confrère pour faire cesser ses ridicules poursuites, & demanda un Duplicata du Mémoire présenté à la Police ; afin, disoit-il, de contenter le Sieur de V*** auquel il devoit le montrer. Malheureusement on n'en avoit pas déchiré le brouillon, on le trouva ; *Travenol* le mit au net & le donna.

Quelques jours après, Mr. l'Abbé d'*Olivet* revint voir *Travenol*, & lui dit que le Sieur A** avoit critiqué & la forme & le stile du Mémoire. Qu'au reste, ce n'étoit pas une piéce assez autentique pour le satisfaire. *Vous devriez*, ajouta Mr. l'Abbé, *lui écrire*. Cette proposition n'étoit sans doute, que pour mettre à couvert l'honneur de son confrère, & pour couronner le Traité de Paix : (à Dieu ne plaise qu'on prête des intentions moins pures à Mr. l'Abbé d'*Olivet* :) mais elle fut rejettée

jettée par *Travenol*, qui avoit tout lieu de croire le Sieur A** aſſez lâche pour percer un homme à terre. Mr. l'Abbé d'*Olivet* ne deſaprouva pas cette méfiance. *Hé bien! faites mieux*, continua-t-il, *Ecrivez-moi. Je réponds de l'événement: ſur tout ne m'envoïez point la lettre que je ne l'aie éxaminée.*

TRAVENOL conſentit donc à écrire une Lettre oſtenſible à Mr. l'Abbé d'*Olivet*, ſur l'aſſurance réïtérée que l'Ennemi n'en pouroit tirer aucun avantage. Ni l'un ni l'autre ne ſoupçonnoit la noire trahiſon du Sieur A**. La lettre écrite; Mr. l'Abbé d'*Olivet* la relit trois fois, en corrige de ſa main le brouillon, la fait tranſcrire & l'envoïe chercher le lendemain par ſon valet de chambre. On ne craint pas d'être démenti ſur ces faits: on a une trop grande confiance dans la probité du témoin que l'on cite.

TRAVENOL avoit d'autant moins à redouter l'effèt de cette démarche que l'amniſtie avoit été déja promiſe par le Sieur de V*** quelques jours auparavant. Car à peine l'Octogenaire fut-il ſorti de priſon, qu'il alla trouver ſon Perſécuteur, & ſe jettant à ſes piés:
„ Je viens, Mr., vous offrir une victime puiſ-
„ qu'il vous en faut une; choiſſez-moi. Je
„ n'ai pas encore long tems à vivre; je ſuis
„ inutile & même à charge à ma famille. Mais
„ mon fils, Mr., la fait ſubſiſter: il eſt ſon
„ unique ſecours: que voulez-vous qu'elle devienne ſans lui? J'oublie pour un moment,
„ qu'il eſt innocent. Vos Ouvrages, dit-on,
„ ne reſpirent que générosité; votre cœur en
„ man-

« manqueroit-il pour pardonner? » Les larmes dont il accompagna ce difcours, furprirent une efpèce de fentiment au Sieur *A***. *Ah!, Mr., vous me défarmez! Voilà qui eft fait, tranquilifez-vous. Je veux vous rendre fervice. Comptez fur ma protection, qu'on lui aporte à déjeuner?* Il joue l'attendriffement, il rend larmes pour larmes: mais le rôle fini & la toile baiffée, le Comédien pathetique quitte l'heroïfme & reprend toute la baffeffe de la vengeance, tandis que le vieillard enchanté de l'illufion, fort pénétré de reconnoiffance.

De retour chez lui, il annonça cette heureufe nouvelle à fa famille & à fon fils; & ce n'eft qu'après un dénouement en aparence fi favorable, que *Travenol* écrivit à Mr. l'Abbé d'*Olivet*. La condefcendance aveugle qu'il eut en cette occafion, prouve mieux que jamais que, quand l'innocence a befoin du fecours d'autrui, il eft prefqu'impoffible qu'elle ne perde de fes Droits.

On ignore quelles furent les difpofitions du Sieur de *V****, lorsque Mr. l'Abbé d'*Olivet* lui communiqua cette Lettre: mais l'infame ufage qu'il en fait aujourd'hui, démontre affez que les paroles de Paix qu'il avoit données, n'avoient jamais été fincéres. Il fe fert de cette Lettre & du Mémoire préfenté à la Police, pour intenter un Procès criminel à *Travenol*. C'eft fur ces deux pièces qu'il a rendu plainte le 18 Août dernier, & qu'il a préfenté Requête au Lieutenant Criminel le 29 du même mois,

Il accufe *Travenol* d'avoir fait imprimer

le Discours prononcé à la porte de l'Académie & le Triomphe Poëtique, Il prétend en avoir une preuve par le Mémoire donné à la Police pendant l'absence de *Travenol*, & par la Lettre écrite à Mr. l'Abbé d'*Olivet*. Mais ces deux pièces qu'il a surprises, bien loin de lui être avantageuses, ne serviront qu'à le confondre, & souleveront contre lui les honnêtes gens qui regardent comme un crime l'abus de confiance à la foi violée.

Rien ne coûte à l'animosité. Lorsque toute preuve manque au Sieur de V*** du côté de la perquisition faite par le Commissaire le 3. Juin dernier chez *Travenol*, où l'on ne trouva que trois Exemplaires imprimés des deux pièces, il tâche de s'en procurer par la fourberie la plus noire.

Tel est le personnage qui s'offre aux regards de la Justice. L'indignation générale ne l'a donc pas encore frapé? Au reste, quelque présomptueux qu'il soit, quelque succès qu'il se promette des pièces dont il est muni, on va l'ensevelir sous ses propres ruïnes par des moïens tirés de la nature même du fait & des circonstances qui l'ont suivi.

MOIENS

" De quoi se plaint le Sieur de V***? D'un Ouvrage, dit-il, dans sa plainte, fait contre lui, qui a pour titre: *Discours prononcé à la porte de l'Académie Françoise, par Mr. le Directeur, à Monsr.****. Et d'un autre intitulé:

le *Triomphe Poëtique*, qu'il n'ose désigner cependant que par la dénomination d'*Ouvrage* & de *Satyre*.

Quel est le crime de *Travenol*? D'avoir eu chez lui ces deux Ouvrages & de ce qu'on en a trouvé trois exemplaires imprimés parmi ses autres papiers lors de la visite du Commissaire. Il faut donc faire le procès à tout curieux : car il n'est porte-Feuille, Bibliotheque même qui ne renferme ces critiques. Depuis quand n'est-il plus permis de garder chez soi de ces pieces plaisantes, lorsqu'elles n'intéressent ni la Religion, ni l'Etat, ni les Puissances? On ne voit pas en quoi le *Discours prononcé à la porte de l'Académie Françoise* & le *Triomphe Poëtique* pouroient mériter l'animadversation de la Justice : ce n'est qu'une raillerie délicate & assaisonnée qui n'a nul objèt particulier. Pourquoi faut-il que le Sieur de *V**** l'adopte? Pourquoi s'obstine-t'il à être le SOSIE BATTU? S'en tient-il à l'aveu ou au desaveu des faits qui y sont semés? S'il les nie ; pourquoi s'y reconnoître? S'il les avoue, quelle réparation, quels dommages a-t'il à demander?

D'ailleurs, le Sieur de *V**** est-il le seul auquel on puisse faire les reproches contenus dans le *Discours prononcé à la porte de l'Académie* & dans le *Triomphe Poëtique*? Se regarde-t'il comme le seul Poëte qui ait composé des Ouvrages impies & scandaleux, capables d'armer contre lui toute la severité de la Justice? Croit-il qu'il n'y ait que lui au monde au quel convienne le role que joue le personsonnage phantastique du *Triomphe Poëtique*? En un mot, peut-il fournir lui seul à l'abondance des Scenes & aux traits du tableau variés à l'infini? Mais même dans la suposition où ces reproches pouroient lui être faits justement; sa Lettre au Revérend Père de la *Tour* ne leve-t'elle pas tous les Scrupules? N'at'il pas fermé la bouche aux Libraires complaignans, aux Souscripteurs trompés (*a*), aux Chrétiens scandalisés? Le desaveu autentique des *Lettres Philosophiques* (*b*) doit contenter seul ceux qui pouroient avoir encore quelques soupçons sur l'auteur. Lorsque tant de personnes s'efforcent de l'en croire sur sa parole: Eh! pourquoi réveiller tant de faits palliés, assoupis, pardonnés même? Ne peut-il s'enveloper dans sa propre vertu, laisser tomber ces bruits en n'y oposant qu'un sage silence?

En effèt, un bel Esprit peut-il tenir une conduite aussi peu sensée & si contraire à ses intérêts. Une Critique paroit: le sujèt n'en est pas seulement désigné par les Lettres initiales de son nom: Le frontispice de l'ouvrage

―――

(*a*) Le Sieur de V*** dit dans sa Lettre au Père de la *Tour*, pag. 9.: que *tous ses Ecrits sont défigurés par les ridicules Editions qu'on en a faites*; que *la Henriade même n'a jamais été correctement imprimée*; & *qu'on n'aura probablement ses veritables Ouvrages qu'après sa mort*. Cet avis vient un peu tard. Tant pis pour ceux qui se sont trop pressés d'acheter *ses ridicules Editions*. C'est maintenant au Public à attendre le prémier deüil des Muses.

(*b*) Ouvrage condamné par Arrêt de la Cour du 10. Juin 1734. à être brûlé par l'Exécuteur de la Haute Justice, *comme contraire à la Religion, aux bonnes Mœurs & au Respect dû aux Puissances*.

ge ne porte que de simples *Asterisques*: Quel est donc l'aveuglement du Sieur de V***. d'en vouloir être le Héros?

Mais reprenons les faits. La visite du Commissaire chez *Travenol*, est du 3. Juin de cette année. Le Sieur de V*** ne pouvant tirer aucun avantage de cette perquisition, parce qu'on n'avoit trouvé parmi les Papiers de *Travenol*, que trois Exemplaires du *Discours* & du *Triomphe Poëtique*, garde le silence plus de deux mois. Il ne rend plainte que le 18. Août suivant *après avoir recouvré*, dit-il, *deux pièces manuscrites*; l'une commençant par ces mots: *Travenol fils, Ordinaire de l'Académie Roïale de Musique*; & finissant par ces autres mots: *Arrêté & mis au For-l'Évêque*. (Il s'agit du Mémoire présenté à la Police pendant l'absence de *Travenol* par sa famille, au sujèt de la détention du Père.) Et l'autre écrite sur un quarré de papier commençant par ces autres mots: *Monsieur la part que vous prenez*; Et finissant par ces mots; *Votre très-humble & très-obéïssant Serviteur*, Travenol. C'est positivement de la Lettre écrite au Sieur Abbé d'*Olivet* dont il veut parler.

On voit par-là, de l'aveu même du Sieur de *Voltaire*, qu'il lui étoit impossible sans ces deux pièces d'intenter un Procès à *Travenol*. Mais le stratagème qu'il a emploïé pour s'en saisir, peut-il lui être profitable? Qu'on se rapelle les circonstances qui ont donné lieu au Mémoire présenté à la Police. Un Père innocent traîné en prison; un vieillard accablé sous le poids des années & des infirmités; une famille entiére défolée, un ennemi furieux acharné fans raifon, à la pourfuivre. Quelle reffource reftoit-il à *Travenol*? De laiffer périr fon Père, d'abandonner fa famille? Quant à la lettre qu'il écrit, c'eft un Sacrifice. Il n'écoute dans cet inftant que fa tendreffe, qui prévaut fur fon innocence. Un Académicien célèbre, ami du Sieur de *V**** & dépofitaire de fes intentions, qui femblent ne tendre qu'à la Paix, vient s'entremettre; Il paroit s'intéreffer à *Travenol*. Il propofe lui-même les moïens d'apaifer le Sieur de *V****; engage, preffe *Travenol* d'y foufcrire, lui garantit l'événement, va folliciter l'élargiffement du Prifonnier & l'obtient. Voilà le piège où *Travenol* eft pris; Mr. l'Abbé d'*Olivet* y eft trompé lui-même, & fournit, fans le vouloir, des armes au Sieur de *V****. Heureufement on eft en état de les lui arracher pour les tourner contre lui.

En effèt, quel fecours peut-il tirer de ces pièces, quand elles feroient même plus fortes qu'elles ne font, qu'elles auroient le caractère de conviction qui leur manque, qu'elles contiendroient l'aveu formel & volontaire de *Travenol*, qu'elles feroient le prix de la liberté, & qu'elles n'auroient été ni infpirées par la crainte, ni fuggérées par les inftances réitérées & les promeffes pofitives du Conciliateur. Un accufé, quelque coupable qu'il foit, s'il n'a d'autre témoin que lui-même, voulut-il périr, n'eft point écouté. Or quel eft le titre du Sieur de *V****? Qui le lui a adminiftré? *Travenol* lui-même. Par quelle voïe
le

lè Sieur de *V**** l'a-t'il recouvré? Par Mr. l'Abbé d'*Olivet*, l'inſtigateur, le fabricateur même du titre. Quel en étoit le but? La paix d'une famille trop longtems vexée, la ſatisfaction de l'offenſé ou du moins qui prétend l'être, la réconciliation de tous.

On va plus loin On veut pour un moment que le Mémoire ait été dreſſé par *Travenol*, qu'il l'ait préſenté lui-même, enfin qu'il l'ait ſigné. Il n'en réſulteroit jamais autre choſe ſinon, que c'eſt un fils, qui, voïant ſon Père mis en priſon à cauſe de lui, n'attend pas pour l'en tirer, le ſuccès d'une juſtification que les ruſes & la méchanceté de l'ennemi peuvent toujours éloigner. C'eſt un fils qui ne conſulte d'abord que ſes entrailles, & qui ſauve ſon Père avant lui. En un mot, c'eſt la voix du ſang qui l'emporte ſur le cri de l'innocence. Mais *Travenol* n'a pas été aſſez heureux pour donner à ſon Père ce témoignage d'affection. Sa famille ſeule a tout fait pendant ſon abſence & le Mémoire eſt ſon Ouvrage. Mais à préſent que le péril eſt paſſé & que *Travenol* ne craint plus pour ſon Père, il desavouë hautement ce Mémoire, non comme une pièce qui peut lui porter quelque atteinte, puiſqu'elle n'eſt revêtuë d'aucune autenticité, & que d'ailleurs on ſait que de pareilles pièces n'ont aucun poids en Juſtice réglée; mais comme étant fait ſans ſon aveu, pendant ſon abſence & pour fuir une perſécution ſi barbare. De quelque côté que l'on conſidére ce Mémoire, il ſe détruit donc de lui-même.

Tel est le sort de la lettre écrite à Mr. l'Abbé d'*Olivet*, & c'est ici que la lâcheté de l'Adversaire paroit dans tout son jour. Cette Lettre devoit être l'article secrèt du Traité de Paix. *Travenol* ne l'écrit qu'à la sollicitation de Mr. d'*Olivet*, & pour donner du moins au Sieur de V*** une sorte de satisfaction. Tout, selon ses promesses mêmes, devoit être assoupi pour jamais. Qui ne se seroit livré à des Préliminaires si trompeurs? Est-il à présumer que *Travenol* de gaïeté de cœur eut écrit cette Lettre pour se charger gratuitement d'un crime imaginaire, puisque le Sieur de V*** ne pouvoit plus l'inquiéter, l'affaire étant finie à la Police. Tombe-t'il sous le sens, que sans y être fortement excité, il eut adheré aux propositions de Mr. l'Abbé d'*Olivet*! Sa défiance, s'il en eut marqué, n'auroit-elle pas été un manque de respect & même une injure pour le Conciliateur? L'extrémité où *Travenol* se trouve réduit par sa confiance, ne lui permet pas de rejetter la dure loi qu'on lui impose.

De plus, le Sieur de V*** peut-il exciper d'un Ecrit adressé à un tiers (& quel Ecrit) observe-t'il en cela l'usage du *Nord*, de la *Prusse*, de l'*Angleterre*, de la *Hollande*, ou de la *France*? Dans lequel de ces Païs a-t'il apris à se jouer de ce qu'il y a de plus sacré, de la confiance d'un ami & de la triste nécessité, où il réduit l'innocent par ses injustes vexations? Que lui servoit-il de parcourir tant d'Etats, s'il n'en devoit raporter que des sentimens si contraires aux Loix de

sa

sa Patrie, à l'Humanité, à la Religion?

Il demande que *Travenol* soit condamné en six mille Livres de dommage & intérêts: mais qui est le plus en droit de les demander, ou du Sieur A**, ou de *Travenol*, après l'emprisonnement injuste de son Père? Il siéd bien au Sieur de V*** de hazarder une pareille demande sur un prétendu délit. Le Sieur de V*** dénué de preuves, ou n'en administrant que de mandiées & de concertées pour ainsi dire sous ces yeux, prétend-il en imposer à la Justice & au Public; & pour un faux point d'honneur, dont au fonds il ne s'embarasse guères, tourmenter, faire gémir des sujèts à la vérité peu illustres par leur condition, mais toujours précieux à la République à titre de Citoïens vertueux.

Après tout, quand ils seroient coupables (ce qui n'est pas) d'avoir composé ou fait imprimer, les Pièces dont le Sieur de V*** se plaint; de quelle front vient-il les accuser? Oublie-t'il qu'il est lui-même l'Auteur de cent Satires? Que n'a-t'il pas vomi contre l'immortel *Rousseau*, & l'Aristarque du siècle? A-t'il plus ménagé l'Académie? N'a-t'il pas ouvertement frondé tous nos usages par un goût anti-National, goût qu'on lui a si souvent reproché? Et il se plaint qu'on use de représailles? N'est-on pas endroit de lui dire:

Si fueris Censor, primo te crimine purga. Ovide

C'est la sage remontrance d'un Poëte de la Cour d'*Auguste*, Poëte qu'on donne ici pour

Juge naturel au Sieur de V***, d'autant plus volontiers que la morale d'un tel juge ne sauroit lui-paroître suspecte de trop de rigidité.

C'est avec peine qu'on est entré dans des détails peut-être désagreables au Sieur A**, mais indispensables à la défense de *Travenol*! *Que n'étoit-il possible de les taire sans trahir la vérité.* Ce n'est pas la vaine gloire de terrasser son adversaire qui anime *Travenol*. Il ne demande que la paix pour dédommagement de ses souffrances. On peut même assurer, qu'il auroit étouffé son propre ressentiment, si, l'outrage fait à son Père, lui eut été indifferent. Puisse la décision de ses juges desarmer pour jamais un Ennemi passionné, & procurer la tranquilité à ceux aux quels il voudroit nuire. Ainsi pensoient les Romains dit Saluste.

Neque victis quidquam, præter injuriæ licentiam eripiebant.

Signé Louis Travenol.

M. Rigoley de Juvigny, Avocat.

De l'Imprimerie de Joseph Bullot, 1746.

(343)
(XI.)

MEMOIRE signifié, *Pour le Sieur An-*
toine Travenol, Maitre de Danse
à Paris, Demandeur en intervention.

Contre le Sieur A** *de* V***, *Gentil-*
homme ordinaire, Conseiller du Roi en
ses Conseils, Historiographe de France, *l'un*
des quarante de l'Accadémie Françoise, *Def-*
fendeur.

Quelques outrageans que fussent les excès aux quels le Sieur de V***. s'étoit porté contre le Sieur *Travenol*, & quelqu'éclatante qu'eut, sans doute, été la réparation qu'il avoit droit de s'en promettre; trop content néanmoins de souftraire par son silence, la personne de son fils aux injustes persécutions du Sieur de V***, jamais il n'eut adressé ses plaintes à la Justice, si dans le moment même qu'il consentoit d'abandonner la vengeance d'une injure réelle, le Sieur de V*** n'eut continué de poursuivre sur le Sieur *Travenol* fils, celle du crime imaginaire dont il l'avoit accusé.

En effèt, le Sieur *Travenol* père, victime innocente des fureurs du Sieur de V***, & maitre d'armer contre lui la sévérité des Loix, avoit cru pouvoir se flatter, qu'en lui faisant le sacrifice du ressentiment le plus légitime, il parviendroit à lui arracher des mains les traits dont il s'aprêtoit à percer son fils. Mais le Sieur *Travenol* ignoroit-il, que s'il s'il est en matière de connoissances un dégré de supériorité auquel il n'est permis qu'à certains esprits de pouvoir arriver, il est pareillement en matiére de sentimens un dégré de délicatesse dont tous les cœurs ne sont pas également capables?

Ainsi le Sieur de V***, loin d'imiter, à l'égard du fils, l'exemple de modération qu'il venoit d'éprouver de la part du Père, s'étant au contraire livré avec plus de chaleur que jamais aux mouvemens indiscrèts d'une haine aveugle, dès-lors le Sieur *Travenol* est rentré dans tous ses droits & dispensé désormais d'être généreux envers un coupable qu'il n'étoit pas possible de résoudre à être juste, il a crû devoir enfin élever la voix, pour solliciter auprès des Magistrats la réparation d'outrages qu'il n'avoit que trop longtems dissimulés.

Tel est le motif de l'intervention du Sieur *Travenol* dans la cause actuellement pendante en la Cour, entre son fils & le Sieur de V***.

Force d'entrer ici dans un détail de fait essentiels à la décision de sa cause, il s'interdira, avec soin, tous les écarts où pouroit l'emporter un ressentiment trop juste à tous égards, & renfermé dans les bornes d'une défense légitime, il ne rendra compte que des circonstances qui lui sont absolument personnelles, & qui en démontrant à la Cour la justice de ses plaintes, serviront à lui garantir auprès d'elle le succès de ses demandes.

FAIT

FAIT

L'Epoque de la réception du Sieur de V*** à l'Académie Françoise, a été celle des malheurs du Sieur de *Travenol*.

Parvenu à l'âge de quatre-vingt-ans, uniquement occupé du soin de mettre à profit les derniers instans d'une vie prête à finir, ce Vieillard ne prit alors aucune part à un événement, qui d'ailleurs, n'avoit rien d'intéressant pour un homme de son état.

Il n'en fut pas de même des habitans du monde littéraire, dont le nouvel Académicien fixoit les regards : en possession depuis longtems de la qualité d'hommes de Lettres, on ne pût s'empêcher d'aplaudir dans cet hemisphère au choix qu'on venoit de faire de sa personne.

En falloit-il davantage pour faire mépriser au Sieur de V*** les cris impuissans de quelques ennemis secrèts, qui s'efforcèrent alors de critiquer le choix de l'Académie ; proclamé Académicien par les juges-mêmes de la Littérature ; l'honneur de leurs suffrages, ne suffisoit-il pas pour le venger pleinement de quelques-unes de ces plaisanteries, que le même jour voit naître & périr, & dont tout le but est d'amuser un instant le Public, sans pouvoir, jamais blesser celui qui en est l'objèt ? Ainsi avoient pensé, avant le Sieur de V***. tous les grands hommes sur les pas desquels il alloit marcher, mais imitateur de leurs travaux littéraires, il ne jugea pas à propos de le paroitre de leur modération ; & moins flatté des éloges de tous les Maitres du bon goût, que piqué des frivoles Brocards de quelques plaisans, en possession de s'égaïer sur tous les Evénemens nouveaux, il résolut de leur déclarer une guerre ouverte sans penser que se donner des mouvemens pour détruire certains adversaires, ce n'est souvent que leur prêter de nouvelles armes, en aprenant au Public ce qu'il ne savoit pas, c'est-à-dire & la crainte qu'on avoit d'en être accablé, & les motifs sur lesquels cette crainte pouvoit être fondée.

De toutes les productions qu'avoit enfanté contre le Sieur de V*** la jalousie de sa nouvelle dignité, celles qui l'irritérent davantage furent deux piéces qui parurent alors, l'une sous le titre de *Discours prononcé à la porte de l'Académie par M. le Directeur à Mr. ****,* & l'autre sous celui de *Triomphe Poëtique*, toutes deux réunies dans une même feuïlle.

Resolu de tirer de ces deux Ecrits une vengeance proportionnée à l'effet qu'ils avoient produit sur son imagination trop frapée, il se pourvût aussitôt devant Mr. le Lieutenant de Police, afin d'en obtenir un ordre pour s'assurer de l'auteur de ces deux Piéces, & de ceux qui contribuoient à leur débit : la nécessité d'arrêter le progrès d'une diffamation dans laquelle l'Académie se trouvoit, disoit-il, compromise, la conséquence dont il étoit de réprimer, par un exemple sévère, la licence de cette foule de détracteurs obscurs, que l'impunité sembloit enhardir de jour en jour à inonder *Paris* de leurs Libelles scandaleux,

daleux, furent les grands & spécieux motifs, dont le Sieur de V*** se servit auprès du Magistrat pour presser l'expédition de l'ordre qu'il sollicitoit, & qu'on ne pût lui refuser, parce qu'il n'étoit pas possible de prévoir le coupable usage qu'il en alloit faire.

Armé de cette piéce nécessaire à l'éxécution de ses desseins, le Sieur de V***, ce même homme, qui tant de fois sur la scéne avoit fait verser des larmes au spectateur attendri, dans ces situations touchantes où il sembloit lui tracer l'histoire de son cœur, le croiroit-on? Devenu en un instant si contraire à lui-même, & livré sans retour aux mouvemens d'une passion dont il avoit si souvent combattu les emportemens, ne s'occupe plus que du choix d'une victime sur laquelle il puisse faire tomber tout le poids de sa vengeance (a).

FAUS-

(a) La conduite du Sieur de V*** est bien différente ici de celle qu'il fait tenir dans sa Tragédie d'*Alzire* à ce généreux *Gusman*, qui assassiné par *Zamore*, lui adresse en mourant ses paroles si dignes d'un heros chrétien.

Je pardonne à la main par qui Dieu m'a frapé....

Vis, superbe ennemi, sois libre, & te souvien,
Quel fut & le devoir & la mort d'un Chrétien....

Des Dieux que nous servons connois la difference,
Les tiens t'ont ordonné le meurtre & la vengeance,
Et le mien, quand ton bras vient de m'assassiner,
M'ordonne de te plaindre & de te pardonner....

FAUSSEMENT averti par un Colporteur qu'il avoit déjà sacrifié à son ressentiment, que le Sieur *Travenol* fils, facilitoit le débit des deux piéces en question; ç'en fut assez pour déterminer le Sieur de V*** à s'assurer de sa personne; il charge donc de ce soin un Exempt de Police, auquel il remèt l'ordre dont il étoit pourvû . . . . La maison du Sieur *Travenol* père est aussitôt assiégée d'une foule d'Archers, on cherche inutilement à se saisir de son fils, il étoit absent, c'est alors que, dans le desespoir de l'inutilité de cette perquisition, on prend le cruel parti de faire suporter au père la peine du crime qu'on imputoit au fils. Ni l'âge du Sieur *Travenol*, ni ses infirmités, ni même son innocence ne peuvent le défendre contre la barbarie des satellites, Ministres trop fidèles des fureurs du Sieur de V***. Envain reclame-t'il les droits de l'Humanité, envain s'efforce-t'il de représenter d'une voix mourante que les délits doivent être personnels, & que les crimes dont un fils est accusé, ne peuvent autoriser à traiter son père en coupable; on ne l'écoute point, insensible à ses larmes, la troupe inhumaine, qui l'environne, le traine impitoïablement hors de chez lui & ce vieillard, sans autre défense que celle d'une vertu toûjours irréprochable, a la douleur de se voir conduire en criminel, à travers une vile populace, toûjours avide de ces sortes de spectacles, à la prison du For-l'Evêque où il est mis au secrèt.

CEPENDANT le Sieur de V*** ne joüit
pas

pas longtems du fruit de son indiscrète vengeance; l'emprisonnement du Sieur de *Travenol* avoit quelque chose de trop militaire & de trop irrégulier, pour que ce malheureux vieillard, tout destitué qu'il étoit d'apuis & de connoissances accréditées, ne trouvât bientôt auprès de Mr. le Lieutenant de Police des protecteurs qui s'empressassent à solliciter sa liberté; il y eut en effet des personnes généreuses, amies de l'Humanité, qui outrées du procédé violent du Sieur de V*** représentérent vivement à ce Magistrat l'abus, qu'on avoit fait de l'ordre surpris à sa religion, & lui peignirent sur tout la scéne de l'infortuné *Travenol* arraché à sa famille, & trainé dans une prison comme un coupable : leurs sollicitations ne demeurérent sans succès, qu'autant de tems qu'il en falloit à Mr. le Lieutenant de Police, pour s'assurer de la vérité de leur raport; mais le fait & les circonstances de l'emprisonnement du Sieur de *Travenol*, n'eurent pas plûtôt été vérifiés, que ce vieillard obtint sa Liberté, après cinq ou six jours de la détention la plus rigoureuse.

Un attentât aussi inoüi, commis en la personne d'un Citoïen, sous les yeux même de la Justice, exposoit sans doute le Sieur de V*** aux suites humiliantes, d'une réparation qui devoit être proportionnée à l'injure; le Sieur *Travenol*, sorti des fers, & rendu à lui-même étoit en droit de se la procurer, & pouvoit même regarder sa vengeance; comme d'autant mieux assurée, que sa cause se trou-

trouvoit, en quelque sorte, confonduë avec celle de Mr. le Lieutenant de Police, également intéressé à venger l'abus qu'on avoit fait de son autorité.

Mais d'autres objèts bien plus importans occupoient alors le Sieur *Travenol*: informé au sortir de la prison, que son fils accusé par le Sieur de V***, d'avoir facilité le débit des deux Ecrits dont on recherchoit les Auteurs, essuïoit tout le feu de ses poursuites, & déterminé à faire le sacrifice de son ressentiment particulier, au bonheur de dérober son fils aux coups de leur Ennemi commun, il se traine aussitôt chez le Sieur de V***, embrasse les genoux de cet homme dont il étoit en droit d'éxiger une réparation, lui demande la grace d'un fils dont tout le crime ne consistoit que dans le malheur involontaire de lui avoir déplû, & par un dernier excès que l'amour paternel pouvoit seul justifier, finit par s'offrir à servir, pour son fils, de victime à celui-là-même qui avoit mérité de devenir celle de sa propre vengeance.

A la vûë d'un spectacle si touchant, il étoit bien difficile que la nature ne rentrât pas dans ses droits; aussi reprit-elle en ce moment tout son Empire sur le cœur du Sieur de *V****; desarmé par ce procedé héroïque, il relève le généreux vieillard, l'embrasse, mêle ses larmes avec les siennes, se reproche la dure & trop longue captivité qu'il lui a fait souffrir, le rassure sur le sort de son fils, & ne le congédie enfin qu'après s'être engagé à lui servir, aussi bien qu'à ce fils, de protecteur & d'apui (*a*).

APRES des assurances aussi positives, le Sieur *Travenol* auroit cru violer la loi des engagemens, de poursuivre contre le Sieur de *V**** la réparation de l'outrage qu'il lui avoit fait; car le Sieur *Travenol* ne dissimulera pas ici, qu'il regardoit ce qui venoit de se passer, entre le Sieur de *V**** & lui, comme une espéce de Traité, par lequel, d'un côté, lui *Travenol* avoit consenti d'abandonner le droit qu'il avoit d'éxiger une réparation du Sieur de *V****, pour raison de l'injure qu'il en avoit reçue, & par lequel d'un autre côté le Sieur de *V**** s'étoit engagé à cesser ses poursuites contre le Sieur *Travenol* fils, pour raison du prétendu crime qu'il lui imputoit? Traité, qu'il soit permis de le dire en passant, dont les conditions étoient assurément bien inégales, puisque tandis que le Sieur *Travenol* y faisoit le généreux effort de remettre au Sieur de *V**** une injure réelle, le Sieur de *V**** n'y prenoit sur lui que de se résoudre à pardonner une offense imaginaire; mais, Traité trop important & trop cher au Sieur de *Travenol*, puisqu'il mettoit la personne de son fils à couvert des persécu-

(*a*) Les démonstrations du Sieur de *V**** furent poussées en cette occasion jusqu'au point de vouloir que sa reconciliation, avec la famille *Travenol*, se ressentît de l'usage des Anciens, dont la coûtume étoit de noïer leurs différends dans une même coupe dans laquelle ils buvoient tour à tour: qu'on aporte à déjeuner, dit-il, après avoir relevé le Sieur *Travenol*.

sécutions d'un ennemi acharné à sa perte, pour qu'il ne l'achetât pas au prix de tout ce qui pouvoit l'intéresser personnellement.

Cependant le Sieur de V***, dans le cœur duquel la haine & la vengeance avoient repris tout leur ascendant, aïant, au mépris d'un engagement, dont la probité des deux Contractans s'étoit néanmoins rendu garante, continué ses poursuites avec plus de chaleur que jamais, contre le Sieur *Travenol* fils, dès lors le Sieur *Travenol* Père s'est regardé à son tour, comme dégagé de l'observation d'un Traité, qui ne devoit subsister qu'autant qu'il seroit religieusement éxécuté de part & d'autre, & remis dans tous ses Droits par les nouveaux Actes d'Hostilité du sieur de V***, il a cru ne devoir pas négliger plus longtems d'en faire usage.

C'est dans cette vûë qu'il a donné une Requête le 19 du Mois de Novembre dernier, par laquelle, en demandant à être reçu partie intervenante en l'instance pendante en la Cour, entre son fils & le sieur de V***, il a conclu à ce qu'attendu la preuve émanée des pièces mêmes du sieur de V***, que c'étoit à son instigation, & poursuite, qu'il avoit été le 7. Juin dernier, arrêté, conduit & détenu pendant cinq jours au Fort-l'Evêque au secrèt en vertu d'une prétenduë Ordonnance de Mr. le Lieutenant de Police, le sieur de V*** fut condamné envers lui en six mille Livres de dommages & intérêts, & aux dépens, sauf à lui *Travenol* à se pourvoir par les voïes de droit contre l'Ordonnance

nance de Mr. le Lieutenant de Police, & pour faire ordonner la radiation de son écrou.

DIVISION DES MOIENS.

Deux moïens également victorieux se réunissent, pour assurer au sieur *Travenol* l'adjudication de ses conclusions contre le sieur de V***.

Ces deux moïens résultent, l'un de la vérité, l'autre de la gravité des faits dont le sieur *Travenol* demande aujourd'hui justice.

Ainsi, d'un côté, les plaintes du sieur *Travenol* justifiées par la vérité des faits qu'il avance, de l'autre, le genre de réparation auquel le sieur *Travenol* doit s'attendre, fixé & déterminé par la gravité de ces mêmes faits, tel est en deux mots tout le plan de sa défense, & des moïens sur lesquels il fonde le succès de son intervention.

PREMIER MOIEN.

Tiré de la vérité des Faits avancés par le Sieur Travenol.

De quoi le Sieur *Travenol* se plaint-il ? D'avoir été induëment, & sans cause, constitué prisonnier le 7. Juin dernier, & détenu pendant cinq jours en cette qualité dans les prisons du For-l'Evêque, à l'instigation & sur les poursuites du Sieur de V***. Voilà les faits dont il s'agit d'établir la vérité, parce que, comme on l'a dit, c'est de la vérité de ces mêmes faits que dépend la justification des plaintes du Sieur *Travenol*.

Z   *Ainsi*

Ainsi deux choses essentielles à prouver.

LA prémiére que le Sieur *Travenol* a réellement été constitué prisonnier pendant cinq jours au For-l'Evêque.

LA seconde que c'est à l'instigation & sur les poursuites du Sieur de V***, qu'a été fait l'emprisonnement du Sieur *Travenol.*

QUE le Sieur *Travenol* ait été constitué prisonnier au For-l'Evêque, & qu'il y ait été détenu pendant cinq jours au secrèt, c'est un fait sur lequel il ne doit être permis d'élever aucun doute, le Procès verbal de capture dressé par le Commissaire la *Vergée*, le Registre des écroux du For-l'Evêque dans lesquels il se trouve consigné, sont des monumens qui en établissent la vérité, & qui sont trop dignes de foi pour qu'il soit nécessaire d'en fournir d'autres preuves, inutile par conséquent d'insister davantage sur ce prémier objèt, qui n'a pas besoin d'une plus ample démonstration.

MAIS cet emprisonnement, cette détention du Sieur *Travenol*, est-ce à l'instigation & sur les poursuites du Sieur de V*** qu'elles ont été occasionnées? C'est-là le point décisif de la Cause, c'est ce qu'il s'agit actuellement d'établir, & c'est sur quoi le Sieur *Travenol* a d'autant moins lieu de craindre d'essuïer aucune contradiction, qu'il joüit ici de cet avantage précieux, que les preuves, qu'il est en état d'administrer à la Cour, de la vérité de ce fait, il les tient toutes de la même main du Sieur de V***, dans les propres pièces duquel elles se trouvent écrites, aussi bien que

dans

dans celles qu'il a singuliérement adoptées, & qui servent de fondement à son sistéme contre le Sieur *Travenol* fils.

En effet, si l'on parcourt les deux Requêtes qu'a données en la Cour contre le Sieur *Travenol* fils, & notamment la derniere, ne voit-on pas qu'il y convient de la maniére la plus formelle & la plus positive, que c'est véritablement en vertu du même ordre qu'il avoit sollicité contre le Sieur *Travenol* fils, que le Sieur *Travenol* Père a été arrêté ? N'y avouë-t'il pas que plusieurs personnes instruites du trouble & de la désolation qu'il avoit causé dans cette famille, étoient venu *intercéder* auprès de lui pour le Sieur *Travenol* Père, & que forcé de se rendre à leurs sollicitations, il avoit consenti à faire certaines démarches pour presser le moment de son élargissement ? Or, qu'il soit permis de le demander ici, convenir que des personnes, qui s'intéressoient au sort du Sieur *Travenol*, étoient venuës *intercéder* pour lui, auprès du Sieur de V***, & convenir en même tems qu'en conséquence de ces *intercessions*, (le terme est ici trop essentiel pour ne s'en pas servir) le Sieur de V*** avoit sollicité l'élargissement de ce vieillard, n'est-ce pas avouer deux choses ? La prémiére, que, dans le Public on regardoit la détention du Sieur *Travenol* comme l'Ouvrage du Sieur de V***, puisqu'on pensoit que c'étoit auprès de lui qu'il falloit *interceder* pour obtenir sa délivrance. La seconde, que le Sieur de V*** se regardoit lui-même, comme le véritable Auteur de cet emprisonnement, puisque c'est sur les instances réïterées de ceux qui viennent *interceder* pour le Sieur *Travenol*, que le Sieur de V*** consent de faire révoquer l'ordre en vertu duquel il avoit été constitué prisonnier.

Voila donc un prémier genre de preuves qui s'élève contre le Sieur de V***, & avec d'autant plus de force, qu'il nait de la simple Analyse d'une des pièces mêmes sur lesquelles il fonde tout le succès de ses demandes.

Mais quel nouveau degré de solidité cette prémière preuve ne va-t'elle pas emprunter, de celle qui résulte de l'usage que le Sieur de V*** fait encore actuellement contre le Sieur *Travenol* fils du Mémoire qui a été présenté à la Police pour obtenir l'élargissement du Sieur *Travenol* Père!

Il est essentiel d'observer que dans cette même Pièce adoptée par le Sieur de V***, & de laquelle il prétend tirer de si fortes inductions, l'emprisonnement du Sieur *Travenol* Père y est anoncé comme un effèt des poursuites du Sieur de V*** contre le Sieur *Travenol* fils. Or s'il est vrai, comme il n'en faut pas douter, que l'usage que le Sieur de V***, fait de cette même pièce, entraine nécessairement avec lui une reconnoissance formelle de toutes les énonciations qu'elle contient: voilà donc le Sieur de V*** convaincu de nouveau, par son propre aveu, que c'est à lui seul que le Sieur *Travenol* Père est en droit d'imputer la détention.

Vainement pour échaper aux conséquences de ce raisonnement, le Sieur de V*** prétendoit-il, en décomposant en quelque façon

façon ce Mémoire, en adopter comme vraies les parties qui sont à la charge du Sieur *Travenol* fils, & rejetter comme fausses celles dont le Sieur *Travenol* père est en droit de tirer avantage. A cette prétention souverainement injuste en elle-même, on seroit en droit d'oposer comme autant de moïens capables de la faire proscrire, ces principes si naturels; que toutes les parties d'un même Acte doivent être indivisibles, c'est-à-dire, qu'il faut nécessairement ou les adopter toutes comme revêtuës du caractère de la vérité, ou les rejetter toutes comme étant toutes infectées des erreurs du mensonge & de l'imposture ; & de là cette conséquence qui plaçant le Sieur de V *** dans une alternative assez embarassante à la vérité, ne lui laisse que le choix de l'un de ces deux partis, ou d'abandonner entièrement le Mémoire présenté à la Police, auquel cas s'il met le Sieur *Travenol* Père, hors d'état d'en tirer des inductions contre lui, il se prive lui-même du droit d'en tirer aucune contre le Sieur *Travenol* fils, ou d'adopter ce même Mémoire dans toutes ses parties, auquel cas s'il en tire avantage contre le Sieur *Travenol* fils, qui saura bien s'en défendre, il ne peut contester au Sieur *Travenol* Père, le droit de s'en servir à son tour, pour le convaincre d'être le véritable & seul Auteur de sa détention au For-l'Evêque.

Après des moïens aussi frapans, seroit-il donc permis de douter encore de la vérité des faits avancés par le Sieur *Travenol*? Et si la preuve de ces mêmes faits, puisée dans les piéces du Sieur de V*** en démontre toute la certitude, ne justifie-t'elle pas en même tems d'une maniére pleine & entiére, combien les plaintes que ce Vieillard adresse à la Justice sont légitimes & bien fondées?

Mais si les plaintes du Sieur *Travenol* justifiées par la vérité de ses faits, le mettent en droit de demander une réparation, de quelle nature doit-elle être? C'est sur quoi la gravité de ces memes faits va mettre la Cour en état de prononcer.

SECOND MOIEN.

Tiré de la gravité des Faits avancés par le Sieur Travenol.

De meme qu'en matière de délit, les peines doivent toûjours être proportionnées aux crimes, de meme aussi en matiére d'injure, c'est toûjours la qualité de l'offense qui doit décider de la nature de la réparation.

Ce principe dicté par la raison même & fondé sur les Loix de l'équité naturelle une fois suposée à quelle réparation le Sieur *Travenol* n'est-il pas en droit de soumettre aujourd'hui le Sieur de V***?

Fut-il jamais de procédé, on ne dit pas simplement plus injuste, mais plus barbare, que celui que le Sieur *Travenol* est en état de lui reprocher?

Ce seroit, sans doute, ici le lieu de remettre sous les yeux de la Cour le spectacle touchant de l'innocence gémissante, trainée dans

ces

ces affreufes demeures préparées uniquement pour le crime; de retracer l'idée d'un Vieillard fans défenfe, livré à toutes les horreurs de la mort, arraché du fein de fa maifon, trainé comme un coupable à travers les rûës d'une ville dans une obfcure prifon, abandonné aux plus accablantes réflexions dans cet horrible féjour, où on le prive même de la liberté d'inftruire de fes malheurs ceux, qui auroient pû en faire ceffer le cours; mais qu'eft-il befoin de rapeller un détail de faits qui doivent être encore préfens à l'Efprit? Et ne fuffit-il pas pour donner une idée jufte de la gravité de l'injure reçûe par le Sieur *Travenol*, de prêter l'oreille au cri général de toutes les Loix réunies, pour demander vengeance de l'abus qu'on a fait en fa perfonne de leurs difpofitions les plus facrées?

En effèt, pourfuivre fur un père innocent la punition d'un prétendu crime dont fon fils eft accufé, vouloir le rendre refponfable de l'abfence de ce fils, & le faire en conféquence fervir à fa place de victime au reffentiment le plus injufte; n'eft-ce pas fouler aux piés ces Loix fi fages, adoptées dans tous les Païs où la Juftice a des autels, qui veulent que les délits, auffi bien que les peines deftinées à les punir, foient abfolument perfonnelles, ces Loix qui toûjours attentives à diftinguer l'innocent d'avec le coupable, ne fouffrent jamais qu'on faffe fubir impunément à l'un la peine du crime de l'autre, ces Loix, en un mot, qui ne connoiffant entre les Citoïens d'autre différence que celle que produifent entr'eux les Vices & les Vertus, protégent le foible contre les entreprises du puissant, & veillent également à la défense & à la sûreté de tous, parce que tous leur sont également chers?

Tels sont cependant les attentats du Sieur de V***; telles sont les Loix dont il a témérairement abusé à l'égard du Sieur *Travenol*: or, s'il est vrai, comme on vient de le dire, que la peine doit toûjours être proportionnée au crime, & la réparation à l'injure, à quel châtiment (le terme n'a rien de trop fort) l'abus de tant de loix n'expose-t'il pas le Sieur de V***! Quelle réparation celui, dans la personne duquel il les a violé, n'a-t'il pas droit de lui demander!

Conséquence bien accablante ; il est vrai pour le Sieur de V***, & bien capable de troubler sa présomptueuse sécurité, mais conséquence, dont il est cependant nécessaire de lui faire subir toute la rigueur.

Assez & trop longtems déserteur de ces Loix, dont plusieurs de ses Ouvrages présentent des modèles si héroïques, ennemi de cette humanité qu'il annonce comme *le prémier caractère d'un Etre pensant*; son cœur, toûjours en contradiction avec son esprit, s'est-il abandonné sans reserve aux emportemens d'une haine aveugle Assez & trop longtems occupé comme Citoïen, à forger des chaines à l'innocence à laquelle, comme Auteur, il avoit érigé des trophées, a-t'il fait languir le malheureux *Travenol* dans ces mêmes cachots dont il avoit autrefois tiré l'infortuné *Lusignan*, d'autant plus coupable aux yeux de la

Jus-

Justice envers l'un, qu'*Orosmane* paroit sur la scéne plus généreux envers l'autre, les aplaudissemens donnés à l'Auteur de *Zaïre*, doivent servir aujourd'hui de proportions aux peines à prononcer contre le persécuteur du Sieur *Travenol*.

Signé ANTOINE TRAVENOL.

M^e. Le Marie *Avocat*.

De l'Imprimerie de JOSEPH BULLOT, 1746.

(XII.)

PLAIDOIER.

POUR *le Sieur* Travenol *Fils, de l'Académie Roïale de Musique, Défendeur & Demandeur, contre* le Sieur de *V**** *&* Mr. l'Abbé d'*Olivet*, *de l'Académie Françoise, Demandeurs & Défendeurs.*

MONSIEUR,

CETTE cause vous présente l'objèt peut-être le plus singulier, qui ait jamais saisi l'attention du Public. Ce sont, dit-on, des Libelles que l'on vous défére. Ce sont des Ecrits, que l'on prétend outrageans, dont on vous demande vengeance. Et quel est l'Accusateur? Sur quel Citoïen malheureux ces écrits ont-ils porté des coups meurtriers? C'est l'admirateur, le disciple de *Newton*. C'est un Philosophe, à qui ces écrits ont fait

perdre

perdre la tranquilité de l'ame, ce bien si estimable, fruit précieux de la vraïe Philosophie.

C'est un des prémiers Poëtes de nos jours, que son propre goût avoit tourné à la critique, que les différentes occasions avoient mis tant de fois à portée d'en faire usage, qui par une conséquence nécessaire s'étoit trouvé lui-même souvent exposé à ses traits, & qui sûr de sa réputation les avoit toûjours sçu ou méprifer, ou repousser. Il n'avoit pas encore fait entendre ses cris à *Themis*. Jusqu'alors son Temple ne s'étoit pas ouvert pour les Muses. Elles avoient toûjours sû finir elles-mêmes leurs quérelles. Faites pour le combat, accoûtumées à vaincre, elles méprisoient toutes les armes étrangéres, & le succès, qu'elles auroient dû à d'autres, leur auroit paru moins une victoire, qu'une défaite.

C'est cependant cet homme le nourrisson, le favori, le bien-aimé des Muses. C'est l'Auteur de la *Henriade*, que vous voïez aujourd'hui, Monsieur, à vos piés qui vient réclamer votre protection, qui vous demande vengeance, qui ne trouve de ressource que dans votre Justice.

Quel est donc l'ennemi redoutable, qui excite ces grands mouvemens? Devant quel adversaire dangereux ce fameux V***, éprouvé par trente années de critiques, ne sait plus enfin comment se défendre? C'est un Violon de l'Opera; c'est un Musicien recommandable dans son art, mais qui n'avoit jamais pensé se faire des quérelles avec les Muses,

ses, & qui avoit encore moins cru que ce seroit à la Justice qu'elles en demanderoient vengeance. C'est *Travenol* le fils, homme estimable par sa probité, par ses talens, mais qui ne paroissoit pas destiné à causer des allarmes à V***.

Ce n'est pas que je veuille ici déprimer la Musique. Notre siécle l'a portée au plus haut dégré de perfection. Les Etrangers jaloux de leurs talens à cet égard, envient notre composition, & elle n'est point démentie aujourd'hui par l'exécution. La Muse Polymnie ne le céde en rien à ses Sœurs; & même dans les Spectacles de ce genre, le Poëte Lirique est souvent effacé, par le Musicien. Mais il est des rangs sur le Parnasse, comme dans tous les autres Ordres : & *Travenol* n'avoit jamais compté, que le malheur d'un procès lui procureroit l'avantage de partager avec V*** l'attention du Public.

Que renferment donc ces Ecrits, qui excitent si vivement la sensibilité du Sieur de V***, je le répète, déjà tant de fois éprouvé ? Sous quels traits trop marqués ces Ecrits caractérisent-ils le Sieur de V*** ? Et quelles preuves frapantes peuvent déterminer à en charger le Sieur *Travenol* ? C'est, Monsieur, ce qu'il faut discuter, voilà notre cause : Je la traiterai avec l'attention & le zèle, que je dois à ma patrie, mais en même tems avec les égards, que méritent les talens supérieurs de notre adversaire.

J'avouerai même ; & ma Patrie ne doit point s'allarmer de cet aveu. Ses intérêts n'en n'en souffriront pas. J'avouerai que, s'il se fut agi d'attaquer le Sieur de V***, si les rôles eussent été différens dans cette cause, si le Sieur de V*** eut été accusé, si l'Accusateur eut reclamé mon ministére, je le lui aurois refusé. La profonde admiration que j'ai toûjours euë pour ce rare genie, unique peut-être par la multitude des talens qu'il rassemble, mon sincère attachement à ces talens ne m'eut laissé aucuns traits, dont j'eusse pû soutenir contre lui une accusation, de quelque nature qu'elle eut été; alors l'affection du cœur eut rendu l'esprit totalement impuissant. Mais c'est un innocent qu'il s'agit de défendre. C'est une famille entiére, qui dépend du sort de cet homme innocent, que l'on veut accabler. Le Sieur de V*** ne court aucun risque; la famille de *Travenol* est perduë, si on ne la défend pas. Dans cette position nous devons notre Ministère en tout tems, en tout lieu, contre toutes sortes de personnes, le crime peut quelque fois rester impuni: mais l'innocence ne doit jamais être oprimée.

Pour remplir ce ministère, que je n'ai pû refuser, je vais vous démontrer, Monsieur, prémiérement, que les Ecrits, dont on se plaint, ne sont pas des Libelles sérieux, & qui puissent exciter l'attention d'aucun Citoïen raisonnable. Secondement, quels que soient ces Ecrits, le Sieur de V*** ne sauroit se les apliquer, il n'y est pas nommé. Et pourquoi se les apliqueroit-il? Enfin quand *V**** même y seroit nommé, on ne raporte te aucune preuve, qui puisse charger *Travenol* de ces Ecrits.

Voila donc ma défense: point de délit existant. Le Sieur de V*** ne devroit pas se regarder comme l'objèt de ce délit, s'il existoit: Et quand le délit démontré regarderoit le Sieur de V***, aucune preuve n'en chargeroit le Sieur *Travenol*.

Je passerai ensuite à la discussion d'un Mémoire imprimé dans cette cause, & signé de mon Confrère, contre lequel on a rendu plainte. C'est un objèt important qui ne demande pas à être confondu.

Les Ecrits, qui vous sont aujourd'hui déférés à titre de Libelles, ne présentent aucune satire grave, & qui puisse mériter, que la Justice leur porte ces coups vengeurs, destinés à punir le crime.

Une prémière observation importante sur ces Ecrits, c'est leur datte; l'un présenté sous le titre de *Triomphe Poëtique*, & connu dans le monde littéraire parmi ces Pièces, que l'on apelle *Calotes*, est imprimé dans plusieurs Recueils depuis dix ans; l'autre présenté sous le titre de Discours prononcé *à la porte de l'Accadémie*, a paru imprimé en l'année 1743. Ces deux piéces ne contiennent que des plaisanteries littéraires; elles ne peuvent intéresser que des gens de Lettres. Or n'est-il pas une prescription littéraire, ainsi qu'il en est une civile? Et n'est-ce pas donner assez d'étenduë à l'action du Poëte offensé, que de la porter jusqu'à l'année de l'offense? Les délits qui demandent un plus long espace de tems

pour

pour être effacés, intéreffent toujours la Société, l'Etat & la Religion. Ces efpéces de délits poëtiques au contraire amufent fouvent la Societé, n'intéreffent jamais l'Etat, & s'ils bleffent quelquefois la Religion par le défaut de charité, du moins ne l'attaquent-ils pas dans fes points capitaux. Le Poëte, qui en eft l'objèt, a donc feul intérêt de s'en plaindre. Son filence pendant dix, ou même pendant trois années, n'a-t'il pas effacé cet intérêt? Et l'écoutera-t'on en 1746, quand il fe plaindra d'écrits imprimés en 1736. & en 1743. Prémière obfervation, d'où nait la fin de non-recevoir.

Mais *ces Ecrits*, dit le Sieur de V***, *contiennent des calomnies atroces; fon honneur en eft outragé; elles bleffent la dignité des places qu'il remplit, la charge dont Sa Majefté l'a gratifié. C'eft à tous ces titres qu'il ne peut refufer une vengeance éclatante. La foumiffion dûe au Souverain s'y trouve même intéreffée. Le Roi veut que du crime de Travenol il en foit fait une juftice exemplaire.* Ce font les propres expreffions de la Requête du Sieur de V***, que je rends. Ce n'eft donc plus au Poëte, que nous avons à faire. Ce n'eft plus à l'homme de Lettres, au bel Efprit, c'eft encore moins au Philofophe. C'eft au *Gentilhomme ordinaire de la Chambre du Roi: c'eft au Confeiller du Roi en fes Confeils, à l'Hiftoriographe de France, c'eft à l'un des Quarante de l'Académie Françoife.* C'eft même à la volonté du Prince que nous ne pouvons nous fouftraire.

Le Sieur de V***, accoûtumé à mettre

en œuvre fur le Théatre toutes les idées riantes, qui s'offrent à fon imagination, & à les emploïer fouvent avec fuccès, parce qu'elles fe préfentent toûjours fans contradicteur : penfe-t'il donc qu'il en foit de même au Barreau? Croit-il nous fubjuguer par de vaines phrafes, par des mots arangés avec art ? Qu'il fache, qu'ici c'eft uniquement à la folidité des raifons, à la force & à la juftefle des moïens que l'on fe rend.

Qu'il fe rapelle ce bon mot d'*Accius* fameux Poëte tragique, dont nous parle *Quintillien* dans fes Livres de l'Inftitution de l'Orateur Liv. 5. ch. 13., fon talent pour l'éloquence, & la force de fon génie caractèrifoient finguliérement fes pièces. On lui demandoit pourquoi il ne faifoit pas preuve de ces avantages au Barreau. *C'eft*, dit-il, *que fur le Théatre, je mets dans la bouche de mes perfonnages tout ce que je veux, & qu'au Barreau j'aurois affaire à des gens, qui ne diroient rien moins que ce que je voudrois*: Et qu'à cette occafion il nous foit permis, vis-à-vis les gens de Lettres, qui, difons-le hardiment, hors leur fphére, reconnoiffent peu de talens: Qu'il nous foit permis de faire fentir la fupériorité des talens néceffaires au Barreau pour réuffir, par la grandeur des difficultés, qu'il eft indifpenfable d'y furmonter.

Comment le Sieur de V*** ofe-t'il donc, fachant qu'il ne parlera pas feul, qu'il fera permis de lui répondre, fachant qu'il entendra peut-être ce qu'il ne voudroit pas, comment ofe-t'il nous préfenter pour caufe d'une

plain-

plainte, qu'il rend contre des Ecrits imprimés en 1736 & en 1743. des dignités, qu'il n'a acquiſes qu'en 1745. & en 1746. ?

S'il n'avoit pas l'honneur d'être Gentilhomme ordinaire de la Chambre, s'il n'étoit pas chargé des fonctions importantes d'Historiographe de *France*, ces écrits lui ſeroient indifférens, il ſe contenteroit de les mépriſer. Ce n'eſt pas lui qui ſe croit bleſſé ; c'eſt l'éclat de ſes dignités, qu'il eſt obligé de ſoutenir. Mais ces écrits regardent-ils les fonctions de Gentilhomme ordinaire de la Chambre ? Le Sieur de V*** ne l'étoit pas, quand il a rendu ſa plainte. Aucun de ſes confrères dans cet Ordre ne s'intéreſſe à l'événement de ces Ecrits.

Sa qualité d'Hiſtoriographe de *France* n'y eſt pas plus bleſſée. Il ne s'en agit en aucune façon. Qu'il nous la faſſe reſpecter cette qualité, par les ouvrages, qu'il eſt capable de faire à ce titre, & que l'on attend de lui avec impatience. Qu'il ne la regarde pas comme l'objèt d'un ſimple émolument, ou même comme une dignité purement honoraire, mais quelque uſage qu'il en faſſe qu'il ne croie pas l'oppoſer avec ſuccès à des écrits qui lui ſont totalement étrangers.

Qu'il ne reclame pas même le ſecours de l'Académie *Françoiſe*. Il ſait, qu'elle a toûjours mépriſé ces ſortes d'ouvrages.

Qu'il penſe encore moins nous faire croire, que le Prince s'intéreſſe à des diſcuſſions auſſi légères, & trop étrangéres aux grandes vûës, qui l'occupent ſi utilement pour le bien

de

de son Etat & pour la gloire de la Nation.

C'est donc uniquement, précisément sa personne, que ces écrits peuvent intéresser. Ce n'est donc plus qu'à l'homme de Lettres, que nous avons affaire. C'est donc avec le Poëte, que nous voilà revenus aux mains.

Or je lui demande à ce titre, que lui présente la prémiére piéce, le *Triomphe Poëtique* ? C'est une pure fiction, ouvrage de la fantaisie & du caprice, qui peut n'avoir aucun objèt réel, ouvrage procedé d'une foule d'autres de la même espèce, contre lesquels on n'avoit pas encore imaginé de rendre sérieusement une plainte, ouvrage qui ne mérita jamais les regards toûjours sérieux de la Justice, ouvrage fait pour amuser, plûtôt que pour nuire, dont les faits sont presque toûjours aussi burlesques, que le stile, qui ne saisit que le plaisant, qui n'offre rien de sérieux, que l'on n'a jamais regardé comme une Histoire, qui s'est toûjours présenté comme un Conte, contre lequel la gravité d'une plainte doit rendre encore plus ridicule, que ce que contient de plus vif l'ouvrage même, ouvrage dont il en est échapé de pareils à une foule de Poëtes.

Et que notre adversaire se rende ici justice. Qu'il nous parle de bonne-foi, s'il est possible. N'en est-il jamais sortis aucuns de sa plume du même caractère, je veux dire pour la satyre, peut-être même plus forts, & qui pouvoient intéresser plus de personnes sûrement aussi recommandables qu'il pense l'être?

Ne seroit-il pas trop dangereux pour V*** de réussir contre *Travenol*? L'exemple pourroit tirer à conséquence. Si la Justice écoutoit de pareilles plaintes, même après un long silence, ne se trouveroit-il point encore aujourd'hui quelqu'un en état de rendre le change à notre Accusateur ; & dans ce cas à quels dommages & intérêts ne conclueroit-on pas contre lui? Il demande à un Violon de l'Opera 6000 Livres c'est le prix de plus de douze années de son travail. Que ne prétendroit-on pas *contre un Gentilhomme ordinaire de la Chambre du Roi, contre un Conseiller du Roi en ses Conseils, Historiographe de France?* Plusieurs Poëtes, qu'il a peut-être maltraités, trouveroient une fortune sûre dans cette démarche.

A l'égard du second Ecrit plus moderne, & dès-là plus susceptible d'attention, discours d'un genre que ne sauroit sauver le burlesque du prémier, que présente-t'il d'outrageant?

L'Académie, le Directeur, le Récipiendaire, & plusieurs autres personnes y sont outragées, dit le Sieur de V*** dans sa Requête, *il a excité l'indignation publique. L'Académie en Corps en a fait parler au Roi.*

L'Academie *Françoise* composée de membres tous plus recommandables encore par les qualités du cœur, que par les talens de l'esprit, forme une compagnie respectable, qui n'est pas à l'abri de la critique, car que ne critique-t'on point? Les œuvres du grand *Corneille* l'ont-ils moins été que les autres? Quelques-unes des piéces de l'excellent *Racine*, peut-être les meilleures, si ce Poëte cependant

pendant nous laisse du choix, quelques-unes n'ont-elles pas été obligées de céder en naissant, à la cabale & à l'envie? Mais l'Académie *Françoise* a assez de grandeur, pour mépriser les mauvaises satires, & assez de courage, pour savoir profiter des bonnes. On l'a vû même accueillir plus d'un Auteur, qui l'avoit maltraitée, certaine, sans doute, que s'il avoit pris de mauvaises impressions sur son compte, le plus sûr moïen de le détromper, c'étoit de le raprocher d'elle, & de se faire connoître à lui telle qu'elle est en effet.

Que le Sieur de V*** ne cherche donc point à grossir si pompeusement son cortége. Qu'il ne compte pas plus sûrement mettre le Public à sa suite dans cette affaire. Ce Juge toûjours désintéressé, que la protection & les grandeurs ne séduisent pas, ce juge éclairé n'a jamais refusé son suffrage au foible, que l'on veut oprimer, à l'innocent, que l'on persécute : & à ces titres *Travenol* se flatte-il trop, d'oser compter sur une protection si honorable?

Les écrits dénoncés ne présentent rien d'outrageant. La Justice n'avoit point encore été occupée d'objèts si peu dignes de son attention.

*Ce Discours prononcé à la porte de l'Académie Françoise par Mr. le Directeur à Mr. ***,* est un pur jeu d'esprit. Il suffit de sa lecture pour écarter tout objèt de délit. Elle devient même indispensable pour établir ce moïen de ma cause.

MONSIEUR,

Tous les momens de votre vie sont autant de triomphes poëtiques. Votre Muse universelle a embrassé tous les genres, l'Epique, le Dramatique, le Liryque, que sais-je? Votre noble audace a percé les mistéres les plus inaccessibles à l'intelligence humaine, quel bonheur pour l'Académie, si elle pouvoit écrire dans ses fastes immortels un nom aussi célèbre que le votre! Pourquoi cet endroit du discours caractèriseroit-il le Sieur de V*** ! & s'il le caractèrisoit, que lui présenteroit-il de désagréable!

Pénétrée d'admiration pour de si rares talens, elle n'est pas moins touchée que vous, des inconvéniens qui vous ont séparé d'elle jusqu'ici. Je ne discuterai point la nature & la qualité de l'obstacle, qui s'opose à notre alliance. Tirons le rideau sur des objèts facheux, qui ne justifient que trop votre juste exclusion. Nous nous contenterons d'accuser avec vous la nécessité, sous qui tout doit fléchir, & nous pensons bien que vous n'êtes pas d'humeur à soupçonner la sincérité de nos regrèts & de notre estime. C'est donc à un homme, refusé à l'Académie, que ce discours s'adresse. Ce n'est donc pas pour la réception d'un Académicien qu'il a été fait. Pourquoi V***, reçu en 1746. s'adopte-t'il donc dans ce tems ce discours? Quel trait peut-il avoir à sa réception?

Nous ne dissimulerons point, Monsieur, combien vos empressemens redoublés ont relevé le prix de nos places, un peu rabaissées par l'indifférence de quelques Auteurs connus. Ils ont cherché
l'hon-

l'honneur dans d'autres Sources ; mais vous avez senti, que notre Compagnie étoit l'unique Temple de la Gloire. C'est ici que le Sieur de V*** prétend, qu'il ne lui est pas permis de se méconnoitre. *Le Temple de la Gloire* ne peut convenir à d'autres, c'est même ce qui lui a fait fixer l'époque de ce discours à sa réception à l'Académie, erreur dans laquelle l'a bénignement suivi l'Abbé d'*Olivet*. Ces deux Académiciens croïent-ils donc, qu'avant ce Ballet, qui n'a pas été heureux, on n'eut jamais parlé du Temple de la Gloire ? Ces deux mots ont-ils été surpris de se trouver unis ensemble ? Plus de dix prologues d'Opera nous offrent ces expressions D'ailleurs que présentent-elles que l'on puisse déférer à la Justice ? Je le répéte, voilà quel est l'objèt de ma cause, c'est ce qui forme mon moyen.

Aussi nous vous tenons compte, Monsieur, de vos démarches, de vos inquiétudes, de vos supplications, pour appaiser des ennemis ; de vos menées pour séduire nos amis, de tant de courses dans la ville & de voïages furtifs à la Cour, de tant d'émissaires emploïés, de tant de troupes auxiliaires convoquées depuis le Cabinèt des Grands & les Toilettes des Dames, jusqu'aux Caffés de Paris, est-il rien de plus général ? Sur quel fondement le Sieur de V*** veut-il s'en faire une aplication particulière ?

De votre profession de Foi si édifiante pour les incrédules, de votre commerce avec les Banquiers en Cour de Rome pour obtenir une absolution. On ne sauroit s'y méprendre, dit le Sieur de V***. C'est la lettre que le Souverain Pontife

tife a eu la bonté de lui écrire, que l'on a en vûë. Pense-t'il donc que ces Anecdotes particulières saisissent toûjours l'attention du Public? Croit-il qu'il ne doit rien échaper de tout ce qui l'intéresse? *Travenol* étoit-il obligé d'en être instruit? Et quant ç'eut été des faits publics, qu'en résultoit-il de deshonorant pour V***? Voilà ce qu'il ne faut pas perdre de vûë. Ce discours présente-t'il quelque chose d'outrageant, & qui puisse faire l'objèt d'une plainte sérieuse?

Nous voulons bien oublier qu'il vous importe d'avoir la sauve-garde Académique, contre les recherches importunes des Argus de Themis. Le Sieur de V*** nous devroit donner la clêf de cet endroit. On n'y entend rien. *Nous vous avoüons même l'extrême besoin que notre Corps auroit d'un génie distingué.* Le Directeur fait ici trop les honneurs de l'Académie, il est vrai, que c'étoit sa Charge, mais pourquoi cela regarderoit-il singuliérement le Sieur de V***.

En vérité, Monsieur, vous vous y êt pris trop tard: aussi que ne vous êtes-vous proposé à l'Académie avant toutes vos traverses? L'ame de nos scrutins, la cabale si nécessaire à tant d'autres, eut été pour vous inutile, nous vous eussions peut-être épargné bien des désastres. Qui sait si l'esprit d'une Société sage & réglée n'eut pas influé sur le vôtre, ne vous eut pas inspiré quelque amour pour la Patrie, quelque tolérance pour le culte & les usages reçus, s'il n'eut pas enchaîné cette indépendance Républicaine, pour allier enfin le Citoïen à l'Auteur, s'il n'eut pas calmé cette déman-

démangeaison d'immoler sans cesse notre Nation à la risée de nos voisins, qui vous en savent si peu de gré, & qui vous ont vendu si cher un azile. Pourquoi le Sieur de V*** veut-il que ceci le regarde ? Qu'il nous en donne donc l'explication.

Vous eussiez même fait l'honneur à votre famille de garder son nom: vous le quittâtes au tems de votre prémière avanture. Est-ce le prémier Poëte, qui ait pris du goût pour un nom étranger ? Et que rapelle cette prémière avanture ? Voilà ce que *Travenol* ignore.

Quelle foule de surnoms vous auriez, Monsieur, si chaque époque de votre vie vous coûtoit un travestissement ? Celui auquel vous paroissez vous en tenir, vous raproche un peu de Perse, ce fameux Satyrique de Rome. Il étoit, dit-on, natif de Volterre en Toscane: Cette Note est l'ouvrage d'un Editeur mal adroit. Quel raport raisonnable peut-il y avoir entre le nom d'une ville, & celui d'un homme ?

Votre Satyre s'est égayée sur nous plus d'une fois. Combien de mauvais Auteurs ont écrit contre l'Académie *Françoise* ?

Vous nous avez mal adroitement embourbés dans le limon du Parnasse ? Le Sieur de V***n'avouë pas, sans doute, *le Bourbier*, Satyre assez mauvaise contre l'Académie.

Quoiqu'il en soit, nous reconnoissons que vous régnez sur le sommet de cette montagne. Nous vous félicitons même d'avoir trouvé dans son sein une mine inconnuë aux Corneilles, & que les Libraires & les Souscripteurs vous ont tant de fois reprochée. Voilà ce qui devient totalement

A a 4 in-

inintelligible vis-à-vis le Sieur de V***.

Nous vous pardonnons de bon cœur tous les traits, que vous nous avez décochés ; dépit d'Amant contre les rigueurs d'une Maitresse trop sévère ! Il nous fut impossible en 1714. de vous adjuger un prix que vous aviez souhaité. Que ne donniez-vous une meilleure Ode ? Si le fait est vrai, il n'étoit pas parvenu jusqu'à Travenol. Un Violon de l'Opera n'est pas obligé de connoitre toutes les Odes malheureuses, que font les Auteurs. Ne lui suffit-il pas de se souvenir des Opéras, qui ne leur réussissent pas ?

Avec quelle joye nous vous eussions couronné ? C'eut été nous donner des arrhes mutuelles d'un engagement prochain. Votre chagrin contre notre justice éxacte, loin de se rallentir par le tems, n'a fait que s'irriter. Il semble que vous n'ayez multiplié des Editions, que pour nous livrer au mépris. Nous vous remettons nos offenses particuliéres, heureux si la Partie publique n'étoit pas plus inexorable !

Croyez-moi, Monsieur, vous n'avez besoin d'être membre d'aucun Corps. Vous faites un tout à vous seul. La renommée marche devant vous, & vous annonce à tous les Etats, que votre inquiétude vous fera parcourir. La France est un espace trop resserré pour vous. Voyagez, portez vos conquêtes Littéraires chez toutes les Nations. Enveloppez-vous dans vos talens. Ils jettent de tems en tems, des étincelles dont nos yeux ne sont point fatigués. Quel éloge plus brillant !

Nous nous flattons, que ce discours de consolation vous plaira, par la singularité, qui vous
est

est si chere. Il ne ressemble point à ces éloges communs, que nous sommes forcés d'ajuster aux objèts ordinaires de notre choix. Par quelle mauvaise fortune pour *Travenol*, le Sieur de V*** s'est-il attaché à cet écrit, pour en faire l'objèt de ses plaintes? Et qui l'a pû déterminer à lui donner la préférence sur vingt écris, où il est nommé, ou du moins désigné trop clairement avec un mépris marqué, pour ne rien dire de plus?

Cet écrit n'offre donc rien de sérieux, rien d'outrageant, rien de personnel. L'objèt en est inconnu, peut-être même est-il incertain; & c'est mon second moïen.

POURQUOI le Sieur de V*** se regarde-t'il comme l'objèt de ces Ecrits? Il n'y est pas nommé; aucune Lettre initiale même ne l'annonce. Qu'il choisisse donc, & qu'il nous indique les endroits qui le caractérisent? On lui a fait voir que dans l'écrit en prose, il n'y pouvoit rien trouver de personnel. L'écrit en vers lui convient-il mieux? Voilà ce qui forme essentiellement la discussion nécessaire de cette cause. C'est ainsi que commence le *Triomphe Poëtique*.

> Paris instruit par les Gazettes
>
> Du triomphe que de nos jours,
>
> Rome décerne aux grands Poëtes,
>
> Fait par ses Crieurs & Trompettes
>
> Publier dans les carrefours
>
> La rare & Poëtique Fête,

Qu'au Lucain François elle apprête.

Le vingt de la Lune de Mars,
Lune venteuse & variable,
Jour luisant de rayons blafards,
Jour au triomphateur sortable,
D'un Alguisil, & trois Mouchards
On verra partir la quadrille
De la porte de la Bastille,
Palais dont ces Introducteurs
Au Poëte ont fait les honneurs.

L'Infortune de plusieurs Poëtes ne les a-t'elle pas conduits dans cette retraite desagréable, sans être deshonorante ?

Un soufflet, mesquine voiture,
Sera le char de l'Apollon,
Chargé de grotesque peinture,
Girouettes au pavillon,
Sur les panneaux en beau blazon
Sera le timbre héréditaire
D'un Fièf qui n'a nul censitaire,
Fièf dont l'Empire Calotin
L'investit comme Suzerain,
Ce Fièf qu'Aimon dans ses Annales
Place au bout des termes Australes.....

Ce Lucain François, le Heros du Triomphe

phe Poëtique est sans doute un être de raison sans objèt, formé de plusieurs caractéres différens, réunis par une imagination peu réglée, pour en composer un tout burlesque, dont chacun fait à son gré l'aplication qui lui plait, parce qu'il n'en a pas de véritable. Ce sont de ces caractéres outrés de Comedie, dont un seul homme n'a pû être l'objèt, où l'on a saisi différens ridicules, & qui ne ressemble à personne, à force de ressembler à trop de monde.

Mais le Sieur de V***, trouve, dit-il, son signalement dans cette Piéce. Il y est peint, à ce qu'il prétend, dans ces vers.

Badauts, battez des mains ici,
Place à l'Apollon, le voici,
Qui dites-vous? cette momie?
Il vit pourtant: l'économie
La soif de l'or le séche ainsi,
Jointe au corrosif de l'envie.
Est-il assis, debout, couché?
Non: sur deux flageolets il flotte
Entouré d'une redingotte,
Qu'à Londre il eut à bon marché;
Son corps tout disloqué balotte,
Sa machoir à vuide grignotte,
Son regard est effarouché.
Vous reconnoissez Don Quichotte
Qui dans la cage est attaché

Le

Le sec cadavre est embroché
A sa rapiere encor pucelle.
Il rêve, il siffle, il vous appelle,
Badauts, battez des mains ici,
Place à l'Apollon; le voici.

Le Sieur de V*** est-il donc le seul, à qui le défaut d'embonpoint puisse rendre ses vers propres? Ne se trouve-t'il pas aisément plus d'un Poëte maigre; & si cela lui convenoit singuliérement, ce reproche mériteroit-il d'être déféré à la Justice. Voilà toûjours l'objèt de notre cause; est-il quelqu'un de ceux qui me font l'honneur de m'entendre, qui, pour un pareil reproche, voulut en rendre plainte? Il convient, que le reste de la Piéce ne le regarde pas si nécessairement.

Mais on fait halte, & l'équipage
S'arrête à l'Hôtel de Sully,
Où mon Héros eut l'avantage
D'être par un Grand annobli
Selon l'accolade sauvage
Par laquelle Monsieur Jourdain
Est reçu Turc & Paladin. . . . .

Mais Ciel! qui bouche les passages?
Qu'entendons-nous? quelles clameurs?
Haro sur le Roi des Rimeurs,
On veut l'arrêter pour les gages.
C'est un monde de Souscripteurs,

De Libraires & d'Imprimeurs,
Victimes de ſes brigandages.
　　Paix coquins, n'a-t'il pas promis
De rendre tout ce qu'on a mis,
Que n'attendiez-vous, je vous prie,
Parbleu, s'il avoit ramaſſé
Tous les fonds de la Lotterie,
N'auroit-il pas tout rembourſé?
　　Paix-là, quelle criaillerie!
Monſieur l'Exempt & vos Mouchards
Délivrez-nous de ces braillards.
Mais en vain: la troupe indocile
Ne ſe païant point de raiſons,
Notre Algoiſil en homme habile
Cherchant au Poëte un azile,
Le niche aux Petites-Maiſons.

Ces endroits en effèt trop vifs répugnent au caractére du Sieur de V***. Ils n'ont jamais pû l'avoir en vûë. S'ils lui pouvoient être apliqués, on oſe dire, qu'il mériteroit le trait de Satyre; & s'ils ne lui conviennent pas, à quel titre vient-il s'en plaindre?

Ces écrits ſont donc étrangers au Sieur de V***. C'eſt avec raiſon, qu'on lui ſoutient, qu'il ne reſſemble nullement à ces portraits, que les traits qu'il adopte ſont de pure imagination, qu'aucun des ridicules, que ces Piéces préſentent ne le regarde, que ſes ſeuls Ennemis pouroient ſuppoſer l'y reconnoître,
que

que l'aplication, qu'il s'en veut faire lui-même, est l'unique Satyre, dont il auroit raison de se plaindre. Osera-t'il nous contredire dans cette défense ? Voudra-t'il absolument & malgré nous, être l'homme ridicule du jour ? Son amour-propre ne doit-il pas au contraire adopter volontiers notre systême ?

Mais quand le Sieur de V***. seroit nommé dans ces écrits ; quand l'outrage seroit aussi marqué, qu'il le prétend, aucune preuve ne charge *Travenol* de ces écrits. C'est mon dernier moïen.

Que s'agit-il de prouver ici ? Que le Sieur *Travenol* a fait réimprimer ces écrits en 1746. car le Sieur de V*** commence à reconnoitre que ces écrits sont anciens, que le *Triomphe Poëtique* étoit imprimé dès 1736. (a) *le Discours prononcé à la porte de l'Académie Françoise*, est imprimé dès 1743. par conséquent ce n'est pas pour la réception du Sieur de V*** à l'Académie Françoise, que ces écrits ont été faits. On convient même que le Sieur *Travenol* n'en est pas l'Auteur. Et dès lors voilà plus de la moitié de notre cause décidée, mais *Travenol* a fait réimprimer ces Ecrits en 1746., tel est donc le délit. Sur quelles preuves l'établit-on ?

Une prémiére observation importante sur cet objèt de notre cause, c'est que les Piéces, dont il s'agit, paroissent indifférentes en elles-mêmes.

(a) On le trouve dans plusieurs Recueils & singuliérement dans les Mémoires pour servir à l'Histoire de la Calotte, de l'Edition de 1739. 4 part. pag. 25.

mêmes. Elles n'intéressent ni l'Etat, ni la Religion. Elles ne sont pas proscrites. Le Sieur *Travenol* les a trouvées publiques, imprimées. Et leur proscription eut été la prémiére démarche, que le Sieur de V*** eut dû faire. Il eut fallu d'abord, qu'il fit condamner ces Ecrits. On en eut ensuite fait la recherche. Mais je vois des écrits imprimés qui ne nomment personne. Les désignations, que vous prétendez y trouver pour vous, peuvent m'être inconnuës. Je ne suis pas fait, dites-vous, pour être curieux. Cela ne convient pas à mon état. Je ne suis qu'un Violon de l'Opéra. Vous me l'avez sans cesse répété. Je ne suis qu'un Violon de l'Opera, étranger à toutes les opérations littéraires. Peu s'en est fallu même, que vos défenseurs ne se soient portés à me refuser toutes les facultés de l'ame.

Je suis encore moins fait par conséquent pour être connoisseur. Vous avez donc bien tort, vous rare genie de me choisir singuliérement, moi vil mortel, pour en faire l'objèt de vos plaintes les plus améres, pour donner au Public la scéne la plus éclatante, pour vous rabaisser jusqu'à moi, ou du moins pour m'élever jusqu'à vous dans un combat, où à la face de la Justice toutes les armes sont égales; & ce choix singulier, vous le faites en ma faveur, au milieu d'une foule de gens de Lettres, curieux par état, connoisseurs par talent, chez qui vous eussiez trouvé tant d'ouvrages contre vous. Qu'ai-je donc fait? Il m'est tombé entre les mains des Piéces imprimées qui m'ont m'ont amufé. Elles ne pouvoient regarder aucune de ces perfonnes recommandables, ou par l'éclat de leur naiffance, ou par l'éminence de leurs dignités, de ces perfonnes que leur rang ou leurs places, rendent néceffairement l'objèt du refpect, & de la véneration publique. C'étoit de ces piéces uniquement faites pour les habitans du Parnaffe, gens qui s'amufent continuellement à rire aux dépens des autres, & qui par un droit naturel doivent quelques fois faire rire aux leurs. Je ne vous ai pas reconnu dans ces Piéces. Et cela eft jufte. Je ne devois pas vous y reconnoitre. Mes talens ne vont pas jufqu'à cette fagacité. Mon état même y répugneroit. Voilà un de vos bons moïens. Vous ne vous étiez pas encore plaint de ces Ecrits. Vous ne les aviez pas déferés à la Juftice. Vous n'aviez pas déclaré alors précifément, qu'ils vous regardoient, que vous les preniez pour vous feul, que vous n'entendiez pas qu'aucun autre Auteur ofât s'y reconnoitre. Ces écrits joüiffoient de leur état. Rien n'en empêchoit la diftribution. J'ai remis ces Piéces à un homme, que je ne connois pas, j'en conviens. Je les aurois également données au prémier venu. Cet homme à la vérité m'avoit dit, qu'il les feroit réimprimer. Je n'y apercevois aucun inconvénient. Que ne les aviez-vous fait profcrire? Devois-je y donner plus d'attention que vous-même? Votre filence ne juftifie-t'il pas mon indifcrétion, fi ce que j'ai fait peut même paffer pour tel? A quel propos aurois-je dû les refufer? Vous connoiffeur, vous que

ces

ces écrits regardent, dites-vous, singuliérement, vous ne les aviez pas fait condamner. Pourquoi, moi ignorant, moi totalement indifférent à ces écrits, me serois-je avisé de prononcer leur proscription ? La fin de non-recevoir n'est-elle pas invincible contre vous ? On les a en effet réimprimés. On m'en a envoïés plusieurs exemplaires. Je les ai donnés à un Colporteur pour d'autres ouvrages. Voilà mon délit. La Justice m'en punira-t'elle ? Mais le fera-t'elle sans preuves ? Et quelles preuves en raportez-vous ?

1°. La déclaration d'un Colporteur. Il a dit qu'il tenoit de moi huit cent Exemplaires, qu'on lui a saisis. Vous ne raportez point cette déclaration. Nous ne l'avons point vûë. Ce Colporteur n'a pas voulu rendre compte sans doute, des sources, qui lui avoient transmis ces exemplaires. Je lui en avois donné quelques-uns que j'avois reçu de mon inconnu. Il a jugé à propos de mettre tout sur mon compte. C'étoit un homme, que vous aviez fait mettre à *Bicêtre*, que vous intimidiez, qui, dit-on, a depuis été banni. Déclaration unique, déclaration solitaire, déclaration suspecte. Elle ne sauroit jamais tirer à conséquence contre moi. Vous ne pouvez me l'oposer comme témoin. Il n'y a eu ni recolement, ni confrontation. On n'a observé aucune forme judiciaire. Vous avez fait arrêter plusieurs autres Colporteurs, des Imprimeurs, des Libraires. Jamais affaire n'a été si légère : & jamais affaire n'a fait tant de bruit. Personne ne m'a accusé. Effacez donc d'abord

bord la déclaration de ce Colporteur.

2°. Le Procès verbal du Commissaire *Lavergée*; cet Acte, qui devroit être juridique ne prouve encore rien. Il constate, que j'avois chez moi des Piéces, qui se trouveront dans tous les Cabinèts de *Paris*, même dans les Bibliotheques publiques, & dont aucun de ceux, qui me font l'honneur de m'entendre, ne s'est encore défait pour obéïr aux anciennes Ordonnances. De chacune de ces Piéces, je n'avois qu'un exemplaire. On ne m'en a trouvé que deux des écrits dont il s'agit. On n'a trouvé ni copie manuscrite de ces Ecrits, ni épreuve corrigée. Nulle trace, nul vestige par conséquent de réimpression de ma part. Ce Procès verbal du Commissaire opére donc au contraire ma justification.

3°. Deux lettres, l'une du sieur *Roi* & l'autre du sieur *Mérault*, homme connu dans la Littérature. C'étoit de mes amis. Ils me demandoient des Piéces nouvelles, que tout le monde avoit, que les Colporteurs m'aportoient, & qu'ils eussent pû leur porter à eux-mêmes. Ils me prioient de les leur trouver. Ils ne savoient donc pas que j'en fusse l'Editeur, que je les eusse chez moi.

Mais ces Lettres, qui me sont adressées, qui ont été trouvées dans mes papiers, qui sont mes propres piéces, que l'on a dû mettre sous les scellés, en me les enlevant, dont il auroit dû être fait une reconnoissance avec moi, qui n'ont pû être remises à d'autres, par quelle avanture les aperçois-je dans votre Sac, entre les mains de mes adversaires? On
ne

ne me les a point représentées. Il n'en a été fait aucun procès verbal vis-à-vis moi. Et vous les avez. Quel monstre dans la procédure? Elles ont été mises au Greffe de la Police, avez-vous dit. Autre absurdité. A-t'on observé contre moi quelque forme judiciaire? Ces piéces ont été remises à un Inspecteur de Police. Je le vois par le procès verbal du Commissaire. Depuis quand de pareilles mains sont-elles devenuës les dépots respectables des Piéces, d'où peut dépendre la fortune & l'honneur des Citoïens? Est-il un autre Greffe de la Police, que celui qui exiſte au Châtelet? Connoit-on à ce Greffe d'autres ordres, que des Sentences réguliéres? En a-t'il été rendu quelqu'une contre moi? Ces piéces, si elles eussent été mises au Greffe, en pouvoient-elles sortir, sans un Jugement, qui les en tirât? Me raportez-vous ce jugement? Je vous parle règle, formalité, procédure réguliére : Et votre procédure est nouvelle : c'est une procédure violente, que le Poëte sans doute a conduit. Mais devoit-on se laisser conduire? Vous demandez après cela, pourquoi je me suis absenté. Vous me reprochez ma fuite. Vous prétendez en tirer un moïen contre moi. Je me regardois donc, dites-vous, comme coupable. Non sans doute : mais je vous regardois comme des gens, qui n'observiez aucune règle. Je ne craignois pas la Justice; je fuïois la persécution. Vous aviez enlevé mon Père pour moi, mon père respectable par son âge, par son innocence, mon père à qui vous n'aviez aucun reproche à faire, si ce n'étoit d'être mon père, crime que l'on n'avoit puni jusqu'à présent dans aucun Etat, sous aucun Gouvernement, parmi nulle Nation. Devois-je attendre que vous m'enlevassiez moi-même ? Mon innocence me pouvoit-elle rassurer contre vos injustices ? Je n'étois pas criminel : mais vous étiez furieux. J'avois de bons moïens à vous proposer : mais il étoit décidé, que l'on ne m'entendroit pas. Dès que vous m'avez traduit dans un Tribunal réglé, dès qu'il m'a été permis de me défendre, je me suis présenté. Je suis à toutes les Audiences. C'est le sieur de V°** qui fuit à présent. C'est lui qui n'ose paroitre. C'est lui, qui craint sans doute les regards de la Justice, les remords de sa conscience, & les reproches du Public. Ce troisième moïen ne vous servira donc pas mieux, que les autres.

4°. On raporte une note écrite de la main de *Travenol*, où il est dit, *qu'il a donné tant de piéces à tel prix au Colporteur de Mr. Mérault, donc le commerce, qu'il faisoit, est prouvé.* Mais d'abord ces piéces ne sont pas celles dont il s'agit. Ce fait n'administre donc aucune preuve dans cette cause. Car quelqu'inconséquent, que vous vous permettiez d'être ici, de ce que j'ai donné d'autres piéces, pour le sieur *Mérault*, vous n'oserez pas conclure, que j'avois fait réimprimer celles-ci. D'ailleurs que prouve ce bulletin, que vous dites écrit de ma main, que je n'ai pas reconnu, que vous ne devriez pas plus avoir, que les Lettres du sieur *Roi*, & du sieur

Mé-

Mérault, qui n'est point une piéce judiciaire, qui ne sauroit avoir aucune foi en Justice? Il constate que le sieur *Mérault* m'avoit prié de lui acheter les Piéces, qui y sont énoncées, Piéces étrangéres à la cause, que je lui ai envoïées par son Colporteur, & que j'ai fait un bordereau de ces piéces, pour que le sieur *Mérault* m'en tint compte. Voilà ce fait important. Quel moïen vous administre-t'il pour prouver contre moi la réimpression de piéces, dont il n'est fait aucune mention sur ce bordereau?

5°. Dans le tems de l'injuste détention de mon père, ma famille présenta un Placet à la Police. J'en ai donné depuis une copie écrite de ma main au sieur de V***. Et dans ce placet je reconnois, dit-on, la part que j'ai eu à la réimpression des écrits dont il s'agit.

Ce placet à la Police, je ne l'avois pas fait. Il avoit été donné pendant mon absence, & sans ma participation. Peut-il m'engager? Je ne l'ai copié, que pour satisfaire la curiosité du sieur de V***; & dans un tems où tout paroissoit pacifié entre nous. Ce placet même ne contient aucun aveu de la réimpression, que l'on prétend prouver. Au contraire, il la nie en termes précis.

Mais *la Lettre à l'Abbé d'*Olivet *est l'ouvrage de* Travenol. *Elle parle clairement. Il ne sauroit se refuser à la preuve, qui nait invinciblement de cette Piéce.* Que dit donc cette Lettre, qui n'avoit pas été faite pour être imprimée, & qui s'attendoit encore moins à l'honneur de l'être à côté de celle d'un Académicien ? Elle dit précisément les faits, que nous avoüons, que le sieur *Travenol* avoit reçu ces écrits imprimés de l'Abbé *des Fontaines*, qu'il a remis un exemplaire de cette ancienne Edition à un homme, qu'il ne connoit pas, qui venoit acheter chez lui des ouvrages de Musique de sa composition, que cet inconnu lui en a envoïé un nombre d'exemplaires, qui l'embarassoient, & qu'il a remis à un Colporteur pour d'autres ouvrages. Voilà ce que contient cette Lettre. Quelles lumières porte-t'elle sur cette réimpression, qui vous inquiéte tant, & qui fait l'unique objet de cette cause ? Je dis dans cette Lettre, que ce n'est pas moi, qui ai fait cette réimpression, que c'est au contraire un homme que je ne connois pas. Cette Lettre ne prouve donc pas que je l'aïe faite en effet. D'ailleurs la déclaration contenuë dans cette Lettre, qui est-ce qui vous l'a fait ? C'est moi, qui ne saurois vous la faire contre moi-même. C'est moi, qui ne puis m'accuser, indépendamment du caractère singulier de la Piéce. C'étoit une lettre, qui avoit été méditée, réfléchie pour faire le sceau de la Paix, qui ne devoit vous être remise dans aucune circonstance, encore moins pour devenir entre vos mains des armes destinées à une nouvelle guerre : moïens puissans, moïens victorieux, qui vont me servir avec avantage dans la derniere partie de cette cause, pour la discussion du Mémoire signé de mon confrère.

J'ai fait imprimer & signifier, dit-on, *un Mé-*

Mémoire encore plus outrageant, que les écrits même dont on se plaignoit: & je savois bien que c'étoit le sieur de V***, *que ce Mémoire insultoit. L'Avocat, qui l'a signé mérite toute l'animadversion du Public. L'écrit doit être lacéré; & je dois païer six mille Livres de dommages & intérêts.* Voilà la partie sérieuse de la cause. Discutons donc ce Mémoire si scandaleux.

JE commencerai, Monsieur, par faire ma profession de foi à cet égard. Je ne craindrois rien tant, que d'être regardé comme le défenseur des Libelles. Dans notre profession sur tout, nous devons éviter avec soin de dire des vérités offensantes même les plus connuës, à moins que la cause n'y oblige indispensablement. Ce caractère méchant forme une espéce d'éloquence que je n'ose nommer, tant elle me répugne. Alors ce n'est pas servir sa partie. C'est au contraire affoiblir son droit; & en nuisant à ses intérêts, c'est se deshonorer soi-même. Le sentiment d'un ancien sur cela m'a vivement affecté. Il dit, *qu'entre dire du mal & en faire, il n'y a que l'occasion de différence.* Mais ces principes généraux, ces principes, qui sont ceux de l'honneur, de la probité, de la bienséance, ne souffrent-ils pas quelques fois des exceptions? N'est-il pas des circonstances, ou ce que les parties apellent injures, sont des moïens permis, des moïens nécessaires? Et dans quelles circonstances le Mémoire dont il s'agit a-t'il été donné? Quels faits l'avoient précédé? De quels faits a-t'il été suivis? C'est ce qu'il faut examiner.

CE n'est pas que ce Mémoire indépendamment des circonstances, ne pût se justifier de la critique trop sévére de notre Adversaire. Ces phrases qui le scandalisent étoient nécessaires. Celles ci, par exemple: *Il jette l'épouvante dans toutes les familles des Libraires, menaces, surprises, abus de confiance, emprisonnemens, il n'est rien, qu'il ne mette en usage, pour se venger des derniéres critiques.*

CE ne sont pas des calomnies; ce sont des faits malheureusement trop vrais, trop publiques: Et ces faits étoient nécessaires à ma défense. En vous reprochant à quel point vous m'aviez persecuté, étoit-il indifférent de joindre à ces reproches si justes de ma part, les persécutions publiques, que vous aviez fait essuïer à tant d'autres pour le même objèt? Ce sont ces mêmes persécutions, que l'on prétend vous avoir attiré des ennemis. Ce sont elles, que l'on a en vûë, quand on vous dit à la même page, *que vous vous êtes attiré un monde d'Adversaires, moins par vos vers*, que tout le monde admire, & que leur supériorité mèt au dessus de toute jalousie, *que par ces actions*, qui échapent peut-être à votre vivacité, à votre imagination si pétillante, & à laquelle nous sommes redevables d'ailleurs de tant d'excellens morceaux. Car telle est la foiblesse humaine. Le grand homme n'a souvent ses talens, qu'aux dépends de quelques vertus, qui lui manquent. Mais ces actions révoltent les gens, qui sont plus tranquilles que

que vous. C'est ce que l'on a voulu vous dire.

Les démarches inutiles, que vous avez faites d'abord, pour entrer à l'Académie, étoient essentielles à l'époque, que nous voulions fixer, pour la naissance du Discours en prose, dont vous vous plaignez : Et ces démarches conduisoient naturellement au succès de votre Mérope. Si le style nous a manqué, c'est un jeune Avocat qui écrivoit, ce n'est pas un Académicien. Car c'est *une tourbe appostée*, & d'autres termes de la même nature, que vous nous reprochez.

Votre Lettre au Père de la *Tour*, votre querelle avec un Auteur clandestin, sont des faits, que vous ne desavouez pas. Vous les avez vous-même rendu publics. L'emprisonnement du Père *Travenol* n'est pas plus douteux. C'est cet événement si triste pour la famille, que vous persécutez encore, qui a produit cette phrase, que vous avez trouvée trop indécente, & qui est une de celles, que vous avez relevé avec plus d'aigreur, *Si le père A** avoit été emprisonné chaque fois qu'on a pris ou cherché son fils fugitif, quelle désolation n'auroit-ce pas été dans la famille!*

Ce terme, *le père A**,* vous scandalise, car la réflexion au reste est judicieuse. L'expression ne porte pas assez de respect. Par déférence pour vous, je m'interdis toute réflexion à cet égard; mais la phrase n'eut pas déplû au père A** lui-même; l'on peut dire cependant, qu'il ne faisoit peut-être pas d'aussi belles phrases, que son fils, mais qu'il connoissoit du moins aussi bien les bonnes.

Tous les faits du Mémoire sont donc vrais. Vous ne démontrerez la fausseté d'aucuns. Ils sont nécessaires à ma défense. Ce n'est donc pas un Libelle : Et si quelques expressions en paroissent vives; quelles sont vos actions? Dans quelles circonstances ce Mémoire a-t'il été fait?

Un Colporteur est arrêté avec un grand nombre de ces Ecrits, qui avoient déplu à notre adversaire, & dont on prétend, qu'il l'avoit engagé lui-même, à se charger. Conduit à *Bicêtre*, on dit, qu'il déclare tenir ces Exemplaires de *Travenol*, Violon de l'Opera. Cela ne fait pas équivoque. C'est de *Travenol* fils, qu'il tient ces exemplaires, si on l'en croit. Cette déclaration seule n'est pas fort décisive. Cependant on décerne un ordre du Roi pour aller faire des recherches chez *Travenol* fils, dénoncé par le Colporteur. Par ces recherches le délit peut se constater. On va en effet chez *Travenol* fils. On ne le trouve pas. La recherche est exacte. Il se rencontre trois exemplaires de ces écrits, dont l'un apartient au Père, & deux au fils. On se saisit de tous les Papiers. Rien n'y anonce *Travenol* pour l'Auteur, ni pour l'Editeur de ces écrits.

La déclaration du Colporteur demeure seule. Elle chargeoit *Travenol*, Violon de l'Opera. Le Père âgé de quatre-vingt ans, n'est pas l'objèt de cette déclaration. On l'enleve cependant. On le conduit au Fort-l'Evêque. Il y est trois jours au secrèt, & cinq

jours

jours en prison. On l'y écroüe, non en vertu d'un ordre du Roi, mais en vertu d'un ordre de Police.

Je m'arrête ici, Monsieur. Je sai combien est délicate dans la Capitale de ce Roïaume, cette fonction aussi pénible, pour le Magistrat, qu'elle occupe, qu'utile au Citoïen, qu'elle conserve, fonction où il est question de se rendre maitre, d'arrêter, de faire mouvoir, en un mot de diriger à son gré ce nombre prodigieux de ressorts si différens, qui agitent avec tant de bizarrerie ce tourbillon immense. Et je sai avec quelle activité, avec quelle force, le Magistrat chargé de ces fonctions pénibles, les remplit. Je n'ignore pas même, quels secours il trouve dans l'attention & la probité de ces Officiers, que leurs charges destinent à partager avec lui ces grandes opérations: mais dans cette foule d'objèts, qui se présentent à lui, au milieu de cette multitude de Ministres subalternes, qu'il est obligé d'emploïer, avec quelle facilité ne se trouve-t'il pas nécessairement trompé? Et comment pouroit-il éviter de l'être?

En effèt, Monsieur, qu'est-ce qu'un ordre de Police, pour arréter, dans sa maison, un homme domicilié, sur la simple déclaration d'un vil Colporteur, déclaration même étrangére à cet homme domicilié. Un ordre de Police, pour enlever un Père de famille âgé de quatre vingt ans, & chargé d'infirmités, pour le livrer aux horreurs de la prison la plus ténébreuse pendant cinq jours, sans aucun commerce, sans nul secours, privé de toute consola-

folation, incertain de fon fort, plus inquièt encore de celui de fa famille. Je laiffe au défenfeur de ce Citoïen fi maltraité, à vous faire valoir fes moïens Mais pour ma caufe, je fuis obligé de vous obferver, que voilà la prémiére démarche de notre adverfaire; car qu'il ne penfe pas fe fouftraire à l'odieux, qui naît de cete démarche, en la mettant fur le compte de la Police. Il ne s'agiffoit ici de rien, qui intéreffât ni l'Etat, ni la Religion. S'il ne fe fut pas plaint, la Police eut ignoré jufqu'au nom des ouvrages, dont il s'agit. C'eft fur fes cris, que l'ordre du Roi a été donné. C'eft lui, qui en a dirigé les mouvemens. On auroit dit, que l'ame du Poëte, étoit paffée dans le corps des Officiers, qui éxécutoient l'ordre du Roi. Ainfi animés, que n'ont-ils pas fait? Ils ne trouvoient pas le fils, ils ont arrêté le Père. J'ofe dire que cela eft fans exemple. Ils fe font faifis des Papiers. *Travenol* fils, à qui ils apartencient, étoit abfent. Il étoit à la Campagne avec un congé de l'Opera. Ils n'ont pas mis fes papiers fous les fcellés. Il n'a été fait aucune reconnoiffance de ces papiers avec *Travenol* fils. Ces papiers de *Travenol* fils fe trouvent actuellement entre les mains de fon adverfaire. Dans l'ordre judiciaire étoit-il poffible de réunir plus d'irrégularités dans la même affaire? Et comment a-t'on eu la hardieffe, de nous conduire enfuite dans un Tribunal réglé, devant un Magiftrat, qui n'eft venu mettre ici les grands principes en ufage, qu'après nous en avoir inftruit avec fuccès pendant plufieurs années,
dans

dans le prémier Barreau de l'Univers, dont il avoit sû lui-même prendre si utilement les leçons ?

Comment oser s'y présenter sous des auspices si singuliers ? Et que ne doit-on pas craindre de l'attention, & des lumiéres du jeune Magistrat, chargé dans cette cause du poids du ministère publique, dont les talens nous étonneroient encore, si l'admiration, que nous leur donnons depuis longtems, ne vous avoit accoûtumés à les regarder en lui comme naturels ?

Le Sieur de V*** vante les démarches, qu'il a faites, pour procurer la Liberté à *Travenol* Père.

Travenol fils se sauva, dit il dans sa Requête, *& se cacha dans Paris. Son Père fut conduit en prison. Quelques personnes intercedérent pour Travenol auprès du sieur de* V***, *qui, touché de compassion pour ce vieillard, autant qu'indigné contre les crimes du fils, alla lui-même avec le sieur Abbé d'*Olivet, *demander la grace du Père, & l'obtint.*

Les mêmes faits se trouvent dans une lettre fameuse de Mr. l'Abbé d'*Olivet*, que nous allons commencer à discuter. *Quand Mr. de* V***, *dit cette Lettre, fut reçu dans l'Academie Françoise, il courut quelques Satyres contre lui, au sujet desquelles la Police crût devoir faire des perquisitions.*

Un Violon de l'Opera nommé Travenol, fut un de ceux, que l'on soupçonna de répandre ces Satyres. On se transporta chez lui; & comme il avoit pris la fuite, on s'assura de son Père qui

fut

fut mis en prison. Voilà une conséquence merveilleuse. Parce que le fils, prétendu criminel, n'y étoit pas, il fallut arrêter le Père sûrement innocent.

Un homme vertueux, jugea que moi, alors Directeur de l'Académie, & qui venoit en cette qualité d'y recevoir Mr. de V***, j'étois plus à portée que personne de lui parler en faveur du Prisonnier. Une parole suffit. A l'instant nous allames ensemble, Mr. V***. & moi, chez Mr. le Lieutenant de Police, solliciter la grace qu'on demandoit.

Dans la même Lettre l'Abbé d'*Olivet* ajoûte, *qu'il ne pouvoit pas dire au sr. de* V***, *qu'il tenoit la réponse de Travenol d'original, parce que c'eut été lui aprendre, qu'il avoit connoissance de l'azile, où se cachoit Travenol.*

C'est donc auprès du sieur de V***, qu'il faut interceder, pour avoir la liberté de *Travenol* Père. C'est à lui, qu'il faut parler en faveur de ce prisonnier, si l'on veut rompre ses fers. C'est de lui que dépend sa liberté. C'est donc lui, qui la lui a ravie. C'est à lui de lui ouvrir les portes de la prison. C'est donc lui qui l'y a fait conduire. Et comme il ne s'agissoit que d'une injure, qui lui étoit personnelle : c'étoit à lui de se départir de la vengeance, qu'il demandoit, pour que l'on pût pardonner au coupable.

Le Père sorti de prison, le fils de retour à *Paris*, instruit des malheurs de sa famille, & du danger qu'il couroit lui-même, est obligé de se cacher dans *Paris*. Vous l'y tenez obscurement renfermé pendant un tems
assez

assez considérable. Après avoir fait emprisonner le Père, vous ôtez la liberté au fils. Vous interrompez ses occupations si utiles à sa famille. Vous le livrez aux allarmes, aux inquiétudes d'être à chaque instant arrêté : & c'est vous, qui en vouliez à sa liberté. C'est à vous, que l'Abbé d'*Olivet* n'a pas voulu aprendre, qu'il avoit connoissance de l'azile où se cachoit *Travenol*. C'est donc vous, qui eussiez abusé de cette connoissance ; c'est vous qui lui eussiez ravi la liberté. C'est vous qui le persécutiez. Voilà donc les deux prémiers des faits, qui ont precedé le Mémoire dont il s'agit. Un Père arrêté prisonnier, un fils livré pendant un tems considérable aux inquiétudes de l'être. Enfin on négocie. Le sieur Abbé d'*Olivet* vient au secours de cette famille persécutée. Par pur esprit de charité il va voir plusieurs fois *Travenol* fils, dans la maison où il s'étoit caché. Il prend de lui la copie d'un Mémoire, qui avoit été donné à la Police. Il la remet au sieur de *V****, qui n'en est pas content. Mr. l'Abbé d'*Olivet* imagine de faire écrire une Lettre par *Travenol* à *V****. *Travenol* apréhende, que l'on n'abuse de cette Lettre. Il la refuse. Il aime mieux écrire à l'Abbé d'*Olivet*, qui y consent : & qui promet de revenir prendre la lettre. Il revient en effet. Il trouve la Lettre prête. En la lisant, une ligne lui déplaît. Il la fait suprimer. On fait une seconde copie de la Lettre. Il l'envoïe prendre le lendemain. Tous ces faits sont ceux de la Lettre
même

même de l'Abbé d'*Olivet*. Voici ce qu'elle dit à cet égard.

Travenol père, sorti de prison, vint me remercier, après avoir été pareillement chez Mr. de V***, il repassa chez moi pour me représenter, que la grace qu'il avoit obtenuë, n'étoit pas entiére à beaucoup près ; que les gages de son fils à l'Opera étoient la seule ressource, qui le faisoit vivre, lui, sa femme & une fille infirme, qu'il ne savoit pas de quoi son fils étoit coupable, mais que si j'avois la charité de l'aller voir dans la maison, où il s'étoit caché, peut-être me donneroit-il des preuves de son innocence.

J'y allai dès le lendemain. Travenol fils, prévenu par son père sur cette visite, commença par me dire, que toute sa défense étoit contenuë dans un Mémoire qu'il avoit présenté, non seulement au Chèf de la Police, mais encore à diverses personnes distinguées, qu'il me nomma ; & après m'avoir bien assuré, que ce Mémoire contenoit la vérité, il m'en remit une copie dont, il me pria de faire auprès de Mr. de V*** le meilleur usage, & le plus promt que je pourois. Mais à peine, Mr. de V*** eut-il parcouru quelques lignes de ce Mémoire, qu'il crut y trouver un mensonge grossier. Car ce Mémoire porte, que Travenol avoit reçu les Satyres dont il est question, du feu Abbé Des-Fontaines ; & ces Satyres cependant font mention du *Temple de la Gloire*, Ballet qui n'a été connu qu'après la mort de l'Abbé des Fontaines. Pour moi, n'aïant pas la mémoire chargée de ces dates, je n'eus rien à répliquer : & l'on me pria de ne plus m'obstiner à demander grace pour un menteur.

Tra.

Travenol père, à quelques jours de-là, revint chez moi, savoir quel avoit été le succès de mes démarches. Je lui répondis que son fils étoit un étourdi, qui, loin de se justifier, avoit ruiné ses affaires par son placet. Ce bon vieillard, dont l'âge & les infirmités étoient bien capables d'émouvoir la pitié, me conjura, les larmes aux yeux, de ne point l'abandonner & d'avoir encore un entretien avec son fils, qui auroit peut-être de nouveaux éclaircissemens à fournir. Je retournai chez son fils, qui me raconta une longue histoire, pour expliquer, ce qui paroissoit mensonge dans son placet.

Mais cette histoire vraie ou fausse, comment la faire passer jusqu'à Mr. de V***? Je ne pouvois pas lui dire, que je la tenois d'original, puisque c'auroit été lui aprendre, que j'avois connoissance de l'azile, où se cachoit Travenol. Je proposai donc à Travenol de lui écrire tout naturellement à lui-même, & de lui faire rendre la lettre par son Père, par ce pauvre vieillard, si propre à faire impression. Travenol, je ne sai pourquoi, aima mieux qu'elle me fut adressée; & moi, qui n'avois à cela nul intérêt, que le sien, j'y consentis, avec promesse de revenir incessamment prendre sa lettre.

Quand je revins, je trouvai la Lettre parfaitement au net, déjà accompagnée de son enveloppe avec son adresse: il ne falloit plus que cacheter. En la lisant avec l'attention d'un homme, qui aime à rendre service, mais qui ne veut pas être porteur d'un second écrit, où il y ait un mensonge trop facile à démontrer, j'y remarquai une ligne, qui ne pouvoit que nuire à sa cause. Je lui conseillai de la suprimer. Il fit une autre copie de sa lettre, que j'envoïai prendre le lendemain.

Travenol n'a pas voulu écrire à V***. Ce n'étoit donc pas pour que sa lettre lui fut remise, qu'il a écrit à l'Abbé d'*Olivet*. C'est pour l'Abbé d'*Olivet*, que la lettre a été faite. On avoit refusé de la faire pour V***. Ce n'étoit donc pas à V*** qu'on la devoit donner. On avoit craint d'écrire à V***. Il paroissoit donc dangereux de lui écrire. Le danger n'étoit-il pas égal de lui remettre une lettre, qui étoit écrite à un autre, & qui contenoit les mêmes faits, qu'on avoit refusé de lui écrire? L'Abbé d'*Olivet* lui devoit rendre simplement ces faits; mais *il ne vouloit pas dire, qu'il les tenoit d'original. Il ne vouloit pas que l'on sut, qu'il connoissoit la retraite de* Travenol. Il falloit donc le mettre à portée de dire, que *Travenol* lui avoit écrit ces faits : mais il ne falloit pas remettre à V*** ces faits écrits. Dans ce cas il eût autant valu les lui écrire directement. L'Abbé d'*Olivet* avoit vû le refus, que *Travenol* faisoit d'écrire à V***. En consentant, qu'il lui écrivit à lui-même, c'étoit s'engager à ne pas laisser l'écrit à V***. C'étoit lui promettre, que V*** ne verroit pas même la lettre. Il s'agissoit seulement que l'Abbé d'*Olivet* pût dire, que *Travenol* lui avoit écrit. Ce n'étoit donc pas pour un tiers, que la lettre étoit écrite. C'étoit pour Mr. l'Abbé d'*Olivet* seul. Il devoit seulement rendre les faits à ce tiers. Mais il ne devoit jamais lui donner la lettre. L'Abbé d'*Olivet* demande pourquoi? On le lui a déjà

déjà dit. C'est parce que l'on avoit refusé d'écrire ce fait à ce tiers, & que c'étoit précisément la même opération. C'est parce que l'on craignoit, que ce tiers abusât de ces faits, & qu'il en a réellement abusé. C'est donc une imprudence marquée de la part de Mr. l'Abbé d'*Olivet*, une imprudence, qui ne supose en lui, que de l'inattention, qui, dans un autre laisseroit craindre quelque chose de plus. Ce n'est pas l'événement qui en décide. Ce n'est pas deviner après coup. L'avanture avoit été prévûë. C'est pour cela qu'on avoit refusé d'écrire à V***. L'Abbé d'*Olivet* ne se justifiera pas, en disant dans sa lettre,

Jusqu'ici, mon cher Frère, vous ne voiez, je crois, dans ma conduite, qu'un dessein marqué, & bien suivi, d'être utile à des gens dignes de compassion. Voici enfin de quoi l'on me blâme, c'est d'avoir confié cette lettre à Mr. de V***. Je devois seulement, dit-on, lui en faire prendre la lecture. Plaisans raisonneurs, que ceux, qui devinent après coup! Une Lettre faite non pour moi, mais pour un tiers, qu'on cherche à persuader; sur quel fondement craindrois-je de la donner. Je n'ignore pas, que Mr. de V*** roule plus d'une affaire dans sa tête; & si je lui laisse cette Lettre, c'est afin qu'il ne m'oublie pas. Plus j'y pense, moins je vois qu'il y ait faute de ma part.

En conséquence de cette Lettre remise, jointe à la copie du Mémoire donné à la Police, le sieur de V*** a en effet rendu plainte contre *Travenol*. Il lui fait un procès criminel:

minel : & voilà le troisiéme fait, qui a précedé ce Mémoire si vivement attaqué.

Sur un abus de confiance ; car si Mr. l'Abbé d'*Olivet* n'a été qu'imprudent de remettre cette lettre, le sieur de V*** ne peut sauver l'abus honteux, qu'il en a fait. C'étoit un dépôt, que lui avoit confié l'Abbé d'*Olivet*, & un dépôt respectable, un dépôt sacré. Le secrèt dû aux Lettres est inviolable dans tous les Païs, chez toutes les Nations. Cette Lettre n'avoit pas cessé d'apartenir à Mr. l'Abbé d'*Olivet*. Elle n'étoit pas devenuë la piéce du sieur de V***. Sur cet abus de confiance, il fait un procès criminel à *Travenol*. C'est dans ces circonstances, que cette famille persécutée depuis si longtems, donne un Mémoire pour sa défense. S'il lui est échapé quelques expressions peut-être trop vives ; dans quel état l'aviez-vous mise ? Les emprisonnemens les plus odieux, les vexations les plus outrées & les plus perpétuées, les procès les plus injustes. Voilà ce que cette famille avoit à vous reprocher. Le pouvoit-elle faire avec douceur ? L'Humanité porte-t'elle toûjours la vertu jusqu'à cette modération ?

Vous homme de Lettres, vous rare genie, vous même Philosophe, vous enfin élevé en dignités, vous n'avez pû pardonner à cette famille, vile sans doute à vos yeux, vous n'avez pû lui pardonner les injures les plus légéres, les soupçons les plus incertains. Vous avez fait emprisonner le père. Vous avez ôté la liberté au fils : Vous perpétuez les procès dans cette famille ; & vous voulez, que

cette

cette famille malheureuse, que cette famille infortunée, privée des ressources, que vous avez du côté de l'esprit, effraïée des coups, que vous voulez porter à sa médiocre fortune, vous voulez qu'elle vous pardonne ces vexations. Vous trouvez mauvais qu'elle s'en plaigne peut-être trop amérement.

Nos loix mettent une grande différence, entre proposer des faits graves à titre d'accusation, & les présenter seulement pour sa défense. La distinction qu'elles nous fournissent à cet égard est exprimée par ces termes *agendo, excipiendo*. Je n'aurois pû en vous attaquant, proposer tous les faits du Mémoire, *agendo*. Mais il m'est permis de donner ces faits à ma défense, *excipiendo*.

S'ils sont trop vifs, je le répéte, pardonnez-les aux malheurs que vous avez causez. Ce sont des injures dont vous vous plaignez; & nous avons à vous reprocher des faits. Nos termes sont trop peu mesurés; mais vos actions sont trop outrageantes. Nous avons dit des choses désagréables de vous. Vous nous en avez fait de cruelles. L'un peut-il être compensé par l'autre? Ce que vous nous avez fait peut-il être effacé, par ce que nous vous avons dit? Tels sont donc les faits, qui ont précedé ce Mémoire, mais de quels faits a-t'il été suivis?

Mr. l'Abbé d'*Olivet*, l'ami, le protecteur du sieur de V***, a été mis en cause par *Travenol*. Et pourquoi, Monsieur? Ce n'étoit pas pour lui dire des injures. Ce n'étoit pas même pour lui demander des réparations.

Nous sentions le coup, que nous portoit son imprudence. C'est à lui seul, que nous sommes redevables d'un procès criminel, dont l'événement ne nous effraïe pas, mais dont l'instruction est toûjours inquiétante. Nous le pardonnons volontiers à ses bonnes vûës. Il a cru faire le bien. Les cœurs droits sont plus aisément trompés que les autres. Nous voulions seulement sa déclaration en Justice des faits, qui nous étoient importans; nous voulions qu'il convint, que c'étoit lui qui avoit imaginé la Lettre, que *Travenol* avoit refusé d'écrire au sieur de V***, qu'il l'avoit corrigée avant que de s'en charger, qu'il l'avoit envoïé chercher après l'avoir corrigée. *Travenol* avoit porté le prémier de ses Mémoires à M. l'Abbé d'*Olivet*. Ils l'avoient lû ensemble. L'Abbé d'*Olivet* en avoit été très-content. Il en avoit même mis un exemplaire sous une enveloppe pour l'envoïer au sieur Abbé *Trublet* Secretaire de Mr. le Cardinal *Tencin*. *Travenol* avoit été chargé du paquet. C'étoit une aprobation bien autentique du Mémoire. Il avoit promis d'en soutenir tous les faits; c'est uniquement pour cela, que nous l'avions fait assigner. Nous n'avions pas d'autre objèt.

Une fois mis en cause, il semble que les regards de la Justice viennent troubler les siens. Il ne voit plus ce qu'il avoit aperçu jusques-là dans ce Mémoire; il cesse d'en faire les honneurs. Ce Mémoire lui paroit odieux. Il ne peut se refuser d'en marquer le ressentiment le plus vif, à *un cher frère, qu'il a au Parlement de Bezançon*. Flatté de pouvoir l'assurer pu-
blique-

bliquement, *qu'il portera jusqu'au tombeau sa tendresse infinie pour lui.* Il demande vengeance de cet infortuné Mémoire si vivement attaqué de toutes parts. *Son extrême vivacité sur l'honneur, ne lui permet pas de prendre un autre parti. Il se rapelle avec plaisir,* entre les bras de son frère, les prémiers principes de leur éducation. *On n'a point apris à ce cher frère, & à lui, à endurer patiemment une flétrissure.*

Voyons donc sommairement, ce que peut fournir de moïens à Mr. l'Abbé d'*Olivet*, ce Mémoire sur lequel il prend un ton si haut. Nous verrons ensuite, quels moïens nous tirerons au contraire de la Lettre de Mr. l'Abbé d'*Olivet* en faveur du Mémoire attaqué. Ce *Mémoire*, dit Mr. l'Abbé d'*Olivet*, *ne présente à son sujèt que du faux, de l'odieux, de l'extravagant.* Que dit ce Mémoire?

Travenol *ne songea, qu'à témoigner sa reconnoissance de la délivrance de son Père, à un Académicien généreux, qui l'avoit obtenuë, & qui eut voulu prévenir un éclat devenu de jour en jour plus préjudiciable à son nouveau Confrère, qu'à* Travenol *même.*

Et en note il est dit, *Mr. l'Abbé d'*Olivet, *Conseiller d'honneur en la Chambre des Comptes de Franche-Comté.*

Le Mémoire ajoute : *Ce Médiateur qui porte à un si haut dégré la réputation d'homme de Lettres & d'honnête homme, crut avoir trouvé le moïen de concilier tout.*

On donne le double du Mémoire présenté

té à la Police à Mr. l'Abbé d'*Olivet*, pour le remettre au sieur de V***.

Quelques jours après, dit le Mémoire, *Mr. l'Abbé d'*Olivet *revint voir* Travenol, *& lui dit, que le sieur* A** *avoit critiqué & la forme & le stile du Mémoire. Qu'au reste ce n'étoit pas une piéce assez autentique pour le satisfaire. Vous devriez*, ajouta Mr. l'Abbé, *lui écrire.* Cette proposition n'étoit sans doute, que pour mettre à couvert l'honneur de son Confrère, & pour couronner le Traité de Paix. A Dieu ne plaise, qu'on prête des intentions moins pures à Mr. l'Abbé d'Olivet. Voilà tout ce que les faits du Mémoire contiennent à ce sujet.

Dans les moïens il est dit, *Un Académicien célèbre, ami du sieur de V*** vient s'entremettre. Il paroit s'intéresser à* Travenol. *Il propose lui-même les moyens d'apaiser le sieur de V***, engage, presse* Travenol *d'y souscrire. Voilà le piége où* Travenol *est pris.* Mr. l'Abbé d'Olivet y est trompé lui-même, & fournit, sans le vouloir, des armes au sieur de V***. Les expressions pouvoient-elles être plus modérées?

Il est vrai que l'on ajoute: *Or quel est le titre du sieur de V***? Qui le lui a administré?* Travenol *lui-même. Par quelle voye le sieur de V*** l'a-t'il recouvré? Par Mr. l'Abbé d'*Olivet, *l'instigateur, le fabricateur même du titre. Quel en étoit le but? La paix d'une famille trop longtems vexée, la satisfaction de l'offensé, ou du moins qui prétend l'être, la reconciliation de tous.* Et c'est cet endroit qui excite toute la colére de Mr. l'Abbé d'*Olivet*.

Je

Je veux attaquer directement l'Avocat, dit-il, dans sa lettre, *qui a signé le Mémoire, où il est dit, que votre frère est l'instigateur, le fabricateur même du titre produit contre* Travenol. *A ces horribles qualifications me reconnoissez-vous ?*

Mais Mr. l'Abbé d'*Olivet* dit dans la même Lettre, page 4. *Je proposai donc à* Travenol *de lui écrire*, en parlant du sieur de V***, *tout naturellement à lui-même, & de lui faire rendre la lettre par son père*. C'est donc lui qui a donné l'idée de la Lettre, qui a proposé que *Travenol* l'écrivit. C'est donc lui qui en est *l'instigateur*.

Il ajoute aux pages 5. & 6. de la même lettre à son frère, *en la lisant*, en parlant de la Lettre de *Travenol* écrite à lui-même Abbé d'*Olivet*, & par son instigation, *en la lisant avec l'attention d'un homme, qui aime à rendre service, j'y remarquai une ligne, qui ne pouvoit que nuire à sa cause, je lui conseillai de la suprimer*. C'est donc lui qui a vû, lû, éxaminé, corrigé, changé cette lettre. On peut donc l'en dire *le fabricateur*. Ces termes pris dans l'unique sens qu'ils puissent avoir, où ils sont placés, & avec tout ce qui les environne, ne présentent aucune injure. *A la bonheur*, dit Mr. l'Abbé d'*Olivet*, *si l'on eut emploïé ces termes contre un Violon, il est des états qui connoissent moins les sentimens*.

Est-ce donc ici le langage d'un Académicien? La Musique ne va-t'elle pas de pair avec la Poësie? Les beaux arts se doivent-ils jamais quereller? Ne sont-ils pas faits au contraire pour se prêter un secours mutuel? Qu'ils aient de l'émulation à la bonheur. Nos plaisirs en dépendent. Mais qu'ils se méprisent honteusement: leur propre intérêt en souffre. Les sentimens ne sont-ils pas de tous les états? Et Mr. l'Abbé d'*Olivet* pense-t'il sérieusement, qu'en fait de point d'honneur, le Musicien le cédât volontiers au Poëte?

Mais si l'Abbé d'*Olivet* n'a point à se plaindre du Mémoire qu'il attaque, que dirons-nous de la Lettre, qu'il a imaginé de faire imprimer, qu'il est venu distribuer lui-même dans les Sales du Palais, & qu'il s'est avisé enfin de nous faire signifier. Elle contient les injures les plus graves, plus encore contre l'Avocat de *Travenol*, que contre *Travenol* même. Les termes de *pitié* & de *charité*, y sont prodigués en parlant de la famille de *Travenol*. *Un homme vertueux*, dit cette Lettre, *& dont les aumônes contribuoient à faire subsister la famille de* Travenol. Cette phrase n'est pas vertueuse. La vraie charité ne se manifeste pas ainsi en plein jour. Le fait est faux. Il est même contredit dans cette Lettre dix lignes après. L'Abbé d'*Olivet* se fait dire par *Travenol* père, *que les gages de son fils à l'Opera étoient la seule ressource, qui le faisoit vivre, lui, sa femme & une fille infirme*. Ce ne sont donc pas les aumônes de l'homme vertueux. Si le fait étoit vrai, cette famille ne le desavoueroit pas; elle ne rougira jamais que du défaut de probité, si on le lui oposoit avec justice: mais elle ne doit sa subsistance, qu'aux secours du fils, & à leur propre sobriété.

A

A l'égard de l'Avocat, quel fiel! quelle aigreur! *Un jeune écervelé, qui a rêvé, qu'il étoit bel Esprit.* Rêvoit-il, quand il a dit, que Mr. l'Abbé d'*Olivet* portoit à un si haut dégré la réputation d'homme de Lettres, & d'honnête homme? *Qui a rêvé, qu'il étoit bel Esprit, & qu'il auroit tort d'enfouir un talent déjà illustré par d'autres écrits satiriques, ou plûtôt cyniques, se croira en droit, sous prétexte qu'il est inscrit au tableau des Avocats, d'immoler l'honneur & la réputation des plus gens de bien? Une œuvre marquée au coin de la piété & de la charité, deviendra par la maniére dont il lui plait de l'exposer, une insigne fourberie? Non, l'Ecrivain qui en use ainsi, n'est pas un Avocat. C'est un faiseur de Libelles, l'opprobre & l'horreur de la societé.* Ce sont les principaux ornemens des pages 8 & 9 de la lettre de Mr. l'Abbé d'Olivet. Celui de nos confrères, que ces injures trop grossieres attaquent, & qui plus tranquile, que l'Académicien, les fait méprifer, ce Confrère joint à la douceur du commerce, la pureté des mœurs, la certitude du goût, l'étenduë des connoissances. Ce qui forme singuliérement son caractère, c'est cette simplicité charmante, si éloignée de toute affectation, mais que toute affectation ne peut atteindre. Il ne s'est fait connoitre, que par des Ouvrages de morale. Beaucoup de gens de Lettres le voïent, & presque tous ceux qui le voïent, l'aiment. C'est à la situation forcée où se trouvoient ses parties, qu'il n'a pû refuser le Mémoire dont on se plaint aujourd'hui.

Et quels moïens ne naissent pas de cette lettre de l'Abbé d'*Olivet* pour écarter ces plaintes. Je laisse au Ministére public les observations qui ne lui échaperont pas sur la forme de cette lettre imprimée. Elle est sans aprobation, du moins sans permission, sans nom de Libraire. Car je n'ignore pas le privilège, qu'ont les Académiciens. Ils sont leurs propres aprobateurs : mais cette aprobation, que l'Abbé d'*Olivet* s'est donnée si aisément, lui tient-elle lieu de permission, ou de privilege ? L'Imprimeur pouvoit-il n'y pas mettre son nom ? Les Réglemens ne sont-ils pas précis à cet égard ? Le nom même de l'Abbé d'*Olivet* n'y est pas. Et pour quel ouvrage a-t'on enfraint ces Réglemens si formels ? C'est pour le Libelle le plus marqué au coin de l'aigreur & de la calomnie.

Il n'est pas possible de ne pas regarder l'Abbé d'*Olivet* & le sieur de V***, comme ne faisant qu'un dans cette cause. L'Abbé d'*Olivet* a donné la lettre de *Travenol* à V***. C'est ce qui forme le fond de la cause. C'étoit le sieur de V***, qui avoit cette lettre de *Travenol*; il l'a renduë à l'Abbé d'*Olivet* pour la faire imprimer à la suite de la sienne.

Il doit donc être regardé comme l'Editeur de ce libelle où cette Lettre est imprimée.

Or un Mémoire qui se trouve entre des faits aussi graves, que le sont ceux, qui ont précedé celui-ci, & des injures aussi marquées, aussi grossiéres, que celles du Libelle, qui a

suivi

suivi le Mémoire, craint-il encore quelque discussion?

Que reste-t'il donc, Monsieur, de cette cause? L'éclat que le sieur de V*** a jugé à propos de faire, l'intérêt que son nom seul répand sur les plus petits objèts. Car ôtez ce nom de la cause. Nous ne nous flattons point à cet égard. Il ne nous seroit pas resté un auditeur. Mais cet intérêt même, n'est-ce pas à lui de le ménager? Si le Public porte des regards curieux sur toutes ses actions, n'est-il pas comptable de ses actions à ce même Public? Et est-ce un Juge que l'on méprise impunément? Le sieur de V*** étoit destiné à nous instruire, plus encore qu'à nous amuser; il étoit fait, plus qu'aucun autre, pour nous gagner par les sentimens, autant que pour nous surprendre par les talens. Devoit-il nous donner un spectacle aussi scandaleux? C'étoit ses ouvrages que nous devions admirer. Il ne falloit pas qu'il nous occupât de ses querelles. Toutes les Académies réunies ensemble n'offriront pas dans leurs fastes un seul exemple d'une pareille avanture.

On peut faire des fautes cependant; les grands hommes n'en sont pas exemts. Il ne s'agit que de les reconnoitre. Le Public alors toûjours indulgent, les fait pardonner. Que le sieur de V*** prenne donc ici la résolution de ne plus vous importuner, Monsieur, de ses injustes plaintes, que ce soit pour la derniére fois qu'il ait osé prendre le titre toûjours révoltant d'Accusateur, titre odieux

pour

pour un homme de Lettres; & qu'après avoir fait avec succès preuve de tous les goûts, il craigne de faire dire à la honte de la Litterature, qu'il a même le goût du procès.

M^e. MANNORY, *Avocat.*

POPOT, Procureur.

„ La conclusion de ces Plaidoïers a été
„ que le spirituel Lieutenant Criminel a con-
„ damné *Travenol* le fils à païer à V***,
„ 300 Livres par maniére de réparation, &
„ V*** à païer par maniére d'indemnisation
„ & réparation 600 Livres à *Travenol* le Père.
„ Mais les *Travenols* en apéllérent au Parle-
„ ment; & voici les piéces produites de part
„ & d'autre qui mettent le charmant carac-
„ tère du *Poëte* (par excellence, comme
„ quand on dit *le Roi* tout court) dans tout
„ son jour.

(XII.)

MEMOIRE	REPONSE
Instructif. A nos Seigneurs de PARLEMENT.	Sommaire. A nos Seigneurs de Parlement.
POUR Fr. M. A** de V***, &c. CONTRE *Antoine Travenol, Intimé.* ET *Louis Travenol, Appellant & Intimé.*	POUR *Antoine Travenol Intimé & Appellant.* ET *Louis Travenol, Appellant & Intimé.* CONTRE F. M. A** de V***, &c.
LE Supliant aïant été informé que le Roi avoit	LEs Supplians sçavent, que le Roi n'avoit pas

avoit ordonné au Magistrat de la Police de faire des recherches des Libelles diffamatoires, lesquels inondoient *Paris*, & troubloient la société, & que le Sieur Lieutenant de Police aïant agi en conséquence, on avoit arrêté plusieurs Colporteurs, Imprimeurs, & Distributeurs desdits Libelles; qu'entre autres, il y avoit un écrit de huit pages intitulé, *Discours prononcé à la porte*, &c. & finissant par ces mots, *le Ministére*, lequel étoit injurieux à un Corps respectable, à plusieurs personnes de la prémiere condition, mais particuliérement rempli de calomnies atroces contre le Supliant, duquel Libelle le Commissaire *Lavergée* avoit trouvé plusieurs exemplaires chez le nommé *Loüis Travenol*, rue du Bacq, au coin de la rue de Grenelle.

entendu parler des libelles dont il s'agit, fort indifférens à la Société. Ce fut F. M. A*° de V***, &c. qui s'avisa de s'en plaindre. Et qui est-ce qui auroit pû y penser avant lui ? L'Académie Françoise fut dépositaire la prémiere de ses plaintes.

Il prétend dans les notes manuscrites, dont il a orné le Mémoire de *Travenol*, & que l'on a vû dans son Sac, il prétend *que l'Académie en Corps écrivit à un de ses Membres*, qu'il nomme, & que l'on respecte trop, pour compromettre son nom dans les avantures de V***, *& qu'en conséquence le Roi ordonna justice*. C'est donc sur les plaintes de l'Académie, que le Roi a donné des ordres. C'est sur les cris de V***, que l'Académie a porté ses plaintes. C'est donc V***, qui a sollicité ces ordres.

L'écrit dont V*** se plaignoit, n'étoit point injurieux à l'Académie. C'étoit une pure plaisanterie, qui ne pouvoit regarder que V***, dans le tems que l'Académie l'avoit refusé. Il n'y étoit question d'aucune personne de condition; & c'est V*** lui-même, qui se rend coupable de l'indécente application, qu'il en a faite, dans les mêmes notes qui font partie de sa procedure, & qu'il rappelle dans ce Mémoire :

Le

Le Supliant préfenta Requête au Lieutenant Criminel le 24 Août 1746, après avoir au préalable préfenté Requête au Sieur Lieutenant de Police le 17 du même mois, à ce que les piéces qui pourroient fervir à la conviction du coupable, lui fuffent délivrées par le Commiffaire *Lavergée*, aïant en outre recouvré quelques autres piéces de conviction, il rapporta toutes ces piéces devant le Sieur Lieutenant Criminel. Elles confiftent, 1°. en l'expédition du Procès-verbal de defcente faite le 3 Juin 1746, en exécution des ordres du Roi, chez *Antoine Travenol* père, & *Loüis Travenol* fils, par le Commiffaire *Lavergée*; ledit Pro-moire; le Commiffaire *Lavergée* n'a trouvé que trois exemplaires de cet Ecrit chez les Sieurs *Travenol*, dont un appartenoit au fieur *Travenol* père, & deux au fils. Le procès verbal l'explique; & il eft entre les mains d'A** de V***, &c.

AVANT que de préfenter fa Requête au Sr. Lieutenant Criminel, V*** avoit fait emprifonner *Travenol* père. Il avoit obligé *Travenol* fils à fe cacher. Cela eft démontré dans le Factum par la Lettre de l'Abbé d'*Olives*, & par les Requêtes de V*** des 19 & 23 Novembre 1746.

ON n'a jamais vû la Requête prétenduë préfentée au Sr Lieutenant Général de Police le 17. Août; elle n'exifte pas; elle ne pouvoit éxifter. C'eft un fait faux. Le Commiffaire *Lavergée* s'étoit emparé des Papiers, en vertu d'un ordre du Roi. Le Sr Lieutenant Général de Police, ni aucun autre Magiftrat ne pouvoient difpofer de ces Papiers, que l'affaire ne leur eût été renvoïée par Roi. Cela eft prouvé. A** de V***, &c. quoique renferme ce modefte, &c. n'a donc point cette Requête. Il eft donc un impofteur &c. §

§ Heureux, dit-on, qui fe garantira
Des Quiproquo d'Apoticaire!
Et celui qui fe gardera
Des *Etcetera* de Notaire:
Mais cept fois plus heureux fera,
Qui pourra connoitre & fuira
Les Etcetera de *Voltaire*;

Procès-verbal contenant les titres des Libelles, trouvés dans la chambre d'*Antoine Travenol* père, écrits de sa main, & autres Ouvrages étrangers au Supliant, & des Libelles manuscrits & imprimés trouvés dans la chambre de *Louis Travenol* fils, desquels il faisoit commerce, & qui font l'objèt du Procès.

20. DANS un Mémoire de la main de *Travenol* fils, qui commence par ces mots, *j'ai donné à vendre au*

CE n'est pas chez *Travenol* père, que l'on s'est transporté en vertu de l'ordre du Roi. C'est chez *Travenol* fils. L'ordre y est précis ; & V*** le sçavoit. C'étoit, si on l'en croit, *Travenol* fils, que le Colporteur *Felizor* avoit dénoncé ; & c'étoit cette prétendue dénonciation que V*** suivoit.

LE Procès verbal du Commissaire ne contient aucun libelle écrit de la main de *Travenol* père. Il y est parlé d'une seule lettre, que l'on peut représenter. Elle est écrite contre les ennemis de la Religion, & de l'Etat. A** de V***, &c. seroit-il homme à s'y méprendre ? L'auroit-il pris pour un libelle ? Elle est entre les mains de la Police. Elle étoit avec les autres Piéces, que l'on a remises à V***. Il la pourroit également raporter. On ne lui refuse rien. Elle feroit honneur à *Travenol* père.

LE même Procès verbal ne porte aucun Libelle manuscrit trouvé chez *Travenol* fils. C'est une calomnie de la part de V***. Les exemplaires des Ecrits, qui font l'objèt du Procès, étoient imprimés, & non manuscrits. F. M. A** de V***, &c. en impose avec trop de confiance.

POURQUOI V*** affecte-t-il, en raportant en lettres italiques, *j'ai donné à vendre au Colporteur*, de supprimer la

au *Colporteur de Meraut*, & qui marque les titres & prix des Libelles dont il trafiquoit.

3°. En une Lettre à lui adreſſée par un Quidam qui ſigne *Roi*, laquelle commence ainſi. *Je vous prie très-inſtamment, mon cher Monſieur, de donner à mon Laquais douze exemplaires du Rhétoricien Graffin, des Suppliques & des Complaintes.* Ce ſont d'autres Libelles encore contre le Supliant.

Le Quidam qui ſigne *Roi* ajoute, qu'il ne lui en reſte pas un, & qu'il compte en envoïer à l'Ambaſſadeur d'*Eſpagne*.

4°. En une Lettre d'un Quidam qui ſigne M. lequel Quidam lui demande deux exemplaires des Libelles diffamatoires qui font la matiere du Procès criminel, & attend, dit-il, le ſieur *Roi* avec ces deux exemplaires.

5°.

la qualité, qui s'y trouve de *Mr.* pour mettre ſimplement de *Merault*. Ne ſe laſſera-t il donc jamais de mépriſer le genre humain? N'appréhende-t-il pas, qu'on ne ſoit enfin forcé de lui rendre la pareille? Ce chiffon de papier trouvé dans les ballayeures, & que V*** décore du titre de Mémoire, & les Lettres des Sieurs *Roi* & de *Merault*, trouvées dans les poches d'un habit du Sr. *Travenol* fils, ne prouvent autre choſe, ſinon qu'ils lui avoient demandé des Piéces, qu'il lui étoit permis d'avoir, & qu'il auroit pû donner, s'il les eût euës. Car ne peut-on pas faire de pareilles commiſſions pour ſes amis, lorſque les Piéces, que l'on demande, ne ſont pas proſcrites, & qu'elles ne regardent, ni l'Etat, ni le Prince, ni la Religion, telles que ſont celles énoncées dans le Bulletin & dans les deux Lettres?

A quel propos V*** veut-il en impoſer ſur tout? Il dit *qu'un Quidam qui ſigne M*, car tout eſt Quidam pour lui. Il eſt peu de perſonnes, qu'il veuille bien connoître, il dit *que ce Quidam demande deux exemplaires des Libelles diffamatoires, qui font la matière du Procès criminel, & attend le Sieur Roi avec ces deux exemplaires.*

La Lettre porte, *Je vous prie*

5º. En un Mémoire présenté par le Délinquant même, donné à la Police, dans lequel il dit n'être pas répréhensible de s'être défait des Satyres en question, qu'il prit la résolution de s'en débarrasser, & qu'il les donna après Pâques à un Colporteur, qui vint chez lui par hazard, & à qui il donna l'éveil de les vendre.

6º. En une Lettre écrite par le même délinquant au sieur Abbé d'Olivet prie, Mr. de passer au logis, & de m'apporter deux exemplaires d'une Piéce fort jolie, qui court le monde, & dont vous avez peut-être oüi parler. Elle a pour titre, Discours prononcé à la porte de l'Académie, &c. Je ne vous donnerois pas cette peine-là, si je n'étois bien aise de vous voir. J'espère être aussi en état de recevoir M. Roi, quand il prendra la peine de passer au logis.

Est-il dit que l'on attend le sr. Roi avec ces deux exemplaires ? Le sr. Roi & les deux exemplaires ne sont-ils pas au contraire totalement distincts & séparés ? Et si l'Historien V*** s'accoutume à rendre les faits avec aussi peu d'exactitude, quel cas pourra-t'on faire de l'histoire, qu'il nous promet ?

Le Mémoire présenté à la Police ne l'a pas été par *Travenol* fils. C'est l'ouvrage de sa famille pendant son absence. Il n'est pas signé de lui, ni même écrit de sa main.

Comment ose-t'il défigurer cette Lettre, & la composer, pour ainsi dire, à livet, dans laquelle il dit, que les Libelles en question avoient été imprimés quelques années auparavant. *Il y a*, dit-il, *dans la nouvelle édition quelques changemens, j'en conviens. Un Colporteur me les demanda pour les faire réimprimer; il m'en promit un certain nombre d'exemplaires. Quelques jours après il envoya les exemplaires promis, dont je me suis défait en faveur d'un Colporteur qui me fut adressé depuis.* C'est sur cette Lettre que le Délinquant a prétendu envain donner le change, disant qu'elle lui avoit été suggerée par le sieur Abbé d'*Olivet*, & qu'il avoit été surpris ; mais le Supliant n'a eu cette Lettre par aucune surprise, elle lui fut apportée par le sieur Abbé d'*Olivet*, sans que jamais il l'eut demandée ; elle sert à prouver le délit, mais elle n'est pas un instrument plus fort que les cinq autres piéces ci-mentionnées. Rien ne peut militer en faveur de *Loüis Travenol*, ni extenuer son délit.

Loüis Travenol sentant combien il étoit coupable, crut récriminer en faisant enfin intervenir son

à son gré, après que son cher Confrère l'Abbé d'*Olivet* a pris le soin de la faire imprimer lui-même, & de la placer honorablement à côté de la sienne ?

V*** fait dire dans cette Lettre, *qu'un Colporteur demanda à* Travenol *ces Piéces, pour les faire réimprimer*; & Travenol dit dans sa Lettre, *qu'un homme, qui venoit chez lui, pour acheter des ouvrages de Musique de sa composition, vit sur son bureau un exemplaire de l'ancienne édition des deux Piéces, dont il s'agit, qu'il les lui demanda pour les faire réimprimer & lui en promit un certain nombre d'exemplaires : comme il ne risquoit rien, il acquiesça à ses propositions, sans le connoître.*

Quel rapport ces deux copies de Lettres ont-elles l'une avec l'autre ? V*** s'est-il promis de manquer toujours à la vérité ? Il prétend que l'Abbé d'*Olivet* lui a apporté cette Lettre, sans qu'il l'ait demandée. L'infidélité prouvée de l'Abbé d'*Olivet* n'en est pas moins grande. C'est à l'Abbé d'*Olivet* à répondre à cet article.

L'Intervention de *Travenol* père est suffisamment fondée. Les Srs *Travenol* n'ont pas imaginé, *que lors*

son père, & en lui faisant alleguer, que lors de la visite faite chez eux, par ordre du Roi, le fils étant en fuite, le père *Antoine Travenol* avoit été mis en prison à la Requête & poursuite du Supliant, au lieu de son fils qu'on ne trouvoit pas.

Ce détour qui a séduit quelques personnes, n'est fondé que sur des mensonges qu'il est aisé à la Cour de découvrir.

lors de la visite faite chez eux par ordre du Roi, le fils étant en fuite, le père avoit été mis en prison, au lieu de son fils, qu'on ne trouvoit pas. Ils l'ont sçu d'abord & du Commissaire & de l'Exempt. L'interrogatoire de *Travenol* père subis au For-l'Evêque, n'y laisse aucun doute. V*** le devroit raporter. Il est le maître des Piéces. On l'a refusé à *Travenol* père, qui l'a fait demander au Commissaire par son Procureur.

Que V***, à qui le Commissaire *Lavergée* ne refuse rien, représente donc cet interrogatoire du père. On verra qu'il ne s'y est agi que du prétendu délit de son fils, à l'égard de V***. On l'a interrogé sur le Colporteur *Felizot*, sur les Letters des Srs *Roi* & *Mérault*, sur le bultin écrit de la main de *Travenol*; en un mot sur tout ce qui avoit trait à la réimpression & distribution des écrits, dont se plaignoit V***. Etoit-ce la Religion, ou V*** que cela intéressoit?

Lorsque l'Abbé d'Olivet nous apprend dans sa Lettre imprimée, qu'il a présenté à V*** la copie du Mémoire donné à la Police pendant la détention de *Travenol* père, en l'absence du fils, & que V*** s'est plaint *d'un mensonge grossier*, qu'il a cru y trouver, il y avoit écrit dans ce même Mémoire, *au reste, si c'est un crime, son*

Dd 3 *père*

père qui n'y a aucune part doit-il en être puni? Un homme d'environ quatre-vingt ans est-il responsable des fautes, que son fils peut commettre à quarante? Quoiqu'il en soit, ce Vieillard irréprochable, est arrêté & mis au For-l'Evêque. Ce fait n'a point paru alors mensonge à V***. S'il l'eût cru faux, il n'eût pas manqué de le relever: & dans ce cas le reproche n'eût point échapé à l'Abbé d'Olivet; le Temple de la Gloire seul l'a scandalisé. V*** n'a rien eu à dire contre le For-l'Evêque.

L'Abbé d'*Olivet*, dont il reclame le témoignage, ne l'a-t'il pas donné? Il ne se desavouëra pas sans doute lui-même. Dans cette Lettre imprimée, il dit, *qu'un Violon de l'Opera nommé* Travenol, *fut un de ceux, qu'on soupçonna de répandre des satyres contre M. de V***, qu'el'on se transporta chez lui, & que comme il avoit pris la fuite, on s'assura de son père, qui fut mis en prison.*

V*** est également convenu dans sa Requête du 19 Novembre 1746. *qu'un Colporteur nommé* Felizot, *s'est trouvé saisi de* 800. *exemplaires. Arrêté & mis à* Bicêtre, *il déclare au Commissaire* Lavergée, *qu'il les tenoit du nommé* Travenol *Violon de l'Opera.* M. Lavergée se transporta chez Travenol. Il y trouva encore trois exem-

(423)

PREMIERE imposture. *Antoine Travenol emprisonné à la Requête du Sieur de V***.*

IL fut conduit en prison le 7 Juin 1746, & ce fut le 12 Juin que le Sieur Abbé d'*Olivet* vint apprendre au Supliant le nom de cet homme & sa détention, que le Supliant ignoroit entierement: c'est un fait que le Sieur Abbé peut attester.

ON requiert aussi son témoignage pour sçavoir s'il n'est pas vrai que lui Abbé d'*Olivet* pressa le Supliant son Confrère, d'emploïer son crédit pour faire élargir le Prisonnier, & que le Supliant ne fit cette démarche que par pure charité, comme il auroit fait pour tout autre homme dans la peine; & que ce ne fut qu'en daignant solliciter pour le père, qu'il apprit que le fils étoit coupable envers lui Supliant.

exemplaires. Travenol *fils se sauva & se cacha dans* Paris. *Son père fut conduit en prison.* Ce fait n'est donc pas fondé sur des mensonges.

IMPOSTURE de V***. Ce n'est pas la prémiére. *Antoine Travenol n'a pas été emprisonné à la Requête de V***.*

IL est vrai que *Travenol* père a été conduit en prison le 7 Juin 1746. Il n'est pas vrai, *que ce n'ait été, que le* 12 *Juin, que l'Abbé d'Olivet ait appris à V*** le nom de cet homme & sa détention, que V*** ignoroit entierement.* Il est encore moins vrai, *que ce n'ait été qu'en daignant solliciter, que V*** ait appris, que le fils étoit coupable envers lui.*

1º. LA Lettre de l'Abbé d'*Olivet*, écrite le 10. Juin, au Sieur MERAULT, apprend ce que cet Abbé a fait le matin avec V*** chez M. de *Marville* pour la liberté de *Travenol* père. Ce n'est donc pas le 12. qu'il a appris le nom & la détention *de cet homme.* C'est donc une imposture grossiere.

2º. V*** dit dans sa Requête du 19. Novembre 1746. que Travenol père a*yant été conduit en prison, & quelques personnes ayant intercédé pour lui auprès de V***, touché de compassion pour ce Vieillard, autant qu'indigné contre les crimes du*

Dd 4

SECONDE imposture. *Antoine Travenol emprisonné pour la cause de son fils.*

IL est démontré que ce n'est point pour le crime de *Loüis Travenol* fils, qu'*Antoine Travenol* père a été traduit au For-l'Evêque, mais pour d'autres Ecrits de nature entierement différentes, comme Lettres écrites de sa main sur des points de Religion, ainsi qu'il se peut voir au Procès-verbal du 3 Juin par le Commissaire *Lavergée*.

du fils, il alla lui-même avec l'Abbé d'Olivet demander la grace du père & l'obtint. Lorsqu'il alla demander la grace du père, il étoit donc indigné contre les prétendus crimes du fils. Il connoissoit donc le fils. Il le croyoit donc coupable envers lui. Tout son Mémoire n'est donc que supposition, & imposture.

AUTRE imposture de V***. *Antoine Travenol n'a pas été emprisonné pour la cause de son fils.*

V*** dans sa Requête du 23. Novembre 1746. dit, *que si les Officiers chargés de l'exécution des ordres du Roi, ont trop légerement jugé, que* Travenol *père, pouvoit être complice de la composition, ou de la distribution de ces Libelles, le sieur de* V*** *ne peut être en façon quelconque garant de la démarche de ces Officiers. C'est un malheur pour* Travenol *père, qu'il doit imputer au crime de son fils.* C'est V*** qui parle ainsi. C'est donc pour la cause du fils, que le père a été emprisonné. La Religion n'a donc eu aucune part à cet emprisonnement. Il n'y a donc de démontré ici, que les impostures multipliées de V***.

TROISIEME imposture. *Antoine Travenol emprisonné par méprise.*

LA saisie de ses papiers est faite le 3 Juin, il

NOUVELLE imposture. *Antoine Travenol n'a pas été emprisonné par méprise.*

ON n'a jamais dit à V*** que *Travenol* père ait été em-

Il est constitué au For-l'Evêque le 7 Juin : donc le Ministére a eu le tems de l'examen : donc le Roi a agi en connoissance de cause, par conséquent point de méprise. Donc les Défenseurs du fils ont avancé une fausseté manifeste, laquelle fausseté n'a d'abord été inventée par le Délinquant que pour chercher une évasion ; il prit ce tour auprès du Sieur Lieutenant de Police, & auprès du Sieur Abbé d'*Olivet* ; & le Sieur Abbé trompé par *Loüis Travenol*, écrivit même & fit imprimer une Lettre à ce sujet ; mais ni cette Lettre inutile au Procès, ni les détours du Délinquant ne font aucune foi en matiére criminelle, où tout se doit juger sur piéces justificatives, ou sur témoignages prêtés devant le Juge.

Or est-il qu'il n'y a nulle piéce faisant foi en justice qui puisse en rien charger le Supliant, nulle plainte de sa part contre *Travenol* père, nulle dénonciation, nulle démarche, & il étoit impossible qu'il y en eût, puisqu'il est certain que ce particulier lui étoit entiere-

ment emprisonné *par méprise*, c'est-à-dire, qu'on l'eut arrêté, croyant arrêter *Travenol* fils ; car c'eut été la méprise : mais on lui a dit, & l'Abbé d'*Olivet* en convient dans sa Lettre, & V*** dans ses Requêtes, que *Travenol* fils, aïant échappé aux recherches & à la haine de V***, que *Travenol* fils ne se trouvant pas, & V*** voulant absolument une victime à sa vengeance, on avoit arrêté le père, non pas croïant arrêter le fils, mais comme étant le père, à la place du fils qui s'étoit caché, & ç'a été là le fruit de l'examen, & de la connoissance que l'on a pris de cette affaire. Voilà ce qu'a produit la mure réfléxion que l'on a pû faire du 3 au 7. C'est-à-dire, voilà ce qu'a produit le crédit de V***. Ce n'est point de *Travenol* fils que l'Abbé d'*Olivet* a appris ce qui s'étoit passé alors. Cet Abbé avoit agi sans connoître *Travenol* fils. Il avoit été un des principaux acteurs de cet événement ; & il ne connoissoit pas alors *Travenol* fils. *Quand je sollicitai l'élargissement du Prisonnier*, dit-il dans une note de sa Lettre, *je n'avois jamais vû son fils, & j'ignorois qu'il fût au monde*. Ce n'est donc pas *Travenol* fils, qui lui a appris ce qu'il avoit fait sans lui, sans sa participation, dans le tems même qu'il ne le connoissoit pas

rement inconnu en ce tems-là. Ce n'est qu'au mois d'Août 1746. qu'il a rendu plainte contre *Travenol* fils, jamais il n'a attaqué *Travenol* père ; c'est une méprise insigne que d'avoir confondu ces deux objets.

On s'est imaginé que le Supliant pouvoit être pris à partie par *Antoine Travenol* père, parce que, dit-on, son écroue sur le Regiſtre du For-l'Evêque, porte qu'*il a été conduit par ordonnance de Police* ; mais qu'importe au Supliant, ce qu'on fait & ce qu'on écrit au For-l'Evêque ? Il faudroit lui prouver que cette prétendue Ordonnance de Police a été rendue ; qu'elle l'a été sur sa plainte, & que sa plainte eſt injuste, sans quoi on ne peut répéter contre lui des

pas. Ce n'est pas lui qui a trompé l'Abbé d'*Olivet* sur des faits qui étoient personnels à l'Abbé d'*Olivet*, & absolument étrangers à *Travenol* fils. Ce n'est pas lui qui lui a fait écrire une Lettre, qui est totalement contraire à *Travenol* fils, qui n'est précisément que la deffense de V***.

Ces moïens sont trop singuliers, pour ne rien dire de plus. V*** a raison de ne point vouloir d'Avocat, & de n'emploïer de son Procureur, que le nom. Personne ne le serviroit à son gré. De pareilles rêveries étoient reservées à son imagination. Il falloit un V*** pour deffendre dignement la cause de V***.

On n'a jamais pensé que V*** pût être pris à partie, parce que *Travenol* père *avoit été arrêté en vertu d'une ordonnance de Police*.

On lui a dit au contraire, que l'ordre étoit indifférent, & que quel qu'il fût, ce qui rendoit V*** criminel, c'étoit de l'avoir sollicité, de l'avoir obtenu, & de l'avoir fait mettre à exécution ; & cela est démontré sans replique par la remise des Piéces secrettes entre les mains de V***, par la Lettre de l'Abbé d'*Olivet*, par les Requêtes mêmes de V***. On est obligé de faire réimprimer cette Lettre de l'Abbé d'*Olivet* ; puisqu'elle entre à chades dommages & intérêts.

OR non-seulement il n'y a jamais eu la moindre plainte de sa part; mais il n'y a eu d'Ordonnance de Police ni au sujèt de *Travenol* père, ni pour *Travenol* fils. Il y a eu un Ordre du Roi contre le père, au bas duquel Ordre est le reçû du Greffier du For-l'Evêque ; & si le Greffier s'est mépris ensuite dans l'énoncé de l'écrou, c'est son affaire personnelle, & point du tout celle du Supliant, à qui tout cela est entierement étranger. C'est une chose monstrueuse en Justice, qu'on ait rendu responsable un citoïen de l'arrêt d'un autre citoïen, fait uniquement en vertu de l'Autorité Roïale.

chaque instant dans les moiens. Ce Mémoire ci & cette Lettre sont deux morceaux curieux. Le Public nous sçaura peut-être gré de lui procurer une seconde édition de ces deux Piéces d'éloquence.

V*** a tort de se donner beaucoup de peine, pour persuader qu'une ordonnance de Police, en vertu de laquelle un écroüe est fait, que l'Exempt datte, & qu'il déclare avoir entre ses mains, n'existe pas, & qu'un ordre du Roi, que l'Exempt n'a pas vû, dont il ne fait aucune mention, & en vertu duquel il n'a point agi, existe. Cela est absolument indifférent à V*** & à *Travenol*. On l'a déja dit, le seul fait important & démontré, c'est que l'ordre, quel qu'il soit, a été sollicité par V***, & que c'est à lui qu'il a été accordé. Il ne s'agit nullement ici du Greffier du For-l'Evêque. Il a reçu un prisonnier, qu'on lui amenoit. Il n'a eu aucune part à l'écroüe. Cet acte a été fait par un Officier porteur de l'ordre, & qui énonce cet ordre. Que veut donc dire V***, lorsqu'il parle *de la méprise de ce Greffier*, & qu'il ajoûte, *que c'est l'affaire personnelle de ce Greffier, & point du tout la sienne*. On n'a jamais dit, que V*** eût fait l'écroüe. Mais c'est lui qui a fait faire l'emprisonnement. Voilà le fait qu'on lui

C'EST

C'est très-vainement que l'Avocat d'*Antoine Travenol* avoit allegué que si le Mémoire de son fils présenté à la Police milite contre lui-même, en ce qu'il avoüe son délit, il doit militer pour son père, en ce qu'il énonce que son père a été mis en prison pour lui; comme si un Mémoire d'un accusé étoit un Acte judiciaire consenti par les deux Parties; comme s'il n'étoit pas très-ordinaire à un coupable d'avoüer des vérités qui le font punir, & d'avancer des mensonges qu'on rejette : & quand même le père eût été mis en prison pour le fils (ce qui est démontré faux) ce seroit seulement un nouveau reproche que *Loüis Travenol* auroit à se faire d'avoir attiré par sa conduite cette disgrace à son père, mais cela n'en seroit pas moins étranger au Supliant. C'est encore plus vainement & plus injustement, qu'on a prétendu conclure de ce que le Supliant avoit eu la bonté reproche; & c'est ce reproche, qui est suffisamment prouvé dans les pages 7, 8, 22, 23, 24, 25 & 26 du Factum de *Travenol*.

On n'a jamais dit, que le Mémoire présenté à la Police avoüât le délit de *Travenol* fils. On a même toujours soutenu le contraire. Mais on a prétendu que V*** avoit adopté ce Mémoire, que c'étoit lui qui l'avoit présenté à la Justice, comme une Piéce victorieuse, qu'il paroissoit qu'un seul fait l'avoit choqué dans ce Mémoire : c'étoit la prétendüe mention du Temple de la Gloire; d'où l'on a conclu, que si quelqu'autre fait de ce Mémoire lui eût paru faux, il auroit été aussi disposé à le contredire. Cependant il y est parlé de *Travenol* père, *qui ne doit pas être puni des fautes de son fils, & que l'on a arrêté & mis au For-l'Evêque, à l'âge de 80 ans, & tout irréprochable qu'il est d'ailleurs, uniquement parce que l'on prétendoit que son fils âgé de 40 ans avoit commis des fautes.* Et V*** n'a pas dit alors, que ce n'étoit pas là le motif de l'emprisonnement de *Travenol* père. Son silence sur cet endroit de ce Mémoire qu'il a suffisamment critiqué d'ailleurs, ce silence, joint aux preuves qui naissent de la Lettre de l'Abbé d'*Olivet*, & des Requêtes de V***, forme une

té de demander la grace du Prisonnier, qu'il avoit été l'auteur de sa détention: c'est une accusation trop absurde d'imputer à un homme une action rigoureuse, uniquement parce qu'il a fait un acte de charité.

LE Supliant, encore une fois, ne demanda la grace d'*Antoine Travenol*, à lui absolument inconnu, qu'à la seule priere du Sieur Abbé d'*Olivet*, & avant de sçavoir si son fils étoit coupable ou non.

ENFIN, qu'on interroge le Commissaire qui fit, par ordre du Roi, descente & visite chez *Antoine Travenol*, & l'Exempt qui l'arrêta, on verra que le Supliant n'a pas la plus légere part à cet emprisonnement: si on consulte le Procès-verbal de la perquisition, on se convaincra que l'affaire du père n'a pas le moindre rapport à celle de son fils; ainsi on sera étonné, que cet homme qu'on a fait intervenir si injustement, ait demandé des dommages &

ne preuve complette sur l'emprisonnement de *Travenol* père, à laquelle preuve V *** ne pourra jamais se soustraire.

IL est prouvé, on le dit, *encore une fois*, il est prouvé par les Requêtes même de V ***, que lorsqu'il s'est emploïé pour faire sortir de prison *Travenol* père, il pensoit que le fils étoit coupable envers lui. *Touché de compassion pour ce vieillard autant qu'indigné contre les crimes du fils, il alla demander la grace du père*, dit-il dans sa Requête du 19. Novembre 1746.

QUE V *** n'invoque pas le témoignage ni du Commissaire, ni de l'Exempt. Quelques suspects qu'ils soient, ils ne le donneroient certainement pas en sa faveur à cet égard. Ils sçavent que c'est lui qui a été le moteur, le conducteur de toute cette avanture: & ce fait est si publique, que quelqu'envie qu'ils eussent de servir V ***, ils n'oseroient pas dire le contraire. Mais que l'on raporte l'interrogatoire du père, on verra quelle étoit la cause de sa détention. C'est la Piéce de *Travenol* père. Il la reclame, & on la lui refuse. On

a

& intérêts contre celui qui n'avoit été que son bienfaiteur. Il faut donc absolument regarder *Antoine Travenol* & son fils dans cette affaire, comme entierement étrangers l'un à l'autre, & écarter toute idée de méprise dans la détention du père, arrêté sur une Lettre de cachet, existante dans les Papiers de la Police, Lettre de cachet communiquée par le Sieur Lieutenant de Police au Sieur Avocat du Roi du Châtelet, & que celui-ci attesta en pleine Audience avoir eu entre ses mains.

Ces faits pleinement éclaircis, & mis dans une évidence au-dessus de tout soupçon, il reste au Supliant à demander justice du *Mémoire signifié pour* Loüis Travenol, & signé, *Loüis Travenol*, & *Me. Rigoley de Juvigni*, Mémoire calomnieux, déja supprimé par la Sentence du Châtelet.

Le supliant doit pareillement avoir recours à la justice de la Cour, contre le Plaidoyer de Me. *Mannory*, lequel ayant perdu sa Cause au Châtelet, a fait imprimer depuis, & vendre dans les Caffés, à son pro-

a cependant remis à V*** les Piéces qui ne lui appartenoient pas, qui devoient être des Piéces secrettes pour lui. Le crédit a fait remettre à l'un ce qu'il ne devoit jamais avoir. Le même crédit empêche, que l'on donne à l'autre, ce qui ne lui devroit pas être refusé; & c'est la même opération. C'est toujours l'ouvrage du même crédit.

On a suffisamment justifié le Mémoire de Me de *Juvigny* dans le Factum de *Travenol*, pag. 29. 30, 31, &c.

Il en a été de même du plaidoïer imprimé au Châtelet pour la deffense de *Travenol* fils. Cette impression a été assez discutée dans les pages 34. & 36. du même Factum.

Que V*** réponde, s'il l'ose, s'il le peut, à ce qui

profit, son Plaidoïer, dans lequel il a réimprimé le Libelle même qui fait la matiere du Procès: quoique ce Libelle ait été laceré par la Sentence du Lieutenant Criminel, & deffenses faites de les publier. On espére que cette contravention ne demeurera pas impunie, non plus que les injures grossieres imprimées dans le nouveau Mémoire de Me. *Mannory*, & soulignées, page 11, le tout mis ès mains de Mr. le *Bret*, Avocat Général.

Signé DANJOU, Procureur.

qui lui a été dit à cet égard. On l'en défie, On lui déclare que l'on ne craint ni son crédit, ni les reproches bas & étrangers à cette affaire, dont il orne ses sollicitations, ni *sa voix foible & cassée*, ni *sa Muse lassée*, ni même l'éloquence emploïée dans ce Mémoire. Quoiqu'il dise, dès qu'il rendra ses moïens, ou ses reproches publiques, il peut compter sur une prompte réponse. La vérité en sera toujours la base. C'est le Public que l'on en rendra Juge. Le succès ne pourra être douteux.

Me *MANNORY*, Avocat.

REGNAUD, Procureur.

„ V*** craignant tout de l'Equité de cet
„ Auguste Tribunal, fit évoquer ce comique
„ procès au Conseil. Voici le Plaidoïer d'un
„ Avocat dont les Lumieres, le bel Esprit,
„ & la connoissance qu'il a des Ouvrages & de
„ la Conduite de V*** mettent le dernier
„ Trait à l'idée que la Postérité poura se for-
„ mer de ce Poëte, qui s'est mis lui-même de
„ concert avec ses adulateurs, au dessus des
„ *Corneilles*, des *Racines*, des *Boileaux*, des
„ *Rousseaux*, des *Pascals* &c. & de tout ce que
„ le Règne de *Louis XIV*. a vû de plus savant
„ & de plus spirituel.

(XIII.)

(XIII.)

MEMOIRE *
SUR L'APPEL.

POUR le sieur ANTOINE TRAVENOL, ancien Maître de Dance à *Paris*, Intimé & Appellant.

CONTRE le sieur A** de V***, *Gentilhomme Ordinaire, Conseiller du Roi en ses Conseils, Historiographe de France, l'un des Quarante de l'Académie Françoise, Appellant & Intimé.*

ET *contre le sieur Abbé d'Olivet Conseiller d'Honneur en la Chambre des Comptes de Franche-Comté, l'un des Quarante de l'Académie Françoise, Défendeur,*

C'ETOIT trop peu sans doute au sieur de V***, après s'être porté à l'égard du sieur *Travenol* père aux excès les plus violens, de l'avoir réduit à la nécessité de s'adresser au prémier Juge pour en obtenir vengeance; le ressentiment de cet homme ingénieux à persécuter l'innocence, n'auroit été satisfait qu'à demi, s'il en eut borné-là les effets; devenu plus furieux que jamais à la nouvelle du Jugement rendu au Châtelet en faveur de ce Vieillard, il lui a bientôt arraché le fruit de cette prémiére victoire, en le traduisant de nouveau, non pas en la Cour, où l'appel de la Sentence rendue par le Lieutenant Criminel

---

* CAUSE des Mercredis en la Tournelle Criminelle.

nel ressortissoit naturellement, mais dans l'un de ces Tribunaux destinés à la décision de ces grands différends sur lesquels le Souverain juge quelque fois à propos de fixer ses regards. C'étoit-là le dernier coup sous le poids duquel le sieur de V*** s'attendoit enfin à voir succomber le sieur *Travenol*. A l'aide de ses talens supérieurs qui lui avoient ouvert une voïe jusqu'au pié du Trône, il se flattoit d'y étouffer sans peine les plaintes d'un malheureux sans appui, dont la vieillesse sembloit d'ailleurs annoncer la fin prochaine; mais le sieur de V*** avoit une idée bien peu juste du Monarque sous le gouvernement duquel nous avons le bonheur de vivre, & de tous les Sujets de ce Prince il étoit apparemment le seul qui ne sçût pas que dans lui les vertus du cœur marchent d'un pas égal avec les qualités de l'esprit, & que si d'une main il sçait récompenser les talens, de l'autre il sçait également protéger l'innocence.

Quoiqu'il en soit, c'est à cet auguste protection, dont à titre de malheureux on est toujours sûr de ressentir les effets, que le sieur *Travenol* est redevable de l'avantage de plaider aujourd'hui devant ses Juges naturels; quelques précautions que le sieur de V*** eût pris pour cacher les vrais motifs qui lui avoient fait solliciter une évocation au Conseil, le Roi les a démêlé sans peine; il n'a pû voir sans indignation qu'en proposant d'enlever au Parlement la connoissance de cette affaire, on n'avoit eû d'autre objèt que d'en éternifer la durée, c'est aussi pour prévenir une injustice aussi criante, que Sa Majesté toujours occupée du bien de ses Sujèts, a renvoïé sans aucun délai la décision de cette Cause en la Cour, à laquelle elle appartenoit de plein droit, & dont elle s'étoit vû dépouiller avec d'autant plus de regrèt, qu'il y s'agissoit principalement de sauver une famille infortunée des fureurs d'un ennemi acharné à sa perte.

Dans de pareilles circonstances avec quelle confiance le sieur *Travenol* ne va-t'il pas se livrer au récit de ses malheurs; il n'en est point de plus touchants, & dont le détail mérite d'intéresser davantage; c'est un vieillard de quatre vingt ans qui demande justice. Prémierement d'un emprisonnement fait de sa personne sans aucune raison & contre toutes les règles; secondement d'une Sentence qui ne l'a vengé qu'en partie des persécutions du sieur de V***, troisiémement enfin d'un libelle diffamatoire qui porte les coups les plus sensibles à l'honneur de toute sa famille. Que d'objèts dignes d'attirer l'attention de la Cour! On se hâte de passer au détail des faits, qui en préparant sa décision sur ces trois différens Chefs de demande, en garentiront en même tems le succès au sieur *Travenol*.

F A I T.

C'est à la réception du sieur de V*** à l'Académie *Françoise* qu'il faut rapporter l'époque

poque de la contestation soumise à la décision de la Cour.

Cet événement qui sembloit d'abord ne devoir intéresser que les Gens de Lettres, se trouva cependant être du nombre de ceux qui en fixant l'attention de tout le Public, deviennent pour quelques instans les objèts de ses réflexions. Accoutumés depuis tant d'années à décider librement du mérite des productions du sieur de V***, chacun se crût également en droit de prononcer sur le choix que l'Académie venoit de faire de sa personne.

Ce choix eût des approbateurs mais il eût aussi des critiques, & comme le nombre de ceux-ci ne fut pas à la vérité le plus grand, dans la crainte que la singularité de leur opinion ne leur prêtât dans le monde un ridicule, ils se crurent obligés d'en manifester les motifs. De-là cette foule de petits écrits clandestins dont *Paris* fut alors inondé; la prodigieuse rapidité de leur débit, & l'intérêt que les plus zelés Partisans du nouvel Académicien parurent y prendre, ne tardérent pas à déconcerter le sieur de V***; il craignit que le nombre de ses ennemis ne s'accrut incessamment de la plus grande partie de celui de ses apologistes; cette réfléxion lui fit prendre le parti de prévenir au plutôt une catastrophe qu'il regardoit comme prochaine. Il n'étoit plus question que de décider de quels moïens il se serviroit, mais en homme trop agité pour bien choisir il donna malheureusement la préference à celui qui la méritoit le moins, c'està-dire qu'il s'en tint à la résolution de faire tous ses efforts pour arrêter le cours de ces piéces furtives auxquelles il faisoit l'honneur d'attacher la cause de la disgrace dont il se prétendoit menacé.

Dans le nombre de ces plaisanteries litteraires, étoient deux écrits intitulés: l'un *Discours prononcé à la porte de l'Académie par M. le Directeur à M.**** & l'autre *Triomphe Poëtique.* De tout ce qui jusqu'alors avoit paru dans ce genre, ces deux piéces étoient celles qui avoient fait le plus de bruit; elles devinrent aussi l'objèt des prémiéres recherches du sieur de V***: on en saisit d'abord quelques exemplaires entre les mains d'un Colporteur, qui déposa, du moins à ce que prétend le sieur de V***, qu'il les tenoit du sieur *Travenol* Violon de l'Opera. Sur cette déposition & sans autre examen, *Travenol* fils que le sieur de V*** n'avoit jamais connu, devint en un instant à ses yeux l'Auteur & l'Editeur des deux libelles en question. Plein de cette idée il court aussi-tôt chez le Lieutenant de Police, il lui dépeint *Travenol* fils sous les couleurs les plus noires, & lui expose la nécessité de s'assurer de lui, comme d'un de ces hommes dangereux, dont le funeste talent n'étoit propre qu'à troubler la societé. Non content de cette prémiére démarche il emploïe son crédit pour obtenir un ordre, en vertu duquel il fut enjoint au Commissaire *Lavergée* de
se

se transporter chez les sieurs *Travenol* père & fils pour y procéder à la perquisition de leurs papiers; l'examen en fut fait avec la plus scrupuleuse attention, mais sans aucun succès, puisque l'on ne trouva chez eux que trois exemplaires des piéces dont il s'agit, dont un dans la chambre de *Travenol* père, & deux dans celle de *Travenol* fils.

A la vûe d'une recherche aussi infructueuse, tout autre que le sieur de V*** s'en seroit tenu là, sans s'obstiner à vouloir regarder plus longtems comme coupables des gens dont l'innocence pouvoit déjà passer pour averée; mais le sieur de V*** étoit bien éloigné de suivre un pareil conseil, il avoit juré la perte des sieurs *Travenol* père & fils, & ce n'étoit qu'à ce prix que sa vengeance pouvoit être assouvie; il retourne donc chez le Lieutenant de Police; les deux exemplaires trouvés parmi les papiers de *Travenol* fils, deviennent dans sa bouche autant de piéces de conviction qui ne permettent pas de pouvoir le méconnoître pour l'Auteur ou l'Editeur des deux libelles en question. Mais il va plus loin encore, & croïant pouvoir hazarder tout impunément, il pousse la témérité jusqu'à dénoncer au Magistrat *Travenol* père comme complice & fauteur du prétendu crime qu'il imputoit à son fils; à défaut de moïens plus propres à établir la vérité de ce nouveau chêf d'accusation, il ose s'en faire un de la demeure commune du père & du fils; logés dans la même maison, habitans des mêmes foïers, l'un étant coupable, il n'est pas possible de présumer l'innocence de l'autre ; ainsi les mêmes raisons doivent déterminer à s'assurer également de tous les deux : voilà les indignes artifices dont le sieur de V*** se servit auprès du Magistrat pour hâter la perte du sieur *Travenol* père ; mais qu'il soit permis de le demander ? Etoit-ce sur la foi d'une pareille déclaration que cette perte auroit dû paroître au Lieutenant de Police comme nécessaire au repos & à la tranquilité publique ? Etoit-ce sur le témoignage d'un homme trop emporté pour ne devoir pas dans l'instant passer pour suspect que le sieur *Travenol* père auroit dû être sacrifié ? C'est ce qu'on aura lieu d'examiner plus amplement par la suite, quant à présent on se contente d'observer que c'est uniquement sur ces plaintes que le Lieutenant de Police rendit le 6 Juin de l'année derniere une Ordonnance contre le sieur *Travenol* père, à l'effet de se saisir de sa personne & de le conduire dans les Prisons du For-l'Evêque. Quel fut l'étonnement de ce malheureux Vieillard lorsqu'il apprit une nouvelle si acablante ? Quel spectacle pour un homme de quatre vingt ans, sans autre défense que celle d'une vertu toujours irréprochable, qu'une foule d'Archers prêts à le traîner dans ces cachots affreux, dans lesquels il semble même qu'on ne se détermine à renfermer qu'à regrèt les coupables. Plein néanmoins de cette noble confiance que donne l'innocence, & qui en est en même-tems le plus sûr témoignage, il exigea qu'on lui justifiât de l'ordre

en

en vertu duquel on prétendoit le traîner en prison, sa surprise devint extrême lorsqu'il sçût que c'étoit en vertu d'une Ordonnance rendue par le Lieutenant de Police; il avoit peine à comprendre que ce Magistrat sans aucune formalité préalable & de son autorité privée pût avoir le droit de disposer ainsi de la liberté d'un Citoïen; mais remettant à faire usage de ces réfléxions dans d'autres momens, il crût pour lors devoir obéir aveuglément à un Décret contre lequel il eût inutilement reclamé. Il dévora donc toute l'ignominie qu'on avoit projetté de lui faire subir, & s'enveloppant dans sa propre vertu il se laissa conduire sans aucune résistance à travers les ruës de *Paris* au For-l'Evêque, où il fut écroué de Police le 7 Juin ainsi qu'il paroît par un extrait du Registre de la géole qu'il est nécessaire de mettre sous les yeux de la Cour, parce qu'il est la piéce fondamentale de la défense du sieur *Travenol*.

Extrait des Registres du Greffe des Prisons Roïales du For-l'Evêque, du 7 Juin 1746.

Antoine Travenol, Maître de Dance a été amené & écroué ès Prisons de ceans, par nous Inspecteur de Police soussigné, en vertu de l'Ordonnance de Monsieur le Lieutenant Général de Police, en datté du six de ce mois, restée en nos mains. *Signé* Davenel. *Et en marge est écrit.* Du 12 Juin 1746. le sieur Travenol ci en droit a été mis en liberté en vertu d'un Ordre

Ordre mis en liasse par nous Officier soussigné, ledit ordre resté en nos mains. Signé DAVENEL.

Expédié par nous Greffier desdites Prisons, soussigné ce 10 Octobre 1746. Signé TOURNAIRE, *avec paraphe.*

CEPENDANT le sieur de V*** triomphoit, & déjà sa vengeance étoit en partie satisfaite. Des deux prétendus coupables qu'il avoit déferés à la Justice il tenoit l'un en sa puissance, & l'autre étoit l'objet de ses plus vives recherches; mais cette prémière victoire ne fut pas de longue durée. A peine le sieur *Travenol* avoit-il été constitué prisonnier, que le Lieutenant de Police avoit vû son Hôtel assiégé d'une foule de citoïens généreux qui pleins d'indignation du procédé violent du sieur de V***, venoient solliciter en même tems, & la délivrance de l'infortuné *Travenol*, & la punition de son persécuteur; forcé de céder aux preuves qui lui furent administrés de l'innocence de ce Vieillard, il sentit à quel point le sieur de V*** avoit surpris sa Religion, & croïant ne pouvoir jamais assez tôt réparer l'injustice involontaire, que cet homme passionné lui avoit fait commettre, il envoïa sur le champ rendre la liberté au sieur *Travenol*, qui fut réintégré dans sa maison, après cinq jours entiers de détention au secrèt.

LE sieur de V*** voïant le père échappé à ses fureurs, n'en devint que plus ardent à
la

la poursuite du fils; il dressa contre lui l'appareil formidable d'une procédure extraordinaire. Plaintes, Requêtes, Sollicitations auprès des Magistrats, tout fut mis en usage pour consommer sa perte; le sieur de V***, y paroissoit même d'autant plus acharné, que la perte du fils lui garantissoit en quelque sorte celle du père, puisqu'il étoit sûr de parvenir à le priver par-là de l'unique ressource qu'il eut pour subsister: Le Sr. *Travenol* père prévit ce coup; ce fut pour en détourner les effets que tous ceux qui s'intéressoient à son sort, lui donnérent alors le conseil d'attaquer directement & en son nom le sieur de V***; il le pouvoit avec d'autant plus de raison, que l'outrage qu'il en avoit reçu tout récemment, le mettoit en droit de lui en demander une réparation, qui devoit être à tous égards d'une nature bien différente de celle que le sieur de V***, de son côté, croïoit devoir se promettre pour raison du prétendu délit qu'il imputoit à son fils; mais le sieur *Travenol* ne pût se résoudre à goûter un expédient qui quelque propre qu'il pût être à assurer sa vengeance, n'en laissoit cependant pas moins son fils en butte à la vivacité des poursuites du sieur de V***. Les yeux uniquement ouverts sur les intérêts de ce fils, prêt à succomber enfin sous le poids de la persécution, il crut ne devoir en cette occasion prendre de conseil que de l'amour paternel; résolu de risquer jusqu'à sa propre vie pour sauver une tête si chere, il se traîne aussitôt chez le sieur de V***, se présente en posture de suppliant à la porte de cet homme qu'il eut pû forcer de paroître à la sienne en cette qualité, lui expose humblement l'innocence de son fils au lieu de lui reprocher ses attentats, & à la place de la réparation à laquelle il étoit en droit de le soumettre, lui offre en sa personne une victime, sur laquelle il pourroit épuiser en liberté toute la fureur de son ressentiment

Un événement aussi extraordinaire rendit immobile le sieur de V***; tout ce que le contraste de la vengeance & de la pitié sont capables de produire de mouvemens opposés dans un même cœur, il le ressentit alors; mais le spectacle du sieur *Travenol* fondant en larmes à ses pieds rendoit le combat trop inégal pour qu'il pût durer longtems; forcé de ceder à l'excès de générosité de ce même vieillard qu'il avoit outragé si cruellement, il sentit malgré lui la haine s'assoupir dans son cœur, & ne voïant plus dans cet instant de coupable que lui-même, il le relève, l'embrasse, le conjure d'oublier le passé, le supplie même de l'admettre au nombre de ses amis, & s'engage sous la Loi du serment, non seulement à se reconcilier avec son fils, mais même à devenir le plus zèlé de ses protecteurs.

Tel fut le succès de cette visite dont il sembloit que l'effèt alloit être de rendre aux sieurs *Travenol* père & fils la tranquilité dont ils se voïoient privés depuis si longtems ; les espérances qu'ils en conçurent, leur paroissoient même d'autant plus légitimes qu'elles
étoient

étoient fondées sur une espèce d'engagement réciproquement pris, entre le sieur de V*** & le sieur *Travenol* père, par lequel d'un côté lui *Travenol* s'étoit désisté de tous les droits qu'il avoit de demander une réparation au sieur de V***, pour raison de l'outrage réel qu'il en avoit reçu, & par lequel, d'un autre côté le sieur de V*** s'étoit obligé de regarder désormais *Travenol* fils comme innocent du crime imaginaire qu'il lui avoit imputé; mais quelques solemnelles qu'eussent été en apparence les conditions respectives de ce traité de paix, le sieur *Travenol* père n'eut que trop tôt lieu de s'appercevoir que les démonstrations de son ennemi n'avoient été que l'effet d'un de ces mouvemens passagers, qui ne font qu'attendrir le cœur sans le changer; à peine l'avoit-il quitté, que la haine avoit repris sur lui son ascendant naturel; les poursuites commencées contre *Travenol* fils n'en étoient continuées qu'avec plus de vivacité que jamais, & le sieur de V*** enhardi par la derniere démarche du sieur *Travenol* père, dont il regardoit les prétentions comme évanouies, se flattoit déja de jouïr incessamment en toute liberté du fruit de sa vengeance.

C'EN étoit trop pour que le sieur *Travenol* différât plus longtems de faire usage de ses droits; la certitude qu'il avoit par devers lui du parjure du sieur de V***, les lui avoit rendus tout entiers, & c'eut été non seulement manquer à ce qu'il se devoit à lui-même, mais s'exposer encore aux plus justes re-

reproches de la part de son fils, que de s'obstiner davantage à ménager un homme qui violoit aussi ouvertement à leur égard le plus sacré de tous les engagemens; ce fut par des motifs aussi pressans qu'il se détermina, le 19 Novembre dernier, à donner une Requête par laquelle en demandant à être reçu partie intervenante dans l'Instance pendante, en la Chambre Criminelle du Châtelet, entre le sieur de V*** & son fils, il conclut à ce qu'attendu que c'étoit à l'instigation & poursuite du sieur de V*** qu'il avoit été conduit le 7 Juin précédent, & détenu pendant cinq jours au secrèt dans les prisons du For-l'Evêque *en vertu de l'Ordonnance du Lieutenant de Police*, le sieur de V*** fut condamné envers lui en 6000 liv. de dommages & intérêts & aux dépens; sauf à lui *Travenol* à se pourvoir par les voïes de droit contre l'Ordonnance du Lieutenant de Police, & pour faire ordonner la radiation de son écrouë.

C'est sur cette requête qu'est intervenue le 30 Décembre dernier, après une Plaidoirie solemnelle la Sentence contradictoire dont le sieur de V*** & le sr *Travenol* père sont respectivement Appellans, qui a condamné le sieur de V*** envers le sieur *Travenol* père en 500 l. de dommages & intérêts lesquels demeureroient compensés, jusqu'à dûe concurrence, avec les 300 liv. ausquels la même Sentence avoit condamné *Travenol* fils envers le sieur de V***.

APRES

Après les faits dont on vient de rendre compte, deux choses doivent étonner ici; la prémiére, c'est que le prémier Juge ait borné la vengeance du sieur *Travenol* père à des dommages & intérêts aussi modiques; la seconde, c'est que malgré la justice des plaintes que ce Vieillard étoit en droit de former contre une réparation aussi insuffisante, ce soit néanmoins le sieur de V*** qui le prémier ait osé reclamer contre un Jugement, dont il semble qu'il n'étoit pas possible qu'à son égard il pût se dissimuler la faveur : c'est cependant lui qui a rallumé le flambeau de la guerre, en interjettant appel avant le sr *Travenol* père des dispositions de cette même Sentence ; & quel étoit l'objèt de cet appel ? Ceci mérite une singuliere attention; ce n'étoit pas de rendre la Cour, en qualité de Juge naturelle des Parties, arbitre souverain de leurs différends : le sieur de V*** avoit des raisons trop essentielles de ne pas s'exposer aux regards pénétrans de ce Tribunal éclairé ; le zèle avec lequel il avoit plus d'une fois entendu dire qu'on y avoit vengé la Religion & la societé des entreprises téméraires de certains Auteurs Anonymes, jaloux de renverser d'un même coup le culte de l'une, & les Loix fondamentales de l'autre, lui étoit un trop sûr garant de l'empressement qu'on y témoigneroit à venger également un malheureux Vieillard des outrages les plus sanglans; aussi cet appel n'étoit-il à ses yeux dans les circonstances dans lesquelles il étoit alors qu'une simple formalité que rendoit indispensable l'évocation qu'il

avoit

avoit sollicité de son affaire au Conseil. En effet, il faut observer que sur l'appel interjetté par *Travenol* fils de la Sentence du Châtelet, le sieur de V.*** qui craignoit avec raison que *Travenol* père ne se rendît pareillement Appellant de cette Sentence, & que la Cause ne s'engageât au Parlement, avoit commencé par obtenir un Arrêt sur Requête non communiquée, qui en évoquant la Cause au Conseil, renvoïoit en même tems les Parties pour leur être fait droit en la Chambre de l'Arsenal ; par-là le sieur de V*** s'étoit d'un côté délivré des allarmes que lui avoit donné la juste sévérité de la Cour protectrice née des malheureux, & de l'autre il s'étoit mis en état d'espérer que le genre & la multitude des affaires qui partagent le Ministére respectable des Commissaires du Conseil leur feroit nécessairement perdre de vûe une contestation dont l'objèt après tout n'intéressoit en aucune façon l'Etat, & dont il avoit personnellement tant de raisons d'éloigner la décision. Mais le sieur de V*** n'a pas joui longtems du fruit de cette tentative, aussi injurieuse à l'autorité de la Cour que contraire à l'ordre des Jurisdictions. Les sieurs *Travenol* père & fils n'ont pas un seul instant différé de faire usage des moïens, à la faveur desquels ils pouvoient se flatter de ramener en la Cour la discussion d'une affaire, de la connoissance de laquelle il n'auroit pas été possible de la dépouiller sans porter visiblement atteinte à ses droits ; leurs espérances n'ont point été trompées ; & sur la simple Requête

d'oppod'opposition qu'ils ont eû l'honneur de présenter au Conseil, ils ont eu l'avantage d'y obtenir le 25 Mars dernier un Arrêt, par lequel Sa Majesté a ordonné que les Parties procéderoient en la Cour comme avant l'Arrêt d'évocation.

Rétabli dans tous ses droits, le sieur *Travenol* père s'est mis aussitôt en état & de défendre à l'appel du sieur de V***, & de faire valoir les différentes prétentions qu'il étoit lui-même en droit de former.

Elles avoient trois objèts.

Le prémier, & celui dont il étoit en même-tems le plus jaloux, étoit de faire prononcer la nullité de l'Ordonnance de Police, en vertu de laquelle il avoit été constitué prisonnier, & de faire ordonner la radiation de son écrouë de dessus les Registres de la Géole du For-l'Evêque.

Le second, étoit de faire infirmer un Jugement qui ne l'avoit vengé qu'en partie des persécutions du sieur de V***.

Enfin le troisiéme, étoit de faire ordonner la suppression d'une Lettre imprimée sans permission, & distribuée dans le Public par le sieur Abbé d'*Olivet* lui-meme dans le cours de l'instance pendante au Châtelet.

Ces trois différens Chèfs de demande ont fait la matiere des conclusions que le sieur *Travenol* père, après s'être rendu Appellant tant de l'Ordonnance du Lieutenant de Police, que de la Sentence rendue par le Lieutenant Criminel, a pris dans les différentes Requêtes qu'il a présentées en la Cour, & sur lesquelles elle a maintenant à prononcer.

Ainsi toute sa Cause se divise naturellement en trois parties également principales.

On discutera dans la prémiére, l'appel par lui interjetté de l'Ordonnance du Lieutenant de Police.

On établira dans la seconde, l'indispensable nécessité d'infirmer en ce qui peut le concerner, les dispositions de la Sentence renduë par le Lieutenant Criminel, & on fera voir en même-tems toute la témérité de l'appel interjetté par le sieur de V*** de cette même Sentence.

Enfin on démontrera dans la troisiéme, la solidité de la demande en suppression de la Lettre du sieur Abbé d'*Olivet*.

Tel est tout le plan de la défense du sieur *Travenol* père. Il s'agit actuellement de proposer successivement les moïens sur lesquels elle est fondée.

PREMIERE PARTIE.

Appel interjetté par le sieur Travenol *père de l'Ordonnance renduë par le Lieutenant de Police.*

Avant que d'entrer dans la discussion de cet

cet objèt, il est nécessaire de commencer par rétablir un fait, sur la vérité duquel il est bien singulier qu'on ait osé chercher de la part du sieur de V*** à répandre des doutes dans l'esprit du Public, c'est celui de l'existence de cette Ordonnance renduë par le Lieutenant de Police, en vertu de laquelle le sr *Travenol* père a été constitué prisonnier au For-l'Evêque; quelques positives, quelques autentiques mêmes que soient les preuves sur lesquelles on est en état d'appuïer la réalité de cette Ordonnance, on n'a cependant pas craint de la travestir dans le monde en un ordre du Roi, & de publier hautement que si le sr *Travenol* père avoit perdu pour un tems l'usage de sa liberté, c'étoit à lui de respecter en silence la volonté du Prince qui avoit jugé à propos de la lui ravir. Mais comment est-il possible que le sieur de V*** ou ses conseils n'aïent pas senti, qu'hazarder un fait de cette nature c'étoit en compromettant d'un côté l'autorité Roïale, s'exposer de l'autre au démenti le plus formel & le plus humiliant, puisqu'il est prouvé démonstrativement par la déclaration même de *Davenel* Inspecteur de Police, que c'est *en vertu d'une Ordonnance de Police en datte du 6 Juin laquelle est restée en ses mains*, qu'il avoit conduit le sieur *Travenol* en prison, déclaration qui doit avoir ici d'autant plus de poids qu'elle est faite par un homme qui a serment en Justice, & qu'elle est consignée dans le Registre même de la Géole du For-l'Evêque dont on a rapporté ci-devant l'extrait. Dira-t'on que *Davenel* s'est mépris, & qu'il a mis en la place

F f

d'un

d'un ordre du Roi, dont il étoit réellement porteur, une Ordonnance de Police qui n'existoit pas, mais un fait tel que celui-là n'intéressoit-il pas trop ses fonctions pour qu'on puisse croire qu'il se soit trompé si lourdement ? Un Officier de Police ne se connoît-il pas en ordres du Roi, n'en doit-il pas sentir toute l'importance ; en un mot, présumera-t'on jamais, sans des preuves, que le sieur de V*** sera toujours hors d'état de produire, que dans une circonstance aussi délicate, il ait poussé l'inattention ou la mauvaise foi jusqu'à substituer à un ordre du Roi bien réel une Ordonnance de Police imaginaire ? Quels risques n'auroit-il pas couru, puisqu'en reconnoissant d'une part que cette Ordonnance étoit restée entre ses mains, de l'autre il se seroit constitué gratuitement dans l'impossibilité de la pouvoir représenter, en supposant qu'elle n'eut pas existé ; c'est donc, on ne craint pas de le dire, une fausseté caractérisée que d'avancer, comme le publie le sieur de V***, que c'est par ordre du Roi que le sieur *Travenol* père a été constitué prisonnier. Ce point de fait est radicalement détruit par la certitude d'un fait contraire, c'est-à-dire par l'existence même de l'Ordonnance de Police, de laquelle il n'est plus possible de douter, puisqu'elle est relatée dans l'écroue même du sieur *Travenol*, que la datte en est certaine, & qu'enfin elle subsiste encore actuellement entre les mains de l'Officier qui l'a mis à exécution, & auquel elle sert de décharge.

Ce point de fait une fois éclairci nous ramene à la discussion de l'appel interjetté par le sieur *Travenol* de cette même Ordonnance.

Elle doit-être infirmée parce qu'elle est nulle soit qu'on la considere par raport au Magistrat qui l'a renduë, soit qu'on l'envisage par rapport à celui qui l'a sollicitée, soit enfin qu'on l'examine par rapport à celui contre lequel elle a été expédiée; en effèt de ces trois différens points de vuë qui sont les seuls sous lesquels elle puisse être considérée, il résulte trois moïens invincibles de nullité parce qu'il est incontestable,

Premierement que le Lieutenant de Police qui l'a renduë, n'en avoit pas le pouvoir,

Secondement que le sieur de V*** qui l'a sollicitée, ne devoit jamais l'obtenir,

Troisiemement, enfin que l'état & la qualité du sieur *Travenol* contre lequel elle a été délivrée, devoient l'en préserver.

Trois propositions également intéressantes, & dont la vérité va se manifester dans tout son jour.

Lorsqu'on dit en prémier lieu, que le Lieutenant de Police en rendant contre le sieur *Travenol* l'Ordonnance dont il s'agit, a excédé les bornes de son pouvoir, l'objèt qu'on se propose n'est pas de chercher à restraindre l'étenduë des privilèges, & des prérogatives atta-

attachées au miniſtére important qu'il remplit ; on reſpecte trop en ſa perſonne, l'autorité qu'il tient de la main du Souverain, pour oſer y porter aucune atteinte ; mais cette autorité eſt tellement illimitée qu'elle le rende l'arbitre abſolu de la deſtinée de tous les Citoïens ? Au nombre des droits dont il jouït doit-on compter celui de diſpoſer à ſon gré de leur liberté ? Peut-il en un mot donner des fers & les rompre ſans avoir d'autre raiſon à rendre de ſa conduite, que celle de ſa volonté ſuprême ? Voilà ce qu'il s'agit uniquement d'examiner, ou plûtôt voilà les droits qu'on entreprend de lui conteſter ſans craindre de paſſer pour téméraire, parce qu'il eſt indubitable que ces droits ſont l'appanage excluſif de la ſouveraineté, qu'ils réſident privativement en la perſonne du Prince, & qu'ils ſont abſolument incommunicables.

En effèt tranſportons-nous, pour un moment, dans ces tems où les Rois ont ceſſé de deſcendre du Trône pour monter ſur le Tribunal, & contraints de ſe livrer tout entiers au ſoin de calmer les grandes tempêtes qui troublent les régions ſupérieures de l'Etat, ont été forcés de remettre en d'autres mains celui de diſſiper les petits orages qui ne s'élevent que trop ſouvent dans les inférieures, quelle eſt la nature & l'étenduë du pouvoir que les Magiſtrats deſtinés à repréſenter le Prince dans les pénibles fonctions de la Juſtice, ont alors reçu de lui ? Jugeons-en par la conduite journaliere de la Cour, elle qui réu-

niſſant

nissant en sa personne toute la plenitude de ce pouvoir, n'en use cependant qu'avec ce sage discernement si conforme aux intentions du Souverain. Que doit-on penser de son zèle infatigable à démêler le vrai d'avec le faux, à discerner le bon droit d'avec le mauvais, de cette attention scrupuleuse à distinguer le crime d'avec ce qui n'en a souvent que l'apparence, & à ne punir comme coupable que celui qu'après l'examen le plus sérieux, & le plus impartial il n'est plus possible de méconnoître pour tel? Si ce n'est qu'elle regarde elle-même le pouvoir que donne la Magistrature, non pas comme un pouvoir tellement absolu qu'il ne doive avoir pour motif, & pour règle de son action que la volonté de celui qui l'exerce, mais comme un simple droit de vanger sur un Accusé l'infraction des Loix, lorsqu'il est une fois convaincu d'en avoir violé les dispositions. Et si telle est la juste idée que se forme la Cour elle-même du pouvoir dont le Prince la rendu dépositaire, à combien plus forte raison les Juges inférieurs dont l'autorité est subordonnée à celle de ce Sénat Auguste, doivent-ils se montrer attentifs à ne point en franchir les bornes.

Cela présupposé, rentrons dans notre espèce, & voïons d'abord quelle étoit la nature, du pouvoir que les plaintes du sieur de V*** donnoient au Lieutenant de Police sur le sieur *Travenol*: D'après les principes que nous venons d'établir, il est constant qu'il n'étoit autre que celui de décerner une condamnation contre le sieur *Travenol*, dans le cas où les preuves du délit qui lui étoit imputé par le sieur de V*** auroient été pleinement acquises ; dans le cas où par une information judiciairement faite, il auroit été convaincu d'être l'Auteur, l'Editeur, ou le Colporteur des Libelles dont étoit question ; jusques-là le sr *Travenol* père pouvoit bien paroître aux yeux du Lieutenant de Police comme un Accusé ; mais jamais il ne pouvoit être traité par lui comme un coupable, ou même comme un homme qu'on pût soupçonner de l'être ; or, dans quelle circonstance l'Ordonnance de Police est-elle intervenue? A la vérité le sieur *Travenol* père avoit été dénoncé verbalement par le sieur de V*** au Magistrat, comme complice ou fauteur de la distribution des deux prétendus Libelles, mais les plaintes & les dénonciations du sieur de V*** avoient-elles été formées dans les règles? Y avoit-il eu une information d'ordonnée, des Témoins entendus? En un mot toutes ces formalités si essentiellement prescrites par les Ordonnances, & dont l'objet est de convaincre en quelque sorte un Accusé avant que de s'assurer de sa personne, avoient-elles été religieusement observées? Non sans doute, on ne voit avant cette Ordonnance de Police, ni plainte renduë en forme par le sieur de V***, ni Requête de sa part à l'effet d'obtenir permission d'informer, ni Information, ni Décret ; la volonté seule du Lieutenant de Police subjuguée à la vérité par les clameurs du sieur de V*** qui l'obsédoit sans cesse a donc don-

donné l'être à cette Ordonnance, & de-là cette conséquence qu'elle doit-être nécessairement déclarée nulle, puisque d'un côté le pouvoir que le Lieutenant de Police avoit sur le sieur *Travenol*, n'étoit point de nature à n'avoir précisément pour règle, que la seule volonté de ce Magistrat, & que d'un autre côté il est démontré qu'il ne pouvoit faire usage de celui qu'il avoit réellement sur ce Vieillard, en sa qualité d'Accusé, que dans le cas où par une instruction faite dans les règles il auroit été convaincu du crime qui lui étoit imputé.

Conséquence de la vérité de laquelle on peut dire à la louange du Lieutenant de Police qu'il a lui-même été si frappé qu'à peine encore désabusé des funestes impressions que les déclamations éternelles du sieur de V*** n'avoient malheureusement que trop fait sur son esprit, nous voïons qu'il a révoqué sans hésiter cette Ordonnance, au bout de cinq jours, comme si par cette espèce de rétractation volontaire il eut été jaloux de faire voir qu'il croïoit ne pouvoir trop tôt réparer un mal, qui néanmoins étoit bien plus le crime du sieur de V*** que sa faute particuliére, ni rendre trop promptement au malheureux *Travenol* la liberté, dont il commençoit à sentir qu'il n'avoit pas eu le droit de le priver aussi militairement.

Voila donc comment considérée prémiérement par rapport au Lieutenant de Police qui l'a renduë l'Ordonnance dont il s'agit est nulle;

nulle; passons au second & troisiéme moïen de nullité que nous confondrons ensemble parce qu'ils sont inséparables, & tâchons actuellement de faire voir que quand même on supposeroit que le Lieutenant de Police auroit eu le pouvoir nécessaire pour être en état de rendre cette Ordonnance, elle n'en seroit pas moins nulle encore, parce que dans ce cas là même, & le sieur de V*** qui l'a sollicitée, n'auroit jamais dû l'obtenir, & le sieur *Travenol* contre lequel elle a été expédiée auroit dû par la seule considération de son état en être pleinement à couvert.

On pourroit se renfermer pour l'établissement de ces deux propositions dans un paralelle extrêmement simple entre le sieur de V*** & le sieur *Travenol*; en effêt jamais Accusateur & Accusé se présentérent-ils dans des circonstances plus propres à faire présumer l'innocence de l'un, & la témérité de l'Accusation de l'autre? D'un côté quel étoit le Dénonciateur? C'étoit le sieur de V***; c'est-à-dire un homme aveuglé dans l'instant par la vengeance, & qui dans la fureur dont il étoit possédé, cherchoit par tout une victime sur laquelle il pût l'assouvir en liberté; de l'autre quel étoit l'Accusé? C'étoit un vieillard de 80 ans que sa profession rendoit absolument étranger aux querelles des gens de Lettres, & que ses infirmités obligeoient d'ailleurs à s'occuper d'intérêts bien plus sérieux que celui de tourner en ridicule un Auteur dont le nom même ne lui étoit pas connu.

Croi-

Croira-t'on, après cela, qu'il en fallut davantage pour déterminer d'une part le Lieutenant de Police à rejetter les plaintes, les clameurs, les follicitations du fieur de V***, & pour l'engager de l'autre à laiſſer terminer en paix fa carriére au malheureux *Travenol* ? Mais quand il feroit poſſible d'imaginer que les confidérations réfultantes de ce paralelle n'auroient pas été peut-être aſſez puiſſantes, la feule qualité de domicilié dont le fieur *Travenol* étoit en poſſeſſion, n'auroit-elle pas dû fuffire pour arrêter le bras du Lieutenant de Police ? Car enfin quand on fuppoferoit pour un moment que ce Magiſtrat, par un privilége inouï, pût-être autorifé dans certains cas à ſe fervir de pareilles voïes de fait, contre qui lui feroit-il permis d'en faire ufage ? Si ce n'eſt uniquement contre ces vagabonds que le feul défaut d'état & de domicile fuffit pour rendre fufpects aux yeux de la Juſtice, contre ces malfaiteurs de profeſſion, aufquels on ne peut ôter le moïen de nuire qu'en leur ôtant la liberté, & dont le repos de la fociété femble exiger qu'on lui faſſe promptement le facrifice. Mais un domicilié, mais un Citoïen qui n'a jamais quitté fa Patrie, mais un homme qui tient à l'Etat par une profeſſion dont il a toujours rempli les fonctions avec honneur, mais un père de famille qui vit tranquillement dans le fein de fes foïers, au milieu de fes enfans, on en atteſte ici l'équité de la Cour, étoit-ce contre un homme de cette efpéce qu'il pouvoit-être permis au Lieutenant de Police d'ufer de pareilles voïes ? Dira-t'on que le Titre d'Accufation

fation étoit trop grave, pour ne pas commencer par s'assurer de sa personne ? Mais de bonne foi de quoi s'agissoit-il ? Quel étoit le corps du délit ? Une plaisanterie littéraire, un pur jeu d'esprit dont tout le mal consistoit à s'être peut-être un peu trop éguaïé aux dépens d'un Auteur, sur lequel après tout on ne faisoit que repousser en gros une partie des traits qu'il avoit lancés plus d'une fois en détail sur tant de personnes qui avoient été les objèts de sa censure ? Dira-t'on que les preuves étoient trop complettes pour qu'on ne pût pas hazarder de passer hardiment par dessus les formalités ordinaires ? Mais cette objection seroit encore plus déplorable que la précédente, puisqu'il est démontré que de preuves de quelque nature qu'il soit possible de les concevoir, il n'y en avoit pas une seule, on ne dit pas seulement qu'on produisît, mais qu'on fut même en état d'imaginer contre le sr *Travenol* père ! Tout ne concouroit-il pas au contraire à faire présumer son innocence ? Le silence que le Colporteur arrêté par les soins du sieur de *V**** avoit gardé sur tout ce qui pouvoit le concerner, l'inutilité de la perquisition faite dans sa chambre, en un mot le cri général de tous ceux qui le connoissoient & dans lesquels il trouvoit autant d'appologistes, n'étoit-ce pas-là autant de raisons qui devoient nécessairement lier les mains au Lieutenant de Police ? Et d'après cela seul n'est-on pas en état de conclure, que sous quelque point de vûë que l'Ordonnance renduë par ce Magistrat puisse être envisagée, soit par rapport à lui-même, soit par rapport au sieur de V***, soit enfin par rapport au sieur *Travenol*, elle n'est pas même appuïée sur le plus léger prétexte qui puisse en assurer la validité, puisqu'on doit être actuellement convaincu, prémiérement, que lui-même, il n'avoit pas le pouvoir de la rendre, secondement que quand il l'eût eu jamais le sieur de V*** n'auroit dû sur ses sollicitations en obtenir l'expédition, troisiémement, enfin que l'état & la qualité du sieur *Travenol* auroient dû le mettre à couvert d'un décret de cette espéce.

Mais si les moïens sur lesquels on s'est efforcé d'appuïer la preuve de ces trois Propositions garentissent au sieur *Travenol* le succès de sa demande en nullité, quel avantage ne lui donnent-ils pas d'un autre côté sur le sieur de V***? A quels dommages & intérêts, à quelle réparation ce malheureux vieillard n'est-il pas désormais en droit de le soumettre, lui dont les calomnieuses dénonciations & les sollicitations réiterées ont pour ainsi dire forcé le Lieutenant de Police à s'écarter si prodigieusement des règles? Cette derniere réfléxion à laquelle nous donnerons plus d'étenduë par la suite, nous conduit naturellement à la seconde Partie de la cause, c'est-à-dire à la discussion des appels respectivement interjettés par le sieur de V*** & par le sr. *Travenol* père de la Sentence renduë par le Lieutenant Criminel.

S E

SECONDE PARTIE.

Appels respectivement interjettés par les sieurs de V*** & Travenol père de la Sentence du Lieutenant Criminel.

Le vrai moïen de juger sainement du mérite de ces deux appels, c'est d'en examiner & d'en approfondir séparément les motifs ; jamais il n'y en eut de plus diamêtralement opposés. D'un coté le sieur de V*** est Appellant sur ce fondement que n'aïant eu nulle part à l'emprisonnement du sr *Travenol*, & n'étant par conséquent coupable de rien envers lui, mal à propos le prémier Juge l'a-t'il condamné en des dommages & intérêts ; de l'autre au contraire le sieur *Travenol* est Appellant, en ce qu'il soutient que les 500 l. de dommages & intérêts qui lui ont été accordés par le prémier Juge, & qu'il a réduits à deux cens livres, en les compensant avec ceux ausquels *Travenol* fils avoit été condamné, ne le vengent qu'imparfaitement des outrages qu'il prétend être en droit de reprocher au sieur de V***.

Ainsi deux choses extrêmement importantes à examiner ici ; la prémiére si le sieur *Travenol* est ou bien ou mal fondé dans l'imputation qu'il fait au sieur de V*** de l'emprisonnement injuste dont il se plaint. La seconde, si dans le cas où la détention du sieur *Travenol* seroit véritablement l'ouvrage du sieur de V***, les cinq cens livres de dom-

dommages & intérêts aufquels il eſt condamné, méritent d'être regardés comme une réparation dont le fieur *Travenol* doive fe contenter à tous égards. Voilà les deux feules queſtions dont on peut dire que dépend eſſentiellement le fort des deux appels foumis à la décifion de la Cour, parce qu'en effet, fi d'une part il eſt démontré que c'eſt avec raifon que le fieur *Travenol* impute fon empriſonnement au fieur de V***, il en réfultera que le fieur de V*** eſt mal fondé dans fon appel; & fi d'une autre part il eſt prouvé, par la nature des outrages faits au fieur *Travenol*, qu'il étoit en droit de compter fur une réparation beaucoup plus confidérable, il faudra néceſſairement en tirer cette conféquence qu'il a eu raifon d'interjetter appel de la Sentence renduë par le Lieutenant Criminel.

On partagera donc cette portion de la Caufe en deux propoſitions extrêmement ſimples.

On fera voir dans la prémiére que le fieur de V*** ne doit point être écouté dans fon appel, parce qu'il eſt évident que le fieur *Travenol* eſt en droit de lui reprocher fon empriſonnement.

On établira dans la feconde que l'appel du fieur *Travenol* eſt fondé au contraire fur les raifons les plus folides, parce qu'il eſt certain qu'il n'y a aucune proportion entre l'outrage qu'il a reçu, & les dommages & intérêts qui lui ont été accordés, & que d'ailleurs la compenfapensation de ces mêmes dommages & intérêts est une disposition injuste en elle-même, & visiblement contraire à toutes les règles Tel est en deux mots le plan de cette seconde Partie.

Reprenons. Nous disons d'abord que le sieur de V*** est le véritable & le seul auteur de l'emprisonnement du sieur *Travenol* la preuve de cette proposition s'établit, prémiérement par les circonstances même de cet emprisonnement, secondement par les Piéces dont le sieur de V*** argumente dans la Cause, troisiémement enfin par la Lettre du sieur Abbé d'*Olivet* à son frère.

Dans quelles circonstances, dans quel tems le sieur *Travenol* a-t'il été constitué prisonnier? Quatre jours précisément après la perquisition qui avoit été faite dans sa maison; de-là cette conséquence naturelle que ces deux événemens qui se touchent, pour ainsi dire, n'ont eu l'un & l'autre qu'une seule & même cause, & que ce sont les mêmes motifs qui avoient occasionné la visite chez le sieur *Travenol*, qui ont déterminé depuis le Magistrat à le faire conduire dans les Prisons du For l'Evêque. Mais il est prouvé d'un autre côté soit par le Procès verbal du Commissaire *Lavergée*, soit par les aveux réitérés du sieur de V*** lui-même, que c'est sur ses plaintes, & sur ses dénonciations qu'il a été procédé à la visite chez le sieur *Travenol*: il doit donc également demeurer pour constant que c'est

sur

sur ses mêmes plaintes que le sieur *Travenol* est en droit de rejetter aujourd'hui la cause de son emprisonnement.

De la part du sr de V*** on répond que ce ne sont là tout au plus que des présomptions, fondées sur le peu d'intervalle qui se rencontre entre l'époque de la visite faite chez le sr *Travenol*, & celle de sa détention; cela peut être; mais aussi quel degré de force ces présomptions n'aquérent-elles pas lorsqu'on les réunit aux inductions qui naissent des propres piéces du sieur de V***, & de celles dont il argumente dans la cause.

Quel est d'abord le langage qu'on lui a fait tenir en cause principale, dans les différentes Requêtes qu'il a données contre *Travenol* fils, dans des tems où ne prévoïant pas la demande que le sr *Travenol* père pourroit former un jour contre lui, il n'avoit encore aucun intérêt à déguiser la vérité des faits? N'y a-t'il pas avoué de la manière la plus formelle & la plus positive, que plusieurs personnes informées de la détention du sieur *Travenol*, étoient venus *intercéder* auprès de lui pour ce malheureux Vieillard, & que sur les instances réitérées de ces *Intercesseurs*, il n'avoit pû se dispenser d'agir pour obtenir son élargissement? Or qu'il soit permis de le demander ici; convenir que des personnes qui s'intéressoient au sort du sieur *Travenol* étoient venu *intercéder* pour lui auprès du sr de V***, & convenir en même tems qu'en conséquence

ce de ces *interceffions* le fieur de V*** avoit réellement follicité fa délivrance, n'eft-ce pas avouer deux chofes, la premiére que dans le Public on regardoit la détention du fieur *Travenol* père comme l'ouvrage du fieur de V***, puifqu'on penfoit que c'étoit auprès de lui qu'il falloit intercéder pour obtenir fon élargiffement, la feconde que le fieur de V*** fe regardoit lui-même comme le véritable auteur de cet emprifonnement, puifque c'eft fur les inftances réitérées de ceux qui viennent *intercéder* pour le fieur *Travenol* qu'il fe détermine à agir pour lui faire rendre fa liberté?

Mais ce n'eft pas tout, & l'ufage que le fieur de V*** a fait en caufe principale d'un Mémoire qui avoit été préfenté à la Police dans le tems de la détention du fieur *Travenol* nous fournit contre lui quelque chofe de bien plus pofitif.

Il faut obferver à cet égard, que dans cette Piéce adoptée finguliérement par le fieur de V***, & de laquelle il a prétendu tirer les plus fortes inductions contre *Travenol* fils, l'emprifonnement du fieur *Travenol* y eft annoncé comme l'effet des pourfuites & des follicitations du fieur de V*** auprès du Lieutenant de Police; or, s'il eft vrai, comme on fe flatte de le démontrer, que l'ufage que le fieur de V*** a fait de cette même Piéce, entraîne néceffairement une reconnoiffance formelle de la vérité de toutes les énonciations qu'elle qu'elle contient; ne voilà-t'il pas le sieur de V*** convaincu de nouveau, par son propre aveu, que c'est à lui seul que le sieur *Travenol* est en droit d'imputer sa détention? L'unique chose qu'on ait donc à prouver, c'est que l'usage que le sieur de V*** prétend faire d'une partie de ce Mémoire, entraîne nécessairement avec lui la reconnoissance de la vérité de toutes les énonciations qu'il renferme; & c'est sur quoi l'on ne pense pas qu'il soit possible au sieur de V*** d'élever le moindre contredit; en effet, comment parviendra-t'il jamais à persuader qu'on doive ajouter foi sur sa simple garantie, à ce que les Artisans du Mémoire ont dit dans la partie de cette Piéce qui est à la charge de *Travenol* fils, s'il ne convient en même tems qu'on doit ajouter la même foi à la partie de cette même Piéce dont *Travenol* père prétend tirer avantage? Car n'est-il pas évident que s'il étoit démontré que dans une partie de ce Mémoire on n'eut pas dit la vérité, dès-lors il seroit permis & même il seroit juste de soupçonner l'autre de n'être également que l'ouvrage du mensonge & de l'imposture? Toutes les parties du Mémoire présenté à la Police, doivent donc absolument avoir le même sort, c'est-à-dire, qu'il faut indistinctement les regarder toutes, ou comme revêtues du caractere de la vérité, ou comme infectées des erreurs du mensonge; & de-là cette conséquence, qui plaçant le sieur de V*** dans une alternative assez embarassante à la vérité, ne lui laisse que le choix de l'un de ces deux partis, ou d'abandonner entièrement ce Mémoire, auquel cas s'il met *Travenol* père hors d'état d'en tirer des inductions contre lui, il se prive lui-même du droit d'en tirer aucune contre *Travenol* fils, ou d'adopter ce même Mémoire dans toutes ses parties, auquel cas s'il en tire avantage contre *Travenol* fils, qui sçaura bien s'en défendre, il ne peut contester à *Travenol* père le droit de s'en servir à son tour, pour le convaincre d'être le véritable & le seul auteur de sa détention au For-l'Evêque.

Enfin une derniere preuve qui s'éléve contre le sieur de V***, c'est celle qui résulte du témoignage même du sieur Abbé d'*Olivet*, témoignage d'autant moins suspect, que la conduite qu'il a tenue dans tout le cours de cette affaire, n'a pas, à beaucoup près, donné lieu de soupçonner qu'il pût y avoir la moindre intelligence entre le sieur *Travenol* & lui; cependant de quelle maniére s'est-il expliqué sur ce qu'on devoit penser des véritables causes de l'emprisonnement du sieur *Travenol*, dans cette Lettre fameuse qu'il avoit écrite à son frère dans le tems que la Cause étoit engagée au Châtelet ? Forcé de rendre hommage à la vérité des faits, n'y convient-t'il pas expressément que *Travenol* père n'avoit été arrêté qu'en conséquence des perquisitions faites au sujet des prétendues Satyres publiées contre le sieur de V*** ? N'ajoute-t'il pas même que dans le tems (*a*) *on jugea que lui qui étoit alors Directeur de l'Académie, &*

qui

(*a*) Page 2.

qui venoit en cette qualité d'y recevoir le sieur de V***, il étoit plus à portée que personne de lui parler en faveur du Prisonnier, & qu'une parole avoit suffi. Mais si le sieur Abbé d'*Olivet* s'exprime ainsi dans sa Lettre, lui qui avoit une connoissance personnelle de tout ce qui s'étoit passé entre le sieur de V***, & les sieurs *Travenol* père & fils, si, malgré l'intérêt qu'il a toujours pris dans cette affaire à ce qui regardoit le sieur de V***, il est contraint d'avouer que ce n'étoit qu'en lui parlant en faveur du sieur *Travenol*, qu'on pouvoit parvenir à briser ses liens, doit-on être surpris après cela que ce Vieillard impute aujourd'hui son emprisonnement au sieur de V***, & lui en demande raison, comme à celui auquel il est seul en droit de le reprocher.

A des Moïens aussi frappans, il eut été sans doute impossible au sieur de V*** d'opposer une défense capable d'en ébranler la solidité; aussi tout le système de son Défenseur s'est-il réduit, en cause principale, à une prétendue fin de non-recevoir qu'on avoit présenté comme insurmontable, & dont il n'a cependant pas été difficile au sieur *Travenol* de se mettre à couvert.

Qu'avez-vous à me reprocher, lui a dit avec confiance le sieur de V***? Que pouvez-vous être en droit de me demander? Ne prétendez-vous pas que c'est en vertu d'une Ordonnance de Police que vous avez été conduit au For-l'Evêque? Si cela est, sur quel fon-

fondement voulez-vous donc me rendre garant & responsable des raisons qu'on a pû avoir de s'assurer de votre personne ? Et sans pénétrer dans aucun de ces motifs quels qu'ils puissent être, ne suffit-il pas que vous conveniez que votre emprisonnement a eu pour principe un ordre émané du Magistrat, pour vous rendre non-recevable dans votre demande en dommages & intérêts contre moi.

Voila l'Objection dans toute sa force, mais il faut avoüer qu'il est bien étonnant qu'on ait osé la présenter avec tant d'assurance ; car enfin de ce que l'Ordre en vertu duquel le sieur *Travenol* a été conduit au For-l'Evéque, n'étoit point libellé, de ce que les causes de son emprisonnement n'y étoient point exprimées, en un mot, de ce que le nom de son Accusateur n'y étoit pas écrit, en est-il pour cela moins averé, que c'est sur les seules poursuites du sieur de V*** que ce Vieillard a été réellement arrêté ? En est-il moins certain que cet Ordre n'a été que l'effet de la surprise faite par le sieur de V*** à la religion du Lieutenant de Police, que c'est lui qui l'a sollicitée ; en un mot, que c'est lui, qui uniquement occupé du soin de chercher une Victime quelle qu'elle fut à sa vengeance, a dirigé tous les coups qui ont été portés au sieur *Travenol* ? Vainement donc le sieur de V*** se flatte-t'il de se soustraire aux justes poursuites de ce Vieillard, à la faveur de l'obscurité qu'il affecte de répandre sur les vrais motifs de son emprisonnement ; ces motifs

tifs ont été trop publics pour que ce stratagême puisse aujourd'hui lui réussir; tout *Paris* en a été instruit, & en a gémi dans le tems; on ne les a pas laissé même ignorer un seul instant au sieur *Travenol*; & lorsque réduit à l'humiliante condition d'un coupable, il lui fallut subir Interrogatoire, le Commissaire *Lavergée* dont le Procès verbal sera mis sous les yeux de la Cour, ne lui laissa que trop entrevoir par la nature des questions ausquelles il le somma de répondre, que c'étoit uniquement à l'instigation & poursuite, & sur les recherches du sieur de V*** qu'il étoit détenu en prison; qu'elle disparoisse donc à jamais cette prétendue fin de non-recevoir qu'on oppose avec tant de confiance au sieur *Travenol*; convaincu d'avoir été l'artisan des malheurs de ce Vieillard, il étoit juste, il étoit même nécessaire que le sieur de V*** en supportât la peine, & dès-là la vérité de ces deux conséquences, prémierément que le Lieutenant Criminel a pû prononcer des dommages & intérêts contre le sieur de V*** en faveur du sieur *Travenol* père; secondement que l'appel interjetté par le sieur de V*** de la Sentence rendue par le *Lieutenant Criminel*, est un appel téméraire, & dans lequel il doit nécessairement succomber

Mais en sera-t'il ainsi de l'appel interjetté par le sieur *Travenol* père de cette même Sentence? C'est ce qu'il s'agit actuellement d'examiner, & c'est ce qu'il n'est pas possible de présumer, si l'on se rappelle qu'il est en droit, ainsi qu'on l'a ci-devant annoncé, de se plaindre des dispositions qu'elle renferme par deux raisons également solides,

La prémiére, parce qu'il n'est vengé qu'en partie des excès qu'il reproche au sr de V*** par la modique somme de 500 liv. à laquelle ont été fixés en cause principale les dommages & intérêts qu'il demandoit.

La seconde, parce que la compensation ordonnée par le prémier Juge de ces 500 livres avec les 300 livres ausquels *Travenol* fils a été condamné envers le sieur de V***, est une disposition souverainement injuste en elle-même, & qui ne tend à rien moins qu'à faire supporter au sieur *Travenol* père la peine d'un délit dont il n'étoit point coupable.

Que le sieur *Travenol* père n'ait été vengé qu'en partie, par les 500 liv. de dommages & intérêts qui lui ont été accordés, en cause principale, c'est une vérité qu'on pourroit regarder comme suffisamment établie par tout ce qu'on a jusqu'à présent emploïé pour sa défense; mais on va s'efforcer de la rendre encore plus sensible, en mettant la Cour en état de juger d'un côté par la qualité de l'outrage fait au sieur *Travenol* par le sieur de V***, & de l'autre par la nature des dommages & intérêts adjugés contre le sieur de V*** au sieur *Travenol*, s'il est possible d'imaginer qu'il y eut la moindre proportion entre l'injure & la réparation.

Qu'est-

Qu'est-ce que le sieur *Travenol* est en droit de reprocher au sieur de V***? Ce n'est pas un de ces brusques accès de fureur, un de ces emportemens passagers, que la chaleur d'un prémier mouvement, peut faire quelquefois excuser, ou qu'elle rend toujours infiniment moins criminels; ce n'est pas un de ces traits de vengeance échappé au juste ressentiment que l'on conserveroit contre un ennemi par lequel on auroit été griévement offensé : non, quelque coupable que des injures de cette espéce rendissent le sieur de V***, on ne sent que trop néanmoins que les circonstances dont elles seroient accompagnées, en en diminuant l'énormité, ne manqueroient pas en même tems d'en affoiblir de plein droit la réparation; aussi les plaintes du sieur *Travenol* ont-elles un objèt bien plus grave, & bien plus digne d'exciter contre son ennemi toute l'animadversion de la Justice; un délit caractérisé commis en la personne d'un homme précieux à l'Etat à titre de Citoïen vertueux, un outrage aussi sanglant que gratuitement fait à un particulier qui ne l'avoit jamais connu, en un mot une calomnie atroce, artificieusement fabriquée contre un Vieillard dont l'innocence étoit prouvée d'avance par plus de soixante années d'une probité toujours irréprochable, voilà le crime du sieur de V***, voilà les excès auxquels il s'est porté : crime d'autant plus énorme, excès d'autant plus répréhensibles, que les suites en ont été affreuses. Qu'on se rappelle ici le spectacle touchant de l'innocence gémissante traînée dans ces horribles demeures, préparées pour le crime; qu'on se retrace l'image d'un Vieillard sans défense, livré à toutes les horreurs de la mort, arraché du sein de sa maison, traîné comme un coupable à travers les ruës d'une Ville dans un cachot obscur, abandonné pendant cinq jours entiers aux plus accablantes réfléxions, dans ce triste séjour où il ne jouïssoit pas même de la liberté d'instruire de sa détention ceux qui auroient pû solliciter son élargissement. Tels ont été les funestes effèts de ces sourdes pratiques, de ces calomnieuses dénonciations, à la faveur desquelles le sieur de V*** est enfin parvenu à perdre le malheureux *Travenol* dans l'esprit du Lieutenant de Police.

Mais n'est-ce pas le lieu de s'arrêter, & de demander, si c'étoit par une somme aussi modique que celle de 500 liv. que de pareils excès pouvoient se reparer? La nécessité seule d'effraïer par un exemple sévere ceux qui, comme le sieur de V***, semblent se faire un jeu de poursuivre l'innocence jusqu'au pied des Autels de la Justice, n'auroit-elle pas dû déterminer le prémier Juge à décerner contre cet homme une peine capable de troubler la présomptueuse sécurité de tous ses semblables? Quel est en effèt le Citoïen, qui ne dût trembler jusques dans le sein de sa famille, si la Justice ne sévissoit avec la plus grande rigueur contre ces hommes inquiets, toujours prêts à s'en prendre à chaque particulier des querelles qu'ils n'ont que trop souvent avec le Public,

blic, contre ces hommes dont il semble qu'on soit sûr de devenir l'ennemi juré, si l'on ne s'en déclare hautement le Panégyriste, contre ces hommes, en un mot, qui traitant d'injustice l'impossibilité dans laquelle ils se trouvent de réunir tous les suffrages, croïent ne pouvoir s'en dédommager qu'en sacrifiant quelqu'innocent au ressentiment que l'idée de cette injustice prétenduë produit en eux? Ce n'est que par de grands coups qu'on peut espérer de ramener ces sortes de coupables dans les bornes d'une juste modération; enhardis par un châtiment léger, ils n'en deviennent trop souvent que plus redoutables à la Société. Voilà ce que le prémier Juge auroit dû prévoir, & ce qu'il n'a pas fait; mais c'est qu'il étoit réservé singuliérement à la Cour de donner à la vengeance du sieur *Travenol* père toute l'étenduë qu'elle méritoit d'avoir, & de rétablir entre le châtiment encouru par le sieur de V***, & l'énormité de l'outrage par lui fait à ce Vieillard, cette équitable proportion si essentiellement recommandée par les Loix.

Passons au second moïen d'appel; c'est celui que fournit au sr *Travenol* père la disposition de la Sentence qui compense les 500 liv. de dommages & intérêts qui lui ont été accordés, avec les 300 liv. adjugées au sieur de V*** contre *Travenol* fils.

Pour mettre la Cour en état de sentir toute la force & la solidité de ce moïen, il est néces-

nécessaire de lui rappeller le véritable état des différentes contestations mûes entre *Travenol* père, & le sieur de V***, d'une part, & d'une autre part entre le sieur de V*** & *Travenol* fils, parce que c'est principalement du défaut de rapport & de relation entre ces deux causes, qu'on se flatte de faire résulter la preuve de l'injustice & de l'irrégularité de la compensation ordonnée par la Sentence dont est appel.

Surquoi le prémier Juge avoit-il à prononcer entre *Travenol* père & le sieur de V***? Sur une demande en réparation formée contre le sieur de V***, pour raison de l'outrage que *Travenol* père prétendoit en avoir reçu.

Quel étoit, d'un autre côté, l'objèt de la contestation d'entre le sieur de V*** & *Travenol* fils, c'étoit une demande directement formée par le sieur de V*** contre *Travenol* fils, au sujèt de prétendus Libelles injurieux dont il l'accusoit d'avoir été l'Auteur ou l'Editeur.

Or il est évident qu'entre ces deux contestations il n'y avoit pas la moindre connéxité, qu'elles formoient deux causes absolument distinctes & séparées, & que le sort de l'une devoit être absolument indépendant du sort de l'autre; cela présupposé, sur quel fondement le Lieutenant Criminel a-t'il donc ordonné la compensation des dommages & intérêts qu'il avoit prononcés en faveur de *Travenol*

venol père, avec ceux qu'il avoit adjugés au sieur de V*** contre *Travenol* fils : n'est-ce pas un principe incontestable en matiere criminelle que les délits doivent être personnels aussi-bien que les peines destinées à les punir ; ainsi quand on supposeroit, pour un moment, que *Travenol* fils eut été convaincu d'avoir été l'Auteur ou l'Editeur des Libelles déférés à la Justice, il est certain que ce délit qui lui étoit personnel, ne devoit être puni que par une peine qui lui fut également personnelle ; or c'est précisément ce qui démontre toute l'irrégularité de la compensation ordonnée par le premier Juge, parce qu'il est évident, qu'au moïen de cette compensation, on faisoit perdre à *Travenol* père une partie de la créance qu'il venoit d'acquérir contre le sieur de V***, on le forçoit d'acquiter une dette qui n'étoit pas la sienne, en un mot on lui faisoit supporter par-là toute la punition d'une faute à laquelle il n'avoit aucune part.

Mais, dit-on, le père & le fils sont regardés par toutes les Loix, *tanquam una eademque persona*, c'est-à-dire, comme étant une seule & même personne, & c'est en envisageant sous ce point de vûe les sieurs *Travenol* père & fils, qu'on a crû devoir ordonner la compensation dont il s'agit ; on répond à cela que le principe vrai dans certains cas, en matiére civile, ne l'est jamais en matiére criminelle ; c'est même une distinction qui prend sa source dans les Loix de l'équité naturelle, parce qu'effectivement ce seroit une

in-

injuſtice monſtrueuſe d'abuſer de cette relation intime que la nature a mis entre le père & le fils, pour faire ſupporter à l'un la peine du crime, commis par l'autre ; nous ne connoiſſons en *France* qu'un ſeul cas, c'eſt celui du crime de Leze-Majeſté, ou la famille du coupable, quoiqu'innocente, ſe trouve néanmoins enveloppée de plein droit dans la condamnation prononcée contre lui ; mais ſi dans cette eſpéce particuliére, il ſemble que les Loix ſe faiſant violence à elles-mêmes, aïent franchi les règles de la Juſtice diſtributive, qui fait la baze de leurs diſpoſitions ordinaires, c'eſt que, comme nous l'apprend un de nos meilleurs Auteurs (a) *ce crime eſt ſi déteſtable, & ſi contraire au bien public, qu'il eſt juſte que la peine regarde & le criminel & ſa famille, afin d'en détourner par la terreur des peines ceux qui ſeroient aſſez malheureux pour avoir conçu le deſſein de le commettre.* Aſſurement on ne préſume pas que le ſieur de V*** ait la témérité de ſoutenir que le prétendu délit dont il ſe plaint mérite d'être mis au nombre de ces crimes privilégiés qui doivent rendre le coupable & ſa famille les objèts éternels de l'exécration publique & de la ſévérité des Loix, & de-là deux conſéquences également vraïes, la prémiére que le moïen tiré de la liaiſon néceſſaire entre le père & le fils ne peut avoir aucune application à notre cauſe, la ſeconde que la compenſation ordonnée par le prémier Juge eſt une diſpoſition injuſte, ir-régu-

(a) M. Le Prêtre cent. 2. chap. 69. nomb. 45.

réguliere, & qui doit être nécessairement infirmée.

Des deux différens appels qui formoient l'objèt de cette seconde partie de la cause, il n'y en a donc plus un seul sur lequel il puisse rester la moindre difficulté; on a démontré, prémierément que l'appel interjetté par le sieur de V*** étoit un appel téméraire, parce que cet homme étant convaincu d'avoir été le seul Auteur des malheurs du sieur *Travenol* père, il étoit incontestable que le prémier Juge avoit été en état de prononcer contre lui une condamnation de dommages & intérêts ; on a fait voir en second lieu que l'appel interjetté par le sieur *Travenol* père étoit fondé, au contraire, sur les raisons les plus solides, parce qu'il est évident, d'un côté que les dommages & intérêts qui lui ont été adjugés sont trop modiques, & de l'autre que la compensation de ces mêmes dommages & intérêts avec ceux auquel *Travenol* fils avoit été condamné est une disposition manifestement contraire à toutes les règles; dans de pareilles circonstances le sieur *Travenol* à donc tout lieu d'espérer que la Cour attentive à proteger le foîble contre les entreprises du puissant s'armera de tout son pouvoir, pour voler à sa défense, & par un jugement aussi sage qu'équitable le mettra pour toujours à l'abri des persécutions d'un ennemi acharné depuis si longtems à sa perte.

Mais le sieur de V*** n'est pas le seul Adver-

Adversaire contre lequel le sieur *Travenol* père se trouve dans la nécessité d'implorer la protection de la Cour; il lui en reste un autre, c'est le sieur Abbé d'*Olivet*, qui non content d'avoir exposé par ses indiscrétions *Travenol* fils à devenir la victime des fureurs du sieur de V***, s'est encore livré depuis à la déclamation la plus injurieuse, tant contre les sieurs *Travenol* père & fils, que contre un de leurs défenseurs, dans une lettre scandaleuse qu'il a fait imprimer sans permission, dans le tems que la cause étoit engagée au Châtelet, & dont le sieur *Travenol* demande aujourd'hui la suppression par des conclusions particuliéres, qui forment le troisiéme & dernier objèt de sa cause.

TROISIEME PARTIE.

*Demande en suppression de la Lettre du sieur Abbé d'*Olivet.

Deux moïens également victorieux, & qui résultent des deux différens points de vûe sous lesquels la Lettre du sieur Abbé d'*Olivet* doit être envisagée, se réunissent ici pour en faire ordonner la suppression.

En effèt il est évident & l'on se flatte d'établir,

Premierement que la forme sous laquelle cette Lettre a parue dans le Public, est absolument contraire à tous les Réglemens.

Secondement que le fonds & la substance

ſtance de ce qu'elle renferme n'eſt qu'un tiſſu d'injures & d'invectives, dignes d'attirer ſur leur auteur toute l'animadverſion de la Juſtice.

Examinons ſucceſſivement la vérité de ces propoſitions.

C'est un principe fondé ſur la diſpoſition textuelle des Edits & Déclarations concernans l'Imprimerie, que tout Ouvrage de quelque nature qu'il ſoit ne peut être mis ſous la preſſe, ni paroître enſuite en Public ſans être revêtu, prémierement de l'Approbation du Cenſeur public, ſecondement de la permiſſion expreſſe du Magiſtrat prépoſé pour veiller à la Police de l'Imprimerie, troiſiémement enfin du nom de l'Imprimeur qui s'eſt chargé de l'imprimer; ces trois formalités ſont tellement eſſentielles que dans le cas de l'inobſervation d'une ſeule d'entre elles, la ſuppreſſion de l'Ouvrage eſt la moindre de toutes les peines prononcées par les Réglemens contre ceux qui s'en ſeroient écartés; venons maintenant à l'application; le ſieur Abbé d'*Olivet*, en faiſant imprimer ſa Lettre, a-t'il ſatisfait à toute l'étenduë du précepte? C'eſt un point de fait ſur l'éclairciſſement duquel nous n'avons heureuſement aucun contredit à craindre de ſa part; parce qu'il eſt conſtant que de tous les exemplaires qu'il en a diſtribués lui-même, il n'y en a pas un ſeul où il ſoit fait mention, ni d'Approbation, ni de permiſſion, ni de nom d'Imprimeur, donc l'Abbé d'*Olivet* eſt évidemment dans le cas de la contravention,

donc

donc sa Lettre doit-être nécessairement supprimée ; la conséquence est manifeste.

On oppose à ce raisonnement deux moïens

On dit d'abord que les membres de l'Académie *Françoise*, par un Privilége particulier sont dispensés d'une partie des formalités ausquelles est assujetti tout Auteur qui présente un Ouvrage à l'impression.

On ajoute, que sans être obligé d'avoir recours au privilège des Académiciens, il suffit pour soustraire la Lettre du sieur Abbé d'*Olivet* à la critique du sieur *Travenol*, d'observer qu'elle fait partie des piéces de la Cause, & qu'elle a été, dans le tems, signifiée à son Procureur.

Chacunes de ces objections mérite une réponse particuliere.

On n'ignore pas le privilège dont jouit l'Académie *Françoise* par rapport aux Ouvrages dont ses membres enrichissent journellement la République des Lettres, on sçait que leur qualité les dispense de présenter leurs Ouvrages au Censeur public, mais ce privilége est-il absolument si général qu'il s'étende indistinctement à tout ce qui peut sortir de la plume d'un Académicien, la dispense est-elle tellement entiere, qu'elle l'autorise à faire imprimer & répandre impunément dans le Public tout ce que le ressentiment lui pourroit suggerer contre un Citoïen qui malheureusement
auroit

auroit encouru sa disgrace ? C'est ce qu'on nie formellement, premierement parce qu'il seroit absurde de penser qu'un privilège de nature de celui que réclame le sieur Abbé d'*Olivet*, pût jamais avoir un pareil objèt, secondement parce qu'il est certain que les bornes en ont toujours été restraintes à ces productions littéraires avouées par le Corps entier de l'Académie, & dont après les réflexions les plus sages, & l'examen le plus sevére, elle présume qu'il peut être utile de faire part au Public, encore est-il essentiel de remarquer que dans ce cas-là-même, l'Ouvrage dont il s'agit doit être revêtu de certains caractéres distinctifs ausquels il ne soit pas possible de le méconnoître, c'est-à-dire, qu'il doit être accompagné toujours & du nom de l'Auteur, & du nom de l'Imprimeur dont se sert ordinairement l'Académie.

CELA présupposé comment le sieur Abbé d'*Olivet* pourroit-il invoquer le Privilége des Académiciens en sa faveur ? Prétendra-t'il que sa Lettre n'a paru dans le Public que sous les auspices de l'Académie, & après avoir réunie les suffrages de tous ses membres ? Mais en vérité le sieur Abbé d'*Olivet* auroit trop lieu de craindre un désaveu formel de sa Compagnie, pour croire qu'il ose jamais hazarder une pareille allégation. L'aigreur & l'emportement qui régnent dans toutes les parties de ce Libelle, annoncent assez que l'Académie moins respectable encore par ce goût épuré, que par cet esprit de justice & de modération qui préside à toutes ses décisions, ne l'a jamais honorée de son Approbation.

Dira-t'il qu'il a eu la précaution d'y apposer sa signature, & d'y faire mettre le nom de l'Imprimeur de l'Académie ? Mais la preuve du contraire s'établit de la maniére la plus positive par tous les exemplaires de cette Lettre qui sont encore dans les mains du Public ; le sieur Abbé d'*Olivet* en est donc absolument réduit à désespérer du succès de cette prémiére objection.

La seconde ne lui sera pas plus favorable ; ma Lettre, soutient-il, doit elle être regardée comme piéce de la Cause, & dès-là je soutiens qu'elle n'étoit point assujettie aux formalités imposées par les Réglemens.

On veut bien se prêter pour un moment à l'hypotése du sr Abbé d'*Olivet* ; mais qu'en résultera-t'il en sa faveur ? Rien du tout ; parce qu'il est constant que même en qualité de piéce de la Cause sa Lettre ne pouvoit être imprimée, ni répandue dans le Public, qu'elle ne fut accompagnée de la signature d'un Avocat ou d'un Procureur, & du nom de l'Imprimeur, or de tous les exemplaires qui en ont paru jusqu'à présent, il n'en subsiste pas un où ces deux formalités aïent été observées, donc la contravention est toûjours également certaine, donc la suppression doit être regardée comme étant également encourue.

C'est

C'est ainsi que de quelque côté que se tourne le sieur Abbé d'*Olivet*, à quelque moïen qu'il puisse avoir recours, jamais il ne sauvera sa Lettre des conséquences ausquelles l'expose l'irrégularité de la forme sous laquelle il est actuellement démontré qu'elle a paru dans le Public.

Mais quand même il parviendroit à détruire jusqu'aux moindres vestiges de cette irrégularité, le fonds de cette Lettre & la diffamation qu'elle contient ne forceroient-ils pas d'un autre côté la Cour d'en ordonner la suppression ? C'est surquoi l'on ose avancer qu'il n'est pas possible d'élever aucun doute, sur tout si l'on rapproche ici l'odieuse déclamation qu'elle renferme de la conduite sage, réguliere, disons même respectueuse, que les sieurs *Travenol* père & fils ont perpétuellement tenus à l'égard du sieur Abbé d'*Olivet*. Comment en effet l'ont-ils regardé dans tous les tems? Si ce n'est comme un Médiateur éclairé, dont les sages conseils étoient seuls capables de faire revenir le sieur de V*** des funestes impressions qu'il avoit pris contr'eux : De-là toutes les démarches qu'ils ont faites auprès de lui pour lui manifester leur innocence, & l'engager en même tems à en faire passer les preuves jusqu'au sieur de V***; de-là ces témoignages de reconnoissance que *Travenol* fils lui a donnés en tant d'occasions, & notamment dans une Lettre que l'Abbé d'*Olivet* lui-même a renduë publique; de-là en un mot les éloges dont le prémier Défensieur de *Travenol* fils n'a cessé de le combler dans son Mémoire, en l'y représentant, tantôt comme un homme *généreux* (a), *qui eut voulu prévenir un éclat devenu de jour en jour plus préjudiciable à son Confrère qu'à* Travenol *même*, tantôt comme *un Académicien célèbre* (b) *qui propose les moïens d'appaiser le sieur de* V***, tantôt enfin comme *un Médiateur* (c) *qui porte à un si haut dégré la réputation d'homme de Lettres & d'honnête-homme, & qui croïoit avoir trouvé le moïen de concilier tout.* Que doit-on donc penser après cela du sieur Abbé d'*Olivet*, lorsqu'au lieu de répondre aux sentimens de ces mêmes hommes, devenus si dignes de sa protection, par la confiance aveugle qu'ils lui avoient toujours marqués, on le voit se déchaîner contre eux dans sa Lettre avec une espece de fureur, les accabler aussi-bien que leur Défenseur des injures les plus grossieres, parler de *Travenol* père (d) comme d'un de ces misérables que leur indigence rend à charge à leurs Concitoïens, traiter *Travenol* fils (e) *d'avanturier, d'homme qui n'a rien à perdre*, représenter en un mot leur Avocat (f) comme *un faiseur de libelles*, comme *l'horreur & l'opprobre de la société*; une diffamation aussi sanglante n'est-elle pas en vérité bien capable de soulever tous les esprits contre le sieur Abbé d'*Olivet*, & la suppression de sa Lettre, où toutes ces invectives se trouvent réunies, n'est-elle pas la moindre de toutes

les

(a) Page 6. (b) Page 11. (c) Page 6.
(d) Page 2. (e) Page 8. (f) Page 9.

les peines que la Justice soit en droit de prononcer contre lui.

Qu'il s'attende donc à partager bientôt avec le sieur de V*** toute la honte d'une condamnation, d'autant plus humiliante, que les excès ausquels ils se sont portés l'un & l'autre à l'égard du sieur *Travenol* père, ont quelque chose de plus contradictoire avec ces grandes maximes de générosité qu'ils ont tant de fois étalés dans leurs ouvrages ; en effèt il est impossible que la Cour justement indignée d'un contraste aussi étonnant que celui qu'offrent à l'esprit d'un côté des sentimens si héroïques, de l'autre une conduite si injuste, ne sévisse pas contr'eux avec la plus grande rigueur, & ne s'empresse pas d'apprendre par leur exemple à tout le Public, que les Apologistes de la vertu n'en doivent être que plus sévèrement punis, lorsqu'ils en deviennent les persécuteurs.

Monsieur LEBRET, *Avocat Général.*

Me LE MARIE, *Avocat.*

Voisin, *Proc.*

„ Comme V*** & ses adulateurs ont re-
„ gardé la *Henriade*, comme l'Ouvrage qui
„ a mis le comble à sa Gloire & à sa Réputa-
„ tion, & qu'ils l'ont presque mis au dessus
„ de l'*Iliade*, de l'*Odissée* & de l'*Eneïde*, on
„ a jugé à propos de raporter ici la critique
„ la plus judicieuse, & la plus impartiale qui
„ ait été faite de ce fameux Poëme, qui se „ trouve

» trouve placé par les réflexions & les Rai-
» fons de l'Auteur, un peu au deſſus du
» Rien.

CRITIQUE DE LA HENRIADE.

LETTRE PREMIERE.

adreſſée à M. de V***.

Oui, Monſieur, je l'ai compris auſſi-bien que vous, il y a longtems. Le goût de tout un ſiécle dépend ſouvent d'un ſeul homme. Nous ſommes des animaux ſur qui un ſeul exemple fait plus que mille raiſonnemens : ſi vous voulez vous aſſurer du caractére d'eſprit qui a dominé dans les différens tems, tâchez d'avoir la liſte des Coryphées : imaginez enſuite tous les eſprits contemporains, comme autant de copies, qui ont valu plus ou moins dans leur monde à proportion de leur reſſemblance avec l'Ecrivain à la mode.

Le goût du Public eſt une vraie machine qui s'éleve & qui s'abaiſſe au gré des Auteurs célébres. Encore ſi cette célébrité n'alloit jamais qu'avec le talent & le mérite; mais le plus ſouvent ceux qui l'ont ne la doivent qu'au hazard, à la cabale, à un air d'irréligion, ou à quelque bizarrerie. A Dieu ne plaiſe que je porte envie à la gloire de qui que ce ſoit, ni que je veüille, par malignité, ou par eſprit de jalouſie, ravaler les talens reconnus. Je déteſte les caractéres noirs. Mais tel a ſouvent une grande réputation, lequel n'a fait que du bruit; & le peuple ouvre de grand yeux
vis-

vis-à-vis du mérite vanté, qui n'eſt que de l'ombre.

Je ſuis auſſi bien éloigné de croire que tout ceci convienne à l'Auteur de la Henriade. Je ſçais l'apprecier; il a du jugement, de l'imagination, de l'eſprit, de l'élocution, aſſez pour être de toutes les Académies de l'Europe, quoiqu'il n'ait point toutes ces parties au même degré, auſſi le traiterai-je avec tous les égards qu'il mérite, & je ferai voir, en l'attaquant, combien je le reſpecte.

Il ne s'eſt peut-être jamais attendu à voir comparer ſa Henriade avec le Lutrin de *Deſpreaux*. Je ſuis perſuadé que ces deux Ouvrages ſont également étonnés de ſe voir en préſence. Mais lequel des deux a le plus de raiſon de l'être; *Henri le Grand* vis-à-vis un Lutrin; *Deſpreaux* vis-à-vis M. de V***: ſi la cauſe des ſujèts & des Auteurs eſt commune, comme il ſemble qu'elle doit l'être, peut-être que l'oppoſition ſera compenſée & la balance à peu près égale.

Des que M. de V***. eût ſenti ſes talens & ouvert les yeux, il parcourut tous les genres de Littérature. Il vit *Corneille* qui régnoit dans la Tragédie, *Moliere* dans la Comédie, *Boileau* dans le Didactique, *Guinaut* & *Rouſſeau* dans le Lyrique. Il ne tenoit qu'à lui de partager avec eux leur empire, mais une grande ame ne ſouffre point d'égaux. *Céſar* ſe fit Général d'Armée pour éviter de n'être qu'égal à *Ciceron*. Mr. de V***. fixa donc ſes vûës ſur l'Epopée, & ſongea ſérieuſement à occuper ſur le Parnaſſe François la place qui étoit

étoit encore vuide : c'étoit au moins le projèt d'un génie courageux.

Il n'avoit probablement pas encore lû l'avis d'Eumolpe à la jeuneſſe trop hardie. „ Mes „ amis, leur dit-il, il y a bien des jeunes gens „ qui ſe laiſſent tromper par les charmes de „ la Poëſie. Auſſi-tôt qu'on a meſuré un vers „ & qu'on y a renfermé quelque penſée jo- „ lie, on ſe croit habitant de l'Hélicon..... „ Une ame vraiment grande ne ſe repaît point „ de belles chiméres; & d'ailleurs un génie „ quel qu'il ſoit ne peut concevoir ni enfan- „ ter un bon ouvrage qu'il ne ſoit inondé, „ pour ainſi dire, de toutes les eaux de l'Hy- „ pocrène.... Tels étoient *Homere*, *Vir-* „ *gile*, *Horace*, les autres n'ont point vû la „ route, ou, s'ils l'ont vûë, ils n'ont oſé y „ entrer. Quiconque entreprendra de dé- „ crire les troubles d'une guerre civile, s'il „ n'eſt rempli de tous les bons Auteurs, il „ ſuccombera ſous le fardeau. *Petrone*.

Est-il poſſible qu'une voix ſi forte, qu'un avis ſi formel & ſi précis, n'ait point frappé Mr. de V***. S'il n'a point entendu cette voix, parce qu'elle étoit, peut-être, trop éloignée de lui, comment n'a-t'il point réfléchi ſur les paroles du Légiſlateur des Poëtes François.

Un Poëme excellent où tout marche & ſe ſuit,
N'eſt pas de ces travaux qu'un caprice produit.
Il veut du tems, des ſoins, & ce pénible ouvrage
Jamais d'un Ecolier ne fut l'apprentiſſage.

Mais

Mais souvent parmi nous un Poëte sans art,
Qu'un beau feu quelquefois échauffa par hazard,
Enflant d'un vain orgueil son esprit chimérique,
Fiérement prend en main la trompette héroïque,
Sa Muse déréglée en ses vers vagabonds
Ne s'éleve jamais que par sauls & par bonds,
Et son feu dépourvû de sens & de lecture,
S'éteint à chaque instant, faute de nourriture.

On ne peut pas soupçonner l'Auteur d'avoir fait ces vers à dessein & par malignité. Mr. de V***. les avoit lûs avant d'entrer dans la carriére, mais apparemment qu'il avoit eu soin de lire aussi ;

„ Qu'aux ames bien nées
„ La vertu n'attend pas le nombre des années.

Sans doute que le Tasse avoit égalé & peut-être même surpassé *Virgile* & *Homere* à l'âge de 20. ans.... Les grands génies ne sont point maîtres d'eux-mêmes ; leurs talens sont un bien public dont le genre humain doit profiter indépendamment de la sagesse & de la modestie de ceux qui en sont les dépositaires, sans quoi ces trésors que la nature distribue dans chaque siécle, pour en être l'ornement & la gloire, risqueroient d'être perdus, & la nature auroit fait une dépense inutile.

Au reste, le vrai moïen de réfuter *Despreaux* & son précepte, étoit de lui donner un exemple ; & Dieu sçait si l'Auteur de la Henriade y a bien réussi.

„ CE seroit sans doute un grand plaisir, dit
„ Mr. de V*** & même un grand avantage
„ pour un homme qui pense, d'examiner tous
„ ces Poëmes Epiques de différentes natures.
Il a essaïé lui-même de faire cet examen pour
les Poëmes Anglois, Grecs, Latins, &c. Il
n'y en a que deux qu'il n'ait point examinés,
le sien & celui de *Boileau*. Tentons cet examen, & tâchons d'en tirer tout le *plaisir* & tout
l'*avantage* que Mr. de V***. nous promet.

L'AUTEUR de la Henriade n'a rien à craindre dans la comparaison des sujèts, elle est
toute entiére en sa faveur: *Henri le Grand* d'un
côté, un Chanoine de l'autre; un Trône à
conquérir, un Lutrin à reclouer sur un banc:
Mayenne, Daumale, la belle d'Estrées, Boirude, Brontin, la Perruquiére; voilà les Acteurs & les intérêts. Pour ce qui est de l'exécution, s'il est vrai, comme quelques gens
le prétendent, que *Despreaux* n'étoit pas
grand Poëte, quand la comparaison des deux
Poëmes sera faite, ce sera à Mr. de V***
plus qu'à tout autre, à le venger de ce reproche.

JE serois tenté de croire, moi, en considérant le Lutrin & la Henriade, que le choix
du sujèt ne fait rien au succès d'un Poëme.
Un Poëme peut faire un très-bel ouvrage sur
un sujèt très-médiocre. Le combat des Grenoüilles & des Rats se fait lire, le Sceau enlevé de Tassoni, la Boucle de cheveux de Pope,
sont des ouvrages parfaits en leur genre. Le
Poëte est créateur, il bâtit un monde sur un
point; ainsi peu importe qu'on chante un héros

ou

ou un Pupitre; mais on a tort si on n'a point réussi.

SECONDE LETTRE.

Sur la Fable de la Henriade.

On peut comparer un Poëme Epique à un de ces Châteaux bâtis par les Fées; tout doit y être fait à plaisir; c'est une divinité, c'est-à-dire, un génie fécond & libre qui en fait le plan & l'élévation, qui trace le dessein du frontispice, du corps de logis, des appartemens, des jardins, & qui l'exécute; ainsi tout doit y être dans une perfection plus qu'humaine; autrement ce n'étoit point la peine d'appeller un Dieu; autant valoit s'en tenir à nos maçons ordinaires.

Je doute fort que si Mr. de V*** eût eu cette idée, il eût risqué l'entreprise; mais le succès qu'il ne devoit point attendre naturellement, a prouvé qu'il faut oser, & que la fortune ne couronne pas toujours la sagesse & la modestie.

Pour suivre cette idée que je viens de donner d'un Poëme Epique, il auroit fallu choisir à l'exemple d'*Homere* & de *Virgile*, non une suite d'avantures liées seulement, parce qu'elles se suivent dans le recit, mais une seule action; en concerter les principes, les moyens, la fin; lui donner une même ame répandue dans tout le corps & dans toutes ses parties; arranger les causes célestes & terrestres,
pour

pour être en état de transporter le Lecteur dans tous les lieux du monde entier, & de lui offrir tous les tableaux imaginables de l'Univers; mais ces exemples d'*Homere* & de *Virgile* sont surannés; on ne doit plus les suivre; la Religion de même que les mœurs est changée: Nous sommes Chrétiens & François, cela est vrai; mais *Boileau* étoit-il moins François & moins Chrétien que Mr. de V*** Comment s'y est-il pris dans son Lutrin: voyons l'ordonnance de son Poëme.

Les Chanoines vermeils & brillans de santé,
S'engraissoient d'une sainte & longue oisiveté.
La *Discorde*, à l'aspect du calme qui l'offense,
Fait siffler ses serpens, s'excite à la vengeance.

Et allant trouver le Trésorier de la Sainte Chapelle, *du vent de sa bouche prophane*, elle lui souffle l'ardeur de la chicane. Gilotin, valet du pieux Chanoine,

Chez tous ses Partisans va semer la terreur.

Sidrac, vieux Chevecier, vient donner un conseil, qui est de remettre un vaste Lutrin sur un banc pour offusquer le Chantre, rival du Trésorier. Le conseil approuvé, on choisit trois hommes pour l'exécuter. La *Nuit* arrive, les trois Champions se mettent en marche; la Discorde les voit, s'applaudit & pousse un cri qui réveille la Molesse. Celle-ci aïant appris de la *Nuit*, confidente de l'entreprise, ce qui se passe, gémit de ce que la Dis-

Difcorde vient la chaffer d'un des deux feuls domaines qui lui reftoient, & prie la *Nuit* de combattre pour elle & de traverfer l'exécution. La *Nuit* auffi-tôt va loger dans les flancs du Lutrin un hibou, qui fortant avec un cri affreux déconcerte les trois guerriers. La Difcorde les voyant difperfés fe montre pour les ranimer. Le Lutrin eft heureufement placé fur fon pivot. Un fonge réveille le Chantre rival ; il fe leve, va au Chœur, voit le Lutrin pofté ; il affemble auffi-tôt le Chapitre : *Evrard*, Chanoine boüillant renverfe la machine : le Tréforier apprenant les voyes de fait, va confulter la Chicane : le Chantre averti y vient auffi ; & les deux partis fe rencontrant viennent aux mains, & fe battent avec des Livres : le Prélat, prêt d'être vaincu, tire la dextre vengereffe, & met en fuite tous fes ennemis avec des bénédictions ; la Difcorde eut perpétué le trouble, fi Thémis n'eut terminé la querelle.

Rien au monde n'eft fi frivole que le fond de ce Poëme ; cependant, M. vous voyez comme tout y eft arrangé, lié : Il y a une feule ame dont l'impreffion fait agir tous les refforts de l'entreprife ; c'eft le reffentiment de la Difcorde qui remue les hommes, les conduit, les anime, les raffure dans le befoin ; ils ne font que fes inftrumens. Mais comme elle n'auroit point affez montré l'opiniâtreté de fa vengeance, fi elle n'avoit pas eu d'obftacles à combattre & à vaincre, le Poëte a fuppofé la Moleffe & la Nuit qui s'oppofent aux deffeins de la Difcorde ; cependant celle-ci triomphe malgré les deux divinités, & il ne ne faut pas moins que la *Piété* & la *Justice* pour l'arrêter dans ses progrès.

L'Action est une, simple ; c'est un Lutrin rétabli & renversé par esprit d'animosité ; tout tend à ce seul point, tout y est lié, & si le dénouëment arrive par un Dieu, c'est que la querelle étoit formée par une Divinité ; la L..corde : d'ailleurs, il étoit naturel que la Piété & la Justice jugeassent un démêlé de Chanoines, & donnassent la paix aux vainqueurs & aux vaincus.

Je ne vous parle point de l'allégorie qui règne si gracieusement d'un bout à l'autre ; il ne s'agit encore que du fond des choses, de ce qu'on appelle ordonnance, arrangement, fable, en un mot, carcasse de l'édifice.

Considerons cette même partie dans la *Henriade*, je serai charmé de rendre partout justice à son célebre Auteur ; mais comme son Ouvrage est au Public, c'est à lui même à se deffendre : il a été écrit pour être lû, & moi aussi-tôt après l'avoir lû la fantaisie m'est venuë d'écrire.

„ Chacun à ce métier
„ Peut perdre tant qu'il veut de l'ancre & du papier.

Voici donc l'ordonnance de la *Henriade*.

Henri III. régnoit encore ; mais comme *ses esprits languissoient par la crainte abbatus*, les *Guises* formérent une Ligue contre lui & le chassérent de *Paris*. *Henri de Bourbon* vient le secourir, & tous deux ils se présentent devant la Capitale pour en faire le siége. *Henri*

III. engage alors *Bourbon* à aller lui-même en *Angleterre* demander du secours à la Reine *Elizabeth*. Le Héros part; il essuie une tempête qui le jette auprès d'une grotte où il trouve un vieillard inspiré, qui lui annonce qu'il ne sera jamais Roi de *France*, qu'il ne se soit fait Catholique. Le Prince arrive à *Londres*: il raconte à la Reine les maux & l'état de la *France*, & lui demande un secours qu'elle lui accorde. Cependant les Ligueurs assiégés font une sortie vigoureuse: ils avoient déja pénétré jusqu'à la tente du Roi: *Henri de Bourbon* arrive dans ce moment & fait changer la face du combat. On prépare un assaut: *Mayenne* éperdu est ranimé par la Discorde qui va aussi-tôt chercher la Politique à *Rome*, & revient avec elle séduire la *Sorbonne*, dont l'autorité séduit à son tour tous les Prêtres. Le Fanatisme alors anime tous les assiégés. Cependant comme ils sont vivement pressés, *Jacques Clément* sort de *Paris* & assasine le Roi. *Henri de Bourbon* est reconnu son successeur par son Armée; mais dans la Ville on délibère pour en choisir un autre. Pendant cette délibération *Henri* livre un assaut: il alloit vaincre: Saint *Louis* l'arrête: la nuit vient: le Héros est transporté en esprit au Ciel & aux Enfers: arrive aux assiégés un secours d'*Espagne* qui occasionne une bataille livrée à quinze ou seize lieuës de *Paris*: *Mayenne* est défait. Le Roi se livre à l'amour: *Mornay* le tire de cette foiblesse. Le siége est recommencé: la Ville périt par la famine: le Roi se convertit: & *Paris* lui ouvre ses Portes.

Voilà

Voilà M. le plan de la *Henriade*, levé de la meilleure foi du monde. Considerez-en la beauté, l'ordre, la symetrie, la liaison : comme la tête, les pieds, tous les membres ne font qu'un même corps.

Je vous ferois un volume de réflexions, si je ne voulois en obmettre aucune de celles qu'on pourroit faire, sur-tout en comparant ce Plan avec ceux d'*Homére* & de *Virgile* ; mais je me borne à ce qu'il y a de plus sensible, à ce qui frappe ceux-mêmes qui n'ont pas étudié les règles de l'art, & qui ne jugent des ouvrages que par le seul bon sens & le goût.

„ Le sujet de la *Henriade*, dit l'Auteur
„ lui-même, est le siége de *Paris* commencé
„ par *Henri de Vallois* & *Henri de Bourbon*,
„ & achevé par ce dernier seul.

Je demande, s'il convenoit de faire commencer une action par un Prince, & de la faire achever par un autre ? Sur-tout quand le prémier est d'un caractére foible, & l'autre d'un caractére grand. Quelle gloire pour un Héros, d'exécuter ce qu'un Prince médiocre avoit entrepris.

Ensuite le prémier siége de *Paris*, commencé par *Henri de Valois* & *Henri de Bourbon*, & levé par ce dernier, est-il même dans l'Histoire, & peut-il être dans le Poëme, le même siége que fit *Henri* IV. après la bataille d'*Ivry* livrée en *Normandie*, à quinze lieuës de *Paris*. Le prémier siége est réellement dans le Poëme un siége levé : & le second un autre siége recommencé longtems après l'autre : ce qui doit faire deux siéges ; à moins qu'on qu'on ne veüille dire que c'étoit le même siége, parce que c'étoit la même Ville qu'on assiégeoit. Un des deux sièges étoit plus que suffisant pour un Poëme, qui ne doit jamais se charger des inconvéniens que l'Histoire est obligée de raconter. Quel rapport les discours de *Henri* III. la foiblesse de sa résistance dans son Camp, sa mort même peut-elle avoir avec le siége de *Paris* fait par *Henri* IV. cela eut été placé à merveille dans quelque récit épisodique. Tout cela n'est non plus de l'action que le massacre de la *St. Barthelemi* : & si cela étoit retranché ou déplacé, une partie du Dixiéme Chant, qui est le dernier, deviendroit le commencement du Poëme. Peut-être que quelque jour l'Auteur bien conseillé, profitera de l'avis.

Suppose que le sujet du Poëme soit le siége de *Paris* (car on verra que cela n'est pas certain) quelle est la conduite du Héros qu'on nous donne à admirer? Il assiége son Peuple; il en fait un carnage affreux; il le réduit par une famine horrible. Cette conduite le mene-t'elle au dénoüement? Point du tout. Elle est absolument inutile; & qui pis est, le Héros sçait qu'elle doit l'être. Un Vieillard inspiré, qu'il écoutoit comme *Dieu-même*, lui avoit dit dès le commencement.

 Mais si la vérité n'éclaire vos esprits,

 N'esperez point entrer dans les murs de Paris.

Si cet Oracle eut été rendu dans le Ciel seulement, que *Henri* IV. ne l'eut ni entendu lui-

lui-même, ni compris; s'il eut été obscur, enveloppé, mysterieux; il eut été peut-être excusable; mais ils se parloient *os ad os* avec le Prophête, sans équivoque, sans détours. Que penser d'un Héros dont l'action très-cruelle en elle-même, est en même tems fondée sur l'imprudence & l'étourderie? C'est bien alors que se vérifie la maxime d'*Horace* :

Quidquid delirant Reges plectuntur Achivi.

Des sotises des Rois les peuples sont punis.

Le Peuple avoit tort de rejetter *Henri* IV. par la raison qu'il étoit Protestant : mais aussi *Henri* IV. avoit tort de l'être selon l'esprit du Poëme; qui est dans les principes Catholiques. Que devoit donc faire *Henri* IV ? Se convertir, & ensuite combattre. Le Poëte auroit supposé, s'il eut voulu, des défiances de la part du Peuple; *Henri* auroit été alors dans tout son droit, les Ligueurs dans tout leur tort ; & le Peuple, à l'ordinaire, auroit été le seul à plaindre.

M. de V *** a enfanté ce plan avec douleur on le voit bien : il n'avoit pas encore l'âge. Il y alloit d'estoc & de taille comme un brave qui n'est que brave. Il faisoit des Tableaux & des Vers à propos d'*Henri* IV ; il les lioit comme il pouvoit ; & quand il en eut fait un nombre passable, il les compta, & mit en titre : *Poëme Epique.*

Il n'est pas sûr lui-même du sujet de son Poëme, il dit dans sa Préface que c'est le *Siége de Paris* (il auroit dû dire les deux Siéges ;
&

& intituler le Poëme les deux *Henris*) & deux pages après, il dit que *c'est la Religion qui en fait en grande partie le sujèt*. Que veulent dire ces mots *en grande partie?* C'est donc à dire que la Religion & le Siége font le sujèt, *l'un en grande partie* & l'autre *en petite partie* apparemment. Mais ces deux parties font-elles faites pour former un tout naturel : *la Religion & le Siége*. Si c'est la Religion, pourquoi tous ces combats? Il falloit un docteur pour perfuader le Héros. Si c'est le Siége pourquoi l'Auteur dit-il : *que le feul dénouëment* est la Religion. Un dénouëment est la folution des difficultés qu'on appelle *nœud* en terme d'art. Si c'est la Religion qui est le dénouëment, le nœud étoit donc dans *Henri* IV. même. C'étoit fa Religion qui faifoit obftacle. Or n'eft-il pas fingulier qu'un Roi faffe éprouver à fon Peuple tous les maux de la guerre & de la famine pour le mener à un dénouëment qui dépend de fa feule volonté : *le feul dénouëment du Poëme eft la Religion*. Je demande à quoi ont fervi pour cette converfion, les combats & le carnage? Quelle liaifon, quel rapport le fang des Rebelles répandu par le Roi, peut-il avoir avec fon changement de Religion; s'il eut pû produire un effèt femblable, ce devoit être dans les vaincus & non dans le vainqueur. Le Poëte n'a point raifonné dans ce point effentiel de fon Ouvrage. Auffi on eftime *Henri* IV. ce n'eft point par l'action même qui fait le fond du Poëme : c'eft par quelques traits qui y font coufus & qui peuvent aifément s'en détacher. Au lieu qu'on plaint réellement le

Peuple qui est, de bonne foi & pour des intérêts réels & sacrés, la victime de l'aveuglement de son Roi & de la cruelle politique des Princes qui le trompent. *Mayenne* est un ambitieux méchant, & *Henri* IV. qui est un grand Roi dans l'Histoire, est presque un sot dans le Poëme.

TROISIEME LETTRE.
SUR LE MERVEILLEUX.

„ LA *Henriade*, dit son Auteur, est com-
„ posée de deux parties: d'événemens réels
& de fictions. J'aimerois autant qu'il me dit: un homme est composé de deux parties; d'un corps & d'un habit. Si la fiction fait partie de son Poëme, ce n'est point une partie *Substancielle*: si j'ose m'exprimer ainsi, une Allegorie jettée sur un fait n'est qu'une draperie. La vraie & seule manière de mêler la fiction avec la réalité est de supposer des causes surnaturelles, & de les unir avec les naturelles: *Musa mihi causas memora quo numine læso*. . . . Muse raconte moi les causes: Quelle divinité offensée... alors la fiction devient intrinseque & fait ce qu'on appelle proprement partie. Autrement elle n'est que les mots, ce n'est plus qu'une figure de Rhétorique. Je crois même que l'Auteur l'a bien senti: Il s'est fait dire par un *Italien* que *son Poëme n'est point farci comme les autres*. (Apparemment comme ceux d'*Homere*, de *Virgile*, du *Tasse*) d'une
infi-

infinité d'Agens furnaturels. Cependant il dit lui-même dans fa Préface, que *le défaut de Lucain eſt d'être une Gazette empoulée.* Si pourtant, il ne reſſemble, lui, ni à *Virgile*, ni à *Homere*, ni au *Taſſe*, à qui reſſemblera-t'il, ſi ce n'eſt à *Lucain* ?

Il me paroît que l'Auteur de la *Henriade* & ſon Panégyriſte hazardent un peu leurs déciſions. Il eſt du bel air de trancher net; & de prononcer en ſouverain ſans ſçavoir l'état de la queſtion probablement. M. *Antoine Cocchi* Lecteur de *Piſe* n'auroit point parlé ſi abſolument qu'il a fait dans ſa Lettre ſur la *Henriade,* s'il eût lû ce que c'eſt que le merveilleux, & quel uſage on doit en faire dans l'Epopée. Les Anciens regardoient un Poëme Epique, comme un ouvrage tout à la fois Théologique, Hiſtorique & Moral. Dans l'Hiſtoire, on ne voit qu'une ſuite de faits : dans un Traité de Morale, une ſuite de préceptes ; dans la Métaphyſique, une démonſtration ſéche de l'exiſtance & des attributs de la Divinité. Dans un Poëme Epique, tout ſe réunit. C'eſt la chaîne d'or qui tient à Jupiter, qui ſuſpend toute la nature. C'eſt un tout qui comprend Dieu & les Hommes, & leurs rapports réciproques de bienfaits & de reconnoiſſance, d'autorité & de ſoumiſſion. Qu'on liſe une Hiſtoire : on voit des Hommes qui agiſſent, qui changent de place ſur leur Théâtre ; mais on ne nous montre point les Machines ſurnaturelles qui les tranſportent ou qui les guident. Qu'on liſe un Poëme Epique, le nuage diſparoit : nous voïons la main de la Divinité ;

nous voïons tous ses attributs : sa Sagesse qui tantôt brille pour éclairer les Hommes, & tantôt se retire pour les abandonner à leur présomption : sa Volonté suprême qui donne, ou qui ôte les couronnes : sa Toute-Puissance, qui ébranle tout l'Univers : sa Bonté qui pardonne, sa Justice qui punit : son Immensité qui préside à tout, desorte qu'un Poëme qui nous peint les Héros & en même tems le merveilleux, nous apprend d'un côté ce que nous devons croire, & de l'autre ce que nous devons faire ou éviter. Tels sont les Poëmes d'*Homere* & de *Virgile* dans le système Païen : *les autres n'ont point vû la route, ou s'ils l'ont vûë, ils n'ont osé y entrer.* Un Poëme Epique fait par un Chrétien, sur ce plan de merveilleux, seroit sans doute la plus belle production de l'esprit humain.

Qu'on jette à présent les yeux sur ce que M. de V*** ose appeller *système merveilleux,* dans son Poëme ; on verra que rien n'est si maigre, si petit & si mal cousu.

On voit un vieillard sans autre autorité que celle de son désert & de ses cheveux blancs, qui donne à *Henri* IV. une espéce de bonne avanture : & il paroît que le Héros la regarde comme telle, puisqu'il n'en fait aucun cas. L'apparition de *St. Loüis* vient pour faire un chant, & parce qu'il y a une descente aux enfers dans *Homere*, & une dans *Virgile*. C'est un beau rêve Poëtique qui n'est de nulle nécessité dans le Poëme. Aucun Oracle ne l'avoit annoncé, aucun destin ne l'avoit ordonné ; le Héros n'en a tiré que des lauriers qui
lui

lui font inutiles dans le Poëme; il n'en est pas plus contrit à son reveil: il égorge les *François* comme auparavant: il les affâme. Il semble que ce rayon ne l'ait éclairé que pour le plonger plus avant dans l'abîme.

La Discorde se trouve au 4. Chant par le plus grand hazard du monde: sans aucun motif. Elle se personifie peu à peu sans que cela paroisse; d'abord elle n'étoit qu'une figure de Rhétorique, ensuite elle devient Acteur principal. Elle s'allie avec la Politique, sans aucun intérêt marqué pour celle-ci. Et après avoir été à *Rome* chercher une douzaine de beaux Vers & dire des sotises aux Papes, elle revient joüer son Rôle allegorique.

Je ne parle point de l'Amour qu'on va chercher en *Chypre*. Pour le coup M. de V*** mêle le sacré avec le prophane. La machine paroit réelle. Mais c'est une dépense à pure perte: un Amour des environs de *Paris*; ou les beaux yeux de la belle *Gabrielle* auroient fait leur office, aussi bien qu'un vieux Cupidon de Cythére.

Que l'Auteur ne nous dise donc plus que la fiction est une partie dans son Poëme, en la comparant avec les événemens réels: ou je lui dirai que l'Histoire de *Charles* XII. est un Poëme Epique de sa façon.

Il ne s'est jamais, dit-il, *flatté d'approcher de la perfection.* Est-ce franchise, ou modestie? Si c'est modestie; c'est trop risquer pour l'amour propre: si c'est franchise, pourquoi entreprendre? Ne sçavoit-il pas que dans les choses faites pour le plaisir, on ne souffre pas le médiocre. Quelle nécessité que la *France* ait un Poëme Epique! La République litteraire n'est point bornée par les Montagnes ni par les Fleuves. Nous pourrons dire sans être ni *Grecs*, ni *Romains*, ni *Italiens*; nous avons *Homere*, *Virgile*, le *Tasse*. L'empire de l'esprit est superieur à celui des Rois. Nous ne faisons avec les anciens & les Etrangers qu'une même société de fortune & de biens. M. de V*** est fort au dessus des préjugés Nationnaux; je m'étonne qu'à propos de rien, il se soit piqué d'honneur pour notre Nation, au risque de montrer notre foiblesse plûtôt que nos forces. Il est donc bien difficile de déraciner l'amour de la Patrie.

Revenons: si M. de V*** eut bien consideré le Lutrin, qui, après tout lui a servi de modéle, il eut vû que la Discorde y règne d'un bout à l'autre, comme l'ame de l'action: regardez y de près, M. mettez seulement le Lutrin à la place de la Ville de *Paris*: les deux Poëmes sont la même chose. C'étoit donc à peu près la même marche à suivre. La Discorde eut engagé les *Parisiens* à fermer leurs portes au Héros: il les eut assiégés. *Saint Loüis*, si on eut voulu, seroit venu arrêter sa main foudroyante; & après un ravissement extatique, le Héros se seroit converti. Les Assiégés, par entêtement ou par la ruse de la Politique amenée par la Discorde auroient toujours été opiniâtres, parce qu'ils auroient regardé la conversion du Prince comme un piége. La famine seroit venuë & auroit combattu en faveur d'un Roi qui se feroit fait un
scru-

scrupule de tuer ses sujèts, quoique rebelles, & qui pendant ce tems-là, auroit battu, aux portes de *Paris*, les *Espagnols* qui venoient au secours des Assiégés; lesquels Assiégés aiant enfin perdu toute espérance se seroient soumis à un Roi dont ils auroient connu la grandeur & la bonté. Voilà un plan que je vous fais, M. sans en avoir le dessein. Si M. de V*** vouloit penser à refondre le sien, il ne seroit peut-être pas si difficile d'en faire un ouvrage infiniment meilleur qu'il n'est; mais il est occupé à de plus nobles soins. Je souhaite qu'il traitte sa matiére comme il convient. Au moins n'aura-il point besoin de fiction pour dire de belles choses. Qu'il prenne garde seulement à n'en point donner l'air à la vérité.

LETTRE QUATRIEME.
SUR LES ACTEURS
ET SUR LES CARACTERES.

LES Héros de la *Henriade* sont *Henri* III. dans les cinq prémiers Chants. Car après tout, l'entreprise du Siége lui appartient. Il est le représentant & par conséquent le Héros. Héros qui jette peu d'éclat il est vrai, mais pourtant Héros, puisqu'il est le principal. Acteur dans les cinq prémiers Chants; & il n'y a que dix Chants en tout.

ENSUITE *Henri* IV., le Duc de *Mayenne*, *Jacques Clément*, la belle d'*Estrées*, *Mo.nay*

& d'*Aumale*; car je ne compte ni la Discorde, ni la Politique, ni l'Amour que l'Auteur regarde lui-même comme des personnages en l'air.

Le caractére d'*Henri* III. est la foiblesse & l'irrésolution : le Poëte l'a peint comme il étoit. A côté d'un tel Prince, il n'auroit pas été difficile de faire paroître grand *Henri de Bourbon*. Car les grandeurs, comme on sçait, sont rélatives. Et tel qui n'auroit été que médiocre à côté des *Corneilles* & des *Boileaux* peut paroître grand dans un autre voisinage. *Mayenne* est ambitieux comme on l'est ordinairement. D'*Aumale* est brave & emporté. La belle *Gabrielle* aime tendrement. *Mornay* est sage & prudent. Je le veux : mais tous ces caractéres n'ont rien de piquant, de rare, de nouveau ; & par conséquent rien qui soit de nature à entrer dans un Poëme Epique. Il y en a mille exemples dans l'histoire, ce n'étoit point la peine de mettre une Muse en dépense.

Un des caractéres les mieux frappés est peut-être, celui de *Jacques Clement*. Ce pauvre solitaire est digne de compassion. Sa simplicité, sa candeur, sa bonne intention, le rendent un personnage interressant ; on lui pardonneroit presque, en lisant le Poëme, de l'avoir débarassé d'un Acteur qui le surchargeoit ; si nous n'étions accoutumés, avec raison, à regarder avec horreur, la maxime qui arme les sujets contre leur Prince.

Les Héros du Lutrin ont bien un autre éclat dans leur genre. Le Trésorier est un favori

vori de la molesse dont la fureur est de bénir. Le Chantre est un glorieux qui veut briller dans le Chœur, & éclipser, s'il se peut, son rival. Quels intérêts! Mais quel champion que le Perruquier, l'Amour & Boisrude qui,

Plein d'une ardeur guerriére
Pour sauter au plancher, fait deux pas en arriére.

Et le savant *Alain* qui a lû Bauni : & le gras *Evrard* qui lit la Bible autant que l'*Alcoran* : qu'on les écoûte parler, qu'on les voïe agir, on verra par tout une singularité interressante. Ils n'ont que faire du pinceau du Poëte pour se peindre.

Il est, me direz-vous M. bien plus aisé de faire rire que de faire admirer. J'aurois crû le contraire, le grand me paroissoit plus aisé à peindre que le plaisant à attraper. Un bon mot assaisonné dans un dégré exquis est assurément plus rare qu'un sentiment noble, qu'une belle image; surtout quand d'un côté le sujèt de la plaisanterie paroit stérile, & que de l'autre côté, les esprits sont déjà disposés à l'admiration par l'amour & par l'estime. Ne cherissons-nous pas encore la mémoire du bon *Henri* IV ? Il n'y a point de *François* qui ne voïe sa statuë avec plaisir; nous l'aimons encore tous, parce qu'il étoit brave, doux, gai, aimant son Peuple de tout son cœur. Etoit-il si difficile de le rendre aussi grand que peut l'être un Héros parfait? Que *Despreaux* n'a-t'il chanté ce sujèt & laissé le Lutrin à M. de V*** *Henri* IV. seroit admirable s'il avoit été peint

peint de la même main que le passage du Rhin. Le sublime n'auroit pas moins fait de plaisir que le grotesque : *& le Vainqueur & le Père de la France*, auroit été sans doute aussi interressant que Gilotin & Boisrude.

Je vous ai déja parlé de la conduite d'*Henri* IV. dans le Poëme. En voici encore quelques traits que je vous prie de considerer.

Vous savez M. que la bonne maniére de loüer les Héros, est de le faire par leurs actions plûtôt que par des mots. *Henri*, s'il est le Héros du Poëme devoit-il quitter son Camp pour faire un voïage de plus de cent lieuës, traverser les mers, s'exposer à un naufrage? (car, il a même essuïé une tempête) tandis que le salut de son armée & de celle du Roi dépendoit uniquement de sa personne. Si c'est une imprudence dans *Henri* III. de l'avoir envoïé; n'en est-ce pas une pour lui d'y avoir été. Ah, dit M. de V*** *la Reine Élisabeth souhaitoit de le voir*.... Ainsi il a fallu faire faire au Héros une démarche insensée, contraire à ses propres intérêts, à la bienséance, au bon sens ; elle eût été dans l'histoire, qu'il eût fallu l'ôter dans le Poëme. Mais elle est du choix & de la création du Poëte. Aussi tandis que le Héros s'amuse à narrer *à loisir*, (c'est le terme qu'on a mis prudemment pour remplir le Vers) on force son Camp   Oüi, me direz-vous, mais il arrive heureusement pour le deffendre. Vous avez raison, M, de dire *heureusement*; car c'est un grand bonheur qu'il se soit trouvé-là à point nommé ! C'est au hazard pur que les deux Héros sont redevables

de

de leur salut. On se battoit: mais *Henri de Bourbon* n'en savoit rien. Il pouvoit n'arriver que le lendemain, que dix jours après. C'est le hazard qui l'a ramené. Il s'est bien battu; donc il est brave. Il fait du bien; donc il est bon Mais on peut être brave & bon; si on n'est ni sage ni prudent, on n'est point sur la liste des grands Hommes Savez vous M. de V*** qu'il faut être Héros pour peindre les Héros. C'est une espéce de génération & de paternité qui produit son semblable. Comment donner une sagesse, des sentimens, de la force qu'on n'a pas? On peut avoir beaucoup d'esprit, être bon Ecrivain en Prose, faire des Vers très-joliment, être homme aimable, estimable, charmant; sans être ni un *Homére*, ni un *Virgile*. Ce sont de furieux Hommes.

LETTRE CINQUIE'ME.

Sur les Beautés de la Henriade.

Selon M. *Antoine Cocchi* Lecteur de *Pise*, *il n'y a rien de plus beau que le Poëme de la Henriade* Je ne soupçonne ni l'Auteur de cette Lettre, ni son Traducteur d'avoir eu dessein de flatter. Je suppose même que ce jugement est appuïé sur l'impression que M. *Antoine Cocchi* a éprouvée en lisant le Poëme. Or cette impression ne lui est point venuë sûrement de l'ordonnance de l'ouvrage, cela ne lui feroit point d'honneur, apparemment donc qu'il

(510)

la doit aux ornemens dont le Poëme eſt embelli.

Il eſt certain que la maniére de traiter & d'habiller un ſujèt le change entiérement. La Pucelle de Chapelain eſt, dit-on, bienfaite dans ſa conſtitution: mais comment eſt-elle parée! Donnez la même matiére à *Bourdaloue*, à *Cheminay*, au P.... à C: l'un vous donne un habit de toile; l'autre un drap d'*Angleterre*: l'autre une riche broderie; l'autre enfin un pourpoint d'Arlequin; & cependant ils diſent tous la même choſe dans le fonds. M. de V*** peut avoir de grandes reſſources du côté de l'éxécution.

Je vous déclare M. que je trouve dans la *Henriade*, de beaux & très-beaux morceaux, des Vers très-bien faits, très-harmonieux, des deſcriptions très-touchantes. Par exemple le Tableau de la retraite du ſage vieillard & ſon diſcours; les voici:

Non loin de ce rivage, un bois ſombre & tranquile
Sous des ombrages frais, préſente un doux azile.
Un rocher qui le cache à la fureur des flots,
Défend aux Aquilons d'en troubler le repos.
Une grotte eſt auprès, dont la ſimple ſtructure
Doit tous ſes ornemens aux mains de la nature.
Un Vieillard vénérable avoit loin de la Cour
Cherché la douce paix dans cet obſcur ſéjour.
Aux humains inconnu, libre d'inquiétude
C'eſt-là que de lui-même il faiſoit ſon étude,

C'est-là qu'il regrettoit ses inutiles jours,
Plongés dans les plaisirs, perdus dans les amours.
Sur l'émail de ces prés, au bord de ces fontaines
Il fouloit à ses pieds les passions humaines, &c...

Que M. de V*** ne nous parle-t'il toujours de même; je le comparerois à nos plus grands Poëtes. Le discours est conforme au caractére & à l'état du Vieillard:

De Dieu, dit le Vieillard, adorons les desseins
Et ne l'accusons point des fautes des Humains.
J'ai vû naître autrefois le Calvinisme en France,
Foible, marchant dans l'ombre, humble dans sa naissance.
Je l'ai vû sans support, exilé dans nos murs
S'avancer à pas lents par cent détours obscurs.
Enfin mes yeux ont vû du sein de la poussiére
Ce fantôme effraïant lever sa tête altiére,
Se placer sur le Trône, insulter aux Mortels,
Et d'un pied dédaigneux renverser nos Autels, &c.

Peut-être le 3e. Vers est-il un peu prosaïque, *J'ai vû naître*, &c.
La mort de Coligni est admirable: mais sa fermeté stoïque, sa douceur, la simplicité & la noblesse de son discours me charment bien plus, que les deux Vers qui terminent cet article.

Et

Et de ſes Aſſaſſins ce grand homme entouré

Sembloit un Roi puiſſant par ſon Peuple adoré.

JE ne ſçais ſi vous ne me trouverez pas un peu trop difficile : mais cette image me paroît outrée ; c'eſt une majeſté fauſſe, qui outre cela, a l'air d'une chûte Epigrammatique : c'eſt du brillant à côté de l'or. Croïez-vous qu'*Homère* & *Virgile* l'auroient dit ? D'ailleurs il y a auſſi du faux dans l'image ; parce que le Peuple *François* n'adore pas ainſi ſes Rois ; il ſe contente de les aimer, & de les ſervir ; & nos Rois ne nous en demandent pas davantage.

Henri IV. raconte, on ne peut pas mieux, la bataille de *Coutras* ; à quelques petits Vers près, où il fait ſon éloge habilement : après avoir fait le modeſte. L'Auteur a dû être content de la peinture qu'il a faite des Courtiſans, les Vers en ſont bien faits.

IL y a dans le 4ᵉ. Livre des morceaux que l'Auteur a travaillés avec complaiſance : la matiére étoit belle, & capable de porter la plus riche & la plus noble élocution. La Diſcorde va trouver la Politique.

Un tourbillon la porte à ces rives féconds

Que l'Eridan rapide arroſe de ſes ondes.

VOILA deux beaux Vers M. les ſuivans ne ſont pas moins beaux.

Rome enfin ſe découvre à ſes regards cruels ;

Rome jadis ſon Temple & l'effroi des mortels ;

Rome ;

Rome, dont le destin dans la Paix dans la Guerre,

Est d'être en tous les tems maîtresse de la Terre.

Que cette répétition est noble M. & que la chûte est sublime!

Est d'être en tous les tems maîtresse de la Terre.

Par le sort des combats on la vit autrefois

Sur leurs Trônes sanglans enchaîner tous les Rois.

L'Univers fléchissoit sous son Aigle terrible,

J'aurois voulu cette pensée plus étenduë: les quatre Vers suivans en auroient été plus beaux, & il y auroit eu symmettrie pour l'oreille.

Elle exerce en nos jours un pouvoir plus paisible,

Elle a sçu sous son joug asservir ses vainqueurs.

Gouverner les esprits & commander aux cœurs,

Ses avis sont ses loix, ses decrets sont ses armes.

Près de ce Capitole où régnoient tant d'allarmes,

Sur les pompeux débris de Bellone & de Mars

Un Pontife est assis au trône des Césars.

Des Prêtres fortunés foulant d'un pied tranquile

Les Tombeaux des Catons & la cendre d'Emile;

Le trône est sur l'Autel, & l'absolu pouvoir,

Met dans les mêmes mains le sceptre & l'encensoir.

Tout est beau ici M. rien de foible, tout est plein:

plein: pensées, expressions, harmonie. Remarquez ce Vers:

Des Prêtres fortunés foulant d'un pied tranquile...

Que cela est doux M. de V*** & digne de la molesse de ceux que vous peignez ! Que vous avez été satisfait de ces Vers !

Là Dieu fonda lui-même son Eglise naissante, &c. cette image est bien frappée, les dix suivans sont encore assez forts. Mais de quelle utilité étoit cette sortie contre les Papes. Elle me rappelle l'Histoire du plus jeune des Fils de *Noë*, qui appella ses freres pour venir insulter à un Père endormi. Je suis persuadé que dans la premiére Edition (si l'Auteur y a quelque part) il jettera un voile respectueux sur cette partie. Il le doit, si sa conversion est sincére ; & d'ailleurs, il n'est pas sensé d'aller décrier une Eglise dans le giron de laquelle il veut ramener son Héros ; une Eglise dont tous ses Lecteurs sont censés les Enfans. L'Auteur étoit apparemment à *Londres* quand il fit cette Edition.

Je pourrois vous citer encore le départ de *Jacques Clement* pour aller assassiner le Roi : cela est fort beau. L'attaque des *Fauxbourgs* de *Paris*, n'a presque pas besoin d'être retouchée. Le crayon du siécle de *Loüis* XIV. dans le 7e. Chant est digne d'un grand Maître. La Bataille d'*Ivry* est fort belle. Le neuviéme a des endroits charmans. Il semble même que M. de V*** a plus de facilité à réüssir dans le gracieux & le doux qu'ailleurs.

Sur

Sur les bords fortunés de l'antique Idalie,

Lieux où finit l'Europe & commence l'Asie,

S'éleve un vieux Palais respecté par les ans.

La nature en posa les prémiers fondemens, &c.

Ce Chant est tout rempli de beautés tendres & touchantes. Quel dommage que le reste ne soit point étoffé de même....

Vous voiez M. par ces morceaux & par quelques autres que vous reconnoitrez mieux que moi, que cet ouvrage méritoit un certain succés La plûpart des Lecteurs *François*, qui n'ont jamais lû de vrais Poëmes Epiques, se laissent prendre par les beautés de détails de celui-ci. Il est par-tout étincelant ; & s'il n'éclaire point, au moins il éblouït. Si l'Auteur au lieu de s'amuser à faire l'Enfant Prodigue ; & à réduire Newton à la portée de tout le monde, &c. se fût remis de bonne grace à réfondre & à rebâtir sa *Henriade* ; après tous les avis qu'on lui a donnés, toutes les lumiéres qu'il a acquises, toutes les facilités que l'usage & l'habitude de décrire, de penser, & de sentir lui ont procurées, il auroit fait, peut-être un Ouvrage digne d'aller à côté de ceux qu'on estime le plus. Le voilà reconcilié avec sa Patrie, que ne se reconcilie-t'il aussi avec la raison, qui lui crie qu'un Poëme Epique ne peut être l'ouvrage d'un moment, ni un trait de jeunesse. Je voudrois, moi, de tout mon cœur, lire un Poëme Epique *François* avant de mourir, & si M. de V*** n'en fait point un de sa *Henriade*, il y a grande apparence qu'il faudra y renoncer. Que M. de V*** ne se contente-t'il d'avoir en lui seul un ou deux grands Hommes: qu'il soit par exemple bon Poëte & bon Historien: mais qu'il veüille être en même tems, Poëte, Géometre, Historien, Tragique, Comique; un *Anglois*, un *François*, un *Chinois*; c'est trop embrasser; j'aimerois mieux un grand fleuve que mille petits ruisseaux que le Voyageur méprise.

LETTRE SIXIEME.

Sur le Stile de la Henriade.

Quand le Peuple juge, il est toûjours extrême. Tout Ouvrage, selon lui, s'il n'est admirable, est dès-lors détestable. Il n'y a point de milieu. Un honnête Homme dit simplement: cette personne a de beaux yeux; de beaux cheveux; mais elle a un nés qui me plaît. C'est la maxime que je veux suivre ici M. Toûjours prêt à loüer ce qui me paroit digne d'estime, on doit me permettre de dire aussi sans affectation, ce que je crois qui pourroit être mieux.

Quand je reproche à la *Henriade* quelques défauts, c'est sans préjudice des beautés qu'elle peut avoir. Je suis comme vous avez vû le prémier à les reconnoître & à les montrer. Ainsi ce que je vais vous écrire, doit tirer un nouveau crédit de ma derniére Lettre.

Il est aussi important de connoître les Hommes

mes fameux par leur foible, que par leur bel endroit. Une infinité de gens qui n'ont pas la force de dire:

N'imitons perſonne & ſervons tous d'exemple,

prennent M. de V*** pour un modéle. D'où il arrive des mépris & qu'on regarde comme des ſuccès:

Uva quæ conſpectâ livorem ducit ab uvâ.

Pour corriger l'impreſſion d'un modéle, appellons-en un ſecond. Mettons la *Henriade* à côté du Lutrin, & obſervons leur contenance. L'un dit:

Je chante ce Héros qui régna ſur la France,
Et par droit de conquête & par droit de naiſſance.
Qui par le malheur même apprit à gouverner
Perſécuté longtems ſçût vaincre & pardonner;
Confondit & Mayenne & la Ligue & l'Ibére
Et fut de ſes ſujèts le vainqueur & le Père.

L'autre:

Je chante les combats & ce Prélat terrible
Qui, par ces grands travaux & ſa force invincible,
Dans une illuſtre Egliſe en créant ſon grand cœur,
Fit à la fin placer un Lutrin dans le Chœur.

Vous ſçavez bien M. que pluſieurs Critiques ſe ſont déchaînés contre les cinq Antithéſes du du début de la *Henriade* & contre les deux répétitions, *& par droit... & par droit... & Mayenne & la Ligue & l'Ibére: conquête & naissance... le malheur même apprit... vaincre & pardonner... Ligue & Ibére... Vainqueur & Pére.* L'antithése n'est que jolie. C'est une beauté qui de soi, doit plus à l'art qu'à la nature. Et un Frontispice chiqueté de la sorte, me fait craindre que l'Edifice ne soit colifichet. *Boileau* est bien plus grand & plus noble, parce qu'il est plus simple. Quelle majesté dans les trois prémiers Vers, sur-tout comparés avec le quatriéme, qui fait une chûte grotesque, & qui annonce le caractére de tout l'ouvrage. Les quatre qui le suivent ont un air plaisamment mysterieux.

C'est envain que le Chantre abusant d'un faux titre
Deux fois l'en fit ôter par les mains du Chapitre.
Ce Prélat sur le banc de son rival altier,
Deux fois le reportant l'en couvrit tout entier.

Relisez ces huit vers de suite, M. je vous prie, vous sentirez l'esprit de l'Epopée qui saisit. Voici l'invocation.

Muse redis-moi donc quelle ardeur de vengeance
De ces hommes sacrés rompit l'intelligence
Et troubla si long-tems deux célébres rivaux,
Tant de fiel entre-t'il dans l'ame des Dévots?

M de V*** croit faire mieux en invoquant la vérité. Comme si un Poëte étoit obligé de
la

la dire, & que les Lecteurs lui demandassent autre chose qu'un beau vraisemblable. Si cette espèce d'invocation pouvoit quelquefois avoir lieu, ce seroit à la tête d'une histoire ; & ce n'est pas être prudent que de la mettre à la tête d'un Poëme Epique, auquel on pourroit reprocher d'être une histoire rimée.

Je t'implore aujourd'hui sévère vérité,
Répans sur mes écrits ta force & ta clarté.
Que l'oreille des Rois s'accoutume à l'entendre,
C'est à toi d'annoncer ce qu'ils doivent apprendre,
C'est à toi de montrer aux yeux des Nations
Les coupables effets de leurs divisions.

Sont-ce les divisions des Rois ou celles des Nations dont il s'agit, j'ai vû des gens qui s'y sont mépris. Continuons.

Dis comment la Discorde a troublé nos Provinces,
Dis les malheurs du Peuple & les fautes des Princes.
Viens, parle : & s'il est vrai que la Fable autrefois
Sçut à tes fiers accens mêler sa douce voix;
Si sa main délicate orna ta tête altiére,
Si son ombre embellit les traits de ta lumiére,
Avec moi sur tes pas, permets-lui de marcher
Pour orner tes attraits & non pour les cacher.

Je vous dirai, si vous voulez, que les six prémiers vers de cette invocation sont nobles & harmonieux; cependant il me semble, à moi,

moi, que cette harmonie a quelque chose de mou : ce n'est pas un embonpoint ferme : je crois y reconnoître un peu de l'enfleure de Lucain. Vous avouërez au moins, que dans les autres qui suivent, l'antithèse est impardonnable. *Malheur du Peuple, faute des Princes ; fiers accens, douce voix ; main délicate, tête altière* ; c'est étouffer ses convives avec des fleurs.

Le récit commence.

Valois régnoit encore en ses mains incertaines
De l'Etat ébranlé *laissoient flotter les rennes :*
Ses esprits languissoient par la crainte abbatus
Ou plutôt en effet Valois ne régnoit plus.

Quelle chûte au bout de quatre vers, pour un Poëte qui entre dans la carrière avec tout son feu ! Je ne lui reproche pas le demi vers pris à *Racine* ; je suis seulement étonné de voir un récit tomber si près de son commencement. Le feu s'allume dans les deux prémiers vers ; il s'affoiblit dans le troisiéme ; dans le quatriéme il s'éteint. Il me souvient qu'un jour je pariai contre un ami de M. de V*** que ce quatriéme vers étoit de la *Henriade* ; il fallut qu'il le lût pour le croire. Autant valoit de les laisser comme ils étoient auparavant.

Les Loix étoient sans force & les droits confondus ;
Ou pour en mieux parler, Valois ne régnoit plus.

Au moins le prémier est ronflant, & l'autre

tre ne vaut guères moins que celui qui a pris sa place. Continuez de lire, Monsieur, vous verrez *une muse déréglée en ses vers vagabonds.* C'est de tems en tems un vers monté sur quelque grand mot qui s'éleve aux dépens des autres. Ce n'est point un fleuve qui roule à pleins bords, comme *Boileau* dans son Lutrin.

Parmi les doux plaisirs d'une paix fraternelle
Paris voïoit fleurir son antique Chapelle.
Ses Chanoines vermeils & brillants de santé,
S'engraissoient d'une sainte & longue oisiveté....
Quand la Discorde encor toute noire de crimes
Sortant des Cordeliers pour aller aux Minimes,
Avec cet air hideux qui fait frémir la Paix,
S'arrêta près d'un arbre aux piés de son Palais.
Là, d'un œil attentif, contemplant son empire
A l'aspect du tumulte, elle-même s'admire.
Elle y voit par le Coche & d'Evreux & du Mans
Accourir à grands flots ses fidéles Normans.
Elle y voit aborder le Marquis, la Comtesse,
Le Bourgeois, le Manant, le Clergé, la Noblesse,
Et par-tout des Plaideurs les escadrons épars
Faire autour de Thémis flotter ses étendars.
Mais une Eglise seule à ses yeux immobile,
Garde au sein du tumulte une assiette tranquile
Elle seule la brave : elle seule aux procès
De ses paisibles murs veut deffendre l'accès.

La Discorde à l'aspect d'un calme qui l'offense
Fait siffler ses serpens, s'excite à la vengeance.
Sa bouche se remplit d'un poison odieux
Et de longs traits de feu lui sortent par les yeux.
Quoi, dit-elle, d'un ton qui fit trembler les vitres…
&c.

Quelle rapidité dans cette marche! que de feu, que d'ame! le Lecteur est emporté par le torrent de la Poësie qui se précipite; tandis que la *Henriade* attend paisiblement à chaque vers la critique du Censeur.

LETTRE SEPTIE'ME.
SUR LES PORTRAITS.

Les grands Peintres ont presque tous leur maniére: M. de V*** a droit d'avoir aussi la sienne. Quand *Homere* & *Virgile* vouloient peindre un Héros, ses actions & ses paroles étoient les traits qu'ils employoient; ou s'ils disoient un mot en passant, pour caractériser son air, sa taille, sa figure, c'étoit parce qu'on ne peut les faire connoître autrement. M. de V*** a une autre méthode: Il s'arrête pour faire un tableau *à loisir*: Il parcourt toutes les vertus & tous les vices des Traités de morale, &, persuadé qu'il est, que tous les hommes sont un composé de force & de foiblesse, de ténèbres & de lumière, de bien & de mal, il trouve toutes ses couleurs dans l'antithèse. Je
vous

vous ai déjà dit en passant, que le goût de M. de V*** pour cette figure étoit un amour de préférence: je vais vous en donner de nouvelles preuves.

Mornay son confident & jamais *son flateur*,
Ce *vertueux* soutien du parti de *l'erreur*,
Qui signalant toujours son *zéle* & *sa prudence*
Servit également son *Eglise* & la *France*;
Censeur des Courtisans, mais à la *Cour aimé*,
Fier *ennemi de Rome*, & de *Rome estimé*.

C'est au Lecteur à concilier comme il le pourra, toutes ces qualités qui pétillent à côté l'une de l'autre, & que la singularité de l'opposition a amenées plutôt que la vérité: car dès qu'on s'embarque à faire un portrait par antithèse, la symetrie l'emporte toujours sur le vrai, & on est forcé de peindre moitié de tête & moitié d'après nature; on ne fait que des idées de Peintres, & qui pis est le Portrait en a l'air. Voici celui de *Catherine* de *Medicis*.

Chacun de ses *enfans* nourri sur sa tutelle
Devint son *ennemi*, dès qu'il régna sans elle.
Ses mains autour du Trône avec confusion
Semoient la jalousie & la division.
Oposant sans relâche avec trop de prudence
Les *Guises* aux *Condés*, & la *France* à la *France*
Toujours prête à s'unir avec ses *ennemis*,

Et

Et changeant d'intérêts, de *rivaux* & d'am:s,
Esclave des plaisirs, mais *moins qu'ambitieuse*,
Infidelle à sa Secte & *superstitieuse*,
Possédant en un mot, pour n'en pas dire plus,
Les *défauts* de *son sexe*, & peu *de ses vertus*.

Ce n'est ici un tableau ni de *Le Brun* ni de *Poussin*. Le même goût s'y retrouve toujours, M vous le voïez; cependant ce portrait quoiqu'antithètique, pourroit encore passer sans le galimathias qui se trouve dans quelques-uns des vers: que signifie, semer *avec confusion* la jalousie & la division ? La Reine *changeoit de rivaux*, je croïois qu'on disoit qu'une femme changeoit d'amans. *Esclave des plaisirs, mais moins qu'ambitieuse*, pourquoi ce *mais* ? Que veut dire *moins qu'ambitieuse*, ce grand mot qui rime avec, *& superstitieuse*. Ensuite dit-on bien *posséder des défauts*, &, *pour n'en pas dire plus*, quels vers!

Voyons le tableau de l'Amiral *Coligny*; c'est une espèce de galerie que nous parcourons.

Je voïois ce guerrier blanchi dans les travaux,
Soutenant tout le poids de la cause commune,
Et contre *Medicis* & contre *la Fortune*;
Chéri dans son parti, dans l'autre *respecté*,
Malheureux quelquefois, mais *toujours redouté*,
Savant dans les *combats*, savant dans les *retraites*,
Plus grand, plus glorieux, *plus craint dans les défaites*

Que

Que *Dunois ni Gaston* ne l'ont jamais été
Dans le cours triomphant *de leur postérité.*

Ce portrait est clair; & il seroit bien s'il étoit le seul de son espèce, & s'il ne finissoit point par un trait de satyre enveloppé dans un vers boursoufflé. Que diriez-vous de celui de *Joyeuse.*

Ce fut lui que Paris vit passer tour à tour
Du *siécle* au fond d'un *Cloître*, & du *Cloître* à la *Cour*
Vicieux, Pénitent, Courtisan, Solitaire,
Il prit, quitta, reprit la *cuirasse & la haire.*

Quel joli cliquetis! mais qu'il est indigne de l'Epopée!

Que diriez-vous, M. d'un Peintre qui donneroit à tous ses personnages les mêmes airs de tête, les mêmes contrastes aux attitudes, aux plis de la drapperie; qui feroit par-tout grouper de même les figures, les jours, les ombres, &c. J'ai vû un tableau où on avoit voulu peindre le sacre d'un de nos Rois, les douze Pairs y étoient comme douze frères, se ressemblants parfaitement; je n'ai jamais vû de tableau si ridicule ni si fade Si vous voulez voir des tableaux d'une autre main, & d'un autre goût, ouvrez le Lutrin.

Dans le réduit obscur d'un alcove enfoncé,
S'éleve un lit de plume à grand frais amassé;
Quatre rideaux pompeux par un double contour
En deffendent l'entrée à la clarté du jour.

Là

Là parmi les douceurs d'un tranquile silence,
Régne sur le duvet une heureuse indolence ;
C'est là, que le Prélat, muni d'un déjeûner,
Dormant d'un leger somme attendoit le dîner.
La jeunesse en sa fleur brille sur son visage,
Son menton sur son sein descend à double étage,
Et son corps ramassé dans sa courte grosseur,
Fait gémir les coussins sous sa molle épaisseur,
La Déesse en entrant qui voit la nappe mise,
Admire . . . . . &c.

Le caractére du Prélat est peint par la seule description de l'alcove ; c'est un portrait semblable à celui que la Colombe fait d'Anacreon son maître ; on y voit le Prélat dormant après le déjeûner, & on le contemple dans la peinture que le Poëte fait de son corps. Ce tableau n'a point de couleurs brisées & rompuës, tout est habilement fondu & nuancé sur la toile. Au lieu que dans les autres que vous avez vûs, les couleurs y sont des tâches plutôt que des traits. Si vous voulez connoître le Prélat encore mieux, entendez le parler :

Illustres compagnons de mes longues fatigues,
Qui m'avez soutenu par vos pieuses Ligues
Et par qui maître enfin d'un Chapitre insensé
Seul à *Magnificat* je me vois encensé,

Souffrirez-vous toujours qu'un orgueilleux m'outrage?

– – – – – – –

– – – – – – –

L'infolent s'emparant du fruit de mes travaux
A prononcé pour moi le *Benedicat vos*,
Oui pour mieux m'égorger, il prend mes propres armes...

Le Prélat à ces mots verfe un torrent de larmes,
Il veut, mais vainement pourfuivre fon difcours
Ses fanglots redoublés en arrêtent le cours...

VOILA ce que j'appelle un caractére fait de main de maître. On voit que l'ame y fort par les actions & par les difcours : s'il y a une defcription à faire, ce n'eft point dans l'oppofition qu'on va chercher des traits, mais on les prend dans le fujet même, & il en a plus de naïveté & plus de vraifemblance. Rien ne marque plus la mifére que la reffource de l'antithèfe, elle ne demande qu'un demi génie. Lifez le difcours du gras *Evrard*, vous ne demanderez point de quel caractére il étoit, vous ne vous informerez pas de ce qu'il favoit faire dans un repas, en un jour de bataille. Ce n'eft pas que M. de V*** n'exprime quelquefois auffi le caractére de fes Héros par leurs difcours, mais je ne fçais fi le plus fouvent il ne les met point en contradiction avec eux-mêmes; je ne parle point des difcours de *Henri* III. qui font ordinairement très foibles; de ceux d'*Henri* IV. qui ont des variations, qui prouvent qu'ils n'ont pas été faits d'un feul jet;

jet; il est tantôt Héros, tantôt Bourgeois, quelquefois bel esprit, & un peu petit maître. Il fait des complimens à la *Françoise*, comme si les entretiens des Rois n'étoient pas au-dessus de ces petitesses. La Reine *Elizabeth* lui file aussi des douceurs; cela est galant : *Il y avoit long-tems qu'elle avoit envie de le voir.* Je m'arrête au seul discours de *Pothier*, qui commence comme un sage & finit comme un *enthousiaste*.

Vous destinez, dit-il, Mayenne au rang suprême
Je conçois votre erreur, je l'excuse moi-même.
Mayenne a des vertus qu'on ne peut trop chérir,
Et je le choisirois si je pouvois choisir.
Mais nous avons nos Loix : & ce Héros insigne
S'il prétend à l'Empire, en est dès-lors indigne.
Comme il disoit ces mots Mayenne entre soudain
Avec tout l'appareil qui suit un Souverain.
Pothier le voit entrer sans changer de visage.

Voilà ce que j'appelle un beau, un grand trait, il suffit pour peindre un homme : L'Orateur continue.

Oüi, Prince, ...
Je vous estime assez, pour oser contre vous
Vous adresser ma voix pour la France & pour nous.

Cette dignité se soutient encore pendant quelques vers : il me semble entendre le discours de *Caton* sur la conjuration de *Catilina* ;
c'est

c'est une éloquence mâle qui marche d'un pas hardi & ferme, sans avoir besoin du vain appui des figures. La vérité y paroît assez forte pour triompher seule Mais M. de V*** s'échauffe, & son Orateur avec lui : le discours se change en invectives & en reproches amers. C'est un déclamateur furieux, qui traite ses auditeurs d'*indignes Citoïens*, d'*infidéles Pasteurs*, qui massacrent leurs Rois, & de qui Dieu aime à se venger, parce qu'ils sont des barbares & des inhumains.

Et Dieu que vous peignez implacable & jaloux,
S'il aime à se venger, Barbares, c'est de vous.

Je ne sçais où est le sage dans le monde à qui cette violence pourroit convenir : elle conviendroit à quelqu'un, qu'elle seroit encore très-dangereuse, ou même ridicule dans les conjonctures où se trouve l'Orateur. Les droits sont confondus, les loix n'osent parler, tout est en feu dans l'Etat, son Roi vient d'être assassiné, celui qui veut lui succeder est présent, & l'Orateur, qu'on suppose sage, parle, comme auroit fait *Jacques Clément*, si on lui supposoit de l'esprit, & de la force dans le caractère. Encore s'il se fut mis avec les autres : ce Dieu *que nous peignons* implacable, s'il aime à se venger, c'est de *nous*. La vérité ne perd point de ses droits pour être jointe à la modération : il y a des bornes par tout. J'aime à voir *Didon* désespérée faire des imprécations ; elle veut se tuer, c'est la rage qui écume. Mais Pothier *toujours sage, toujours juste,*

juste, perdre ainsi la tranquilité de son ame, & devenir furieux pour guérir les autres de leur fureur; M. de V*** n'y a assurément point pensé. Il a, aussi bien que les autres, son enthousiasme qui le mene au-delà des limites. Et on a beau dire, il faut être grand homme pour donner aux différens caractéres conçus dans la même tête, une couleur propre & qui conserve toujours le même fonds quand les nuances varient.

Souvent sans y penser, un Ecrivain qui s'aime,
Forme tous ses Héros semblables à soi-même,

Une partie est le Héros, l'autre est l'Auteur...

Atram definit in piscem mulier formosa superne.

C'est la prémiére leçon qu'on donne à ceux qui veulent se mêler d'écrire: *Donnez à chaque personnage le caractére qui lui est propre*, & c'est être écolier que de manquer à *cette règle*. Si vous voulez parcourir tous les discours qui sont dans le Lutrin, vous y verrez comme un Poëte doit sortir de lui-même, pour se mettre dans ses personnages; c'est une sorte de métempsicose. Le Poëte joue tous les rôles avec des airs & des tons si différens, qu'il est par-tout & qu'on ne le voit nulle part. Je ne veux vous donner que le discours d'*Evrard*, vous l'entendrez avec plaisir, quoique vous l'ayez lû cent fois.

Moi, dit-il, qu'à mon âge Ecolier tout nouveau
J'aille pour un Lutrin me troubler le cerveau!

O

O le plaisant conseil ! Non, non, songeons à vivre,
Va maigrir si tu veux & sécher sur un Livre;
Pour moi je lis la Bible autant que l'Alcoran,
Je sçais ce qu'un Fermier doit nous rendre par an.
Sur quelle vigne à Rheims nous avons hypotheque,
Vingt muids rangés chez moi font ma Bibliotheque.
En plaçant un Pupitre on croit nous rabaisser,
Mon bras seul, sans latin, sçaura le renverser,
Que m'importe qu'Arnauld me condamne ou m'approuve ?
J'abbats ce qui me nuit par-tout où je le trouve.
C'est-là mon sentiment. A quoi bon tant d'aprêts ?
Au reste déjeunons, Messieurs, & buvons frais.

LETTRE HUITIE'ME.

Sur la Versification.

Je vous parlois hier des portraits antithétiques de la *Henriade*, c'est la figure favorite du Poëte, il la met à tout : j'en ai compté par amusement plus de trois cent : c'est une monotonie qui dégoûte à la fin ceux qui les aiment le plus.

Si Mayenne est *vaincu*, Rome sera *soumise*,
Vous seul pouvez régler sa *haine* ou ses *faveurs*
Inflexible aux vaincus, complaisante aux Vainqueurs

Prête à vous *condamner*, facile à vous *absoudre*;
C'est à vous d'*allumer* ou d'*éteindre* sa foudre.

CROYEZ-moi sur ma parole, M , ou je vous accable d'Exemples. J'en trouverai à chaque page des demi-douzaines, & vous les trouverez si peu variées, si peu déguisées, que bientôt vous me demanderez grace.

IL y a encore une autre figure pour laquelle l'Auteur marque beaucoup d'inclination : elle revient sur-tout lorsque la rime une fois placée, il reste des vuides dans le corps du Vers. Alors on a recours aux synonimes, ou aux mots qui en approchent : on voit arriver à la file des substantifs de même famille, des Epithetes, des Verbes, qui s'arrangent de maniére qu'ils occupent tout le terrein, & qu'ils remplissent, au moins de sons, ce qui est vuide de choses. Il me semble voir deux Dames en Panier assises sur un grand banc.

Ce monstre impétueux, sanguinaire, inflexible,
Qui sanglant, déchiré, traîné par les soldats......
On s'assemble, on conspire, on répand les allarmes...
Anglois, François, Lorrains, que la fureur assemble.
Avançoient, combattoient, frappoient, mourroient
    ensemble.....
Tous les Ligueurs armés, tout un peuple innombrable,
Etrangers & François, Chefs, Citoyens, Soldats
Font pleuvoir sur le Roi le *fer* & le *trépas*.

N'EST-ce pas-là ce qu'on appelle une abondance

dance stérile? Notre oreille est chargée, & elle ne porte rien à l'esprit; il y a bien des dupes. Mais aujourd'hui M. de V*** joüit & joüira peut-être toute sa vie du préjugé que l'amour propre de ses Approbateurs conservera toûjours, en dépit de la Princesse de *Navarre*, du Poëme de *Fontenoi* & du Temple de la Gloire.

Despreaux nous traite autrement que M. de V***. Il y a des vuides à remplir chez lui, comme ailleurs; mais on ne s'apperçoit point qu'ils aïent jamais été des vuides pour lui; il enchâsse des traits heureux, qui embelissent la pensée plûtôt que de la charger.

L'un pétrit *dans un coin* l'embonpoint des Chanoines...

L'autre broye *en riant* le vermillon des Moines...

Elle accourt l'œil en feu, *la tête échevelée*....

Il devine son mal, *il se ride*, il s'avance...

Et mon bras *sans Latin* saura le renverser....

A ces mots, *essuyant sa barbe limoneuse*...

Il faut être riche pour remplir ainsi les vuides; mais qui est assez pauvre pour ne pouvoir le faire par de simples énumérations? Ce n'est pas pourtant que je veuille les chasser des Ecrits; elles peuvent y entrer, pourvû qu'elles ne reviennent pas trop souvent, & que le besoin du Poëte soit toûjours couvert du besoin de la chose même. Ce qui arrive rarement aux énumérations de M. de V***.

On a parlé autrefois (ce fut M. de la *Motte* ce me semble, & je ne sçais si M. de V***.

(534)

par amour pour ſes *Anglois*, n'en a point parlé lui-même) d'introduire des Vers *blancs* dans la verſification *Françoiſe*. On entendoit, je crois, par ces Vers *blancs*, qui ſeroient ſans rime. Ne ſeroit-il pas mieux de donner ce nom à ces grands Vers, où il y a des mots ſonores, pompeux, longs d'une aûne, qui ne ſignifient pas aſſez pour l'eſpace qu'ils occupent, & qui font un Vers flaſque : *longum invalidi collum*. C'eſt *Aulugelle*, je crois qui définit ainſi les phraſes creuſes : *ſententiæ quas optimè Pollio Aſinius cavas vocabat, ſimplices, apertæ, nihil ocultum afferentes, ſed vocales & ſplendidæ*. Il y en a un ſi grand nombre de cette ſorte dans la *Henriade*, que ſon Auteur ne ſeroit pas moins intereſſé de mettre en crédit cette eſpéce de Vers que l'autre dont il ôteroit la rime.

Des Guiſes cependant le rapide bonheur,
Sur ſon *abaiſſement*, élevoit leur grandeur.
Ils formoient dans Paris cette ligue fatale,
De ſa foible puiſſance orgueilleuſe rivale.
Ses amis *corrompus bientôt l'abandonnerent*,
Du Louvre épouvanté ſes Peuples le chaſſerent,
Et des fleuves François les eaux en-ſan-glan-tées.
Ne portoient que des morts, aux mers épou-ven-tées.

Remarquez que c'eſt *Henri* IV. qui parle ainſi dans un récit, & qu'il finit le Chant.

Ce rang manquoit encore *à ſa vaſte puiſſance*
Et de ſes *vœux hardis l'orgueilleuſe eſpérance.*

Dévo-

Dévoroit *en secret dans le fond de son cœur*
De ce *grand nom* de Roi le *dangereux honneur.*

QUEL emphase! Que de mots!

C'étoit du grand Henri la redoutable armée:
Qui lasse du repos & de sang *affamée,*
Faisoit entendre *au loin ses formidables cris:*
Remplissoit la campagne, & marchoit vers Paris.

J'APPELLE cela de grandes paroles : *sesqui pedalia verba*: un Vers plein ne fait pas tant de bruit.

J'EN ai vû d'autres qui sont à peine de la Prose soutenuë ;

Déjà l'on découvroit les bords de l'Angleterre...
J'ai vû naître autrefois le Calvinisme en France...
Juste Ciel! est-ce ainsi que vous nous attendiez...
Henri sçait profiter de ce grand avantage...
Soudain Potier se léve & demande audience...
Courage leur dit-elle, on vient nous sécourir...
Valois, qui cependant differoit sa vengeance,
Tenoit alors dans Blois les Etats de la France.
Peut-être on vous a dit quels furent ces Etats !
On proposa des Loix qu'on n'exécuta pas.
De mille Députés l'éloquence sterile,
Y fit de nos abus un détail inutile.
Car de tant de conseils l'effèt le plus commun
Est de voir tous nos maux, sans en soulager un.

De bonne-foi font-ce-là des Vers, & sur tout des Vers dignes de l'Epopée? Il y en a une infinité qui ne font que médiocres ; & quand il y en a de beaux, ils ont tant de saillie, qu'ils enlaidissent tous leurs voisins. C'est précisément le contraire de ce que Pétrone demande dans un Poëme Epique, *ne sententiæ emineant extra corpus, sed in texto vestibus colore niteant*. C'est ce qui n'arrive jamais à la plûpart des Ecrivains. S'il leur vient quelque pensée, ils se gardent bien de la laisser dans le tissu de l'étoffe. Ils l'en séparent autant qu'ils peuvent, & la montrent isolée, au risque de ternir le fond, pour faire briller la fleur.

Quelquefois on en trouve 6. & 8 Vers, qui sont tellement détachés, qu'on peut les ôter chacun, sans que le sens en souffre aucunement. Je sçais bien que le stile coupé ne déplaît pas dans la Prose ; mais dans la Poësie, si les phrases sont justes de la longueur du Vers ; il en resulte une monotomie désagréable, au lieu que dans la Prose, n'étant pas toutes de la même étenduë précisément, il y a toujours quelque différence qui fait variété.

Guise du sein des morts n'a plus rien à prétendre
Le sang d'un Souverain doit suffire à sa cendre.
S'il mourut par un crime, un crime l'a vengé,
Changé avec l'Etat que le Ciel a changé.
Perisse avec Valois votre juste colére,
Bourbon n'a point versé le sang de votre frère.

Ces Vers ainsi détachés, semblent avoir été
faits

faits indépendamment les uns des autres, &
ne devoient leur place qu'à la rime. La raison
aime pourtant à suivre une chaîne d'idées qui
ménage sa paresse. Il y a quelques fois des
tirades dont les Vers peuvent être tellement
déplacés, que le dernier devienne le prémier,
& le prémier le dernier.

Henri reste à vaincre après tant de guerriers.

Dans ses superbes mains, va flétrir ses lauriers.

Va du Myrthe amoureux ceindre sa tête altiére,

Endort entre tes bras, son audace guerriére.

A mon trône ébranlé, cours servir de soutien,

Viens, ma cause est la tienne, & ton règne est le mien.

Ne seroit-il pas mieux de mettre :

Viens, ma cause est la tienne & ton régne est le mien,

A mon trône ébranlé cours servir de soutien,

Endort entre tes bras, &c.

Si je n'étois las de vous écrire sur cette matiére, & vous, peut-être de lire ce que je vous
écris, je vous parlerois de quelques-unes des
comparaisons de l'Auteur. Je ne vous en ci-
terai qu'une qui prouve qu'il ne faut pas se
laisser séduire par les beaux sons :

Des nuages épais que formoit la poussiére,

Du Soleil dans les champs déroboient la lumiere.

Des tambours, des clairons le son rempli d'horreur,

De la mort qui les fuit étoit l'avant-coureur.

Tels des antres du Nord, échapés fur la terre
Précédés par les vents & fuivis du tonnerre
D'un tourbillon de poudre obfcurciffant les airs
Les orages fougueux parcourent l'univers.

Il compare les *nuages* épais que forment la *pouffiére* avec les orages qui obfcurciffent les airs d'un tourbillon de *poudre* : & les tambours & les clairons qui précédent la mort *qui les fuit* avec ces mêmes orages qui font précédés par les vents & fuivis du tonnerre. On voit bien le rapport de la *pouffiére* qui vole avec un tourbillon de *poudre*, des *nuages épais* avec *les orages qui obfcurciffent*. Il femble même que ce foit prefque la même chofe, & les idées fe confondent. Mais quel rapport ces clairons & ces tambours ont-ils avec ces mêmes orages? C'eft aux vents & au tonnerre qu'on les compare. Direz-vous : mais lifez la comparaifon, il ne s'agit point de ce qu'on a voulu faire, mais de ce qu'on a fait. Il vouloit dire probablement que les clairons étoient précédés de la pouffiére, & fuivis de la mort, comme un orage eft précédé des vents & fuivi du tonnerre. Voilà l'idée éclaircie : mais eft-elle jufte? Les vents répondent-ils bien à la pouffiére, les clairons à l'orage, le tonnerre à la mort? D'ailleurs les *orages* font-ils affez différens des *vents*, pour faire oppofition avec eux ; il faut donc prendre le mot d'*orage* pour *nuage, nuée*; mais les nuées ne font point précédées, elles font pouffées par les *vents* par conféquent fuivies. Le tonnere ne *fuit* point le

nuage,

nuage, il l'accompagne, ou il l'anonce, & par conséquent ne le *suit* point. Que deviennent ces Vers si ronflans, quand on les fait passer à la filiére du sens commun.

M. de V*** s'applaudit dans sa Préface, d'être le seul qui ait réussi *à peindre bien les petits détails qui avoient été* l'écueil de tous nos Poëtes Epiques, & cela est fondé sur ce qu'il a nommé des *chiens* des *animaux hardis*, car c'est la seule expression naturelle, qui ne pouvoit entrer dans la description, qu'il cite pour exemple de ses succès. Il nous donne une *periphrase* pour un *détail*; & par ce leger changement de nom, il se pare d'un mérite qu'il n'a point, & l'ôte à ceux qui l'ont eu avant lui. Ne se souvient-il point d'avoir vû dans le Lutrin, *un fusil*, une *allumette*, un *manœuvre qui prend une poignée de clous, qui charge sur son épaule une lourde coignée & derriere son dos, qui tremble sous le poids; attache une scie en forme de carquois.* Comment M. de V*** auroit-il le talent exclusif d'annoblir les petites choses? Cela est bien plus difficile que de peindre les grandes avec dignité; & il les peindroit, ainsi, que ce ne seroit point assez pour faire un Poëme Epique, où tout doit être admirable & presque divin.

En général, M. il me paroît que la *Henriade*, est un ouvrage où il y a plus d'esprit que de génie, plus de brillant que de richesse, plus de coloris que de dessein, plus d'Histoire que de Poësie. Quand l'Auteur le commença, il n'avoit que 19. ans. Nouveau sevré du Pinde, il avoit plus de lait dans les

veines

veines que de sang. Depuis, son jugement aïant fait des progrès, il a bien vû l'irrégularité de l'Ouvrage ; mais effraïé de la dépense, s'il eût fallu le refondre, il a mieux aimé y coudre des morceaux brillants, y jetter quelques liaisons artificielles, pour déguiser ses défauts & réparer en quelque sorte le vice de l'Architecture. Mais ces additions ont donné plus d'étenduë à l'Edifice, sans le rendre plus régulier.

LETTRE NEUVIE'ME.

SUR L'ESSAI DE M. DE V***.

Sur le Poëme Epique.

Vous me ramenez encore à M. de V*** & vous ne voulez pas que je le laisse aller sans avoir rendu compte de son essai sur le Poëme Epique. Je viens de le relire M. avec toute l'attention dont je suis capable, & il m'a paru se réduire à ceci. 1°. Que les faiseurs de règles sont des Pédans qui n'y entendent rien, & en cela il a raison. 2°. que les Arts sont si étendus qu'il ne peut y avoir de définition générale qui embrasse tous les Ouvrages d'un même genre. C'est un homme d'esprit qui plaide une mauvaise cause. Je n'ai jamais entendu caquet si capable d'étourdir une oreille sensée. Pourquoi donc cela est-il écrit! Quel cas M. de V*** fait-il de ses Lecteurs! *O Dave itane contemnor abs te?* Que ne mettoit-il il de bonne grace en titre *Apologie de ma Henriade*. Il a fait ce Poëme avant de savoir les règles, & ensuite il veut faire des règles sur son Poëme, & pour cela renverser toutes les idées communes, par un Paralogisme farci d'une Erudition étincelante, jettée rapidement pour en dérober le faux. Il donne une définition quoiqu'il ait fait entendre qu'on ne peut en donner : l'Epopée est *un récit en Vers d'avantures Héroïques.* Qu'il mette en Vers son Histoire de *Charles* XII, il aura donc fait un Poëme Epique ! Cependant, il exige l'unité, ce n'est pas de Héros, *qu'il y eût un principal personnage, ou plusieurs il n'importe* : c'est donc d'action : il falloit donc écrire, *un récit en Vers d'une action héroïque.* Il prétend que le merveilleux n'y est pas essentiel ; je le lui pardonne : mais ce que je ne lui pardonne pas, c'est d'avoir voulu le prouver par des Antithéses, des Métaphores, des comparaisons & de jolies phrases qui ressemblent à des feux folets. Peut-on mettre en paralléle ce merveilleux qui fait l'ame de l'*Iliade*, de l'*Eneïde* & de la *Jerusalem*, avec les beautés de caprice & de mode qui dépendent du caractére & des Langues des Nations.

Les *Anglois*, les *Italiens*, les *Espagnols*, les *François* ont chacun leur goût, & leur génie : les uns aiment le serieux & le véhement, d'autres le gracieux, ceux-ci, le grand ; donc on peut dire pareillement *à Paris* que les *François* ne se soucient point du merveilleux dans un Poëme Epique.

Il avoit dit dans la page qui précéde ; *Homére,*

mére, Démosthéne, Virgile, Ciceron, ont en quelque sorte réuni sous leurs Loix tous les Peuples de l'Europe, & fait de tant de Nations différentes, une seule République de Lettres. Donc les *Anglois*, les *Italiens*, les *Espagnols*, les *François*, doivent suivre les mêmes Loix & les mêmes principes. Pourquoi les *François* seuls seroient-ils rebelles, dans les points auxquels les autres Peuples se sont soumis? Ils ont tous admis le merveilleux, pourquoi les *François* ne l'admettroient-ils pas? Les *François* l'aiment dans les Poëmes traduits des autres Nations, pourquoi ne l'aimeroient-ils pas dans un Poëme qui seroit en leur Langue?

M. de V*** veut donner le change: Qu'il y ait des propriétés de Tours, d'Images, de Pensées pour chaque Nation, on en convient. Mais vouloir que le merveilleux, qui fait l'ame du *corps Épique*, puisse être mis au rang de ces minuties qui n'alterent nullement le fonds; en vérité, c'est presque être fripon que de raisonner de la sorte. M. de V***. l'est un peu en fait de Litterature, mais on ne lui en fait pas un crime, il est bien difficile d'avoir tant d'esprit sans en abuser un peu. Au reste ce seroit une vertu, & une double vertu pour lui de ne pas l'être. On aime la droiture; & si on a du plaisir à être amusé, on en auroit beaucoup plus encore, si on étoit sans crainte d'être dupé, & de servir de joüet à celui qui nous amuse.

„ Voici une critique moins raisonnée,
„ mais plus vive du même Poëme faite dès
„ l'an 1729.

EPIGRAMME.

Sur la Henriade d'A. de V***.

Qu'a donc produit la mort de l'Iliade
Que pefanment la Motte gringota,
S'il faut encore effuïer l'Henriade
Qu'étourdiment A*** fagota ?
L'exemple ainfi ne fert d'un Iota.
Singe ignorant d'une mufe éclopée,
Comment ! c'eft-là cette rare Epopée
Dont tous les yeux devoient être éblouïs ?
Hé ! mon ami, cache ta ripopée
Avec Clovis, Moyfe, & Saint Louïs.

„ Comme, pendant l'Impreffion de ce
„ Recueil ; les amis de Mr. de V*** fe font
„ empreffé à contribuer à fa perfection, en
„ envoïant à l'Editeur diverfes Piéces qu'ils
„ croïent lui manquer ; il s'en eft trouvé
„ parmi elles quelques-unes plus amples que
„ celles qu'il avoit déjà ; c'eft ce qui a four-
„ ni l'idée de mettre ici les *Additions & Cor-*
„ *rections* fuivantes, avec un court *Errata*,
„ les Lecteurs étant priés de fupléer aux au-
„ tres moindres fautes d'impreffion, qui fe ren-
„ contreront.

ADDI-

ADDITIONS & CORRECTIONS.

à la pag. 128. ajoutez ces deux Couplets, oubliés,

C'est donc ainsi que se vante V***
    D'avoir vaincu Rousseau,
Qui d'un seul coup le fait rentrer en terre
    Ainsi qu'un Vermisseau?
Ce Nain bouffi d'un orgueil ridicule
    Se croit un Hercule encor
    Se croit un Hercule.

Figurez vous pour emblême fidelle
    De ce fier Godenot,
Un feu follet, qui par bonds étincelle
    Et s'éteint aussitôt.
Et le serpent qui sottement s'anime
    A mordre la lime en vain
    A mordre la lime.

Pag. 164. (XXII.) *Nous venons de voir ces Quatrains, dans le* VOLTAIRE *imprimé en 1745. où celui-ci est ajouté au troisième rang.*

    De son inflexible rigueur
    Tirons au moins quelque avantage:
    Qui n'a pas l'esprit de son âge,
    De son âge a tout le malheur.

Pag. 166. L'*Amphigourie, ou le Galimathias, doit de même être augmenté de ce troisieme couplet.*

> Le Tems cause cette *rigueur*.
>
> Pourquoi, s'il en tire *avantage*,
>
> Ayant tout *l'esprit de son âge*
>
> De son âge a-t'il *le malheur* ?

Pag. 173. après la l. 5. *& suivantes mettez cette Note.* Cet éloge du P. Porée ne peut que faire honneur à M. de V***. C'est une preuve que la reconnoissance l'emporte chez lui sur le ressentiment; qu'il ne se souvient que des bienfaits; & qu'il a oublié que cet aimable & éloquent professeur a dénoncé dans un discours public, que *V*** est un Poëte sans invention, un Philosophe sans Logique, un Historien sans Science. Omnis homo, nullus homo.* Tout & rien, comme Chrisologue.

Pag. 245. lig. 6. *Après ces mots:* au-dessous du rien, *ligne* 6. *on peut mettre en guise de note les vers suivans.*

A. M. DE V***.

> Quand vous mettiez dans vos ouvrages
>
> De l'esprit & du sentiment,
>
> Les Quarante agissoient avec discernement
>
> En vous refusant leurs suffrages.

M m

Ils n'ont plus la même raison;
Aujourd'hui rien ne vous sépare;
Votre *Princesse de Navare*
Vous remet tous à l'unisson.

Et ceux-ci par Mr. ROI.

Votre Princesse de Navare,
Qui s'en va courant nuit & jour
Sans Pages, sans Dames d'atour,
Est une Dame bien bizare;
C'est un vrai choix de Calotin:
Mais, sans vous émouvoir d'un reproche si juste,
Vous repliquez avec dedain:
„ J'aime mieux ennuyer Auguste
„ Que de plaire au Peuple Romain.

A la même page 245, après la Note (a), *ajoutez ce qui suit.*

(a) Quelques partisans de V*** prétendent qu'on l'a honoré d'un si beau titre, non pour sa *Princesse de Navare*, mais pour ses vers à la Reine de *Hongrie*, & pour ceux sur la Bataille de *Fontenoi*. Ils disent que des vérités hardies dans ceux-là, fort ménagées dans ceux-ci, ont fait penser, que personne ne pourroit écrire l'Histoire avec plus de délicatesse & plus au goût de la nation. Quoiqu'il en soit de cette anecdote raisonnée que nous ne garantissons point; voici ce qu'on nous a écrit en nous envoïant ces prémiers vers.

„ Quoique notre incomparable Poëte soit
„ doué de cette rare *imaginative*, que *Mascarille* admiroit dans son maitre; une autre qualité

„ lité que l'on croit incompatible avec celle-
„ ci, ne lui est pourtant pas moins naturelle.
„ C'est la *judiciaire*, qui de même que chez
„ *Thomas Diafoirus*, se manifeste dans l'ode
„ suivante, d'une façon toute merveilleuse.

ODE
A LA REINE DE HONGRIE.

Elle a paru au mois de Juillet 1742.

1.

Fille de ces Héros que l'Empire eut pour maîtres,
Digne du thrône auguste où l'on vit tes ancêtres
Toujours prêt de leur chûte & toujours affermis;
  Princesse magnanime
  Qui jouïs de l'estime
  De tous tes ennemis.

2.

Le Français généreux si fier & si traitable,
Dont le goût pour la gloire est le seul goût durable,
Et qui vole en aveugle où l'honneur le conduit;
  Inonde ton Empire,
  Te combat & t'admire,
  T'adore & te poursuit.

3.

Par des nœuds étonnans l'altiere Germanie
1742. A ses puissans rivaux } malgré soi réunie
1745. A l'Empire Français }

fait

Fait de l'Europe entiere un objèt de pitié ;
>Et leur longue querelle
>Fut cent fois moins cruelle
>Que leur triste amitié.

4. (a)

Ainsi de l'Equateur & des Antres de l'Ourse
Les Vents impétueux emportent dans leur course
Deux nuages épais l'un à l'autre opposés :
>Et tandis qu'ils s'unissent,
>Les foudres retentissent,
>De leurs flancs embrasés.

5.

Quoi ! des Rois bienfaisans ordonnent ces ravages !
Ils annoncent le calme ; ils forment les orages,
Ils prétendent conduire à la felicité
>Les Nations tremblantes
>Par les routes sanglantes
>De la calamité ?

6. O !

(a) Strophe ajoutée en 1745. Elle nous paroit la plus harmonieuse de toutes, quoique des Zoïles, peut-être trop vetilleux, prétendent trouver à mordre sur *les Vents de l'Equateur* ; sur les *Antres de l'Ourse* ; sur l'union problematique des *deux nuages chassés par les Vents d'Est & d'Ouest* ; si le vent de Nord se met de la partie ? & sur la netteté de la construction. Ils demandent si ce sont les vents ou les nuages qui s'unissent, & si ce sont les flancs des uns ou des autres, ou bien les foudres qui sont embrasés. A tout cela on répond : minuties. *Aquila non capit muscas.*

6.

O! Vieillard vénérable, à qui les destinées
Ont de l'heureux Nestor accordé les années;
Sage, que rien n'allarme & que rien n'éblouït,
  Viens-tu priver le Monde
  De cette paix profonde,
  Dont ton Ame jouït?

7.

Ah! s'il pouvoit encore, au gré de sa prudence,
Tenant également le glaive & la balance,
Fermer par des ressorts aux mortels inconuus,
  De sa main respectée
  La porte ensanglantée
  Du temple de Janus!

8.

Si de l'or des Français les sources égarées
Ne fertilisoient plus de lointaines contrées;
Rapportoient l'abondance au sein de nos remparts,
  Embelissoient nos villes
  Arrosoient les Asiles
  Où languissent les Arts!

9.

Beaux Arts, Enfans du Ciel, de la Paix & des Graces,
Que Louïs en triomphe amena sur ses traces,

Ranimez vos travaux si brillans autrefois ;
> Vos mains découragées,
> Vos livres négligés,
> Et vos tremblantes voix.

10.

De l'immortalité vos succès sont le gage,
Tous ces traités rompus & suivis de carnage,
Ces triomphes d'un jour un moment célébrés,
> Tout passe, tout succombe
> Dans la nuit de la tombe,
> Et vous seuls demeurez.

„ Que d'élevation, que de magnificence.
„ Je cherche dans ce *stile impétueux qui mar-*
„ *che au hazard*, un ordre progressif de rai-
„ sonnement : il doit s'y trouver ; sans quoi
„ ce *désordre effet de l'Art* ne seroit pas un
„ *beau* désordre. O ! si j'avois la sagacité &
„ l'esprit géometrique de ce grand Poëte,
„ j'aurois bientôt mis son ode *à la portée de*
„ *tout le monde*. Essaïons d'en faire l'Analyse,
„ ou plûtôt de la traduire tout uniment en
„ prose ; dépouillons la de ses brillantes paru-
„ res qui nous éblouïssent peut-être en décou-
„ vrirons-nous mieux les beautés naturelles.

I.

Digne fille de ces Empereurs toujours chancellans sur leur Trône, sans jamais tomber ; Princesse estimée de tous ces ennemis.

2.

Le *Français* si poli, & si brusque, qui courre en aveugle où l'honneur le mène; t'admire, t'adore, te cherche noise, & ravage tes Terres.

3.

Toute l'*Europe* fait pitié depuis que l'*Allemagne* est liée malgré elle avec la *France*: & leur amitié est cent fois plus funeste que n'a été leur longue querelle.

4.

Ainsi les Vents de l'Equateur & de l'Ourse; c. à d. de l'Orient, de l'Occident & du Septentrion, emportent deux nuages; & pendant qu'ils se joignent le tonnere se fait entendre.

5.

Quoi! des Rois bienfaisans ordonnent ces ravages? parlent de paix, font la guerre, & prétendent rendre les Peuples heureux en les égorgeant?

6.

O! vieux bon homme, qui dois vivre deux ou trois cents ans; sage, comme le Paysan d'Esope, qui ne te soucies de rien, viens-tu empêcher le monde d'être aussi tranquile que toi?

7.

7.

Ah! s'il pouvoit encore faire la paix!

8.

Si l'or des *Français* répandu au long & au large ramenoit l'abondance dans nos villes; & venoit rendre la vigueur aux Arts qui languissent.

9.

Beaux arts ranimez vos travaux, vos courages, vos négligences, & vos fraïeurs.

10.

Vous donnez l'immortalité : les courts triomphes d'un jour passent bien vite, & vous subsistez seuls.

ANALYSE

de cette Analyse

PRINCESSE.

Le *Français* vous revére, vous admire & vous insulte.

Les Allemands, qui font malgré eux d'accord avec les *Français*, mettent l'*Europe* dans un état pitoïable.

Ainsi trois vents chassent deux nuages contraires, qui en s'unissant, font gronder la foudre.

De bons Rois ordonnent pacifiquement cette cruelle guerre.

Un vieillard sans souci ne veut pas que nous soïons aussi indolents qu'il l'est.

S'il pouvoit encore faire la paix.

Si notre argent dispersé par tout revenoit chez nous faire revivre les Arts. Beaux arts, ranimez-vous.

Vous êtes immortels, tout passe, & vous restez seuls.

Et voilà justement ce qui fait que votre fille est muette.

ANECDOTES (*) *qui peuvent servir de preuve à quelques traits du Portrait raporté pag. 3. entr'autres aux vices de vanité & d'étourderie, qui lui sont reprochés; en les mettant par forme de Note au bas de cette pag., en renvoïant à la lig.* 1re. *& à la* 20me.

Mr. de V*** s'est fait connoître de très bonne heure pour un véritable Poëte selon le Proverbe, c'est à dire Poëte & Fou. Il fut à peine sorti du Collège qu'il eut occasion de se faufiler parmi le beau monde, particuliérement chez Mr. le Duc de *Richelieu*. Madame aimoit beaucoup la Poësie & faisoit des vers fort joliment. Elle s'y appliquoit peut-être encore plus pour faire plaisir à son Mari que par goût, & Mr. de V*** ne contribuoit pas peu à la bonté des petites pièces qu'elle com-
po-

(*) Nous ne les avons reçues que trois ou quatre jours avant de finir cette impression.

posoit. Au bout de quelque tems il fut païé de ses peines. La Duchesse lui donna un jour cent Louis. V*** se voïant en main une pareille somme s'en retournoit chez lui si joïeux qu'il ne se possedoit pas. Par hazard, comme il passoit dans la ruë S. *Denis*, il apperçoit un Carosse avec deux chevaux & quatre habits de Livrée qu'on alloit vendre à l'enchere. Il s'approche, il met son prix, il achete enfin le tout pour ses cent Louis, dont il ne se reserva rien. Notre nouveau Marquis aussi sec qu'il avoit été le jour d'avant, ne trouva point cependant de difficultés pour avoir des Domestiques de louage. Les habits qu'il leur fit endosser leur étoient une caution sûre de leur païement. Voilà donc notre Poëte Seigneur dans toutes les formes. La prémière visite qu'il rendit, dans ce brillant équipage, fut, comme il étoit juste, à sa Bienfaitrice. Il s'y rendit tout d'abord. Le suisse croïant que c'étoit quelqu'un d'importance, ouvre la porte cochère toute grande, & M^e. de *Richelieu*, qui entend arriver un Equipage mèt la tête à la Fenêtre pour voir qui c'est. On peut juger de son étonnement, lorsqu'elle vit Mr: A** qui, il n'y avoit qu'une heure au plus l'avoit quittée à pié, sortir d'un beau carosse, & 3. Domestiques qui lui aidoient à en descendre. Elle fait appeller Mr. le Duc pour prendre part à une pareille Comèdie & ce fut à qui riveroit le mieux d'un si parfait ridicule. Pour finir court notre Poëte passa toute la journée à de pareilles visites & à faire rire le monde à ses dépens.

S A

Sa nouvelle condition le transportoit hors de sa sphere. Il ne s'embarassoit plus de rien. La nuit vient ; il soupe en ville, il se divertit, mais au sortir de la Table, voilà un grand embarras qui survient. Point d'argent pour païer ses Domestiques & surtout aucun endroit pour mettre à couvert son Equipage. Que fait-il. Il congédie ses Domestiques avec ordre de revenir le lendemain de bonne heure. Il capitule ensuite tête à tête avec le Portier de son Père. Celui-ci après avoir attaché le Carosse avec une chaine à la porte de la Maison, & en avoir retiré les glaces & les coussins, consent de laisser entrer les deux chevaux. Il n'y en avoit qu'un dans la maison, qui depuis 10. à 12 ans servoit à soulager le grand âge du bonhomme A**, & l'endroit où il étoit n'étoit pas suffisant pour trois. Ce vieux Domestique ne vit pas de bon œil qu'on lui donnât deux Camarades. Il fit tapage du pié & des narines, au point qu'il réveilla son maitre. Celui-ci craignant qu'on ne voulut lui voler sa petite chaise & celui qui la traîne, sonne, appelle du monde, demande de la Lumiere, se leve & veut voir par ses yeux ce qui se passe. Quelle surprise en entrant dans sa petite écurie, il y voit 3. chevaux au lieu d'un. Le fait lui paroît singulier, il se frotte les yeux, il regarde & est persuadé enfin qu'il ne se trompe pas. Il demande à qui sont ces nouveaux hôtes, il menace & force le Portier de le lui dire. Aussitôt ordre de les mettre à la rue. Mais voici bien une autre nouvelle pour le bon-homme. La porte de la rue est à peine ouver-

ouverte qu'il apperçoit un Carosse. A qui ce Carosse, dit-il; à Mr. de V*** lui répond le Portier. A mon Fils reprend le bon homme. Le gueux ne sait-il pas qui il est & que son Aïeul étoit un simple Païsan. Où est il ce coquin-là, il faut que je l'assome, je ne veux pas absolument le voir davantage dans ma maison. Transporté de colère il monte à la chambre du Poëte. Il n'étoit pas couché. Il s'étoit seulement jetté sur son Lit & enveloppé dans la couverture. Le Bon homme touche dessus à grands coups & le force de sortir de la maison. Il fallut obéïr, mais ce ne fut pas-là encore la fin des embarras que le Carosse de Mr. de V*** lui causa. En voici bien d'autres.

Le Portier du Palais lui aïant aidé à atteler ses chevaux, il ne se trouva personne pour les conduire. Mr. de V*** savoit qu'il n'étoit pas bon cocher Comme Poëte il étoit timide & poltron & c'est son caractère distinctif. Convenoit-il d'ailleurs qu'un Seigneur de cette importance conduisît lui-même son Equipage? Cependant il n'étoit guères que 3. heures & ce n'étoit pas-là le tems de chercher un cocher.

Le Fils du Portier du Palais, nommé Fleurau, jeune homme de 14 à 15 ans tout au plus, lui en servit. Il monte dessus le siége, sort assez heureusement de la Cour du Palais, mais quand ce vint à tourner au bout de la rue de la Draperie pour gagner le Pont notre Dame, notre nouveau Phaeton donne contre une borne avec tant de violence que le Carosse

roſſe renverſe. Une glace ſe briſe, mais c'eſt de quoi s'embaraſſoit fort peu le jeune Fleurau. Tout couvert de boue & le corps meurdri il tenoit ſa tête avec les deux mains, & V*** ne faiſoit guères meilleure contenance. Emboîté dans ſon Caroſſe, la tête ſortie hors de la portiere qui ſe trouvoit au-deſſus, il crioit de toutes ſes forces au ſecours, au ſecours, je ſuis mort!

QUELQUES Crocheteurs & gens de cette trempe, qui dans l'Eté épargnent la dépenſe d'un Lit en couchant ſur la dure & à la belle étoile, ſe réveillent à ces cris. Ils accourent, retirent notre Poëte hors de ſon Caroſſe & viennent à bout de le relever. Mais la cheville ouvriere étoit caſſée, un des chevaux bleſſé & une des petites roues beaucoup endomagée. Il fallut attacher le tout avec des cordes, après quoi un Fiacre conduiſit doucement ce malheureux Equipage chez le Charon, Mr. de V*** le ſuivant à pas lents auſſi triſte, confus & dolent qu'un Renard qu'une poule auroit pris pour me ſervir des termes de *Boileau*.

LA réparation du Caroſſe, l'entretien des chevaux, dont il n'étoit pas en état de païer la dépenſe, furent cauſe qu'il les laiſſa très longtems où il les avoit mis tout d'abord, ſans s'en pouvoir ſervir. A la fin ne voïant plus aucun jour pour les conſerver il conſentit de les revendre. La perte qu'il fit deſſus, & les malheurs qui lui étoient arrivés avec la nouriture des chevaux lui emportérent cinquante livres enſorte qu'on peut dire que pour
avoir,

avoir été, une seule demi-journée en Carosse, il lui en a coûté 12 cens Livres argent de *France*. Voilà la folie de l'Homme.

Il lui arriva aussi peu après, qu'étant revenu la nuit fort tard à la maison Paternelle, il la trouva fermée. Son Père tout à fait las de sa conduite & indisposé contre lui pour un Ouvrage, qu'il avoit fait, avoit fermé lui même la porte & pris la clef dans sa chambre. Il eut beau prier le Portier, il ne pouvoit rien faire. Il fallut donc que V*** pensât à trouver un lit ailleurs. Chacun étoit couché ; à qui s'adresser ? Il n'y avoit que le Portier de la Cour du Palais levé. Il le prie de lui donner retraite. Celui-ci lui répond qu'il n'a pas de lit pour lui-même, & que dans sa petite Cabane il n'y a pour tout lit qu'un Fauteuil qui lui sert à se reposer dans les intervalles de la nuit, en attendant ceux qui doivent rentrer dans la Cour, & ce Meuble lui étoit si nécessaire qu'il ne pouvoit pas s'en passer. Mais ajoute-t'il : voilà des Chaises-à-Porteurs. Enfermez-vous dans quelqu'une. Vous m'éveillerez donc, reprend V***. Oui, dit le Portier. A peine fut-il dans la Boëte qu'il commença à ronfler ; il n'avoit pas toûjours vû boire, & il en donna des preuves. Le jour vient : cinq heures sonnent. Deux Conseillers viennent au Palais, & comme ce sont gens du moins pour la plûpart, fort versés dans les sciences & qui conséquemment connoissent les Sçavans, il arriva qu'en passant près de la porte ils apperçurent V***. La résolution fut bien-

bientôt prise de lui jouer piéce. Ils envoïent un de leurs Domestiques chercher deux Porteurs. Comme on leur promit de les bien païer, ils ne se firent pas longtems attendre. On leur donna un écu de 6. Livres avec ordre de porter Mr. de V*** le plus legerement qu'il leur seroit possible, au Caffé de la Croix de Malthe sur le Quai neuf, de l'entrer avec la chaise dans le Caffé & de l'y laisser. La chose fut éxécutée. Mr. de V*** y resta bien encore une heure à dormir. Le Garçon du Caffé n'avoit pas exigé beaucoup d'éclaircissemens des Porteurs fondé sans doute sur la maxime, est bien venu qui apporte. Le monde vient au caffé & surtout les beaux esprits dont il étoit alors le rendez vous. Un d'entr'eux qui s'y étoit trouvé au moment qu'on y avoit apporté Mr. de V***, avoit eû soin qu'on ne l'éveillât pas. On se divertit longtems à le voir dormir. Quand on fut rassasié de rire, on l'éveilla. Il crut d'abord qu'il rêvoit, & fut aussi honteux que confus de se voir dans un pareil endroit, sans savoir qui l'y avoit apporté. On peut penser combien de lardons on lui jetta & combien on dit de bons mots à cette occasion.

F I N.

Fau..

Fautes à corriger.

Pag. 8. l. 18. *on peut lire* Chien hargneux *au lieu de* rogneux.
— 39. Note (*) *lisez ami d'un* V***.
— 119. l. 12. *Brocards, lisez*, Recueil de ces *Brocards*.
— 126. — 3. *il manque dans la Copie même une rime à* Silence.
— 134. *mettez entre le* 1re. *& le* 2me. *vers*, d'être au logis.
— 186. l. 15. *à la fin lisez* Loi *à* l. 20. Foi *au lieu de* Loi.
— 193. l. prem. *des notes lisez*, Robert le p***.
— 223. *les deux notes sont transposées.*
— 257. *titre du N.* XXXII. *lisez* PALINODIE INUTILE.
— 263. *il manque une rime au* 5me. *vers.*
— 265. *note* (p) *lisez* retranché.
— 267. *vers* 5. rare, *lisez* taré.
— 271. *vers penult. lisez* de leurs fades Chansons?
— 277. *note* (*) *on peut repondre*, oui.
— 294. l. 24. dont la Sènere tentit, *lisez*, la Seine retentit.
— 299. — 23. effort *lisez* essor.
— 302. — 23. : si de vous *lisez* : & de vous
— 318. — 18. l'esquelette, *lisez* le Squelette.
— 332. — 27. choissez moi, *lisez*, choisissez moi.

Les Lecteurs voudront bien corriger quelques fautes légères d'impression. Souvent V*** s'en est servi pour décrier les Editions, dont il n'étoit pas assez bien paié.

www.ingramcontent.com/pod-product-compliance
Lightning Source LLC
Chambersburg PA
CBHW060750230426
43667CB00010B/1515